Hans-Christoph
Graf v. Nayhauss

Heilige Stätten

Pil
Jerus

GV DER GROSSE GOLDSTADT

210 Farbfotos, 10 Fotos schwarzweiß
38 historische Abbildungen, 56 Pläne und Zeichnungen

Fotos: Prof. Dr. H.-Chr. Graf v. Nayhauss
mit Leica R4 und Kodachromefilmen
Gestaltung: Günter Schäfer
Pläne und Karten: Rolf Dieter Röhrig
Zeichnungen: Goldstadtverlag
Reproduktionen: Mayer-Repros, Birkenfeld
Satz und Druck: Karl A. Schäfer, Pforzheim
Bindearbeiten: Buchbinderei Spinner, Ottersweier
Vertrieb: GeoCenter Verlagsvertrieb GmbH, München

ISBN 3-87269-704-8

Taf. II.

Auf dem Wege von Jerusalem nach dem Jordan und Todten Meere

…n Grabes.

Eingang in die Kirche des heil. Grabes

…hem.

Die Calvarien-Kapelle in Jerusalem

HEILIGE STÄTTEN
Pilgerziel Jerusalem

Hans-Christoph Graf v. Nayhauss

Band 8704

DER GROSSE
GOLDSTADT

Vorwort

Das vorliegende Buch ist vornehmlich ein Pilgerführer. Daher liegt das Gewicht der Darstellung auf den Heiligtümern und biblischen Stätten in und um Jerusalem. Herrscht auch die christliche Blickweise vor, so finden gleichwohl jüdische und moslemische Schreine ihre Berücksichtigung.

Der geschichtliche Abriß der Entwicklung Jerusalems aus dem Dunkel der Vorzeit bis ins Licht der Gegenwart möchte Verständnis wecken für das Unvertraute und Fremde mancher Gewohnheiten und Bräuche, denen der heutige Pilger sowohl bei Juden und Arabern als auch bei den jerusalemer Christen begegnet. In dem Jahrtausende alten Wechsel der Zeiten, in Krieg und Frieden, bei Zerstörung und Wiederaufbau haben sich Gebilde und Denkmuster, Ausdrucksformen und Bewertungen entwickelt, die bis heute manches Verhalten in Religion und Politik dieser Stadt bestimmen.

Die heiligen Stätten, die in ihrer Entstehung und ihrer Geschichte der Verehrung eingebettet sind in die allgemeinen historischen Geschehnisabläufe, werden jeweils gesondert in ihrer Bedeutung für Pilger und Wallfahrer beschrieben. Dabei sind ebenfalls die in der näheren und weiteren Umgebung Jerusalems liegenden Orte nicht ausgelassen, die von den Pilgern seit Jahrhunderten im Heiligen Land aufgesucht worden sind.

Neben der religiösen Bedeutung werden historische, kunstgeschichtliche und archäologische Besonderheiten der Heiligtümer dargestellt. Berichte von Pilgern und Reisenden aus den verschiedenen Epochen ergänzen die Ausführungen und vermitteln anschaulich, welchen Entbehrungen und Gefahren die Besucher der heiligen Stätten ausgesetzt waren, aber auch welche Empfindungen sie angesichts des ersehnten Ziels hatten. Heutzutage gilt glücklicherweise nicht mehr das Wort des Pilgers Herzog Eberhart im Bart, daß es drei Dinge gebe, deren Ausgang ungewiß sei: ein Krieg, eine Hochzeit und eine Jerusalemfahrt.

In diesem Buch mögen die Bilder die Einbildungskraft entflammen, auf daß man sich wie einstmals den Pilgerreihen anschließe und hinaus- und hinaufgehe nach Jerusalem.

Der Verfasser

Inhalt

Die Neustadt Jerusalems

Heiligtümer der Umgebung Jerusalems

Biblische Stätten im weiteren Umkreis von Jerusalem

Religionen und Riten im Heiligen Land

Praktische Hinweise für Pilger und Touristen

Heiliges Land

das ist das Land der Bibel,
das gelobte Land,

in dem sich Gott immer wieder offenbarte, die Heimat verschiedenster Völker und Kulturen auf der Brücke zwischen Asien und Afrika, zwischen Orient und Okzident, seit der Kindheit uns eingeprägt durch die Geschichte Jesu als Mittelpunkt der Welt.

Ein arabischer Hirte.
Wie einstmals vor 2000 Jahren nahe der Verkündigungsgrotte am Hirtenfeld.

Im Land der Propheten

Hier befinden sich die heiligen Stätten dreier Weltreligionen, der Christen, Juden und Moslems. Das Heilige Land ist ein kleines Land, nicht ganz so groß wie BadenWürttemberg, halb so groß wie die Schweiz, zur Zeit Christi die kleinste Provinz des Römischen Reiches, heute der Staat Israel. Doch war dieses Fleckchen Erde zugleich die Keimzelle größter Gedanken, die das Bewußtsein der Menschen und Völker seit mehr als zweitausend Jahren prägten und die Welt veränderten. Hier schloß Gott mit den Menschen seinen Bund, hier predigten die jüdischen Propheten von der Sehnsucht der Menschheit nach Frieden und Gesetz, hier *„ward das Wort Fleisch und wohnte unter uns"* (Joh. 1,14), hier ritt Mohammed gen Himmel, hier sprossen die Zweige der drei monotheistischen Religionen, deren Wetteifer um die alleinige Heilsgewißheit in den letzten zweitausend Jahren jedoch immer wieder zu Auseinandersetzungen, Kriegen und Völkervertreibungen führte.

Schon der Prophet Jeremia aus dem ersten vorchristlichen Jahrtausend schalt die Propheten und Priester, daß sie *„sagen 'Friede! Friede!' und ist doch kein Friede"*. Gegenwärtig erscheinen die Gegensätze wieder unüberbrückbar. Juden und Araber stehen sich mit der Waffe in der Hand gegenüber; die einen, um das Land, das ihnen Gott vor mehr als dreitausendfünfhundert Jahren in einem Schwur als Heimat versprochen hat (5. Mose 6,23) und das sie erst im 20 Jahrhundert wieder unter britischer Mandatsherrschaft erhielten, zu nehmen und zu verteidigen; die anderen, um ihre Heimat, in der auch sie seit Jahrhunderten lebten, zurückzuerlangen und zu bewahren. Heimat bedeutet für die Menschen in Palästina Geborgensein in Gott. Nur wer Heimat hat im geographischen Raum, auf einem Stückchen Erde, in der Familie, Sippe, im Volk, kann sich geborgen fühlen. Daher wachen Juden und Araber argwöhnisch über jeden Quadratmeter Boden; daher können die gegenseitigen Ansprüche nicht aufgegeben werden; daher blieb der aufklärerische Geist der Ringparabel im Drama „Nathan der Weise" von Lessing bis heute nur eine flüchtige Hoffnung, eine Utopie. Dennoch sollte der Anruf

Die Kirche aller Nationen
mit ihrem Giebelmosaik.

Der Felsendom mit seiner von
einer Messinglegierung überzogenen
goldschimmernden Kuppel.

aus der mehr als zweitausendjährigen Vergangenheit, der Friedensruf „Schalom – Alejchem“ (Friede sei mit Euch) auch in der Gegenwart eine lebendige Verpflichtung sein.

Trotz der gespannten politischen Lage im Vorderen Orient strömen alljährlich Tausende von christlichen Pilgern, Wallfahrern und Touristen ins Heilige Land. Ihr Ziel sind vor allem die Stätten, wo Gott sich offenbarte, die Propheten ihn bezeugten, wo Jesus wandelte und litt. Auch für sie hat dieses Land, wo die Gottheit erschienen ist und den Boden berührt hat, eine andere Qualität als anderswo. Es ist heilig und Heimat, wenn auch in einem nicht so greifbaren Sinne wie bei den Juden und Arabern. Sie kommen, um zu beten, um sich ihrer überirdischen Heimat zu versichern, um wenn schon nicht zeitlich, so doch wenigstens räumlich den Heilstaten Gottes nahe zu sein in diesem kleinen Land, das Gott vor allen anderen Regionen der Erde durch sein Handeln so herausgehoben hat. Manche wollen einfach nur die Stätten schauen, an denen Jesus zur Erlösung der Menschheit wirksam war.

Pilger aus aller Welt
bei der Palmsonntagsprozession

Juden beten an der Klagemauer.

Die Karfreitagsprozession
auf dem Weg zur Grabeskirche.

Im Viertel der orthodoxen Juden,
in Mea Schearim.

Fast jeder Landstrich des heutigen Israels weist Zeugnisse und Spuren der Geschichte des auserwählten Volkes, der Geschichten der Propheten und der göttlichen Offenbarung im Wirken Jesu auf. Daher wird jeder Besuch Israels, ob man will oder nicht, zu einer Wallfahrt zum Ursprung des Glaubens. Die Bibel bleibt dabei nicht nur das Buch des Glaubens und der göttlichen Offenbarung, sie wird zur Quelle der Geschichte und offenbart

auch das, was tatsächlich gewesen ist. Archäologische Forschungen und Entdeckungen gerade in unserem Jahrhundert haben bewiesen, daß der Reisende im Heiligen Land den Wahrheiten der Bibel mehr vertrauen kann, als man je vermutete.

Blick vom Hirtenfeld in Bet-Sahur auf Betlehem.

Weit ist der Blick über
das Judäische Bergland,
von der Festung Herodion aus.

Der Red Canyon nordwestlich von Eilat im Negev.

Wadi Kelt mit dem
Kloster Koziba.

Die Säulen Salomons
im Tal von Timna.

Blick von der alten
Nabatäerfeste Avdat.

Wahrheiten der Bibel

Daß die Bibel als Geschichtsbuch „doch recht" hat, ist inzwischen kein sensationelles Schlagwort mehr. Die archäologischen Forschungen der letzten Jahrzehnte und die biblische Altertumskunde haben aufsehenserregende Funde und Entdeckungen ans Licht gebracht. Inschriften und Baudenkmäler legen Zeugnis ab von Persönlichkeiten der Vorzeit, die im Alten und Neuen Testament genannt werden. Reliefs geben die Kunde vom Aussehen der Völker der Bibel. Ausgrabungen legten Anlagen frei, die das Alte Testament als Befestigungen der Kinder Israels erwähnt. Babylonische Sterntafeln liefern genaue Daten für das Erscheinen des Sterns von Betlehem. Bis in Einzelheiten stimmen manche Berichte der Bibel mit gegenwärtigen Forschungsergebnissen überein. Viele biblische Erzählungen sind heute besser als bisher zu verstehen. Es nimmt nicht wunder, daß die Bibel den Israelis in der Gegenwart auf ihrer Suche nach Wasser im Negev, bei ihrer Erkundung von Anbaumöglichkeiten in der Wüste, bei der Frage, welche Pflanzen der Trockenlegung von Sümpfen dienen können, ja bei der Entdeckung von Erzvorkommen sich als unentbehrliche Hilfe erwiesen hat.

Allerdings hatten die Überlieferer und Autoren des Alten und Neuen Testaments nicht die Absicht, im Sinne moderner Geschichtsschreibung festzuhalten und aufzuzeichnen, was sich ereignet hatte. Alle überlieferte Geschichte des jüdischen Volkes, des Wirkens Jesu und der Apostel ist nämlich nur unter dem Gesichtspunkt verfaßt, das Verhältnis des auserwählten Volkes zu Jahwe, zu Gott oder wie in den Evangelien die Lehren und Heilstaten Christi darzustellen. Sehr knapp werden daher im Neuen Testament Örtlichkeiten geschildert oder genaue Angaben gemacht. Für den Zweck der religiösen Lehre genügte zumeist die Nennung von Namen. Zuweilen wie beim Berg der Versuchung oder dem der Verklärung wird auch dieser verschwiegen. Überhaupt ist schon seit der Frühzeit des Christentums die Verehrung der heiligen Stätten nicht abhängig von der Geschichtlichkeit ihres Ortes. Obwohl also heutzutage die als historisch verbürgten Geschichten des Alten Testaments den Israelis als Orientierung bei ihrem Kampf gegen eine sich dem

Menschen verschließende Geographie dienen, obwohl historische Forschungen aus dem Neuen Testament die Existenz und das Wirken Jesu, seiner Jünger und der christlichen Urgemeinde beweisen konnten, dürfen daher die Pilger und Touristen nicht glauben, sie könnten jeden Schritt des auserwählten Volkes oder des Lebensweges Jesu, jede Stätte der biblischen Ereignisse, jede Höhle, jedes Grab, jeden Schauplatz genau lokalisieren. Die Jahrtausende und Jahrhunderte haben über solche Einzelheiten immer wieder den Sand des Vergessens geweht. Ob manche Ereignisse überhaupt stattgefunden haben, ist allerdings für den Glauben und die Frömmigkeit ohne Belang. Die Bibel hat hier andere Schwerpunkte gesetzt. Nur die allgemeinen Ereignisse unter ihrem heilsgeschichtlichen Aspekt, der große Rahmen, können als verbürgt gelten. Was sich in Jerusalem ereignete, weiß man. Wo Jesus genau verurteilt wurde, ob im Palast des Herodes am heutigen Jaffator oder in der Antoniusfestung, das ist wohl kaum mehr zu ermitteln. Der Frömmigkeit wird die ir-

Der runde Ritualaltar (2700 v. Chr.) aus der frühkanaanitischen Epoche in der Festung Megiddo, die mehr als 20 Mal zerstört wurde.

Die künstlich aufgeschüttete Festung Herodion.

Im Tal von Timna.

Salzablagerungen bei Sodom an der Südspitze des Toten Meeres.

Die Felsenhölen von Qumran in denen 1947 zwei Beduinenhirten die Tonkrüge mit den berühmten Schriftrollen von Qumran fanden.

dische Richtung der Via Dolorosa gleichgültig bleiben, denn auf den geschichtlichen Sachverhalt kommt es nicht an. Vielfach hat auch die Frömmigkeit der Pilger ohne große Mühe den Ort gewechselt. Beispiel dafür ist die Lokalisierung des biblischen Kana, der Stätte des Weinwunders (Joh. 2) oder der Begegnung der Jünger mit Jesus in Emmaus-Qubeiba (Luk. 24,13). Manchmal waren auch einfach Irrtümer bei der Lokalisierung heiliger Stätten ausschlaggebend. Hieronymus vermutete beispielsweise die Berge Garizim und Ebal nicht bei Sichem, sondern in der Nähe von Jericho. Schließlich darf nicht unterschätzt werden, daß zweitausend Jahre Geschichte und Überlieferung, Kriegseinwirkungen und Völkervertreibungen die heiligen Stätten nicht verschont haben. Veränderungen der Örtlichkeiten und der Überlieferung aus politischen und religiösen Gründen müssen in Kauf genommen werden.

Wenn wir uns im folgenden den heiligen Stätten vor allem in Jerusalem und in seiner Umgebung zuwenden, deren Lage keines Beweises bedarf, ist damit nur der Rahmen benannt. Man sollte sich bewußt sein, daß die Mosaiksteine des Bildes selbst, der genauen Örtlichkeiten, ihren Platz vor allem durch Überlieferungen, die vom Wandel der Zeiten abhängig sind, erhalten ben. Die Überlieferungen lassen erkennen, daß der Mensch schon immer das Bedürfnis hatte, Gott nicht nur im Geist, sondern auch räumlich nahe zu sein, und immer danach strebte, konkrete, erfahrbare und greifbare Stätten der Anbetung zu besitzen, Orte, die das Eingreifen Gottes, die Be-Greifbarkeit des himmlischen Waltens auf Erden symbolisieren. Dabei wird, wie beispielsweise in der Deutung des biblischen Schriftsinns, das irdische Jerusalem zu einem Abbild des himmlischen Jerusalems, die irdische Heimat Abbild der ewigen Heimat in Gott.

Auch in diesem Buch steht Jerusalem im Mittelpunkt. Der geschichtliche Abriß seiner Entwicklung ist dabei zugleich Abbild der Geschichte des jüdischen Volkes und liefert ein Bild christlicher und islamischer Religiosität. Jerusalem pars pro toto, gestern und heute, kulturell-religiöse Keimstätte dreier Weltreligionen mit allem geschichtlichen Eigensinn, der auch heute noch das Trennende im Gemeinsamen betont, ohne oft zu wissen, daß das Gemeinsame leider zu häufig erst das Trennende ermöglicht.

Auf dem Lande reitet man noch auf dem Kamel.

Jesus und seine Zeit

Wenn christliche Pilger ins Heilige Land fahren, sind sie nicht nur daran interessiert, die Orte des Wirkens Jesu zu sehen. Sie wollen das Erscheinen Christi gerade in diesem Land auch verstehen. Das weltgeschichtliche Ereignis der Menschwerdung Gottes kann nicht allein unter dem Gesichtspunkt der Heilsgeschichte wie in den Evangelien erlebt werden. Durch Anschaulichkeit kann die Heilsgeschichte begreifbarer werden, wenn auch das Wort Jesu an den ungläubigen Thomas gilt: *„Selig sind, die nicht sehen und doch glauben."* (Joh. 20,29). Der moderne Mensch ist gewohnt, Raum und Zeit in die Betrachtung einzubeziehen. Dazu gehören die Landschaft, die Menschen in ihrer

Der Verkündigungsaltar in Nazareth.

Zeit, die politischen Verhältnisse, die Kunst, die Umwelt also, aus der heraus und in die hinein die Bibel spricht. Sicher spielt bei dieser Gewohnheit gerade in der Moderne unterschwellig ein religiöses Sicherheitsbedürfnis des Christenmenschen eine Rolle, der ja auf Erden keine endgültige Heimat zu finden vermag und daher besonders anfällig dafür ist, religiöse Wahrheiten auch in irdischen Abbildern zu suchen.

Die irdische Existenz Jesu steht deshalb im Mittelpunkt unzähliger Untersuchungen. Die Evangelien geben uns über seine Gestalt Auskunft. Besonders das Evangelium des Lukas stellt die Geschichte Jesu vor den Hintergrund der Zeitereignisse. Die zeitgenössischen Schriftsteller erwähnen ihn jedoch nicht. Vielleicht wird er sogar bewußt verschwiegen. Der jüdische Histo riker Josephus Flavius widmet Jesus Christus in seinen „Jüdischen Altertümern“ nur einen kleinen Abschnitt, wobei noch nicht einmal geklärt ist, ob dieser Text nicht als späterer Einschub von christlichen Bearbeitern zu gelten hat.

Um diese Zeit lebte Jesus, ein weiser Mensch, wenn man ihn überhaupt einen Menschen nennen darf. Er war nämlich der Vollbringer ganz unglaublicher Thaten und der Lehrer aller Menschen, die mit Freuden die Wahrheit aufnahmen. So zog er viele Juden und auch viele Heiden an sich. Er war der Christus (d.h. der gesalbte, der Messias). Und obgleich ihn Pilatus auf Betreiben der Vornehmsten unseres Volkes zum Kreuzestod verurteilte, wurden doch seine früheren Anhänger ihm nicht untreu. Denn er erschien ihnen am dritten Tage wieder lebend, wie gottgesandte Propheten dies und tausend andere wunderbare Dinge von ihm vorherverkündigt hatten. Und noch bis auf den heutigen Tag besteht das Volk der Christen, die sich nach ihm nennen, fort.

Aus:
Josephus' Jüdische Altertümer.
Achtzehntes Buch, 3. Kapitel.

Die historischen Personen aber, die in den Evangelien, den Geschichtsbüchern des Neuen Testaments, erwähnt werden, kennen wir auch aus anderen Belegen. Antike Autoren wie Titus Livius, Seneca, später Plutarch und Tacitus schildern uns die Ereignisse zur Zeit Jesu und die Personen, die das römische Reich beherrschten und verwalteten. Der Blick dieser Schriftsteller ist allerdings auf das römische Weltreich gerichtet. Seine kleinste Provinz, die kleine Welt des Jesus aus Nazareth, deren 250 km von Norden nach Süden ohne große Schwierigkeiten zu Fuß durchwandert werden konnten, bleibt im Schatten. Dennoch hatte dieses Palästina vor nahezu zweitausend Jahren ein kulturelles Niveau, das sich mit dem der damals führenden Römer durchaus messen konnte. Im Bereich der Bildung übertraf es sogar viele Völker des römischen Reiches. Jeder Knabe mußte beispielsweise vier Jahre lang die Grundschule besuchen. Lesen und Schreiben beherrschten alle Bevölkerungsschichten. Handwerker galten gebildeter als Bauern. Besonders Tischler und Zim-

Die Ruinen von Kapernaum.

merleute stachen durch ihre Bildung hervor. Sie waren ja zugleich Architekten. Josef als Zimmermann vermittelte sicher seine Kenntnisse an Jesus. Vermutlich übte Jesus dieses Handwerk einige Jahre aus. Er kann nicht ungebildet gewesen sein. Auch wurde er mit „Rabbi“, „mein Lehrer“, angesprochen.

In Palästina wurden zur Zeit Jesu drei Sprachen gesprochen: Aramäisch, Hebräisch und Griechisch. Das Aramäische, das aus den Zeiten des Persischen Reiches stammte, in dem es offizielle Verwaltungssprache war, kann als Umgangssprache in Palästina bezeichnet werden. Es hatte in dieser Hinsicht das Hebräische verdrängt. Hebräisch war die Sprache der alttestamentlichen Schriften, der religiösen Unterweisung der Juden. Das Griechische, das durch die Eroberungen Alexanders des Großen sich über den ganzen Vorderen Orient verbreitet hatte, galt als Kultursprache. Es ist auch die Sprache des Neuen Testaments, das aber vermutlich aramäische Urfassungen gehabt hat. Es ist anzunehmen,daß Jesus und seine Umgebung alle drei Sprachen be-

Das Hafenbecken von Caesarea.

Die Skyline von Tel Aviv.

Abendstimmung vor der großen Moschee in Akko.

Haifa.

Banjas, einer der
Quellorte des Jordan.

herrschten. Damit waren sie auch in den verschiedensten Kulturen zu Hause. Jesus' Umwelt war also im Hinblick auf die Bildung keinesweges provinziell. Neben den Sprachverbindungen in alle Welt sind ebenfalls die wirtschaftlichen Kontakte zu nennen. Schiffsverbindungen führten in alle Teile des römischen Reiches. Die Handelsbeziehungen erstreckten sich über den gesamten Mittelmeerraum. Caesarea war einer der bedeutendsten Umschlaghäfen zwischen Orient und Okzident.

Die Verkündigungsbasilika in Nazareth, der größte Kirchenbau im Nahen Osten.

In diesem Spannungsfeld zwischen geographischer Provinzialität und urbaner, weltaufgeschlossener Geistigkeit mit Einflüssen sprachlicher und kultureller Art einer Vielzahl von Völkern wurde Jesus vermutlich im Jahr 7 v. Chr., im zweitletzten Jahr der Herrschaft von Herodes dem Großen in Betlehem geboren und wuchs nach der Rückkehr aus Ägypten in dem kleinen unbekannten Dorf Nazareth auf. Er wurde von seinen Eltern zu einem frommen Juden erzogen. Die Geschichte vom zwölfjährigen Jesus im Tempel anläßlich seiner Bar Mitzwar-Feier, bei der er mit den Schriftgelehrten diskutierte, belegt seine religiöse Erziehung. Als Erwachsener lernte er sicher das Handwerk seines Vaters, Zimmermann, zumal gerade das Baugewerbe sehr aussichtsreich war, da es unter Herodes einen gewaltigen Aufschwung genommen hatte. Da Schriftgelehrte kein Gehalt bekamen, mußte er sich nebenbei als Handwerker seinen Unterhalt verdienen, wie es üblich war. Deshalb konnte Jesus zu den Seinen sagen: „*Umsonst habt ihr empfangen, umsonst sollt ihr geben. Wer arbeitet, hat Anspruch auf Unterhalt*" (Matth. 10,8). Seine Religion übte er als frommer Jude aus. Mit etwa dreißig Jahren begann Jesus seine Predigerlaufbahn. In der Nähe von Jericho wurde er von Johannes im Jordan getauft. Nicht weit von hier liegt Qumran, der Sitz der Essenersekte, von der Jesus wohl einiges in seine Lehre aufgenommen hat, etwa das Prinzip des Gemeinschaftseigentums und das „Liebesmahl". Die Evangelien erwähnen mehrmals Synagogen, in denen er betete und unterrichtete. Sein Hauptwirkungsfeld befand sich im Umkreis des Sees Genezareth, in und um „seine Stadt" Kapernaum, in Magdala, der Heimat Maria Magdalenas, und in Bethsaida, wo die Apostel Petrus, Andreas und Philippus herstammten. Etwa drei Jahre war Jesus als Wanderprediger tätig, bevor er ein letztes Mal Jerusalem besuchte. In Jerusalem wird deutlich, welche Ehrfurcht er dem Hause Gottes entgegenbrachte, als er die Tische der Geldwechsler im Vorhofe des Tempels umstürzte, weil sie das Bethaus zur Räuberhöhle machten (Joh. 2,15). Seine Maßnahme richtete sich allerdings vor allem gegen die Priester, denen das Geschäft mehr als das Gebet am Herzen lag; denn die Wechsler waren wichtig, da sie das heidnische Geld der Wallfahrer aus allen Teilen der damals bekannten Welt in das heilige Tempelgeld umzuwechseln hatten. Sicher nahm Jesu auch immer an den großen heiligen Festen in Jerusalem teil. Nur wenige Tage vor seinem Tod veranlaßte er seine Jünger, alle Vorkehrungen für das Passahfest zu treffen. Bis auf den *„kleinsten Buchstaben“* oder das *„Tüpfelchen vom Gesetz“* (Matth. 5,18) hielt er sich an die mosaischen Gebote. Wenn er dennoch gegen manche Vorschriften oder gegen den Sabbat Stellung nahm (Matth. 12,3 – 8), so geschah das, weil ihm viele rituelle Übungen übertrieben und sinnentleert erschienen. Ihm ging es wohl kaum um eine Revolution des jüdischen Glaubens, sondern um eine Reformation. Unter diesem Gesichtspunkt verkündigte er die Erlösung Israels, fühlte er sich als Messias, auf den sich seit Jahrhunderten die Hoffnung der Juden richtete. Wie sehr er über die Lehren des mosaischen Gesetzes dabei hinauswuchs, vor allem durch das große Gebot: *„Du sollst Deinen Nächsten lieben wie dich selbst“*, macht verständlich, daß ihn das orthodoxe Judentum nicht als den Messias, den politisch-religiösen Heilbringer, anerkennen konnte, auf den es wartete. Daher wurde Jesus in Jerusalem verhaftet und vor dem Hohen Rat, dem Synhedrium, der Gotteslästerung beschuldigt, als politischer Aufrührer dem römischen Landpfleger Pontius Pilatus übergeben, verurteilt und von den Römern, die allein das Blutrecht hatten, durch Kreuzigung hingerichtet. Dieser kurze Lebensweg Jesu hatte aber welthistorische Folgen. Er verleiht in den Augen von Millionen von Christen dem heutigen Land Israel den Rang des Heiligen Landes.

Wenig hat sich heute in der Landschaft im Vergleich zu Jesu Zeiten verändert. Uralte Olivenölbäume mit ihren grauen Blättern, Feigenbäume, Disteln und Dornen, Weinterrassen, Ziegen- und Schafherden unter dem ungeheuer lichtvollen metallischen Himmel veranschaulichen auch heute noch die biblischen Gleichnisreden. Immer noch sieht man Bauern mit hölzernem Pflug die Felder bebauen. Auch die Wege und Straßen sind noch dieselben, die Jesus einst wandelte. Straßenschilder wecken Erinnerungen an biblische Ereignisse. Jeder Schritt und Tritt und jede Fahrt im Heiligen Land in der Gegenwart rufen somit die Erzählungen der Bibel wach und lassen weder den Pilger noch den unbeteiligten Touristen unberührt.

Jerusalem – „Königin in den Ländern“

(Jeremias Klagelieder 1)

Unsere Füße stehen in
deinen Toren, Jerusalem.
Jerusalem ist gebaut, daß es eine
Stadt sei, da man
zusammenkommen soll . . .
Es möge Friede sein
in deinen Mauern und Glück
in deinen Palästen!
Um meiner Brüder
und Freunde willen
will ich dir Frieden wünschen.
Um des Hauses willen
des Herrn, unseres Gottes,
will ich dein Bestes suchen.
(Psalm 122)

Blick auf Jerusalem von Südwesten aus mit dem Zionsberg und der alten Stadtmauer.

Heiligtum für Juden, Moslems und Christen

Eine alte Landkarte in Form eines Wandteppichs stellt Jerusalem als das Zentrum der Welt dar. Die drei Kontinente der alten Welt, Afrika, Asien und Europa gehen von diesem Zentrum aus, wie es schon der Prophet Hesekiel als Botschaft des Herrn mitteilt: *„Das ist Jerusalem, das ich mitten unter die Heiden gesetzt habe und ringsumher Länder“* (Hes. 5,5). Auch heute scheint die Stadt noch mitten unter die Heiden gesetzt und zwar aus der Blickrichtung einer jeden Religion, die in Jerusalem ihre heiligen Stätten besitzt. Der Jahrtausende alte Wunsch des Psalmisten, zusammen zu kommen, hat bisher nichts gefruchtet. Eifersüchtig und manchmal von traumatischen Ängsten erfüllt suchen Juden, Christen und Moslems ihre religiösen und politischen Rechte in Jerusalem zu wahren. Jerusalem ist die Stadt dreier Weltreligionen, die alle den Frieden auf ihre Fahnen geschrieben haben, in deren Mauern jedoch, ebenso wie in der Vergangenheit, kein Friede herrscht und in deren Palästen, von denen es kaum mehr welche gibt, das Glück selten zu Hause zu sein scheint. Siebzehnmal wurde die Stadt zerstört, 36 Kriege hinterließen ihre Spuren, neunzehn Jahre war sie durch Mauern und Stacheldraht zwischen Israel und Jordanien geteilt. Wo bleibt da das Glück in den Palästen?

Den drei großen Weltreligionen, die alle auf der monotheistischen Lehre der hebräischen Propheten gründen, dem Judentum, dem Christentum und dem Islam, gilt Jerusalem als heilige Stadt oder heilige Stätte, auf die keiner verzichten will und kann. 656mal wird die „Stadt Davids“ in der Bibel genannt. Mehrfach erscheint auch „der Schatz“, die „Heilige“, „El Kuds“ im Koran. Den Juden ist „Jerushalayim“ die Stadt des Friedens und des Heils, der Schönheit und der Weisheit. Die jüdische Sage erzählt: „Zehn Maße von Schönheit kamen auf die Welt, Jerusalem erhielt neun davon.“ Ihre Mauern bergen etwa 5000 Synagogen. Die Moslems erbauten in „El Kuds“ fast 60 Moscheen. Für die Christen ist Jerusalem der Nabel der Welt (Hes. 16,4), von größerer Bedeutung als Rom, mit etwa 200 Kirchen und Klöstern, denn der Prophet Hesekiel wußte: *„Hier ist der Herr“* (Hes. 48,35). Aus diesem Grund weinten und schworen die Ver-

schleppten „an den Wassern von Babylon“: „*Vergesse ich dein Jerusalem, so werde ich meiner Rechten vergessen. Meine Zunge soll an meinem Gaumen kleben, wo ich dein nicht gedenke, wo ich nicht lasse Jerusalem meine höchste Freude sein.*“
(Psalm 137, 5-6).

Zwar kennt das Judentum keine heiligen Stätten. Seine Beziehung zu Jerusalem ist bedingt durch die Geschichte des jüdischen Volkes, die sich hier abgespielt hat und die hier in der Hoffnung auf das endgültige Heil gipfelt. Das Warten auf Erlösung durch die Ankunft des Messias erhebt gerade für die streng orthodoxen Juden des Jerusalemer Stadtteils Mea Shearim, die die unheilige Heimkehr durch den politischen Zionismus ablehnen, Jerusalem mit den Resten des Tempels zum Mittelpunkt der Welt. Der Tempel heiligt die Stadt und war seit eh und je das Wallfahrtsziel aller Juden (Jes. 1, 26; 2, 2-5; Ps. 137, 1). Sehnsüchtig schauten die Juden während der Teilung der Stadt vom Zionsberg auf die Altstadt zur Klagemauer, dem Rest des herodianischen Tempels, denn die jordanische Regierung hatte ihnen das Betreten der Altstadt während der neunzehn Jahre ihrer Herrschaft untersagt.

Jerusalem mit den Kuppeln des Felsendoms und der EL Aksa-Moschee vom Fuße des Ölbergs aus.

Die Pluralendung des hebräischen Yerushal-ayim ist für die jüdischen Mystiker der Kabbala ein Hinweis, daß es ein Jerusalem auf Erden und eines im Himmel gebe. Das irdische Jerusalem ist ihnen das Tor zum Himmel. Wenn Gott vom himmlischen Jerusalem auf die Erde herabsteigt, wird die Menschheit Erlösung finden in der Harmonie von Erde und Himmel, Geist und Fleisch.

Auch für die Moslems beherbergt Jerusalem heilige Stätten. Die Erde ist geschaffen *„zur Einsicht und Ermahnung für jeden reuig sich bekehrenden Diener“* Allahs (50. Sure 7). Die Gläubigen haben die Pflicht, zu den Orten der Offenbarung Allahs durch die Propheten zu pilgern, vor allem zum ersten Hause, das Allah für die Menschen gründete, zur Ka'aba, dem Hause Abrahams in Mekka (3. Sure 90 f). Der Koran nennt Adam, Noah, Abraham, Isaak, Joseph, Moses, Elias, Jonas und Jesus als bedeutendste Propheten Allahs. Da nach alter Überlieferung Abraham seinen Sohn Isaak auf dem Moriahberg in Jerusalem opfern wollte, ist der ganze heilige Bezirk, der Haram esh Sharif, wie der Tempelplatz heute genannt wird, für die Moslems ebenfalls ein Heiligtum der Offenbarung Gottes. Hinzu kommt natürlich die Erinnerung an Mohammed, den größten Propheten Allahs. Im Koran heißt es: *„Preis dem, der seinen Knecht des Nachts von dem heiligen Gebetsplatz* (der Mesdschid el Haram, der Ka'aba) *zu dem weitentfernten Gebetsplatz* (der Mesdschid el Aksa) *reisen ließ, dessen Umgebung wir gesegnet haben, um ihm unsere Zeichen zu zeigen“* (17. Sure 1). Die Kommentatoren des Korans erblicken in dieser Sure einen Hinweis auf die geheimnisvolle Nachtreise (isra) Mohammeds mit seinem Reittier Buraq (Blitz) von Mekka über Betlehem nach Jerusalem in Begleitung des Engels Gabriel. Am heiligen Fels, der Moriahbergspitze trafen sie auf Abraham, Moses, Jesus und andere Propheten und beteten gemeinsam. Dann stieg Mohammed von diesem Fels, auf dem er einen Fußabdruck hinterließ, auf einer Lichtleiter gen Himmel, wo ihm die Vision des Paradieses zuteil wurde.

Nachdem der Kalif Omar 638 Jerusalem erobert hatte, errichtete er an der Stelle der heutigen El-Aksa-Moschee ein erstes moslemisches Heiligtum. Hier lagen die Trümmer des jüdischen Tempels zwischen Resten und Abfall aus byzantinischer Zeit.

Den Platz zum Bau der Moschee empfahl der christliche Patriarch Sophronius dem Kalifen. Ob er mit dieser Empfehlung bewußt den Keim für spätere jüdisch-islamische Auseinandersetzungen legen wollte, ist umstritten. In jedem Fall liegt jedoch hier einer der Gründe, weshalb die Moslems bis in die Gegenwart fürchten, die Juden könnten ihnen den Ort wieder entreißen, um ihren Tempel neu zu errichten. 691 baute der Kalif Abd el Malik über der Felsspitze des Moriahberges eine neue großartige Moschee, den Felsendom. Für die Moslems geht es also um den ganzen heiligen Bezirk, den Tempelplatz, nicht nur um einzelne Örtlichkeiten. Jerusalem wird insgesamt als der „Welt des Islams" zugehörig angesehen. Es ist neben Mekka und Medina die drittheiligste Stätte des Islams. Deshalb ist für die Moslems auch die Eingliederung Ostjerusalems in den israelischen Staat nicht hinnehmbar, zumal bei ihnen eine Trennung zwischen religiösen und politischen Interessen schon vom Wesen des Islams her nicht möglich ist.

Für die Christen ist Jerusalem der Mittelpunkt der Welt. Im Rückgriff auf die Schöpfung meint man, Jerusalem sei der Ort, an dem der erste Mensch Adam von Gott erschaffen und später begraben wurde. Besondere Bedeutung hat die Stadt jedoch durch die Ereignisse um den Tod und die Auferstehung Jesu sowie die Verkündigung der Frohen Botschaft. Allerdings löste sich schon sehr früh der Symbolcharakter Jerusalems von der irdischen Stadt ab, nicht zuletzt wohl auch durch die historisch-politischen Ereignisse bedingt. Im ersten nachchristlichen Jahrhundert schreibt der Apostel Paulus an die Galater über den alten und den neuen Bund Gottes mit den Menschen:

„Denn das sind zwei Testamente: eins von dem Berg Sinai, das zur Knechtschaft gehört, welches ist Hagar; denn Hagar heißt in Arabien der Berg Sinai und ist ein Gleichnis für das Jerusalem dieser Zeit, das dienstbar ist mit seinen Kindern. Aber das Jerusalem, das droben ist, das ist die Freie, die ist unsere Mutter"
(Gal. 4, 24-26).

Jesu Sühnetod hat den Menschen von den Fesseln und Banden des Gesetzes befreit, das sich nach der Ansicht von Paulus zwischen Gott und die Menschen gestellt hatte. Paulus lehnt hier vor allem das mosaische Gesetz ab. Aus diesem Grund deutet er das Alte Testament allegorisch um und macht den ersten Schritt zu einer Vergeistigung des irdischen Jerusalems, die dann im Laufe der Jahrhunderte bis zum Mittelalter im Bedeutungssystem des vierfachen Schriftsinns gipfelt, in dem für den Christen Jerusalem nicht als Stadt in Judäa Bedeutung besaß, sondern allegorisch als Kirche auf Erden, tropologisch als menschliche Seele und vor allem anagogisch als Reich der Seligkeit Geltung erhielt. Dabei symbolisiert die Bezeichnung Jerusalem zugleich die Kirche. Vom irdischen Jerusalem war immer weniger die Rede. Auch besaß die Stadt keine politische Macht, wie etwa die politischen Mittelpunkte Konstantinopel, Antiochia oder Alexandria, die eben darum zu kirchlichen Zentralen wurden. Das Konzil von Nicäa (325 n. Chr.) bestätigte zwar die Ehrenstellung Jerusalems unter den Städten in Palästina, weil der Herr und seine Apostel in ihren Mauern gewandelt waren, doch zu einer Patriarchatsstadt ist Jerusalem in den ersten christlichen Jahrhunderten nicht geworden. Jerusalem wurde nur als geistiger Mittelpunkt des Kosmos anerkannt. Erst das Konzil von Chalcedon (451 n. Chr.) machte Jerusalem zum Patriarchat und unterstellte ihm drei palästinensische Provinzen. Diese Geschichte der kirchenpolitischen Bedeutung Jerusalems wirft ein Licht auf die generelle Einschätzung der Stadt durch das Christentum.

Trotz des Kampfes der Christen gegen die heidnische Welt der Römer, der Abgrenzung gegen das Judentum und der Auseinandersetzungen mit dem Islam erfolgte erst, abgesehen von der kurzen Zeit des Kreuzfahrerkönigreiches, wieder seit dem 19. Jahrhundert, als der türkische Sultan, der „kranke Mann am Bosporus“, sich Konzessionen abringen ließ, ein erneuter Bedeutungsanstieg der heiligen Stadt für die Christen. Die politische Entwicklung, besonders im 20. Jahrhundert, verschärfte allerdings auch die Gegensätze zwischen den drei Weltreligionen, sodaß der biblische Wunsch nach Friede und Glück in den Mauern und Palästen Jerusalems heute mehr denn je aussichtslos erscheint. Wundnarben aus den mehr als eineinhalb Jahrtausende dauernden Auseinandersetzungen zwischen den Religionen heilen nicht in eineinhalb Jahrhunderten. Doch die Hoffnung bleibt.

Else Lasker-Schüler:

JERUSALEM

Gott baute aus Seinem Rückgrat: Palästina
aus einem einzigen Knochen: Jerusalem.

Ich wandele wie durch Mausoleen –
Versteint ist unsere Heilige Stadt.
Es ruhen Steine in den Betten ihrer toten Seen
Statt Wasserseiden, die da spielten:
Kommen und Vergehen.

Es starren Gründe hart den Wanderer an –
Und er versinkt in ihre starren Nächte.
Ich habe Angst, die ich nicht überwältigen kann.

Wenn du doch kämest . . .
Im lichten Alpenmantel eingehüllt –
Und meines Tages Dämmerstunde nähmest –
Mein Arm umrahmte dich, ein hilfreich Heiligenbild.

Wie einst wenn ich im Dunkel meines Herzens litt –
Da deine Augen beide: blaue Wolken.
Sie nahmen mich aus meinem Trübsinn mit.

Wenn du doch kämest –
in das Land der Ahnen –
Du würdest wie ein Kindlein mich ermahnen:
Jerusalem – erfahre Auferstehen!

Fünftausend Jahre Geschichte

„Denn siehe, ich will Jerusalem schaffen zur Wonne und sein Volk zur Freude.“
(Jes. 65, 18)

Erste Spuren

Seit mehr als 5000 Jahren weist der Boden Jerusalems Spuren menschlicher Besiedlung auf. Zwar wölbt sich über der ersten Besiedlung und der Entstehung der Stadt das Dunkel vorgeschichtlicher Zeit; doch die von den Juden als nationales Hobby betriebene und vor allem aus politischen Gründen geförderte Archäologie erhellt, daß schon im dritten Jahrtausend v. Chr., zu Beginn der Bronzezeit, auf dem heute weitgehend unbewohnten Südosthügel der Altstadt, am Ophel in der Nähe der Marienquelle, Menschen in Höhlen lebten. Sie gehörten zum Stamm der Kanaaniter, die befestigte Siedlungen auch in anderen Teilen der judäischen Berge besaßen.

Ins Licht der Geschichte tritt Jerusalem an der Schwelle des zweiten Jahrtausends v. Chr.. Verteidigungsgräben und eine primitive Opferstätte in der südöstlichen Ecke der heutigen Altstadt legen Zeugnis davon ab, daß die Kanaaniter diese Stätte, die gute Verteidigungsmöglichkeiten bot und immer mit Wasser versorgt war, schon früh befestigten.

In schriftlichen Zeugnissen taucht Jerusalem zum ersten Mal um 1900/1800 v. Chr. in altägyptischen Ächtungstexten auf. Scherben von Vasen und Statuetten, die in den 20er Jahren unseres Jahrhunderts in Theben und Sakkara in Ägypten gefunden und in mühevoller Kleinarbeit zusammengesetzt wurden, weisen Drohungen, Flüche und Verwünschungen auf: Sie sollten „Tod“ bringen, „bei jedem schlechten Wort und Gedanken, bei jeder Verschwörung, bei bösem Streit und Planen.“

Adressiert sind diese Flüche und Verwünschungen sowohl an ägyptische Hofbeamte und Würdenträger als auch an Herrscher in Kanaan und Syrien. Man glaubte, daß im gleichen Augenblick, wenn die Vase oder Statuette zerschmettert würde, der oder die Verwünschte der Kraft beraubt wäre und der Fluch sich verwirklichte. Auch die Familie des Verfluchten, sein Wohnsitz und sein Gefolge wurden in den Bann einbezogen. Unter den Städtenamen ist auch Jerusalem als „Urusalim“ anzutreffen, ein

Beweis einmal für die Existenz der Stadt zu jener Zeit als auch für ihre Bedeutung, da offensichtlich die Herrscher von Kanaan hier ihren Wohnsitz hatten. Man hat die in Theben gefundenen Scherben zusammengesetzt und zu ergänzen versucht, so daß folgender Ächtungstext ermittelt werden konnte: „Der Herrscher von Jerusalem mit Namen Eqam und alle, die mit ihm sind, und der andere Herrscher von Jerusalem mit Namen Ssam und seine Getreuen, alle Menschen, die in Jerusalem sind, die Helden, die Schnelläufer, ihre Verbündeten, ihre Mitkämpfer, die Anführer, die Ränkeschmiede, die Revolutionäre, die den Abfall vorbereiten in diesem ganzen Land – sterben sollen sie!"

Jerusalem hat also 1900 v. Chr. bereits existiert; es wurde von zwei Stadtkönigen beherrscht, die offensichtlich im Begriff waren, sich von der ägyptischen Oberherrschaft freizumachen. Dafür wurden sie verflucht.

In der Bibel erscheint die Stadt bei jener seltsamen Begebenheit, als Melchisedek, „König von Salem" und „Priester Gottes des Höchsten", Brot und Wein dem in der Schlacht gegen die Könige siegreichen Abraham brachte und ihn segnete (1. Mos. 14, 18). Vor der Zeit Abrahams kannte man offensichtlich hier schon den wahren Gott. Der Name Salem (Schalem) für Jerusalem rührt vermutlich von der Gottheit Schalem her. Schalem bedeutet „vollständig" oder „Friede". Die Sprachwissenschaft leitet die Entstehung des Namens Yerushalayim, der semitischen Ursprungs ist, von einem Wort „Yeru" mit der Bedeutung „tragen" oder „liefern" ab. Yeru-Schalem hieße demzufolge „trage Friede"; was auch nur ein frommer Wunsch ist, wenn man an die wechsel- und leidvolle Geschichte der Stadt denkt, die seit Anbeginn im Spannungsfeld zwischen der verfluchenden Scherbe aus dem Staube Ägyptens und den Friedenswünschen hebräischer Propheten stand.

Die jüdische Legende sieht die Entstehung des Namens Jerusalem anders. Sie verquickt sie mit der Gestalt des Patriarchen Abraham und berichtet, daß schon lange bevor Abraham gelebt habe, Sem, der Sohn Noahs, die Stadt Salem nannte, weil das Wort „Heil" bedeute. Der Patriarch nun wollte sie Jeru oder Jireh nennen, und da Gott beiden gefällig sein wollte, gab er ihr beide Namen: Jeru-Salem.

Im fünfzehnten Jahrhundert v. Chr. muß Jerusalem schon eine mächtige Stadt mit hohen turmbewehrten Mauern gewesen sein, die bis nach Mesopotanien bekannt war. Sie wurde dort in Urkunden ebenfalls als Urusalim bezeichnet und war von den im Festungsbau besonders erfahrenen Kanaanitern bewohnt, die den zweihundert Jahre später einfallenden Israeliten sehr hartnäckigen Widerstand leisteten und große Opfer abforderten.

Um 1350 erscheint der Name Jerusalems als Stadtstaat auf den Tontafeln der Residenz von El-Amarna (Achetaton = Licht des Aton) in Ägypten. Auf einer dieser Tafeln, die als Amarna-Briefe in die Geschichte eingegangen sind, schreibt der ägyptische Statthalter Abdi-Hipa an seinen König: „... verloren gehen die Lande des Königs. Die Habiru plündern alle Lande des Königs. Wenn Hilfstruppen kommen in diesem Jahr, dann bleiben die Länder dem König erhalten. Wenn aber keine Hilfstruppen kommen, dann gehen die Länder des Königs meinem Herrn verloren ...“. Weiter schreibt Abdi-Hipa aus Jerusalem nach Theben: „Es wisse der König, mein Herr, daß ich dem König, meinem Herrn, nicht eine einzige Karawane senden kann! – Was hab' ich denn dem König, meinem Herrn, getan? – Man verleumdet mich vor dem König, meinem Herrn, und sagt: Abdi-Hipa ist dem König, seinem Herrn, abtrünnig geworden. Siehe, das ist die Tat Mil-Kilis, des Fürsten in Syrien, und die Tat der Söhne Labajas im Süden des Landes, welche das Land des Königs den Habiru preisgegeben haben. Und jetzt wollen Mil-Kili und sein Schwiegervater Tagi, nachdem sie Rubada genommen haben, auch Urushalaim erobern ...“. Die Hilfe wurde nicht gewährt.

Bevor etwa im 13. Jahrhundert v. Chr. die Israeliten begannen, das Land Kanaan zu erobern, re-

Eine der sechs Amarna-Tafeln des Abdi-Hipa. Der Brief ist in Keilschrift geschrieben und zwar auf akkadisch (babylonisch), der Sprache des damaligen diplomatischen Verkehrs.

dete Moses kurz vor seinem Tod seinem Volk noch einmal ins Gewissen. Dabei spricht er von *„der Stätte, die der Herr erwählt"* (5. Mos. 12, 14), um das Brandopfer zu feiern. Man nimmt im Hinblick auf Abraham an, daß mit dieser erwählten Stätte der Berg Moriah gemeint ist, auf dem der Patriarch Isaak opfern wollte (1. Mos. 22, 2). Dieser Berg Moriah wird in der Geschichte des Tempelbaus von Salomon zum ersten Mal in Jerusalem lokalisiert (2. Chron. 3, 1). Die Samariter allerdings meinen, daß sich die Bibel auf den Berg Gerizim bei Sichem (Nablus) bezieht.

Die Bibel erwähnt Jerusalem zum ersten Mal im Buch Josua (10, 1) : *„Da aber Adoni-Zedek, der König zu Jerusalem hörte, daß Josua Ai gewonnen und es verbrannt hatte . . . fürchteten sie sich sehr . . . "*. Adoni-Zedek ist der Führer der Amoriterkönige, die sich gegen die im 13. Jahrhundert das Land Kanaan erobernden Israeliten zusammengeschlossen hatten. Josua gelang es jedoch nicht, Jerusalem zu erobern. Trotz Jahwes Schutz und seiner Wunderhilfen dauerte es fast zwei Jahrhunderte, bis die Stadt, die den kanaanitischen Jebusitern gehörte und Jebus hieß, von den Israeliten eingenommen werden konnte. Die Jebusiter, die wie die Kanaaniter sich als Festungsbauer rühmten, waren von der Qualität ihrer Mauern so überzeugt, daß bei ihnen das Sprichwort umging: *„Um die Stadt zu verteidigen, genügen Blinde und Lahme"*. (Vgl. auch 2. Sam. 5, 6).

Nach der Landnahme durch die Israeliten und der Aufteilung Kanaans lag die Nordgrenze Judas im Süden, *„an der Mittagsseite des Jebusiters, das ist Jerusalem"* (Jos. 15, 8). Den nördlichen Teil erhielt der Stamm Benjamin zugeteilt. Im biblischen Buch der Richter heißt es, daß die Männer des Stammes Juda Jerusalem *„gewannen . . . und schlugen es mit der Schärfe des Schwerts und zündeten die Stadt an"* (Richt. 1, 8).

Sie verließen es aber wieder. Die Angehörigen des Stammes Benjamin, denen das Gebiet zugeteilt war, *„vertrieben die Jebusiter nicht, die zu Jerusalem wohnten"* (Richt. 1, 21), vermochten es wahrscheinlich auch gar nicht. Historisch verbürgt jedenfalls ist, daß die Jebusiter ihre Stadt zwischen den israelitischen Stämmen Juda und Benjamin weiterhielten und befestigten.

Ausgegrabene Ruinen von Häusern und Töpferscherben aus der mittleren und jüngeren Bronzezeit werfen zumindest etwas Licht auf die Lage des kanaanitischen und jebusitischen Jerusalems. Die Stadt befand sich auf einer ovalen Anhöhe im Süden der heutigen Altstadt. Die Kidronschlucht im Osten und eine damals ebenfalls tiefe Schlucht im Westen, von der heute nur noch eine leichte Mulde beim Dungtor zu erkennen ist, begrenzten die Ansiedlung. Diese ehemalige

Schlucht, die weiter nach Norden und am Damaskustor vorbeiführt, ist als Tyropäon- oder Käsemachertal bekannt. Im Osten war die Jebusiterfeste durch eine gewaltige Mauer gesichert, innerhalb derer ein Schacht bis zur Gihon-Quelle durch den Felsen getrieben war. Tausend Jahre vor dem unterirdischen Kanal, den König Hiskia graben ließ, gab es also schon damals einen Zugang zur Quelle. Durch diesen Schacht drangen etwa um 1000 v. Chr. die Männer Davids in die Jebusiterfestung ein, die damals auch Ophel oder Bollwerk Zions hieß.

„Zion" hängt vermutlich mit den hebräischen Wörtern „Zia" oder „Zina" zusammen und meint entweder „trockenes Land", „dürrer Fels" oder den „Schild". Das Wort bezog sich zunächst auf den Berg Moriah (Tempelberg) und seinen Felsen. Später diente es zur Bezeichnung von ganz Jerusalem und wurde als Burg Zion zum Symbol für das Haus des Herrn, von dem das Gesetz des Friedens für alle Völker ausgehen werde (Jes. 2, 1-4). Auch wird einst in Jerusalem der „Thron des Herrn" errichtet, zu dem alle Völker kommen werden, um Gott zu huldigen, *„und sie werden nicht mehr wandeln nach ihren verstockten und bösen Herzen. In jenen Tagen wird das Haus Juda zum Haus Israel gehen und sie werden miteinander heimkommen von Norden her in das Land, das ich euren Vätern zum Erbe gegeben habe."* (Jes. 3, 17-18).

Von der Burg Zion zu Davids Stadt

„Und David zog hin und das ganze Israel gen Jerusalem, das ist Jebus ... Und die Bürger zu Jebus sprachen zu David: Du sollst nicht hereinkommen. David aber gewann die Burg Zion, das ist Davids Stadt" (1. Chron. 11, 4 f).

Davids Eoberung begann mit dem Angriff auf die Feste Zion auf dem Ophel, die die Stadt nach Süden schützte. Er versprach: *„Wer die Jebusiter am ersten schlägt, der soll ein Haupt und Oberster sein"* (1. Chron. 11, 6). Es war Joab, der mit seinen Männern durch den unterirdischen Wasserschacht in die Festung eindrang und den Sieg einleitete.

Unmittelbar nach dem Sieg errichtete David seine Hauptstadt an der eroberten Stätte. *„Und er baute die Stadt umher, von Millo an bis ganz umher"* (11. Chron. 11, 8). Das hebräische Wort „Millo" ist mit „Auffüllung" zu übersetzen. Die Mauern Davids waren dazu bestimmt, die Erdmassen festzuhalten, die von Gewitterregen zum Kidronbach hinuntergerissen wurden.

Hebron, der bisherige Mittelpunkt Israels, war David zu abgelegen. Davids erster königlicher Palast wurde von phönizischen Architekten errichtet. David vergaß nicht, daß er den Sieg über die Jebusiter mit der Hilfe Gottes errungen hatte. Im 122. Psalm singt er sein Dankeslied mit dem Versprechen: *„Um des Hauses willen des Herrn, unseres Gottes, will ich dein Bestes suchen“* (Psalm 122, 9). Auch ließ er als Zeichen seiner Dankbarkeit das tragbare Tabernakel mit den Gesetzestafeln, die Bundeslade, nach Jerusalem bringen, so daß die königliche Hauptstadt zugleich zur religiösen Metropole wurde. Auf dem Moriah-Felsen ließ er als erstes Heiligtum ein Zelt errichten, das die Bundeslade barg. Das Moriah-Felsplateau diente dem Jebusiter Ornan als Tenne zum Weizendreschen.

David gab *„Ornan um den Platz Gold, an Gewicht sechshundert Lot. Und David baute daselbst dem Herrn einen Altar und opferte Brandopfer und Dankopfer“* (1. Chron. 21, 25, 26). Am Tag der Überführung der Bundeslade von Hebron nach Jerusalem sah das Volk Israel, wie König David selber *mit aller Macht vor dem Herrn her(tanzte) und war begürtet mit einem leinenen Leibrock“* (2. Sam. 6, 14).

Das goldene Zeitalter Salomons

Da König David in den Augen Gottes zu blutbefleckt war, er zu viele Kriege geführt hatte (1. Chron. 22, 8), durfte erst sein Sohn und Nachfolger König Salomon den Tempel, das Haus des Herrn, errichten. Die Bibel verzeichnet sehr genau die baulichen Erweiterungen, die der von nun an heilige Mittelpunkt des auserwählten Volkes erfuhr. Zunächst verband Salomon die Stadt Davids durch eine Erdaufschüttung mit dem Moriahberg. Auf der westlichen Höhe erbaute er die „erste Mauer“ zum Schutz der Stadt. An ihrer Südseite befanden sich das Ephraimstor und das Ecktor. An der Ostseite der Davidsstadt legten Ausgrabungen Überbleibsel der früheren Jebusiter-Feste und einen viereckigen Turm aus der salomonischen Epoche frei. Das sind die bisher einzigen stummen Zeugen aus der Königszeit Jerusalems. Die beredten Chronisten der Bibel hingegen berichten sehr ausführlich, wie Salomon die Stadt, den Tempel und seinen Palast anlegte. Mit Hilfe des befreundeten phönizischen Königs Hiram von Tyros und unter Aushebung von 150 000 Fronarbeitern begann er den größten, schönsten, prachtvoll geschmücktesten Tempel, den es je gegeben hatte (2. Chron. 2-9), zu errichten. *„Und der Kö-*

nig gebot, daß sie große und köstliche Steine anbrächen, gehauene Steine zum Grund des Hauses. Und die Bauleute Salomos und die Bauleute Hirams und die Gebaliter hieben aus und bereiteten zu Holz und Steine, zu bauen das Haus" (1. Kön. 5, 31,32). Noch heute sind nordöstlich vom Damaskustor im moslemischen Viertel der Altstadt Höhlen zu besichtigen, die „Salomons Steinbrüche" genannt werden, allerdings von Herodes zum Neubau des Tempels genutzt wurden. Auch ein Stück des Stadtmauerfelsens dort läßt Spuren von Steinbrucharbeiten erkennen. Diese stammen wohl eher aus der salomonischen Epoche.

Hiram lieferte Zedern-, Tannen- und Sandelholz aus dem Libanon (2. Chron. 2, 7). 600 Zentner Gold wurden benötigt, um dem Allerheiligsten, den Söllern und Zinnen des Tempels einen glanzvollen Überzug zu geben. Siebeneinhalb Jahre (968-960 v. Chr.) dauerte der Tempelbau. Über das Aussehen des Tempels berichten das Buch der Könige und der Prophet Hesekiel. Das Gebäude lag auf einem 2,75 m hohen Podium (Hes. 41, 8), zu dem zehn breite Stufen am Eingang emporführten. Der Eingang war flankiert von zwei Säulen: *„Und die er zur rechten Hand setzte, hieß er Jachim, und die er zur linken Hand setzte, hieß er Boas. Und er stand also oben auf den Säulen wie Lilien*" (1. Kön. 7, 21, 22). Durch eine Tür mit doppelten Flügeln in der Vorhalle, die mit Schnitzereien und eingelegtem Goldblech geschmückt war (1. Kön. 6, 35) gelangte man in das „Heilige", das durch Deckenöffnungen erleuchtet war (1. Kön. 6, 4). Den Tempel selbst umzog an drei Seiten ein dreistöckiges Seitengebäude, in dem sich dreißig kleine Räume befanden (Hes. 41, 6), die als Schatzkammern und Ankleide- sowie Speiseräume der Priester dienten. Hinter dem „Heiligen" lag das „Allerheiligste", ein fensterloser, völlig dunkler Raum.

Rekonstruktion des salomonischen Tempels

Auch die Stadt begann zu wachsen. Außerhalb der Befestigungsmauern entstanden Vororte und eine neue Krämerstadt, mit der der Prophet Zephanja hart ins Gericht geht (Zeph. 1, 10-12). Die Stadtgrenzen wurden unter der Herrschaft Salomons um mehr als das Doppelte erweitert. Sie reichten von dem Punkt, wo sich das Kidron- und das Hinnom-Tal trafen im Osten, bis zum Gipfel des Tempelbergs. Diesem glanzvollen religiösen und politischen Mittelpunkt des salomonischen Reiches war allerdings nach des großen Königs Tod bald ein trauriger Verfall beschieden, denn: *„Also fiel Israel ab vom Hause David bis auf diesen Tag . . . Und folgte niemand dem Hause David als der Stamm Juda allein“* (1. Kön. 12, 19, 20).

„Und Hiram sandte seine Knechte im Schiff, die gute Schiffsleute und auf dem Meere erfahren waren, mit den Knechten Salomons.“
(1. Könige 9, 27)

Diese Nachzeichnung eines sehr zerstörten Wandgemäldes in Theben aus der Zeit des Pharaos Amenophis III. (ca. 1413-1377 v. Chr.) zeigt das Entladen zweier phönizischer Handelsschiffe, in einem ägyptischen Hafen. Am Kai erwerben Händler und Ladenbesitzer die Ware.

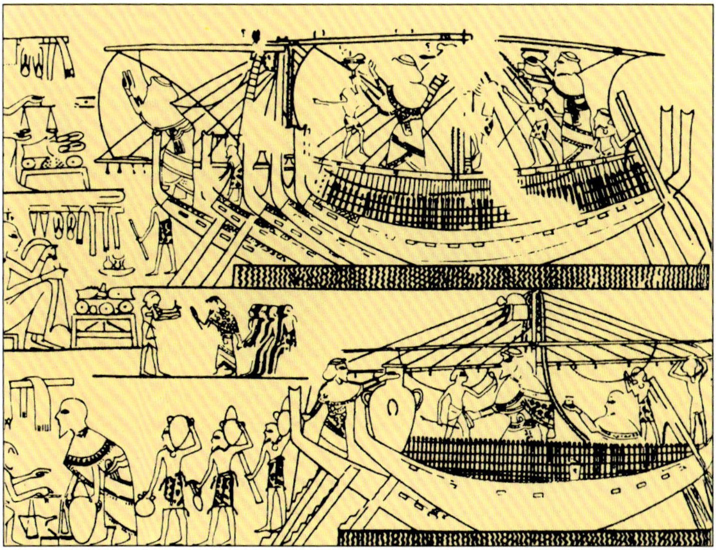

Reichsteilung und Niedergang

Nach dem Tode König Salomons (929 v. Chr.) verlor Jerusalem rasch seine politische und heilige Bedeutung. Ein Bruderzwist um die Nachfolge des großen Königs brach aus. Der rechtmäßige Thronerbe Rehabeam vermochte nicht die Herrschaft über das gesamte Reich anzutreten, denn die zehn nördlichen Stämme fielen von ihm ab und wählten seinen Bruder Jerobeam zum König von Israel. Jerobeam errichtete seine Residenz in Schomron, Samaria. Jerusalem blieb die Hauptstadt Judas und der Dynastie Davids. Fünf Jahre später fiel jedoch der ägyptische Pharao Schechonk I., der König Sisak der Bibel, über das durch den Bruderkrieg geschwächte Juda her. Rehabeam mußte ihm den Tempelschatz und alle königlichen Reichtümer aushändigen, um ihn von der Eroberung seiner Hauptstadt abzuhalten (1. Kön. 14, 25; 2. Chron. 12, 9). Auch das Nordreich unter Jerobeam blieb von den Plünderungen Sisaks nicht verschont. Es versank schließlich in meuchelmörderischen Wirren nach dem Tode Jerobeams, bis 882 v. Chr. der Feldhauptmann Omri eine neue Dynastie gründete.

Omris Sohn Ahab mußte sich 853 v. Chr. zum ersten Mal der Großmacht erwehren, die mehr als hundert Jahre später Israel endgültig eroberte und die Stämme zum ersten Mal in die Gefangenschaft führte: der Macht von Assur. Eine Schwester Ahabs, Athalja, herrschte während der Omri-Dynastie in Jerusalem. Dort wurde ebenso wie bei den nördlichen Stämmen inzwischen dem durch Ahabs Frau Isebel aus Dison eingeführten Baalskult gehuldigt. Erst durch Jesajas Einfluß erfolgte unter dem aussätzigen König Usia und dessen Sohn Jotham eine religiöse und gesellschaftliche Erneuerung Judas. Das hatte zugleich politische Folgen. Usia konnte das Reich Juda im Westen bis ans Mittelmeer und im Süden bis nach Eilat ausdehnen. Vom aussätzigen König Usia kündigt eine Tafel, die heute im Israel-Museum zu besichtigen ist. Auf der quadratischen Steintafel steht in hebräischer Inschrift: „Hier sind die Knochen Usias, des Königs von Juda – nicht öffnen".

Die Tafel wurde in den 30er Jahren in der russischen Kirche St. Maria Magdalena entdeckt. Sie kam später nach New York und wurde 1968 vom Israel Museum zurückgekauft. Das Grab des

Königs Usia ist wahrscheinlich während der Ausdehnung Jerusalems zur Zeit des 2. Tempels dennoch geöffnet und seine sterblichen Überreste sind erneut auf dem Ölberg begraben worden.

Unter Usia wurde Jerusalem wieder befestigt. Usias Urenkel Hiskia, der ebenfalls noch unter dem Einfluß Jesajas stand, setzte die Befestigung der Stadt fort, da er mit einem Angriff der Assyrer, die gerade Schomron, die Hauptstadt des nördlichen Reiches, zerstört hatten (722 v. Chr.), auf Jerusalem rechnete. Hiskia besserte die Befestigungen der Stadt aus und errichtete eine zweite Mauer (2. Chron. 32, 5), an die noch das Fischtor erinnert.

Man nimmt an, daß die „zweite Mauer" Hiskias die neuen Vororte Jerusalems über das Tyropöontal hinweg und die Anhöhe des heutigen jüdischen Altstadtviertels hinauf umschloß. Archäologen fanden auch Grundmauern eines dicken, runden Turmes, den Hiskia auf dem Ophel erbauen ließ.

Im Zuge der Vorbereitungen gegen einen siegreichen Angriff ließ Hiskia alle Wasserquellen um die Stadt zuschütten, damit der Feind kein Wasser fände. Um den eigenen Wasserbedarf zu sichern, wurde ein unterirdischer Kanal von der Gihon-Quelle zum Teich Siloah innerhalb der Mauern gegraben, denn der alte Schacht, durch den Davids Männer in die Jebusiterstadt drangen, war inzwischen außer Gebrauch. Eine Gedenktafel, die sich heute im Museum von Istanbul befindet, berichtet in althebräischer Schrift von diesem Tunnelbau. Von der Quelle im Kidrontal an der Ostseite des damaligen Jerusalems schlängelt sich der Tunnel s-för-

„Und er (Sisak) gewann die festen Städte, die in Juda waren . . ."
(2. Chronik 12,4)

Nahaufnahme der als Gefangene dargestellten Städte Rehob, Bet-Shean, Sunem und Thaanach.

mig bis zum etwa 10 m tiefer gelegenen Siloah-Teich.

Die Länge des Tunnels beträgt 534 m. Die Höhe des Stollens schwankt zwischen 87 cm und drei Metern.

Im Zuge der Vorbereitung auf einen assyrischen Angriff versuchte Hiskia, sein Volk auch moralisch aufzurüsten. Er reinigte den Tempel vom Baalskult und vom assyrischen Götzendienst, den sein Vater eingeführt hatte.

„Aber im fünften Jahr des Königs Rehabeam zog Sisak, der König in Ägypten, herauf wider Jerusalem . . .“ (1. Könige 14,25)

Dieses steinerne Siegesrelief an der Südmauer des Tempels zu Karnak in Ägypten zeigt den Raubzug Sisaks nach Kanaan. Gott Amon mit dem Sichelschwert in der Hand und unter ihm seine Gemahlin, die Göttin von Theben führen in neun Reihen die 138 Orte und Städte, die Sisak eroberte, als mit Stricken aneinandergefesselte Gefangene dem Pharao zu.

„... und werdet das Wasser des untern Teiches sammeln ... und werdet einen Graben machen zwischen beiden Mauern vom Wasser des alten Teichs."
(Jesaja 22, 9,11)

Der Eingang zum Tunnel des Königs Hiskias bei der Gihon-Quelle.

Die Gedenktafel im Museum von Istanbul, die König Hiskia im Stollen anbringen ließ, mit der Inschrift:
„Und dies war die Geschichte der Durchbohrung. Als noch die Arbeiter die Hacke erhoben einer zum anderen hin, und als noch drei Ellen durchbohrt werden mußten, hörte man, wie einer dem anderen zurief, daß ein Loch im Felsen entstanden sei nach rechts und nach links. Und am Tage der Durchbohrung schlugen die Tunnelarbeiter einer dem anderen entgegen. Hacke gegen Hacke. Da strömten die Wasser aus der Quelle in den Teich an zwölfhundert Ellen, und hundert Ellen war die Höhe des Felsens über dem Haupt der Tunnelarbeiter."

Das Ende des Königreiches Juda

Nach dem Ende des Nordreiches war auch Juda Assyrien gegenüber tributpflichtig. Hiskia gelang es nicht, die immer unerträglicher werdenden Tributforderungen der Assyrer abzuschütteln. Dreihundert Zentner Silber und dreißig Zentner Gold hatte der König zu entrichten (2. Kön. 18, 14). Insgeheim verbündet mit dem babylonischen König Merodachbaladan (Berodach-Baladan, 2. Kön. 20, 12) und Ägypten lehnte sich schließlich Hiskia gegen die assyrischen Unterdrücker auf. Da drang 701 v. Chr. die assyrische Streitmacht unter König Sanherib nach Süden vor. Sanherib eroberte 46 Städte in Palästina, darunter die gewaltige Festung Lachisch. Sein General Rabschake sollte Jerusalem erobern. Rabschake redete die Jerusalemer in ihrer eigenen Sprache an und forderte ihre Kapitulation. Doch *„in derselben Nacht fuhr aus der Engel des Herrn und schlug im Lager von Assyrien 185 000 Mann. Und da sie sich des Morgens früh aufmachten, siehe, da lag's alles eitel tote Leichname. Also brach Sanherib, der König von Assyrien, auf und zog weg und kehrte um und blieb zu Ninive.“* (2. Kön. 19, 35,36). Einige Gelehrte vermuten, daß eine Epidemie im Heer Sanheribs ausgebrochen sein muß, die schnell Tausende von Soldaten hinwegraffte. 1938 fand man am Stadtrand von Lachisch ein Massengrab, das diese Vermutung bestätigte.

Jerusalem mußte allerdings weiter Tribut zahlen. Hiskias Sohn und Nachfolger König Manasse (696 – 639 v. Chr.) rettete durch seine Ergebenheit gegenüber den Assyrern zwar politisch das Land, aber in religiöser Hinsicht verkam das Volk Jahwes, denn Manasse übernahm den Planeten- und Sternenkult der assyrischen Zwingherren und errichtete sogar in den Vorhöfen des Tempels Altäre für heidnische Götter.

Vergeblich warnten die Propheten. *„Und der Herr sprach: Ich will Juda auch von meinem Angesicht tun, wie ich Israel weggetan habe, und will diese Stadt verwerfen, die ich erwählt hatte, Jerusalem, und das Haus, davon ich gesagt habe: Mein Name soll daselbst sein“* (2. Kön. 23, 27). Auf allen Plätzen Jerusalems wurde fleißig die Prostitution geübt, die den Babyloniern als heilig galt. Auch ließ der Gesalbte des Herrn, König Manasse, zu Ehren des Baalmoloch von Phönizien *„seinen Sohn durchs Feuer gehen“* (2. Kön. 21, 6). Das geschah in jener Niederung, die seitdem das „Würgetal“ heißt.

„Was aber mehr von Manasse zu sagen ist und alles, was er getan hat, und seine Sünde, die er tat, siehe, das steht geschrieben in der Chronik der Könige von Juda“ (2. Kön., 21,17)

Das Fragment - aus dem Badischen Landesmuseum in Karlsruhe - zeigt zwei assyrische Krieger neben ihren Pferden.
Die Szene ist Teil der Darstellung von der Belagerung der jüdischen Stadt Lachisch durch die Assyrer im Jahre 700 v.Chr. Das Alte Testament erwähnt dieses Ereignis dreimal.
(2. Könige 18; 2. Chronik 32; Jesaja 36).

Jerusalem vom Ölberg aus.
Im Vordergrund jüdische Gräber.

Sanheribs Bericht über seinen Feldzug gegen Palästina steht in Keilschrift auf einem sechsseitigen Prisma, dessen Texte die Feldzüge des Assyrerkönigs verherrlichen. Das Prisma befindet sich heute im Britischen Museum in London.

„Und Hiskia von Juda, der sich meinem Joche nicht unterworfen hatte, sechsundvierzig seiner festen, ummauerten Städte und die kleinen Städte in ihrer Umgebung ohne Zahl, belagerte ich durch den Sturm über Bohlenbahnen und den Ansturm an Belagerungsmaschinen, durch den Kampf der Fußsoldaten, durch Breschen, Minen und Pionierwerkzeuge, und ich eroberte sie... Ihn selbst schloß ich wie einen Käfigvogel in Jerusalem, seiner Residenz, ein. Schanzen warf ich gegen ihn auf, und wer aus seinem Stadttor herauskam, dem vergalt ich seine Untat. Seine Städte, die ich geplündert hatte, trennte ich von seinem Lande ab... und verkleinerte sein Land. Zu dem früheren Tribut, ihrer jährlichen Abgabe, fügte ich weitere Abgaben als Geschenk für meine Herrschaft hinzu und legte sie ihm auf ... Ihn aber, Hiskia, warf die Furcht vor dem Glanze meiner Herrschaft nieder, und die Urbi und seine trefflichsten Soldaten, die er zur Verstärkung seiner Residenz Jerusalem hineingebracht und als Hilfstruppen aufgenommen hatte, verfielen in Schrecken . . ."

Jerusalem unter Josia.

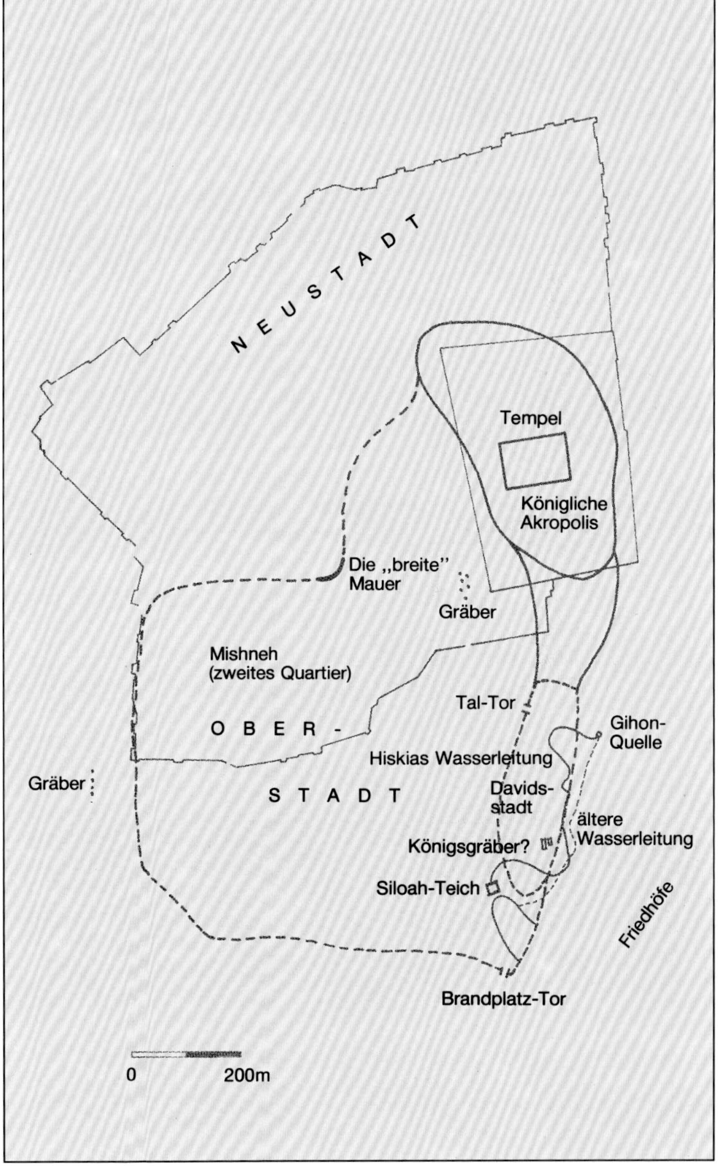

„Und führte weg das ganze Jerusalem, alle Obersten, alle Gewaltigen, 10 000 Gefangene, und alle Zimmerleute und alle Schmiede, und ließ nichts übrig denn geringes Volk des Landes . . .“ (2. Könige 24,14)

Wie auf diesem Reliefausschnitt aus Ninive aus dem 7. Jahrhundert v. Chr. muß die erste Wegführung der Juden nach der Einnahme Jerusalems durch König Nebukadnezar im Jahre 598 v. Chr. ausgesehen haben; denn die Babylonier standen den Assyrern an Härte und Grausamkeit nicht nach. Das Relief befindet sich im Louvre in Pa

„Und die Wahrsagung wird auf die rechte Seite gen Jerusalem deuten, daß er solle Sturmböcke hinanführen lassen und Löcher machen und mit großem Geschrei sie überfalle und morde, und daß er Böcke führen solle wider die Tore . . . “ (Hesekiel 21, 27)

Ebenso mag dieser assyrische Rammbock, der eine Stadtmauer zertrümmert und auf den Bronzetoren im Sommerpalast Salmanassars III. (9. Jahrhundert v. Chr.) im Tal Balawat an den Fall von Jerusalem unter Nebukadnezar gemahnen. Die Bronzetore befinden sich im Britischen Museum.

Die Warnung des Herrn:

„Siehe ich will Unglück über Jerusalem und Juda bringen, daß, wer es hören wird, dem sollen seine beiden Ohren gellen" (2. Kön. 21, 13), wurde nicht beachtet. Die Gottesfürchtigen empfanden es daher als eine gerechte Strafe des Herrn, daß die Assyrer Jerusalem unterwarfen und Manasse in die Gefangenschaft nach Babylon führten (2. Chron. 33, 11). Nach Manasses Reue durfte er nach Jerusalem zurückkehren. Nun errichtete er *„den Altar des Herrn und opferte darauf Dankopfer und Lobopfer und befahl Juda, daß sie dem Herrn, dem Gott Israels, dienen sollten"* (2. Chron. 33, 16). Das Weltreich der Assyrer begann indes zu wanken. Von Medern und Neubabyloniern angegriffen, fiel 614 v. Chr. Assur und zwei Jahre später Ninive. Anstelle der assyrischen Herrschaft trat nun die noch drückendere Babylons.

In Juda verfiel Manasses Nachfolger und Sohn Amon wiederum dem süßen Leben des Götzenkults, so daß das Volk Josia zum König erhob. Josia war der letzte große König der davidischen Dynastie. Sein Königreich dehnte sich aus bis nach Galiläa, nach Gilad im Osten und umfaßte den größten Teil der Mittelmeerküste. In Jerusalem besserte Josia den Tempel aus und machte die Stadt zum Pilgerzentrum am Passahfest. Er reinigte unter dem Einfluß des Propheten Jeremia Juda und Jerusalem vom Götzenkult. Leider kam Josia 609 v. Chr. im Kampf gegen den ägyptischen Vorstoß des Pharaos Necho nach Babylon auf der Ebene von Megiddo ums Leben.

Unter seinen Nachfolgern wurde Juda zwischen den Großmächten Babylon und Ägypten allmählich zerrieben. Im Jahre 598 v. Chr. erreichten die Truppen des babylonischen Königs Nebukadnezar Jerusalem und zwangen es zur Übergabe. Der achtzehnjährige König Jojachin wurde in die Verbannung gebracht. Mit ihm zusammen deportierten die Babylonier viele der vornehmen Bürger Judas, unter ihnen den Propheten Hesekiel. Elf Jahre später, nachdem sich Zedekia, ein Onkel des verbannten Königs, von Babylon mit Hilfe Ägyptens befreien wollte, schlug die letzte Stunde Judas. 587 v. Chr. erstürmten die Truppen Nebukadnezars Jerusalem, das sich achtzehn Monate gehalten hatte. Die Stadt ging in Flammen auf. Mit diesem Bild des Untergangs vor Augen gerieten zum zweiten Mal Tausende von Juden in die Verbannung nach Babylon. Das Königreich Juda war von der Landkarte verschwunden, bis es, wie der Herr durch den Mund des Propheten Jeremias verkündet hatte, *„an seinen Sabbaten genug hätte. Denn die ganze Zeit über, da es wüste lag, hatte es Sabbat, bis daß siebzig Jahre voll wurden"* (2. Chron. 36, 21).

Von der Rückkehr aus dem Exil bis zum Makkabäerreich

Es dauerte indessen nur 50 Jahre, bis den Exilierten an den Wassern Babylons der großherzige König von Persien Kyros II., der 539 v. Chr. als Vertreter einer neuen siegreichen Großmacht in Babylon eingezogen war, die ersehnte Heimkehr erlaubte. Kyros erließ 538 v. Chr. ein Edikt, daß den Juden die Heimkehr nach Juda freistellte, wobei unter seiner Schirmherrschaft auch der Tempel wiederaufgebaut werden sollte. Als Gouverneur über Juda hatte Kyros den judäischen Prinzen Sesbazar ernannt, der in Jerusalem sogleich mit den Aufräumungsarbeiten in der Tempelruine begann. Allerdings verzögerte sich der Wiederaufbau des Tempels bis 520 v. Chr.

Unter König Darius I. (522 – 486 v. Chr.) wurden die Arbeiten wiederaufgenommen. Das ganze Volk beteiligte sich beim Wiederaufbau des Tempels, so daß 516 v. Chr. das neue Haus des Herrn, der zweite Tempel, endlich vollendet war. Auch die Stadt erhob sich erneut aus der Asche. Im Norden entstand eine Festung, die Ha-Birra, die spätere Antonia-Burg zum Schutze des Tempels. Zu Beginn des 5. Jahrhunderts war Jerusalem wieder eine schöne Stadt, zwar bescheidener als Salomons Metropole, aber Jahwes immerhin würdig.

Diese anschließende Zeit der Restauration ist von zwei großen Gestalten geprägt. Der Prophet Nehemias, der als Statthalter nach Jerusalem kam, trug wesentlich zum Wiederaufbau der Stadt und der Stadtmauern bei. Einen Teil dieser Mauer des Nehemias entdeckten Ausgräber auf dem Berg Ophel nördlich der Gihon-Quelle. Der Prophet Esra, der um 458 v. Chr. mit einer großen Gruppe Juden aus Babylon heimkehrte, gab dem Judentum durch die Verkündigung des mosaischen Gesetzes um 430 v. Chr. das endgültige Gepräge. Er ersetzte die althebräische Schrift durch die assyrische, die bis heute verwendet wird. Der neue Staat hieß nun Juda, seine Bewohner Juden.

Juda war jetzt nur noch eine kleine Provinz, ein Distrikt der fünften Satrapie des neuen persischen Großreiches. Die Perser erkannten das kleine Gebiet um Jerusalem als heiliges Land an, das von seinen Priestern nach dem Gesetz von Moses regiert wurde.

Bis zum Aufstand der Makkabäer im zweiten vorchristlichen Jahrhundert vergrößerte sich Jerusalem unentwegt. Als unter Alexander dem Großen das Perserreich zusammenbrach, unterwarf sich Jerusalem friedlich den Hellenen. Nach Alexanders Tod 323 v. Chr. war Palästina Grenzland zwischen der seleukidischen Dynastie in Syrien und den Ptolemäern in Ägypten.

Bis 198 v. Chr. unterstand Juda den Ägyptern; danach eroberten die Seleukiden das Land. Jerusalem wurde Karawanenumschlagplatz und brachte es zu großem Wohlstand. Alle Erzeugnisse der hellenistischen Welt und des Orients flossen hier zusammen. Der Hauptmarkt lag im Norden des Tempels auf dem Plateau Bethesda. Der jüdische Adel wurde allmählich hellenisiert; er nahm griechische Namen und Sitten an. Einer der Hohenpriester richtete sogar unter dem Tempel ein Gymnasium ein und versuchte, den Namen Jerusalem in Antiochia umzuändern. Als schließlich der seleukidische König Antiochus IV. Epiphanes mit dem Spitznamen „Der Verrückte" (175 – 163) daran ging, den Tempelplatz zu beschlagnahmen und das Haus des Herrn in einen Kultort für Dionysos, den Gott der Fruchtbarkeit, des Weins und des Dramas zu verwandeln, wurde es den Jahwe treugebliebenen Juden zuviel. Unter der Führung von Juda Makkabäus brach zunächst in Modium, einem Dorf an der Westgrenze Judas, und schließlich im ganzen Land der Aufstand los. 164 v. Chr. säuberten die Makkabäer den Tempel vom Götzendienst, weihten ihn erneut dem Herrn und versuchten, die Griechen aus Jerusalem zu vertreiben. Das gelang jedoch nur halb. 19 Jahre behaupteten sich die Griechen im hellenistischen Teil der Stadt um die griechische Festung Acra, die im Westen des Tempelbergs im heutigen jüdischen Altstadtviertel stand. Erst 143 v. Chr. gelang es den Makkabäern, die Griechen endgültig zu vertreiben. Als erstes zerstörten sie Acra, die verhaßte Zwingburg, die die Stadt überwacht hatte. Die Stadtmauern Jerusalems wurden daraufhin wiederhergestellt, sogar eine neue Mauer errichtet, um die Zitadelle von der Stadtseite besser zu schützen. An der Stelle der Acra entstand der Palast der Makkabäerkönige.

Unter den Makkabäerkönigen wurde Jerusalem in den folgenden 80 Jahren wieder die Hauptstadt eines bedeutenden Staates. Vor allem unter der Herrschaft von Alexander Jannäus (102 – 76 v. Chr.) dehnte sich die Stadt nach Westen und Norden aus und erlebte einen großen Aufschwung.

Jerusalem umfaßte nun den gesamten Zionsberg, die Südmauer verlief am Hinnomtal entlang, die Nordmauer folgte dem Lauf der heutigen Davidstraße, die am Jaffator mündet. Im Osten und Südosten diente die Mauer des Nehemias und die Tempelflanke der Verteidigung. Ausgrabungen legten viele der hasmonäischen und makkabäischen Bauwerke frei. Am besten erhalten sind die monolithischen Grabmonumente im Kidrontal, vor allem das Grab (die „Säule") Absaloms. Diese Periode jüdischer Unabhängigkeit unter den Makkabäern fand 63 v. Chr. ein Ende, als die Römer unter Pompejus nach dreimonatiger Belagerung Jerusalem besetzten und die Herrschaft über das Land übernahmen.

Unter der Herrschaft Roms

Jerusalem erreichte seine höchste Pracht unter der Herrschaft von Herodes dem Großen (37 v. Chr. – 4. n. Chr.). Der Idumäer (Edomiter) Herodes hatte Antigonius (40 – 37 v. Chr.), den letzten der Hasmonäerkönige und Hohenpriester, abgelöst. Mit römischer Hilfe konnte er seit 39. v. Chr. seine Macht über einen großen Teil Palästina ausdehnen. Der römische Senat hatte ihn auf Antrag von Mark Antonius und Oktavian zum König von Judäa im Jahre 37 v. Chr. erklärt, nachdem Herodes das seit Ende 38 v. Chr. von ihm belagerte Jerusalem eingenommen hatte. In den ersten Jahren seiner Regentschaft ließ Herodes den makkabäischen Adel, der seinem Herrschaftsanspruch gefährlich werden konnte, in Jerusalem umbringen. Auch seinen Schwager und den Hohepriester ließ er töten. Seit jenem Zeitpunkt wurde der Hohepriester nicht mehr auf Lebzeiten ernannt. Die aristokratischen Sadduzäer (Zedukim) verachteten den Usurpator Herodes als „Sklaven, der herrscht". Dem Volk galt er als „König des Bösen". Die Sekte der Essener, denen Herodes als die Verkörperung des Dunklen galt, zog sich in die judäische Wüste nach Qumran zurück, um auf den Erlöser aus dem Hause Davids zu warten, der ein Reich des Lichtes bringen würde.

Herodes, auf dessen Seite das Glück in den Auseinandersetzungen zwischen Antonius und Oktavian stand, konnte nach anfänglichen Mißerfolgen sein Reich sehr erweitern und eine relative Unabhängigkeit gegenüber den Römern erlangen. Um sich beim jüdischen Adel und den römischen Tributherren beliebt zu machen und die eigene Macht zu stärken, begann er gewaltige Bauten zu errichten. Festungen an den Handelsstraßen und zur eigenen Sicherheit wie Caesarea, Sebastia, Herodion und die Erweiterung und Verschönerung Jerusalems gehören zu seinem Werk. Vor allem der Tempel im Osten der heiligen Stadt wurde ein so prachtvolles Bauwerk, daß Juden aus der ganzen antiken Welt und auch Nichtjuden ihn aufsuchten. An ihm baute man sechsundvierzig Jahre noch lange nach dem Tod des Herodes weiter. Zu Lebzeiten Jesu war der Tempel noch nicht vollendet.

Herodes verwendete für seine Bauten riesige Quader, deren Seiten glatt gemeißelt wurden, damit sie gut zusammengefügt werden konnten. Nur die Vorderseite blieb grob behauen. Diese Quader waren teilweise über 5 m lang, 1,70 m hoch und ebenso breit.

Das Tempelgebiet ließ Herodes erweitern. Die Klagemauer in ihrer beeindruckenden Höhe war die westliche Stützmauer des Tempelgeheges, das sich an der Südseite sogar 50 m über dem Boden außerhalb der Mauern erhebt.

Die Ruinen des Essener-Klosters in Qumran,
43 km südöstlich von Jerusalem am Toten Meer.

Die Ruinen Herodions

Die aus der Zeit des Herodes stammende Anlage
des Amphitheaters in Caesarea.

Kopflose monumentale Kaiserstatuen aus Porphyr
an der byzantinischen Straße in Caesarea,
das Herodes zu Ehren des Caesar Augustus benannte.

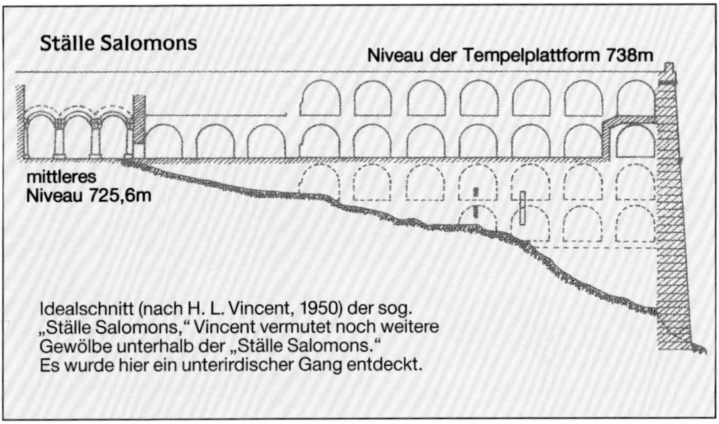

Idealschnitt (nach H. L. Vincent, 1950) der sog. „Ställe Salomons," Vincent vermutet noch weitere Gewölbe unterhalb der „Ställe Salomons."
Es wurde hier ein unterirdischer Gang entdeckt.

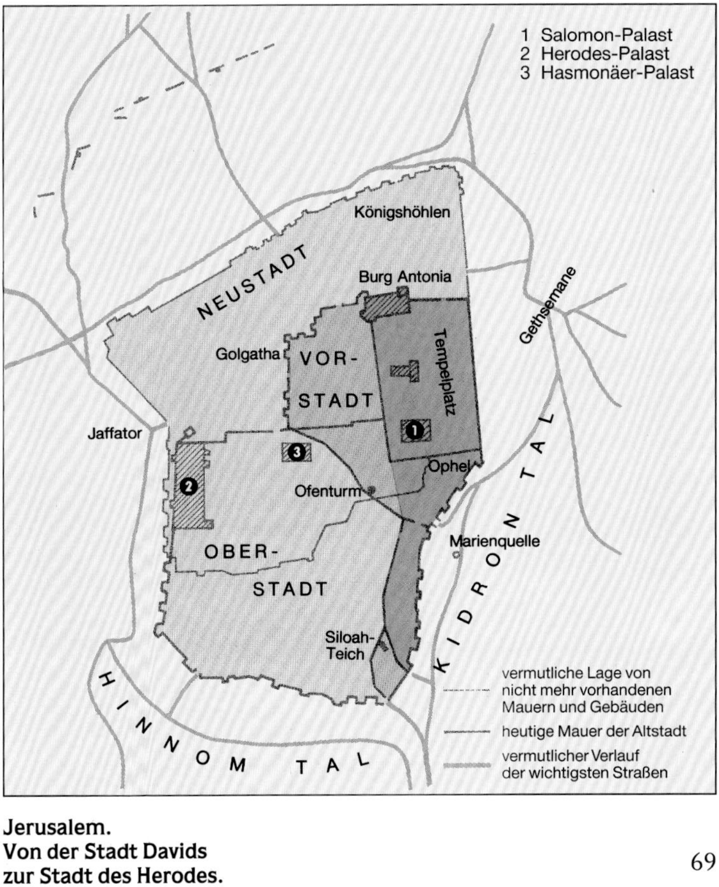

Jerusalem.
Von der Stadt Davids
zur Stadt des Herodes.

Durch diese Mauern war es möglich, gewaltige Hallen und Gewölbe innerhalb und unterhalb des Tempelhofes zu errichten. Reste davon sind die sogenannten Ställe des Königs Salomon bei der El Aksa-Moschee. Der Tempel erstrahlte in weißem Marmor. Er wurde von gewaltigen Mauern gestützt und war von einem Portikus umgeben, den fünfzehn hohe Marmorsäulen trugen. Goldornamente und goldene Zinnen schmückten das Haus des Herrn. Im Südwesten Jerusalems im Park des Holyland-Hotels ist nach dem Plan des Archäologen Prof. Avi-Yonah ein Modell Jerusalems zur Zeit des 2. Tempels im Maßstab 1:50 erbaut worden, das sehr anschaulich die Pracht und Größe Jerusalems zeigt.

Brücken und Treppen verbanden den Tempelberg mit den verschiedenen Stadtteilen. In der alten Davidstadt war das Armenviertel. Im Südwesten des heutigen Dungtors, im Tyropöontal, das in seinem mittleren Teil überdeckt wurde, lag die Unterstadt. Auf dem westlichen Berghang, nordöstlich des heutigen Ziontors erhob sich das Theater.

Darüber, auf dem heutigen Zionsberg und im jüdischen und armenischen Viertel, erstreckte sich die Oberstadt mit den Palästen der Reichen und dem Königspalast, dessen Fläche von der heutigen Südweststrecke der Altstadtmauer bis zum Jaffator reichte. Neben dem Tor ragten die drei Türme empor, die Herodes Hippikus, Phasael und Marianne nach seinem Freund, Bruder und seiner Ehefrau benannte. Nur noch der Turm Phasael ist mit der Höhe von 20 Metern erhalten geblieben. Spätere Generationen bezeichneten den Turm irrtümlich als Davidsturm. Außerhalb der Stadt im Westen unweit des King David-Hotels gibt das Grabmal der Herodesfamilie Kunde von des Herrschers Bauwillen.

Im Norden entstand ein neues Stadtviertel, das von der Burg Antonia bis zum heutigen Herodestor und südlich bis zur heutigen Davidstraße reichte. Die Grabeskirche und die Stätte Golgatha lagen jedoch außerhalb der herodianischen Stadtmauern.

Herodes erneuerte ebenfalls die Wasserversorgung der Stadt. Das Wassernetz reichte bis zu den Teichen Salomons bei Hebron. Später ließ der römische Statthalter Pontius Pilatus, der Jesus zum Kreuzestod verurteilte, ein Aquädukt bauen, das ebenfalls Wasser aus den Teichen Salomons in die Stadt brachte.

Die Bibel erwähnt Herodes d. Großen nur im Zusammenhang des Kindermords von Bethlehem: *„Da Jesus geboren war zu Bethlehem im jüdischen Lande zur Zeit Herodes . . .“* (Matth. 2, 1) und: *„Da Herodes nun sah, daß er von den Weisen betrogen war, ward er sehr zornig und schickte aus und ließ alle Knäblein zu Bethlehem töten . . .“* (Matth. 2, 16). Man nimmt an, daß Jesus etwa im

Die Nachbildung Jerusalems mit dem Tempel zur Zeit des Herodes.

Blick auf das Modell Jerusalem von Südwesten aus. Links die drei Türme Hippikus, Phasael und Marianne. Im Park des Holyland-Hotels.

Nachbildung des neuen Stadtviertels, unter Herodes Agrippa.

Der Stein in Caesarea mit der Inschrift des Pilatus.

7. Jahr, vermutlich am 12. April vor unserer nach ihm benannten Zeitrechnung geboren sein muß. Sicher ist, daß die von den Römern verordnete Volkszählung um 7. v. Chr. stattfand.

Nach dem Tode des Herodes wurden drei seiner Söhne als Nachfolger eingesetzt und das Reich aufgeteilt. Archelaos (4 v. Chr. bis 6. n. Chr.) erhielt Judäa. In seiner Regierungszeit zog Joseph mit dem Jesuskind von Ägypten zurück nach Nazareth. Herodes Antipas (4 v. Chr. – 39 n. Chr.) bekam Galiläa und Peräa. Die Bibel nennt ihn nur Herodes. Er war der Landesherr Jesu (Luk. 23, 7). Die nördlichen Gebiete in Syrien erhielt Philippus (4 v. Chr. – 34 n. Chr.) zugesprochen, der im Lukasevangelium erwähnt wird (Luk. 3, 1). Archelaos wurde bald durch Kaiser Augustus abgesetzt und sein Herrschaftsgebiet als römische Provinz einem Landpfleger unterstellt, der in Caesarea residierte und nur zu Festlichkeiten oder besonderen Anlässen nach Jerusalem kam. Kaiser Augustus regierte von 31 v. Chr. bis 14 n. Chr. Unter seinem Nachfolger Tiberius (14 – 37 n. Chr.) trat Johannes der Täufer auf, und Jesus begann zu wirken. *„Und Jesus war, da er anfing, ungefähr dreißig Jahre alt . . .“* (Luk. 3, 23). Tiberias ernannte Pontius Pilatus zum Landpfleger (26 – 36 n. Chr.). Durch ihn wurde Jesus in Jerusalem zum Kreuzestod verurteilt. Bis in die Gegenwart gab es außer den Hinweisen in der Bibel kein Zeugnis von Pilatus. Aber 1956 legten Archäologen in Caesarea einen Stein frei, in den der Name Pontius Pilatus eingemeißelt war. Dieser Fund erhärtete wiederum die biblischen Aussagen.

Unter den Nachfolgern des Herodes und den Statthaltern Roms wuchs Jerusalem immer weiter. Herodes Agrippa, ein Enkel des Herodes, vermochte mit der Hilfe des Caligula (37 – 41 n. Chr.), der auf den Kaiser Tiberius folgte, erneut judäischer König zu werden. Er hatte Herodes Antipas, dessen Frau Johannes den Täufer umbringen ließ, abgesetzt und in die Verbannung geschickt.

Herodes Agrippa war es, der den Apostel Petrus einkerkerte (Apostelgesch. 12, 1-10). In Jerusalem errichtete Agrippa eine neue Mauer im nördlichen Teil der Stadt, der am ehesten durch Angriffe gefährdet war. Hier gab es schon zwei parallel laufende Mauern, die durch die dritte nun uneinnehmbar gemacht werden sollten. Teile dieser Mauer sind heute unweit des Damaskustores im Norden des Gartengrabs zu besichtigen. Auch das Grab der Könige weiter nördlich vor Agrippas Mauer gilt als eindrucksvollstes Monument aus dem Jerusalem des 1. Jahrhunderts. Es war auf Befehl der Königin Adiabene von Nordmesopotamien in den Felsen gehauen und ist vor mehr als hundert Jahren entdeckt worden.

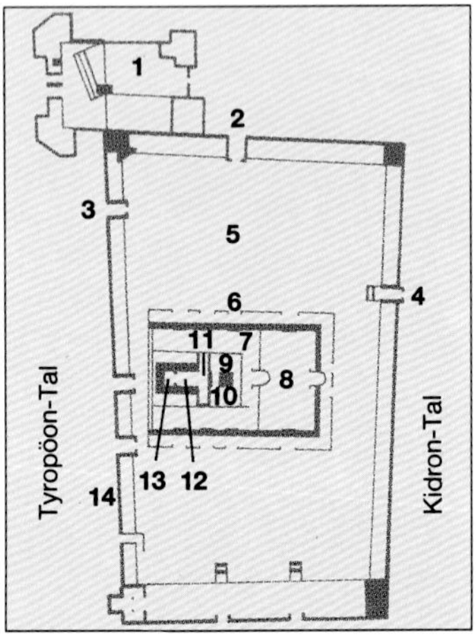

Herodianischer Tempel

1 Burg Antonia
2 Nordtor
3 Westtor
4 Goldenes Tor
5 Vorhof der Heiden
6 Schranke
7 Männerhof
8 Frauenhof
9 Priesterhof
10 Brandopferaltar
11 Vorhalle
12 Heiligtum
13 Allerheiligstes
14 Westmauer (heute Klagemauer)
15 Garten und Grab des Joseph von Arimathia
16 Amygdalonteich
17 Teich Bethesda
18 Schaftor
19 Säulengang
20 Sanhedrin
21 Palast der Hasmonäer
22 Hochpflaster
23 Palast des Herodes
24 Viadukt zur Oberstadt
25 Saal (letztes Abendmahl)
26 Wohnung des Kaiphas
27 Siloahteich
28 Reste von stufenförmigen Gassen
29 Essenertor
30 Misttor
31 Wasserleitung des Hiskia
32 Turm von Siloah
33 Gihonbrunnen
34 Grabdenkmäler aus dem 1.Jahrhundert
35 Garten Gethsemane
36 Rogelbrunnen 612m

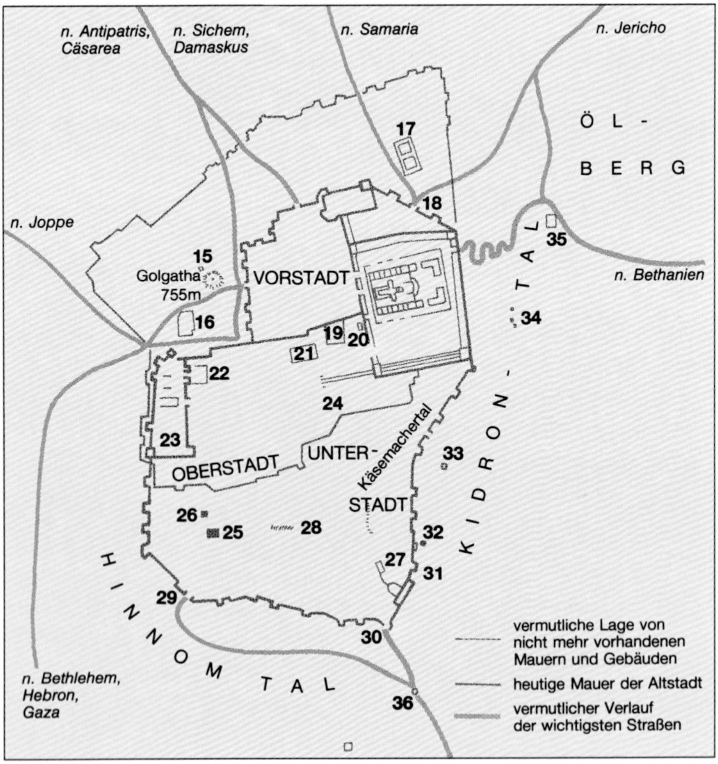

Jerusalem z. Z. der Evangelisten.

In diesem Zeitalter der Herodäer erreichte Jerusalem seine größte Ausdehnung. Der Stadtumfang betrug 33 Stadien, d.h., 6,3 km. Mehr als 200.000 Einwohner zählte die Stadt zu den Zeiten, als Jesus sie sah.

Als Herodes Agrippa I. in Caesarea starb, unterstellte der römische Kaiser Claudius den größten Teil von dessen Herrschaft wieder römischen Landpflegern. Unter diesen war auch der in der Apostelgeschichte 23, 33 erwähnte Prokurator Antonius Felix, der den in Jerusalem gefangenen Paulus in Caesarea inhaftierte.

Während der Regierungszeit Kaiser Neros (54 – 68 n. Chr.) kam es in Judäa wiederholt zu Aufruhr und Unruhen. Unter den Aufrührern der Juden standen die nationalistischen Zeloten (Eiferer) an der Spitze. Ebenso wie die berüchtigten räuberischen Siccarier (Messermänner) trugen sie Dolche und terrorisierten die Bürger. Der Aufruhr wurde immer erneut angestachelt durch falsche Propheten, die sich als Messias ausgaben. Unter dem Landpfleger Felix wiegelte ein falscher Messias aus Ägypten Tausende von Fanatikern auf dem Ölberg auf. Mit brutaler Gewalt schlug die Armee diesen Aufruhr nieder. Die Aufrührer erhielten auch Zulauf von den zehntausend Männern, die nach der Vollendung des Tempelbaus arbeitslos geworden waren und in ihrem Elend jeder Stimme der Hoffnung folgten. In dieser stimmungsgeladenen Situation standen nun die römischen Statthalter Festus (61 – 63), Albinus (63) und Gessius Florus (64 – 70) in Greueltaten weder ihrem Herrn in Rom noch den Zeloten in irgendetwas nach. Da sie fürchteten, daß aus einem friedlichen Judäa Beschwerden über ihre Amtsführung in Rom offene Ohren fänden, provozierten sie bewußt Unruhen. Der jüdische Historiker Josephus Flavius (37 – 100 n. Chr.) schildert in seinem „Jüdischen Krieg“ (Bellum Judaicum) aus der Sicht des Zeitgenossen sehr eindringlich, mit welcher Verschlagenheit die römischen Landpfleger immer erneut Anlaß suchten, um über die reichen Juden herzufallen und sie auszuplündern (Jüd. Krieg, Kap. 14-17).

Besonders der Prokurator Florus ließ mehrmals Stadtteile von Jerusalem von seinen Soldaten plündern und viele Einwohner niedermetzeln oder kreuzigen. Er verschonte auch nicht jene Juden, die römische Bürger waren. Die Auseinandersetzungen zwischen den Juden und Griechen in Caesarea gaben schließlich den Ausschlag für den Beginn des Kampfes gegen die Römer. In Jerusalem gewannen gegenüber den immer wieder zum Frieden mahnenden Vornehmen und Hohenpriestern und Pharisäern nun radikale Kräfte unter der Führung eines verwegenen jungen Mannes namens Eleazar die Oberhand. Eleazar befahl den Priestern des

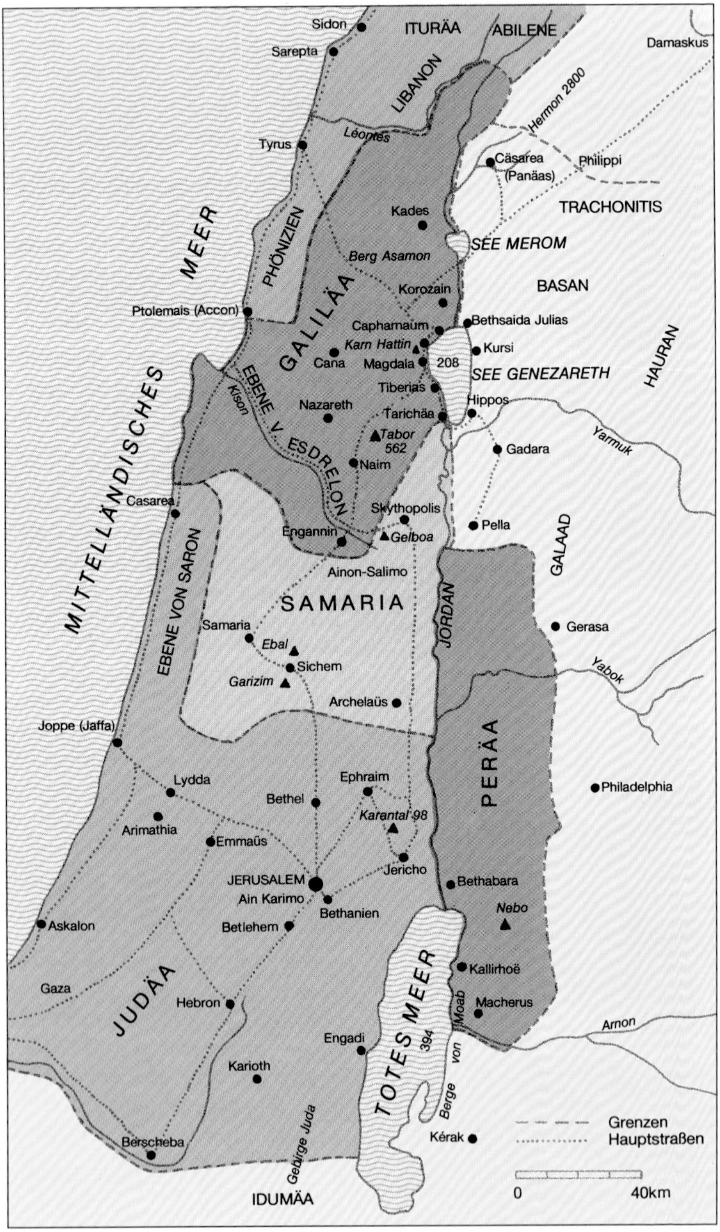

Palästina zu Beginn der christlichen Zeitrechnung.

Tempels, keine Gaben und Opfer mehr von Nichtjuden anzunehmen. Das war ein Affront gegen die Römer, da dadurch auch die zwei täglichen Opfer für die römische Nation und den Cäsar zurückgewiesen wurden. Eleazars Tat war der Beginn des jüdischen Krieges.

In Jerusalem säuberten die Anhänger Eleazars die Stadt von ihren Gegnern, zündeten das Haus des Hohenpriesters Ananias sowie die Paläste Agrippas II. und von dessen Schwester Berenike an, eroberten die Feste Antonia, metzelten die römische Garnision wortbrüchig nieder und errichteten ein Schreckensregiment. Der Versuch des römischen Generals Cestius, die Empörer niederzuzwingen, wurde nach kurzer Belagerung Jerusalems abgebrochen. Aus unbegreiflichen Gründen zog Cestius ab, machte dadurch die Empörer nur kühner und verlor schließlich sein ganzes Heer. Ganz Judäa und auch Galiläa waren inzwischen von Rom abgefallen. Um die Juden für ihren Abfall zu strafen und sich der Nachbarvölker zu versichern, sandte Nero Vespasian nach Palästina.

Es gelang Vespasian, Galiläa und Judäa niederzuwerfen. Nur Jerusalem, in dem die Idumäaer und Zeloten allmählich ihre eigenen Glaubensbrüder ausrotteten, hielt noch Stand. In dieser Zeit wurde Vespasian gedrängt, Kaiser in Rom zu werden, da nach dem Tode Neros dessen Nachfolger Vitellus die Verhältnisse im Reich nicht mehr zu ordnen vermochte.

Den Kampf um Jerusalem übertrug Vespasian seinem Sohn Titus, dem es gelang, nach [illegible]monatiger Belagerung 70 n. Chr. die Stadt zu erobern. Titus [illegible] zwar den Tempel schonen, aber die Beutegier und Mordlust seiner Söldner machten auch vor dem Allerheiligsten nicht halt. Am 16. August 70 n. Chr. fiel die Stadt, der Tempel wurde verbrannt und die Mauern wurden geschleift. Nur die Türme Phasael, Hippikus und Marianne sowie der westliche Teil der Ringmauer, die heutige Klagemauer, sollten stehen bleiben, um der Nachwelt ein Zeugnis von der Gewaltigkeit der Befestigungen und der römischen Tapferkeit zu geben. Titus feierte in Rom seinen Triumph. Im Innern seines Triumphbogens auf dem Forum Romanum befindet sich ein Relief, das den Triumphzug mit den beutebeladenen Soldaten darstellt.

Titus hatte die Zerstörung Jerusalems 70 n. Chr. vollzogen, die Jesus vorausgesagt hatte: „*Wahrlich, ich sage euch: Es wird hier nicht ein Stein auf dem anderen bleiben, der nicht zerbrochen werde*“ *(Matth. 24, 2)*

Seit diesen Tagen haben die Juden keinen Tempel mehr. An der Klagemauer erinnern sie sich jedoch noch heute an Hesekiels „Gesicht vom neuen Tempel“ (Hes. 40-43), der dereinst, wenn der Messias kommt, wieder auf dem Tempelberg errichtet wird.

Von der Aelia Capitolina zum christlichen Jerusalem

Jerusalem war zerstört und seine Bevölkerung beim Fall der Stadt fast gänzlich niedergemacht worden. Nur wenige Zeloten konnten fliehen. Sie hielten sich auf der herodianischen Feste Massada noch bis 73 n. Chr. und wählten angesichts der römischen Übermacht dann den Freitod. Die Provinzverwaltung verlegte man nach Caesarea. Yavne wurde nach Errichtung einer Gelehrtenschule zum neuen Zentrum des jüdischen Geistes.

Reste der prachtvollen Säulenkapitelle des Herodespalastes in Massada. Im Hintergrund das Tote Meer und die Berge Edoms in Jordanien.

Rede des Eleazar an die Verteidiger von Massada:

„Schon lange sind wir, meine Mitkämpfer, entschlossen, weder den Römern noch sonst jemand untertan zu sein außer dem Gott allein, weil er der wahre und rechtmäßige Gebieter der Menschen ist; jetzt ist der Augenblick gekommen, unsern Entschluß durch Taten zu verwirklichen. Entehren wir uns nicht selbst, indem wir, die wir früher nicht einmal eine ungefährliche Sklaverei ertragen wollten, jetzt mit der Sklaverei uns freiwillig die schrecklichsten Qualen aufbürden, die uns sicher bevorstehen, wenn wir in die Hände der Römer fallen. Denn wie wir die ersten waren, die sich auflehnten, sind wir auch die letzten, die noch gegen sie kämpfen. Ich halte es für eine besondere Gnade Gottes, daß er uns in den Stand setzt, ehrenvoll als freie Menschen unterzugehen, was anderen, die unversehens überwältigt wurden, nicht vergönnt war. Wir wissen ja, daß wir morgen früh in Feindeshand geraten werden; aber noch haben wir die freie Wahl, mit unsern Lieben einen edlen Tod zu sterben. Das können die Feinde nicht verhindern, so gern sie uns auch lebendig in ihre Gewalt bekommen möchten, ebensowenig wie wir nicht mehr imstande sind, sie im Kampf zu besiegen. Vielleicht

ätten wir gleich zu Anfang, als unser
Streben nach Freiheit auf Widerstand
ei unsern Landsleuten und auf noch
rößeren bei unseren Feinden stieß,
en Ratschluß des Gottes erkennen
ollen, daß er das ihm einst so teure
olk der Judäer verderben wollte.
enn wäre er uns gnädig geblieben
der nur wenig über uns erzürnt ge-
esen, würde er dem Untergang so
ieler Menschen nicht ruhig zuge-
haut und seine heilige Stadt nicht
em Feuer und der Zerstörungswut
nserer Feinde preisgegeben haben.
ollten wir noch zu hoffen wagen, es
önnte uns gelingen, allein von dem
anzen judäischen Volke übrigzublei-
en und unsere Freiheit zu retten, als
ätten wir gegen den Gott nicht ge-
ndigt und an keinem Frevel uns be-
iligt, während wir doch gerade die
hrmeister der anderen gewesen
nd? Ihr seht, wie der Gott unsere eit-
n Erwartungen Lügen straft, indem
eine Plage über uns kommen läßt,
e unsere Hoffnungen völlig zuschan-
n macht. Nicht einmal die Unein-
hmbarkeit dieser Festung konnte
s retten. Und hat uns nicht Gott
bst, obwohl wir einen reichen Vor-
t an Proviant, eine Menge Waffen
d allen sonstigen Bedarf in Überfluß
besitzen, jede Hoffung auf Rettung genommen? Nicht der Zufall ließ das anfangs den Feinden zugewandte Feuer gegen die von uns errichtete Mauer umschlagen, sondern der Zorn des Gottes wegen der vielen Frevel, die wir wie Wahnsinnige gegen die eigenen Landsleute begangen haben. Die Strafe dafür aber wollen wir nicht von unseren Todfeinden, den Römern, sondern vom Gott durch unsere eigne Hand erleiden; sie wird milder sein als andere. Ungeschändet sollen unsere Frauen sterben, und unsere Kinder, ohne die Sklaverei zu kennen. Und sind sie vorangegangen, wollen wir selbst einander den Liebesdienst erweisen und uns die Freiheit als Leichentuch bewahren! Zuvor aber wollen wir unsere Kostbarkeiten und die Burg durch Feuer vernichten; denn ich bin sicher, daß die Römer sich ärgern werden, wenn sie weder uns noch die Beute kriegen. Nur die Nahrungsmittel wollen wir übriglassen, damit sie nach unserm Tod zum Zeugnis dienen, daß nicht der Hunger uns bezwang, sondern daß wir, wie von Anfang an so auch jetzt noch entschlossen waren, den Tod der Sklaverei vorzuziehen."

Die überlebenden Priester des Tempels waren nach Galiläa gezogen, wo sie versuchten, das religiöse Leben der Juden fortzusetzen. Nur wenige Überlebende richteten sich erneut in den Trümmern ein. Am Südhang des Zionberges siedelten in Hütten und Höhlen römische Legionäre, die ihre jüdischen Sklavinnen geheiratet hatten, sowie freigekaufte Gefangene, die in ihre Heimatstadt zurückgekehrt waren. Die Heimkehrer bauten einige Synagogen wieder auf. Als Kaiser Hadrian (117 – 138 n. Chr.) die Ruinen Jerusalems 130 n. Chr. besuchte, konnte er schon sieben Synagogen zählen. Die Synagogen gewannen jetzt große Bedeutung als Ersatz für den Tempel. In ihnen durfte allerdings kein Opfer dargebracht werden. Sie unterstanden nicht der Priesterkaste wie der Tempel, sondern den Rabbinern. Hadrian beschloß, eine römische Kolonie an der Stelle der zerstörten Stadt zu errichten, die er Aelia Capitolina benennen wollte. Aelia nannte er sie zu Ehren des kaiserlichen Familiennamens, Capitolina stand für das Dreigestirn der heidnischen Götter Jupiter, Juno und Minerva. Diese Namensgebung, die die Erinnerung an die heilige Stadt Jerusalem und das Haus Jahwes auslöschen wollte, wurde von den Juden im Lande als letzte nicht mehr ertragbare Provokation empfunden. Der schon lange vorbereitete Aufstand gegen die Römer begann 132 n. Chr.

An die Spitze des Aufstands stellte sich als „Fürst von Israel“ Simon Bar Kochba, der ein umsichtiger und verwegener Guerillakrieger gewesen sein muß. Bar Kochba heißt „Sternensohn“. Die Gegner nannten diesen „Fürsten von Israel“ Bar Koziba, was „Sohn des Lügners“ heißt. Er hatte schon vor dem Aufstand in den Städten geheime unterirdische Stützpunkte angelegt. Bevor die Römer sich auf die Kampfführung Bar Kochbas einstellen konnten, hatten die Untergrundkämpfer Jerusalem schon eingenommen und einen neuen jüdischen Staat proklamiert, der sich etwa zwei Jahre gegenüber den Römern behauptete. Nachdem 135 n. Chr. Bar Kochba bei Betar gefallen war, brach der Aufstand zusammen. Die Römer verurteilten die überlebenden Anführer der Erhebung zum Tode und bauten Jerusalem als römisch-heidnische Stadt Aelia Capitolina wieder auf. Den Namen des Landes änderten die Römer in Syria-Palästina.

Für den heutigen Staat Israel ist der Kampf Bar Kochbas um die Freiheit ein nationales Vorbild. Als daher der Archäologe Prof. Yadin 1961 in einer Höhle am Toten Meer im Wadi Muraba'at Briefe des Simon Bar Kochba, der sich „Nasi Yisrael“, „Fürst von Israel“ nannte, entdeckte, wurde die Veröffentlichung dieser Dokumente zu einem nationalen Ereignis.

(Yigael Yadin: Bar Kochba – Archäologen auf den Spuren des letzten Fürsten von Israel, Hamburg 1971, S. 15)

In seinem erregenden Buch über Bar Kochba, den letzten Fürsten von Juda, erzählt Yigael Yadin:

„An einem Frühlingstag des Jahres 1960 saß ich, ein Bündel antiker Papyri vor mir, in meinem Arbeitszimmer in Jerusalem und überlegte, was sie wohl enthüllen würden. Aber ich konnte sie nicht ohne Hilfe eines Fachmannes entrollen, sonst wären sie in Staub zerfallen. Sie waren in einer fernen Höhle in einer der Schluchten nahe beim Toten Meer in der Einöde von Juda gefunden worden. Ein paar Wochen später waren die Papyri entrollt, und bald darauf war ich im Besitz eines bedeutungsvollen Geheimnisses.

Alle Ausgrabungen im Heiligen Land sind erregend, denn nirgendwo sonst auf Erden prüfen Archäologen historischen Staub von höherem Gehalt. Selbst der Präsident von Israel pflegt von Zeit zu Zeit Archäologen in sein Haus einzuladen, um sich über ihre Entdeckungen berichten zu lassen. Zu einem solchen Vortrag waren 1960 die Leiter einer Expedition von vier Mannschaften eingeladen, die die Höhlen in der Wüste Juda durchforscht hatten. Auch David Ben Gurion, damals Premierminister, dazu Kabinettsminister, Mitglieder der Knesset, hervorragende Schriftsteller und andere Gäste waren erschienen. Ich hatte eine der vier Gruppen geführt, und ich trug das Geheimnis in meiner Aktentasche, als ich mich zum Präsidenten begab.

Ein Bildschirm war im Hause des Präsidenten Ben Zvi aufgestellt worden, und als ich an der Reihe war, meinen Vortrag zu halten, erschien auf dem Bildschirm die Farbfotographie eines Teiles eines Dokumentes, und ich las laut die erste Zeile vor, darauf stand: „Shimeon Bar Kosiba, Fürst über Israel." Dann wandte ich mich an unser Staatsoberhaupt und sagte: „Exzellenz, ich habe die Ehre, Ihnen sagen zu können, daß wir fünfzehn Schreiben entdeckt haben, die von dem letzten Präsidenten des alten Israel vor 1800 Jahren geschrieben oder diktiert worden sind."

Für einen Augenblick schien die Zuhörerschaft mit Stummheit geschlagen. Dann brach ein Sturm des Staunens und der Freude los. An diesem Abend unterbrach Radio Israel sein Programm, um diese Nachricht bekanntzugeben, und am nächsten Tag erschienen die Zeitungen mit Groß-Schlagzeilen."

Die Festung Massada.

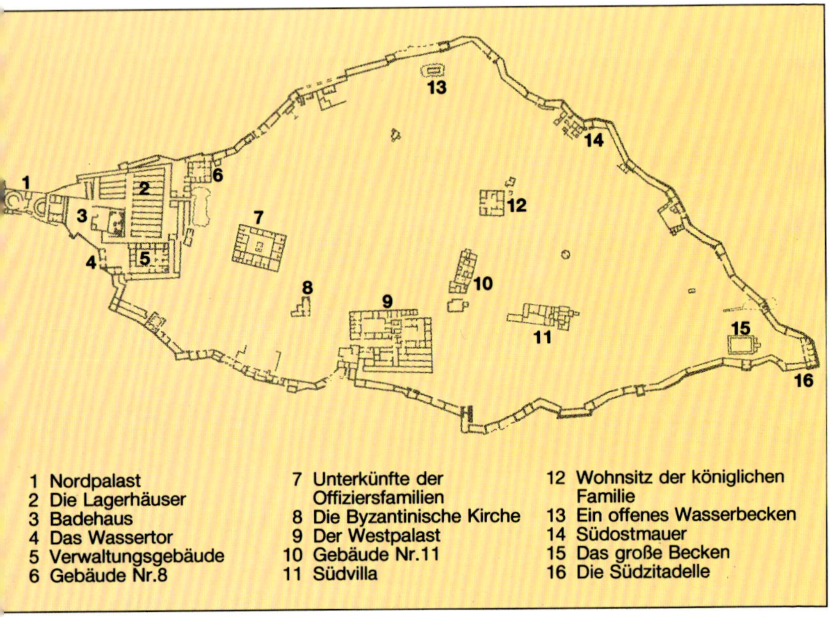

Blick auf das Geviert des römischen Lagers im Nordwesten Massadas. Von der Westseite aus errichteten die Römer eine Rampe, auf der sie ihre Kriegsmaschinen und Mauerbrecher aufstellten.

Die Tragödie von Massada ist heute ein Symbol des Unabhängigkeitswillens der Juden. Hier werden deshalb die israelischen Fallschirmjäger-Rekruten vereidigt mit dem Treueschwur: Massada soll nie wieder fallen".

Mosaike in Massada, die von Prof. Yigael Yadin ausgegraben wurden.

Reste der Fresken im Herodespalast auf Massada.

Die Auswirkungen des zweiten jüdisch-römischen Krieges waren für die Juden besonders schmerzlich. Da nach dem Bar Kochba-Aufstand etwa nur 70 000 Juden im Lande übrig geblieben waren, siedelte Kaiser Hadrian in Judäa Syrer und Araber an. Dadurch lebten die übrig gebliebenen Juden in Judäa wie in der Diaspora. Weiter verbot Hadrian allen Juden das Betreten der Aelia Capitolina. Übertreter dieses Verbotes wurden mit dem Tode bestraft. An der Stelle des jüdischen heiligen Tempels ließ der Kaiser den Tempel des Jupiters Capitolinus errichten und seine eigene Statue aufstellen. Nur einmal im Jahr stand Jerusalem den Juden zum Gebet offen. Hadrian verbot ebenfalls die Beschneidung und die Unterweisung in der Thora, den fünf Büchern Moses. Zwar hob der Nachfolger Hadrians, Antoninus Pius (138 bis 161) diese Gesetze wieder auf, doch das Betreten Jerusalems blieb den Juden bis in die zweite Hälfte des 3. Jahrhunderts untersagt. Viele Juden begannen nun nach Westeuropa auszuwandern.

Die römische Militärkolonie Aelia Capitolina war bedeutend kleiner als das zerstörte Jerusalem. Sie entsprach fast genau der heutigen Altstadt, deren Straßeneinteilung übrigens noch auf die römische Stadt zurückgeht. Wie alle römischen Kolonien war sie mehr oder weniger quadratisch angelegt. Das Haupttor in der Form eines dreifachen Triumphbogens hieß Neapolistor und lag im Norden. Reste wurden unter dem heutigen Damaskustor entdeckt. Noch heute wird das Damaskustor auf Hebräisch Shaar Shekkem und auf Arabisch Bab el Amud (Tor der Säulen) genannt.

Die Hauptstraße der Aelia Capitolina war eine Kolonnade, wobei die römischen Erbauer wahrscheinlich die Säulen, die den Tempelbezirk umsäumten, verwendet haben. Sie verlief vom Norden die heutige Suq Khan ez Zeit-Straße, durch den Markt und die Habad-Straße, entlang zur Südmauer am Zionstor. Das Osttor lag nördlich des Tempelbezirks bei den Ruinen der Burg Antonia. Im Kloster der Schwestern von Zion kann man einen ähnlichen dreifachen Triumphbogen wie am Damaskustor sehen. Das ist der Ecce Homo-Bogen, da von hier aus bei der Burg Antonia Jesus das Kreuz getragen und Pilatus, als er Jesus den römischen Soldaten und den Juden übergab, gesagt haben soll: Ecce Homo, „*Sehet, welch ein Mensch*“ (Joh. 19, 5).

Das Westtor befand sich bei der Zitadelle und den Türmen des Herodes. Vom Westtor aus die heutige Davidstraße entlang erbauten die Römer eine zweite Hauptstraße, die ins Tal hinabführte und sich mit der Neapoliskolonnade kreuzte. An der Kreuzung erhob sich das Tetrapylon, ein Gebäude mit vier Bögen. Die zweite Hauptstraße führte bis zum höher gelegenen Quadrat des ehemaligen Tempels, auf dem sich jetzt der Jupiterschrein und die Statue Hadrians erhoben. Das Forum lag im Nordwesten. Überreste der Kolonnade des Forums sind noch im Süden des Eingangshofes der Grabeskirche zu erkennen. Auf dem Berg Golgatha errichteten die Römer einen Venustempel.

In dieser Form dämmerte Aelia Capitolina fast zweihundert Jahre als unbedeutende römische Provinzstadt hin. Die Stadt besaß einige christliche Einwohner, und es kamen christliche Pilger nach Golgatha sowie einige wagemutige Juden, die die Zerstörung ihres Tempels beklagen wollten. Die römische Herrschaft war durch den Konflikt mit Persien und Palmyra, der sich zwei Jahrhunderte hinzog, allmählich geschwächt worden.

Das änderte sich, als 324 n. Chr. Konstantin der Große (324-337) Kaiser des geteilten römischen Ostreiches wurde und das Christentum zur Staatsreligion erhob.

Auf dem Konzil von Nicäa (325) berichtete der Bischof Makarios dem Kaiser und seiner Mutter Helena von dem unwürdigen Zustand Jerusalems. Jerusalem wurde nun geistlich gleichberechtigt neben Antiochia, Alexandria und Rom ein Patriarchat. 325 reiste Helena nach Jerusalem. Die Jupiter- und Venustempel

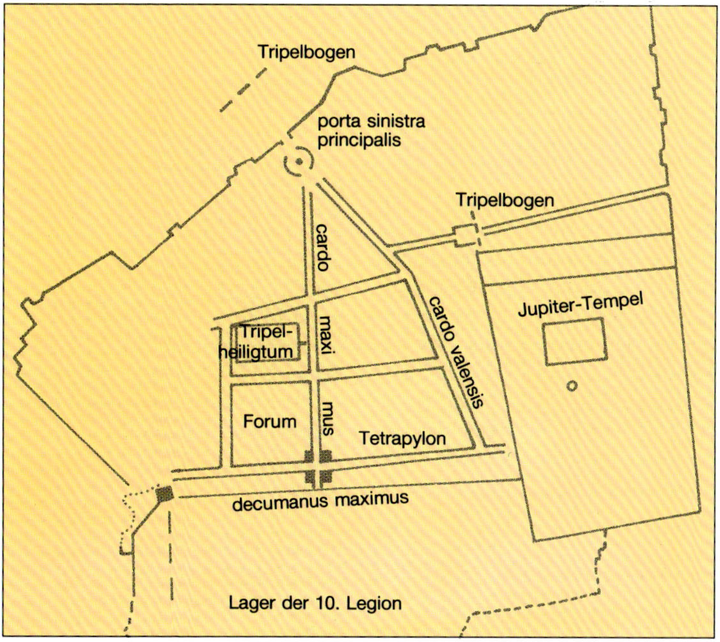

Das Hadrianische Jerusalem

wurden nun auf kaiserliches Geheiß zerstört, das Heidentum abgeschafft, die Stadt wieder Hierosolyma benannt. Die Kaiserinmutter Helena fand in einer Krypta beim Kalvarienfels (Golgatha) das Kreuz Christi. Sie ließ die Grabeskirche bauen, die den Kalvarienfelsen umschloß. Weitere Kirchbauten, wie die der Eleonakirche auf dem Ölberg und die Geburtskirche in Betlehem schlossen sich an. Einige Jahre später entstand auch die Kirche Haga Zion im Süden der westlichen Anhöhe des alten Jerusalems. Von diesem Ort aus, den die jüdische Überlieferung als Hugege Zion („die sich über Zion freuen") erwähnt, hatten die Juden in der Zeit der Aelia Capitolina und in der byzantinischen Zeit beim Gebet auf den Tempelberg blicken können. Seitdem ist die Anhöhe als Zionsberg bekannt.

Die Hagia Zion lag außerhalb der römischen Stadtmauern an der Stelle, an der Jesus das letzte Abendmahl zusammen mit seinen Jüngern einnahm. Der Raum unterhalb des Coenaculum gilt in der Überlieferung als Davids Grab.

Auch die byzantinischen Herrscher verboten den Juden das Betreten der jetzt heilig-christlichen Stadt. Nur einmal im Jahr am 9. Aw (d.h. Ende Juli) durften sie ihren zerstörten Tempel besuchen und beklagen. Unter den fast 300 Jahren christlich-byzantinischer Herrschaft blieb der Tempelberg ein Ruinenfeld als Beweis für die Richtigkeit der Prophezeiung Jesu. Erst unter Kaiser Julian (361-363), der sowohl den Hellenismus als auch das Judentum im römischen Reich wieder zu beleben versuchte und wegen seiner Bevorzugung nichtchristlicher Religionen den Beinamen Apostata (Glaubensverleugner) erhielt, bekamen 363 die Juden die Erlaubnis zum Betreten Jerusalems.

**Hieronymus,
Lateinischer Kirchenvater
(um 347-420 n.Chr.)
berichtet:**
„Bis auf diesen Tag ist es den treulosen Bürgern verboten, nach Jerusalem zu kommen ... sie dürfen nur kommen, um dort zu klagen, und sie müssen für das Recht, über die Ruinen ihres Hauses zu weinen, zahlen. Nicht ein einziges Mal dürfen sie unentgeltlich weinen."

Sie versuchten, auch den Tempel wieder aufzubauen, doch sollen nach christlicher Überlieferung Erdbeben und Flammen aus Salomons Ställen dies verhindert haben. Als Julian im Kampf gegen die Perser den Tod fand, betrauerten ihn nur die Juden. Die Christenheit legte den frühen Tod des Glaubensverleugners als ihren Sieg aus. Einer Legende nach soll Julian im Todeskampf mit dem Speer in der Brust gerufen haben: „So hast du doch gesiegt, Galiläer".

Unter byzantinisch-christlicher Herrschaft kamen zahlreiche Pilger nach Jerusalem, die mit Geld und christlichem Eifer halfen, zahlreiche Kirchen und Klöster an den heiligen Stätten in der Stadt und ihrer Umgebung zu errichten. Auch die Hospize für die Wallfahrer mehrten sich. Auf dem Ölberg entstand 378 die Himmelsfahrtskirche und über der „Grotte der Seelenangst" die erste Kirche von Gethsemane. Über das Aussehen der heiligen Stätten liefern die Reiseberichte der Pilger – eine Literatur, die seit dem 4. Jahrhundert immer populärer wurde – ausführliche Angaben. Schon aus der ersten Hälfte des 4. Jahrhunderts, aus dem Jahre 333 n. Chr., beschreibt der Bericht eines unbekannten Pilgers aus Bordeaux, das *Itinerarum Burdigalense,* die Bautätigkeit der Kaiserin Helena. Für die Probleme der frühchristlichen Liturgie ist weiterhin bedeutsam die *Peregrinatio ad loca sancta* der Nonne Ätheria aus Südfrankreich, die um das Jahr 393/4 n. Chr. zu den heiligen Stätten wallfahrte. Weitere Quellen sind die *Lebensgeschichte der heiligen Melanie der Jüngeren,* einer reichen Römerin, die von 419 bis 439 in Jerusalem lebte, der Bericht des Erzdiakons Theodosius *De situ terrae sanctae* aus den Jahren 520 bis 530, das *Itinerarum des Antonius von Piazenza* von 570 und das *Brevarium de Hierosolyma* auch aus dem 6. Jahrhundert, das Jerusalems Heiligtümer aufzählt.

Neben diesen Pilgerberichten geben die schriftstellerischen Zeugnisse von Eusebius und Hieronymus Einblicke in die Verehrung Christi im Heiligen Land. Eusebius war seit 313 n. Chr. bis zu seinem Tod 339 Bischof von Caesarea am Mittelmeer und hatte als Festprediger bei der Einweihung der Grabeskirche in Jerusalem, die Kaiser Konstantin stiftete, mitgewirkt. In seiner Lebensbeschreibung des Kaisers berichtete er von den Kirchengründungen im Heiligen Land. Eusebius verfaßte auch ein topographisches Wörterbuch, das Onomastikon, das alle heiligen Orte im Lande aufzählt. Dieses Wörterbuch wurde später von dem heiligen Hieronymus, der seit 386 in Betlehem lebte, in der Umgebung Klöster gründete und die Bibel noch einmal übersetzte (Vulgata), berichtigt und ergänzt.

Das Gewicht der Vielzahl von Zeugnissen gerade des Zeitraums vom 4. bis 7. Jahrhundert prägte maßgeblich die gesamte christliche Überlieferung. Alles, was wir von der Lage der heiligen Stätten wissen, verdanken wir im wesentlichen den Hinweisen aus dieser Epoche, die sich aber auch nur auf geringe Relikte und Erinnerungen stützen konnte, da in den 300 Jahren von Christi Tod bis zu Kaiser Konstantins Herrschaft viel vom Wechselspiel der Geschichte verschüttet worden ist. Kehren wir zurück zu den nachweisbaren Ereignissen in der Geschichte!

Eudokia, die Gemahlin von Kaiser Theodosius II., die Jerusalem schon 438 besucht hatte, ließ sich nach der Trennung von ihrem Gemahl 444 in Jerusalem nieder und widmete ein großes Vermögen dem Aufbau der Stadt. Sie ließ die Ostmauer über dem Kidrontal ausbessern und eine neue Südmauer bauen, die unterhalb des Siloah-Teiches begann, die alte Davidsstadt einbezog und den ganzen Zionsberg umfaßte. Am Siloah-Teich entstand eine Basilika, auf deren Ruinen heute eine Moschee steht. Auch eine Basilika zu Ehren des ersten Märtyrers der Christenheit, des hl. Stephans, im Norden Jerusalems beim Gartengrab ist ihr Werk. Ruinen der Kirche sind heute noch in der Basilika St. Stephan und dem Institut für Bibelforschung der Dominikaner zu besichtigen.

Während der Regierungszeit Kaiser Justinians (527-565) erreichte Jerusalem in seiner Entwicklung einen Höhepunkt. Über dreihundert Kirchen zierten die Stadt. Die erste und größte war die Grabeskirche, die sich ostwärts bis zur Neapolis-Kolonnade erstreckte, an der ihr Haupteingang lag.

Der Tempelberg lag nach dem vergeblichen Versuch der Juden, unter der Regentschaft Julians dort einen neuen Tempel zu erbauen, immer noch in Trümmern. Aus byzantinischer Zeit stammt nur das goldene Tor.

Ein Teil der heutigen Kirchen und Klöster ist auf den Ruinen der schon in byzantinischer Zeit lokalisierten heiligen Stätten errichtet. Die damals aufgefundenen und festgelegten Örtlichkeiten sind auch heute noch vielfach die Bürgen für die biblischen Ereignisse.

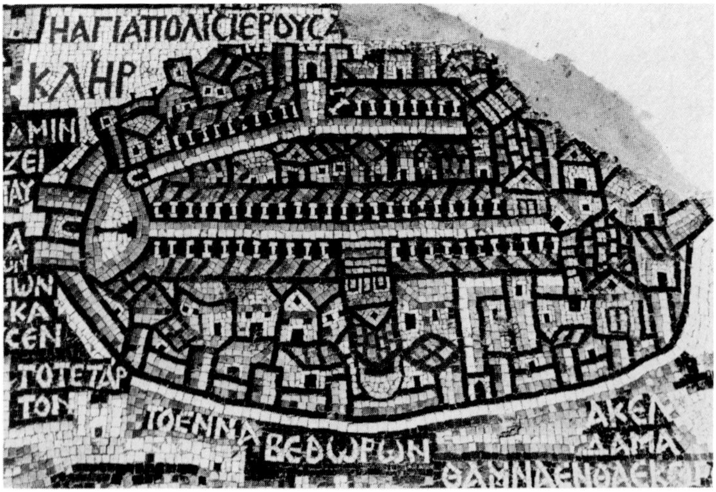

1896 entdeckte man beim Neubau einer orthodoxen Kirche in Madaba (Jordanien) Reste einer Mosaikkarte aus dem 6. Jahrhundert, die Palästina und Ägypten darstellte. Sie ist die älteste Landkarte Palästinas.

Jerusalem in byzantinischer Zeit

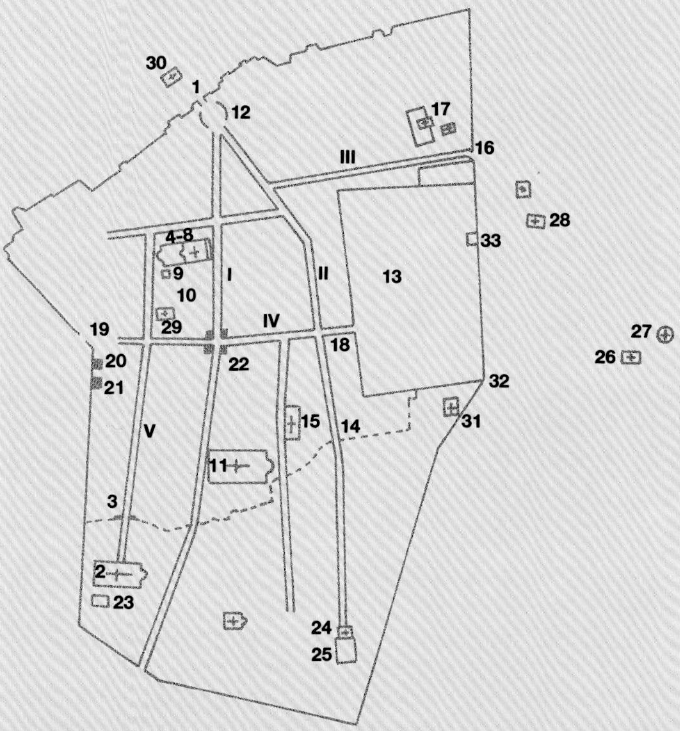

I Cardo Maximus
II Cardo Valensis
III Oststraße
IV Decumanus Maximus
V Südstraße

1 Stephanstor (Nordtor)
2 Hagia Sion-Kirche
3 Binnentor
4-8 Grabeskirche
9 Baptisterium
10 Forum
11 Hagia Maria Nea-Kirche
12 Forum des Stephanstores
13 Tempelbezirk
14 Binnentor
15 Hagia Sophia-Kirche
16 Benjamintor (Osttor)
17 Probatica Piscina-Kirche
18 Wilsons Bogen
19 Turmtor (Westtor)
20 Davidsturm
21 Festungsturm
22 Tetrapylon
23 Diakonikon der Hagia Sion-Kirche
24 Siloa-Kirche
25 Siloa-Teich
26 Eleona-Kirche
27 Himmelfahrtskapelle
28 Gethsemane-Kirche
29 St. Johannis-Kirche
30 St. Stephanus-Kirche
31 Nonnenkloster
32 „Zinne des Tempels"
33 Goldenes Tor

Unter Persern und Arabern

Im Jahre 614 eroberten die Perser das byzantinische Jerusalem. Die Juden aus Galiläa hatten sich den Persern angeschlossen, da sie hofften, nach der Befreiung vom byzantinischen Joch ihren Gottesdienst wieder frei ausüben zu können. Die Perser zerstörten nach der Eroberung Jerusalems zahlreiche Kirchen und führten 37 000 Christen, an ihrer Spitze den Patriarchen und das von Helena aufgefundene wahre Kreuz, in Gefangenschaft. Die Perser übergaben den Juden als Dank für die ihnen erwiesene Hilfe gegen die Byzantiner die Stadt. Alle christlichen Kirchen wurden nun in Brand gesteckt und zerstört. Da jedoch das jüdische Hilfsheer unter dem Befehlshaber Nehemias, der diesen Namen in Erinnerung an den persischen Statthalter Nehemias tausend Jahre zuvor angenommen hatte, bei dem Versuch, Tyrus zu erobern, wenig erfolgreich war, versuchten die Perser, die christliche Bevölkerung Palästinas für sich zu gewinnen, indem sie den Christen die Rückkehr nach Jerusalem erlaubten. Dafür wurden erneut die Juden 617 n. Chr. aus der Stadt vertrieben.

Die Christen erbauten ihre Kirchen aufs neue. Als 629 n. Chr. der byzantinische Kaiser Heraklius (610-641) Jerusalem besuchte, konnte er die Grabeskirche erneut weihen. Er übergab ihr auch das wahre Kreuz Christi, das er den Persern wieder abgenommen hatte. Doch nur wenige Jahre später begannen die Araber, Palästina zu erobern. 636 n. Chr. brach die byzantinische Herrschaft in Syrien und Israel zusammen.

Jerusalem mußte sich im März 638 n. Chr. dem moslemischen Kalifen Omar ergeben. Ob der Kalif Omar selbst oder sein Statthalter von Damaskus Mo'awija die Stadt nach zweijähriger Belagerung besetzte, bleibt geschichtlich im Dunkeln.

Der christliche Patriarch Sophronius hatte mit dem Sieger einen Vertrag ausgehandelt, der den Christen in Jerusalem weitgehende Rechte einräumte. Ihnen wurde Religionsfreiheit gewährt und das Recht, in byzantinisches Gebiet umzusiedeln. Eine Kopfsteuer allerdings wurde den Verbleibenden auferlegt. Nach Vertragsabschluß soll der Kalif Omar höchstpersönlich vom Patriarchen in die Stadt eingeholt worden sein und an den Stufen der Basilika zum heiligen Grabe gebetet haben. Aufgrund dieser Tatsache nahmen im 10. Jahrhundert die Moslems einen Teil der Vorhalle der Basilika in ihren Besitz.

Omar ließ dann im Tempelbezirk auf dem Ruinenfeld aus der Zeit der Zerstörung Jerusalems südlich vom Moriahfelsen einen rechteckigen Gebetsplatz mit einer Holzüberdachung errichten.

Das dürfte der Vorläufer der El Aksa-Moschee gewesen sein. Der christliche Reisende Arculf, der 670 n. Chr. Jerusalem besuchte, berichtet, daß etwa 3000 Betende auf dem kunstlosen Platz aufgenommen werden konnten.

Jerusalem als Ganzes wurde von den Arabern als „Beit el Makdes" (Höchstes Heiligtum) bezeichnet, da von hier Mohammed gen Himmel gefahren war. Diese arabische Beziehung ist nichts weiter als eine Übersetzung des hebräischen „Beth Hamikdash", was „der Tempel" heißt. Die Stadt gewann damit eine übersinnliche und überzeitliche Bedeutung. Immer wieder werden die Worte des Propheten Mohammed zitiert, die Abu Huraira überliefert: *„Unter allen Städten hat Allah vier zur besonderen Wertschätzung herausgehoben, und diese sind: Mekka – die Stadt aller Städte; Medina – das wie eine Palme ist; Jerusalem – das einem Ölbaum gleicht; Damaskus – das einem Feigenbaum ähnlich sieht."*

Urzeit und Endzeit verbinden sich, wenn die Städte Mekka, Medina, Damaskus und Jerusalem nach den Worten des Propheten zu den Städten des Paradieses gerechnet werden und es heißt: *„Gott schuf Mekka und umgab es mit den Engeln, bevor er sonst etwas von der Erde schuf: damals schuf er es völlig – 1000 Jahre zuvor. Dann vereinigte er es mit el Medina und vereinigte el – Medina mit Jerusalem."* Der als

(Der Pilger Arculf um 680 n. Chr.)

Jedes Jahr zum Kirchweihfest am 15. September pflegt eine fast zahllose Menge aus verschiedenen Völkern in Jerusalem zusammenzukommen, um in wechselseitigem Kauf und Verkauf Handelsgeschäfte zu machen. Daher kommt es, daß Scharen verschiedener Völker sich tagelang in der gastlichen Stadt aufhalten. Die große Zahl der Packtiere, der Kamele, Pferde, Esel, Maultiere und Ochsen, bedeckt die Straßen der Stadt hin und her mit ihrem abscheulichen Mist, dessen Geruch den Bürgern nicht wenig lästig, und der beim Umhergehen hinderlich ist. Wunderbar zu sagen: in der Nacht, die auf den Tag folgt, wo jene Scharen mit dem mancherlei Lastvieh abziehen, strömt eine unermeßliche Menge Regen auf die Stadt, der den ganzen abscheulichen Schmutz aus den Straßen fortspült und die Stadt von aller Unsauberkeit reinigt.

Schwindler bekannte jüdische Konvertit Ka'b el-Achbar spricht über das Ende der Dinge: „Nicht wird die Stunde des Gerichts kommen, bis das Heiligtum von Mekka nach Jerusalem wallfahret. Dann werden sie sich beide ins Paradies entrücken lassen, gänzlich und mit ihrer Bevölkerung. Und das Gericht und die Rechenschaft sind in Jerusalem." Auch im Islam behielt also Jerusalem den Status einer Heiligen Stadt bei. Die Araber nennen es daher bis auf den heutigen Tag „El Kuds" (die Heilige). Manche arabische Schriftsteller verwendeten übrigens auch noch den alten Namen Aelia in der Form Ilija.

Im Sinne dieser Heiligkeit des Platzes ließ sich der spätere Kalif Mo'awiya, der ehemalige Statthalter Omars und Begründer der Omayyaden-Dynastie, die im Osten bis 750 n. Chr. herrschte, in Jerusalem offiziell krönen, obwohl Damaskus seit 661 die Hauptstadt seines Reiches war. Unter den Nachfolgern Mo'awiyas, dem späteren Kalifen Abd el Malik (685-705 n. Chr.) und dessen Sohn El – Walid (705-715 n. Chr.), wurden dann der Felsendom (691) und die El Aksa-Moschee errichtet. Diese monumentalen Bauten hoben das religiöse Ansehen Jerusalems weiter und sorgten dafür, daß islamische Pilger weniger nach Mekka pilgerten, in die Stadt, die dem Rivalen Abd el Maliks, dem Kalifen Abdallah ibu Zubayr, unterstand. Südwestlich der Tempelbergmauern entdeckten Archäologen Reste eines ausgedehnten Gebäudekomplexes, die von den rivalisierenden Anstrengungen der Omayyaden zeugen, die Pilgerströme nach Jerusalem umzuleiten und unterzubringen.

Der Bau, der den heiligen Fels, Es Sakhra, überdeckte, erhielt den Namen Qubbet es Sakhra (= Felsendom). Die Abbasidenkalifen, die die Omayyaden verdrängt hatten (750), besserten den Felsendom 100 Jahre später aus, ersetzten den Namen des Bauherrn in der Kuppel durch den des Kalifen Mamun, des Sohnes von Harun ar Raschid, vergaßen jedoch die Jahreszahl zu ändern. Unter den Abbasiden wurde auf Christen und Juden in Jerusalem missionarischer Druck ausgeübt. Baulich schlug sich das darin nieder, daß die Moslems die Reparaturen von Kirchen und Synagogen verboten und um die nichtmoslemischen Heiligtümer herum Moscheen mit hohen Minaretten errichteten.

Die politische Bedeutung Jerusalems sank unter den Abbasiden, da ihr Machtzentrum nach Bagdad verlegt wurde. Die Handelswege verlagerten sich nach Osten. Palästina blieb ein Randgebiet des Reiches. Daher war es für den aus den Geschichten von Tausendundeiner Nacht bekannten Kalifen Harun ar Raschid politisch nicht von großer Bedeutung, als er in einem Vertrag mit Karl dem Großen den christlichen Pilgern erlaubte, die heiligen Stätten zu

Der Felsendom im Tempelbereich. Im Hintergrund die silberglänzende Kuppel der El Aksa-Moschee.

besuchen. Dieser Vertrag gründete in einer gemeinsamen Interessenfront des Frankenkaisers und des Kalifen gegen Byzanz und die noch in Spanien herrschenden Omayyaden. Harun ar Raschid gestand den Karolingern die Jurisdiktion über die Grabeskirche zu, die in der Übergabe des Schlüssels symbolisiert wurde. Durch diese feierliche Handlung erhielt zum ersten Mal die lateinische Kische des Westens, die Kirche Roms, Rechte in Jerusalem. Im heutigen Muristanviertel südlich der Grabeskirche entstand das erste lateinische Zentrum.

Der Verfall der fränkischen Macht in der Mitte des 9. Jahrhunderts lief parallel mit dem Niedergang der Abbasidenherrschaft. Als 969 n. Chr. die schiitischen Fatimiden aus Nordafrika sich Ägyptens bemächtigten, übernahmen sie auch die schon hundert Jahre vorher durch das abbasidische Ägypten errichtete Herrschaft über Palästina.

Zwar war schon unter ägyptischer Herrschaft 935 n. Chr. den Christen ein Teil des Atriums und der Vorhalle der Grabeskirche abgenommen worden, weil hier der Kalif Omar einst gebetet hatte. Auch war es 965 n. Chr. zu Christenverfolgungen in Jerusalem gekommen, weil die Byzantiner militärisch erneut Erfolge gegen die Moslems aufzuweisen hatten und sich dadurch die Gegensätze zwischen Christen und Moslems verschärft hatten. Aber der religiöse

Fanatismus vor allem des Fatimidenkalifs El Hakim stellte alles Bisherige in den Schatten. Er verbot 1008 n. Chr. die Palmenprozession der Osterwoche und befahl ein Jahr später, die Grabeskirche zu zerstören. Am 19. Oktober 1009 n. Chr. besetzten die Moslems die Kirche und die angrenzenden Gebäude und rissen alles nieder. Das Erdbeben 1034 n.Chr. vollendete die Zerstörung. Obwohl seit 1030 n. Chr. zwischen dem byzantinischen Kaiser Romanos III. Argyros und dem fatimidischen Kalifen Da'her ein

Bericht des in Jerusalem 946 n.Chr. geborenen arabischen Geographen Mukaddasi über seine Vaterstadt aus dem Jahre 985 n.Chr.

Aus Mukkadasi: Beschreibung von Syrien und Plästina.
In : Irene Lande-Nash; 3000 Jahre Jerusalem, S.229f.

„Unter den Provinzstädten ist keine größer als Jerusalem, ja viele Hauptstädte sind in Wirklichkeit kleiner als die Stadt auf dem Berge. Es ist hier weder sehr heiß noch außergewöhnlich kalt. Schnee fällt nur selten. Der Kadi Abu'l Kasim, der Sohn des Kadi der zwei Heiligen Städte, befragte mich einmal über das Klima in Jerusalem. Ich antwortete: „Es ist so halb und halb – weder zu heiß noch zu kalt." Darauf antwortete er: „Also wie im Paradies.".

Die Gebäude in der heiligen Stadt sind aus Stein, und man wird nirgends schönere und festere Bauten finden. Und an keinem anderen Ort wird man einem keuscheren Volk begegnen. Die Lebensmittel sind ausgezeichnet, die Märkte sauber, und die Moschee ist eine der größten; nirgends gibt es so viele heilige Stätten. Und zu jeder Zeit des Jahres drängen sich Fremde auf den Straßen der Stadt.

Jerusalem ist kleiner als Mekka, aber größer als Medina. Über der Stadt liegt eine Burg, deren eine Seite dem Abhang zugekehrt ist, während die andere Seite durch einen Graben geschützt wird. Jerusalem ist befestigt und hat acht eiserne Tore.

Die El-Aksa-Moschee befindet sich an der Südostecke der Stadt. Die Steine ihrer Grundmauern, die David aufgeführt hat, sind zehn Ellen oder etwas weniger lang. Sie sind fein geschnitten, geglättet und fest zusammengefügt und bestehen aus härtestem Stein. Die Moschee ist noch schöner als die von Damaskus, denn während des Baues nahmen sie sich die große christliche Kirche in Jerusalem zum Vorbild, und ihre eigene sollte noch schöner werden. Im Hof der Moschee befinden sich auf der rechten Seite Kolonnaden, getragen von Marmorpfeilen und Pilastern; an den anderen Seiten ziehen sich Hallen mit steinernen Gewölben hin. Der innere Teil der Moschee ist mit einem prächtigen Dach gedeckt, mit Giebeln versehen, hinter denen sich die großartige Kuppel erhebt. Überall, außer in den Hallen auf der anderen Hofseite, bestehen die Decken aus Bleiplatten, aber in den Hallen sind sie innen mit Mosaiken verziert.

Der Hof des Haram ist überall gepflastert, in seiner Mitte ist eine Plattform, zu der von allen vier Seiten breite Freitreppen hinaufführen.

Vertrag bestand, daß die Byzantiner die Grabeskirche auf eigene Kosten wiederaufbauen durften, kam es erst 1042 n. Chr. unter Kaiser Konstantin Monomachos zu einem teilweisen Wiederaufbau. Die Fatimiden duldeten sogar, daß Pilger wieder ins Land kommen durften. Besonders die Zahl der römischen Pilger, die ihre Pilgerfahrt als Bußwallfahrt verstanden, wuchs ständig, zumal der Glaube an die Heilswirksamkeit der Pilgerfahrten ins Heilige Land vor allem bei Kapitalverbrechen wie Mord kanonisch sanktioniert wurde. Die Cluniazenser übernahmen die führende Rolle in der Organisation der Jerusalem-Wallfahrten. 1033 n. Chr. bei der Tausendjahrfeier der Passion Christi, erreichten die Pilgerreisen ihren Höhepunkt.

Einige Jahre später veränderte sich jedoch die politische Landschaft Palästinas. 1072 n. Chr. eroberten die türkischen Seldschuken, die schon seit 1055 n. Chr. Bagdad beherrschten und 1071 n. Chr. den byzantinischen Kaiser Romanis IV. Diogenes vernichtend geschlagen hatten, einen großen Teil Palästinas und drängten die Fatimiden zurück. Zwar blieb die Küstenebene unter der Herrschaft der Fatimiden und auch Ägypten konnte sich des seldschukischen Angriffs erwehren, doch die Gebirgsgegenden und Jerusalem blieben in seldschukischer Hand. Der Aufstand in Jerusalem gegen die Seldschuken-Herrschaft wurde 1078 n. Chr. blutig niedergeschlagen. Die Schreckensmeldungen, die die Pilger von diesem Blutbad nach Europa brachten, lösten im Abendland ebenso wie die Zerstörung der Grabeskirche durch den fatimidischen Kalifen Hakim Empörung und Verbitterung aus.

Auf dieser Plattform erhebt sich der Felsendom als oktogonaler Bau und entsprechend den Freitreppen, die vom Hof hinaufführen, hat er vier Tore. Alle vier sind mit Gold verziert und werden von Türen aus fein gemasertem Zedernholz verschlossen. Im Gebäude selbst gibt es drei konzentrische Kolonnaden mit Säulen aus schönstem poliertem Marmor, und darüber befindet sich ein niedriges Gewölbe. Im Zentrum liegt die Halle über dem Felsen; sie ist rund, nicht achteckig, und von Säulen aus poliertem Marmor umgeben, die runde Bögen tragen. Darauf erbaute man die sich weit in den Himmel erhebende Trommel mit großen Fensteröffnungen, und darüber wölbt sich die Kuppel. Außen ist sie ganz mit vergoldeten Messingplatten bedeckt, während das übrige Gebäude, Fußboden, Wände und die Trommel innen und außen mit Mosaiken geschmückt sind. Wenn in der Morgendämmerung das Sonnenlicht die Kuppel berührt und die Trommel die Strahlen auffängt, dann bietet dieses Gebäude einen wunderbaren Anblick; seinesgleichen habe ich im ganzen Islam nicht wieder gesehen."

Während der Kreuzzüge

Als Urban II., ein Cluniazenser, 1088 n.Chr. Papst wurde, nahm er die Empörung des Abendlandes über die Geschehnisse in Palästina zum Anlaß, seiner Idee einer Res Publica Christiana unter Führung des Papstes näherzukommen, indem er ein unter päpstlicher Herrschaft stehendes Ritterheer forderte, das mit dem Schlachtruf: „Deus lo volt" (Gott will es) das Heilige Land befreien sollte. Die Abschlußkundgebung des Konzils von Clermont am 27. November 1095 n. Chr., als Urban II. zum Kreuzzug aufforderte, war dann der zündende Funke. Die versammelte Menge brach in den Ruf „Deus lo volt" aus, heftete sich Stoffkreuze als Symbol der Kreuznahme in der Nachfolge Christi auf die Rücken und drängte zum Aufbruch ins Heilige Land. Jerusalem war zwar noch nicht als Ziel genannt, doch im Zuge der Propaganda zur Kreuznahme, die den Bußstraferlaß der Pilgerfahrten ins Heilige Land durch einen Ablaß aller Sünden ersetzte, trat Jerusalem als Ziel des Kreuzzuges immer mehr hervor. Dabei überlagerte sich die Vorstellung von der Stadt Jerusalem in Palästina mit Vorstellungen vom himmlischen Jerusalem aus den Offenbarungen des Johannes (21, 10 ff.), das zum Ziel der Wallfahrt aller Völker wurde.

Das Wort „Kreuzug" gab es im 11. Jahrhundert noch nicht. Man verwandte Bezeichnungen für die Pilgerfahrt wie „peregrinatio" oder „iter in terram sanctam". Der Kreuzfahrer unterschied sich allerdings vom Pilger durch die Waffe, die er mitführte. Die Kreuzzüge waren also bewaffnete Pilger- oder Wallfahrten ins Heilige Land.

Im August 1096 n. Chr. brach das 250 000 Menschen starke Kreuzfahrerheer in Westeuropa auf. Es wurde angeführt von dem Lothringer Herzog Gottfried von Bouillon, seinem Bruder Balduin, von Robert, dem Sohn Wilhelm des Eroberers von England, von Hugo, dem Sohn des Königs von Frankreich, von Bohem von Tarentum und seinem Neffen Tankred. Auf der letzten Etappe in Palästina führte Raimund von St. Gilles, der Graf von Toulouse, über den größten Teil des Heeres das Oberkommando. Sein Weg führte über Konstantinopel, durch die heutige Türkei und Antiochien und erreichte nach vielen Kämpfen und auch inneren Auseinandersetzungen zwischen seinen Führern von Jaffa und Emmaus aus am 17. Juni 1099 n. Chr. den Berg „En nabi Samwil" im Norden Jerusalems, der ihnen einen ersten Blick auf die heilige Stadt bot. Inzwischen war das Heer auf weniger als 25 000 Mann zusammengeschmolzen. Der Chronist Raimund von Aguilers berichtet, daß die Kreuzfahrer vor Freude auf den Boden fielen,

Aus einer anonymen Chronik des Ersten Kreuzzuges aus dem 12. Jahrhundert.
Jerry M. Landay: Felsendom.
Wiesbaden 1976, Seite 86.

Als unsere edlen Herren die schwächste Seite der Stadt erkundet hatten, ließen sie in der Nacht vom Samstag, den 9.Juli, zum Sonntag, den 10.Juli, unsere Wurfmaschine und einen hölzernen Turm dorthin schaffen. Es war im Osten der Stadt (die beiden erstgenannten Türme standen neben den beiden Toren in der Nordmauer, dem Damaskus- und Herodestor). Bei Tagesanbruch wurde aufgebaut und am Sonntag, Montag und Dienstag der Turm ausgerüstet. Im Südabschnitt ließ der Graf Saint Gilles seine Maschine ausbessern. Zu dieser Zeit litten wir so sehr an Durst, daß einer für einen Denar nicht genug Wasser bekommen konnte, um seinen Durst zu löschen. Am Mittwoch und Donnerstag griffen wir die Stadt von allen Seiten mächtig an. Aber bevor wir sie im Sturm nahmen, ließen die Bischöfe und Priester durch ihre Predigten und Ermahnungen den Beschluß fassen, daß man zu Ehren Gottes einen Bittgang um die Wälle von Jerusalem tun wolle, der begleitet wäre von Beten, Almosen und Fasten.

Am Freitag ganz früh unternahmen wir einen allgemeinen Sturm auf die Stadt, ohne ihr schaden zu können. Wir waren bestürzt und in großer Furcht. Als dann die Stunde kam, in der unser Herr Jesus Christus es zuließ, daß Er für uns den Kreuzestod erlitt, schlugen sich hitzig unsere Ritter auf ihren Türmen, unter anderen vor allem Herzog Gottfried und Graf Eustachus, sein Bruder. In diesem Augenblick erkletterte einer unserer Ritter die Stadtmauer. Bald, nachdem er hinaufgestiegen war, flohen alle Verteidiger von den Mauern durch die Stadt und die Unsrigen folgten ihnen und trieben sie vor sich her, sie tötend und niedermachend, bis zum Tempel Salomons, wo es ein solches Blutbad gab, daß die Unsrigen bis zu den Knöcheln im Blut wateten . . .

In die Stadt eingedrungen, verfolgten unsere Pilger die Sarazenen bis zum Tempel, wo es noch einmal zu einem wütenden Kampf kam, so daß der ganze Tempelplatz von Blut überrieselt war. Nachdem die Unsrigen die Heiden endgültig geschlagen hatten, ergriffen sie im Tempel eine große Zahl Männer und Frauen und töteten sie oder ließen sie leben, wie es ihnen gut schien.

Bald durcheilten die Pilger die ganze Stadt und rafften Gold, Silber, Pferde und Maulesel an sich, sie plünderten die Häuser, die mit Reichtümern überfüllt waren. Dann glücklich und vor Freude weinend, gingen sie hin, um das Grab unseres Erlösers zu verehren, und entledigten sich Ihm gegenüber ihrer Dankesschuld. Am folgenden Tage erkletterten die Unsrigen das Dach des Tempels, griffen die Sarazenen, Männer und Frauen und schlugen ihnen mit dem Schwert die Köpfe ab. Einige stürzten sich selbst von der Höhe des Tempeldaches in die Tiefe. Die noch lebenden Sarazenen schleppten die Toten aus der Stadt und häuften die Leichen häuserhoch auf. Niemand hat jemals von einem ähnlichen Blutbad unter dem heidnischen Volk gehört oder es gesehen.

Aus den Kämpfen zwischen Kreuzfahrern und Sarazenen

Malerei aus dem 11. Jahrh. eines früher in der Kirche von St. Denis befindlichen Fensters.

Malerei aus dem 11. Jahrh. eines Fensters aus der Kirche Notre-Dame zu Paris.

Aus moslemischer Sicht ein Bericht von Ibu-al-Atir über die Eroberung Jerusalems im Juli 1099

„Die Franken wandten sich also gegen Jerusalem, nachdem sie Akkon erfolglos belagert hatten, und hielten es nach ihrer Ankunft mehr als vierzig Tage lang eingeschlossen. Sie errichteten zwei Türme, einen davon auf der Seite Zions, aber die Muslime verbrannten ihn und töteten alle, die in ihm waren. Kaum hatten sie ihn verbrannt, als ein Bote mit einem Hilferuf kam: die Stadt sei von der anderen Seite her genommen. Die Franken nahmen sie tatsächlich von der Nordseite, morgens am Freitag, dem 22. Sa'ban (15. Juli 1099). Die Einwohner wurden ans Schwert geliefert, und die Franken blieben eine Woche in der Stadt, während sie die Einwohner mordeten. Eine Gruppe von diesen suchte Schutz in Davids Bethaus, verschanzte sich dort und leistete einige Tage Widerstand. Nachdem die Franken ihnen das Leben zugesichert hatten, ergaben sie sich; die Franken hielten den Vertrag, und sie zogen des Nachts in Richtung Askalon und setzten sich dort fest. Im Masgid al-Aqsa dagegen töteten die Franken mehr als siebzigtausend (!?) Muslime, unter ihnen viele Imame, Religionsgelehrte,Fromme und Asketen, die ihr Land verlassen hatten, um in frommer Zurückgezogenheit an diesem heiligen Ort zu leben. Aus dem Felsendom raubten die Franken mehr als vierzig Silberleuchter, von denen jeder über dreitausendsechshundert Drachmen wog, einen großen Silberleuchter im Gewicht von vierzig syrischen Pfund, außerdem von den kleineren Leuchtern einhundertundfünfzig silberne und mehr als zwanzig goldene und andere unermeßliche Beute. (. . .)"

weinten und Gott dankten, daß er sie an das Ziel ihrer Hoffnung geführt habe.

> „Da steigen die Herren aus der Provence, aus Artois und Flandern, Burgund und Lothringen von den Rossen und sinken betend in die Knie. Sie küssen den Boden, über den der Fuß des Erlösers gegangen ist, und danken Gott für die Gnade dieses Tages. Viele der Ritter gehen von da an mit bloßen Füssen im heißen Sande, das Heer wird zur Prozession und nähert sich singend und betend der ragenden Feste von Zion."
>
> **Otto Zierer:**
> **Bild der Jahrhunderte**
> **Neuntes Buch, Gütersloh, S. 271**

Der Berg hieß seitdem bei den Kreuzfahrern Montjoie, „Berg der Freude".

Jerusalem war ein Jahr vorher erneut von den Fatimiden besetzt und mit einer starken Garnison belegt worden. Angesichts der herannahenden Christen hatte man in weitem Umkreis der Stadt alle Felder zerstört, die Brunnen vergiftet und das Holz abgeschlagen. Fünf Wochen belagerte das Kreuzfahrerheer ohne Hilfsmittel vergeblich die Stadt. Siebenmal marschierten die Kreuzritter um die Stadt und bliesen in ihre Trompeten, wie es einst Josua bei der Einnahme Jerichos getan hatte. Die Mauern fielen jedoch nicht zusammen. Dann, nachdem man von Jaffa aus Holz und Zimmerleute von einer Genueser Flotte herangeschafft hatte, gelang den Kreuzfahrern am 15. Juli gegen neun Uhr, in der Todesstunde Jesu, die Erstürmung der Stadtmauer an ihrer Nordostecke. Der fatimidische Gouverneur, erhielt freien Abzug. In der Stadt selbst richtete das christliche Heer unter den Moslems und vor allem unter den Juden ein fürchterliches Blutbad an. Von den 40 000 Belagerten blieben nur wenige am Leben. Knöchelhoch soll das Blut in den schmalen Straßen westlich des Tempelberges gestanden haben. Nach dem Massaker zogen die Kreuzritter zur Grabeskirche, wuschen sich dort, zogen weiße Roben an und dankten am Grabe Christi Gott dafür, daß die Befreiung des Heiligen Grabes erreicht worden sei.

Nach dieser Eroberung wurde Gottfried von Bouillon zum Advocatus Sancti Sepulchri (Vogt des Heiligen Grabes) ernannt. Seine Herrschaft, die nach dem Schlachtsieg gegen ein fatimidisches Heer bei Askalon im gleichen Jahre gesichert war, umfaßte neben Jerusalem die Städte Jaffa, Lydda (Lod), Ramla, Betlehem und Hebron. Gottfried von Bouillon starb jedoch ein Jahr später. Sein Nachfolger wurde sein Bruder Balduin, den man am 24. Dezember 1100 n. Chr. als Balduin I. in Betlehem zum König von Jerusalem krönte. Von nun an gab es das Kreuzritterkönigreich Jerusalem, in dem die Gesetze Frankreichs und das christlich-lateinische Ritual herrschten. Das Lateinische wurde Landessprache. Den Juden und Moslems wurde das Wohnrecht in Jerusalem genommen. Erst etwa ab 1120 n. Chr. durften sich die Moslems wieder in Jerusalem ansiedeln, wie die Ausdehnung von Zoll- und Steuerfreiheit auch auf „sarazenische Händler“ beweist. Da die Kreuzritter die Bevölkerung Jerusalems so sehr dezimiert hatten und auch der größte Teil des Heeres inzwischen nach Europa zurückgekehrt war, ließ man 1115 die Bewohner christlicher Dörfer in Transjordanien nach Jerusalem umsiedeln. Auch Einsiedler, Mönche und die vorher vertriebenen Christen kehrten in die Stadt zurück. Sie siedelten sich in den von den Moslems und Juden verlassenen Häusern an. Die wirtschaftliche Situation konnte jedoch nur allmählich im Laufe des 12. Jahrhunderts gebessert werden, da Jerusalem zu abseits von den großen Handelsstraßen lag.

Zunehmende Spannungen prägten auch das Verhältnis der Christen untereinander. Waren die lateinischen Christen anfangs als Befreier und Retter stürmisch begrüßt worden, so kühlte sich dieses Verhältnis bald ab, als die morgenländischen Kirchen und andere nichtlateinische Christen immer mehr als untergeordnet, als Bürger minderen Rechtes behandelt wurden. Die Griechisch-Orthodoxen, die sich jahrhundertelang als Hüter des wahren Kreuzes und Grabes gefühlt hatten, verbannte 1101 n. Chr. der Erzbischof Daimbert von Pisa sogar aus der Grabeskirche.

Als jedoch nach der Vertreibung der nichtlateinischen Priester das Wunder des Heiligen Feuers in der folgenden Osternacht nicht eintrat, dessen Ritus den westlichen Priestern unbekannt war, wurde das als Zeichen des Himmels gedeutet und der niedere Klerus der Ostkirche wieder zur Grabeskirche zugelassen. Die nichtlateinischen Christen waren jedoch nicht mehr bereit, für das Königreich der Kreuzfahrer in Zukunft Opfer zu bringen. Die Lateiner begannen nun mit dem Wiederaufbau der Grabeskirche, die seit Konstantins Monomachus Wiederaufbau 1048 n. Chr. nur noch aus der Rotunde bestand.

Bis zum heutigen Tag hat sich, abgesehen von einigen Änderungen, die Form der damals erneuerten Grabeskirche erhalten.

Im Kreuzfahrerkönigreich war die Stadt Jerusalem mit der heutigen Altstadt fast identisch, nachdem 985 n. Chr. die Südbefestigungen unter Ausschluß des Zionsberges und des Südosthügels von den Fatimiden als Vorsorge gegen die anrückenden Byzantiner verkürzt worden waren. Die Nordmauer erstreckte sich, wie neuere Ausgrabungen beweisen, etwa 10 Meter nördlich des Damaskustores entlang. Das dortige Tor war das Stephanstor in der Kreuzfahrerzeit. An der Nordwestecke der frühtürkischen Stadtmauer der Altstadt haben Archäologen erkannt, daß diese Stadtmauer auf der mittelalterlichen Befestigungslinie errichtet worden ist, an der sich der Tankredturm der Kreuzfahrerzeit befand, von dem heute noch Reste im Keller des Christian Brothers' College am Neuen Tor zu sehen sind. Ausgrabungen in der Zitadelle haben deutlich gemacht, daß die westliche mittelalterliche Stadtmauer im Bereich des heutigen Jaffatores mit der gegenwärtigen identisch verläuft, während vorher das Westtor etwas weiter östlich auf dem Platze hinter dem Jaffator lag.

Die Zitadelle, die in byzantinischer und arabischer Zeit wohl nur aus dem Davidsturm und einem weiteren bestand, wurde von den Kreuzfahrern um 1160 n. Chr. ausgebaut und um mehrere Türme bereichert. Ihre heutige Gestalt geht auf die Erweiterungen in der Kreuzfahrerzeit zurück. Balduin I. residierte in der Zitadelle von 1101 n. Chr. bis 1104 n. Chr. Dann zog er in die El Aksa-Moschee um.

1118 war der neue Palast an der Stelle des Herodespalastes im armenischen Garten fertiggestellt, so daß König Balduin die El Aksa-Moschee wieder verlassen und neben die Zitadelle zurückkehren konnte. Der Südflügel dieses Kreuzfahrerpalastes wurde bei Ausgrabungen in einer Länge von 17 Metern im armenischen Garten freigelegt. Unter dem Palast befanden sich große Zisternen. In einer von ihnen wurde ein Kreuz von Anjou, das sogenannte „Lothringer Kreuz" gefunden.

Die Südmauer verlief wie die um 985 n. Chr. errichtete Mauer unter Ausschluß des Zionsberges. Sie wurde 1976 entlang der heutigen Mauer ausgegraben. Auf dem außerhalb der Stadtmauer gelegenen Zionsberg erbauten die Kreuzfahrer eine große Basilika über dem Raum des letzten Abendmahles, dem Coenaculum, und die Dormitokirche an der Stelle, an der Maria in ewigen Schlag verfiel. Die Ostmauer mit der Begrenzung des Tempelplatzes blieb mit der schon aus römischer Zeit stammenden Befestigungslinie identisch. Haupttore der Stadt waren im Süden das Zionstor und im Osten beim heutigen Stephanstor das Josaphat-Tor, oder auch Maria-Tor. Das Goldene Tor in der Ostmauer des Haram wurde nur in der Osterwoche geöffnet.

Die Stadt gliederte sich wie in byzantinischer Zeit durch drei Hauptstraßen: Damals waren es die Cardo Maximus, Cardo Valensis und Decumanus Maximus, denen jetzt die St. Stephanus-Straße und Zionsbergstraße, die Davidstraße und Tempelstraße und die Spanische Straße entsprachen. Durch diese Straßen wurde die Stadt in Stadtviertel eingeteilt, die bis heute topographisch Gültigkeit haben. Im Nordwesten, dem heutigen Christenviertel entsprechend, lag das Patriarchatsviertel, dessen Tradition schon auf die Zeit der Fatimiden zu-

Jerusalem in der Zeit der Kreuzfahrer

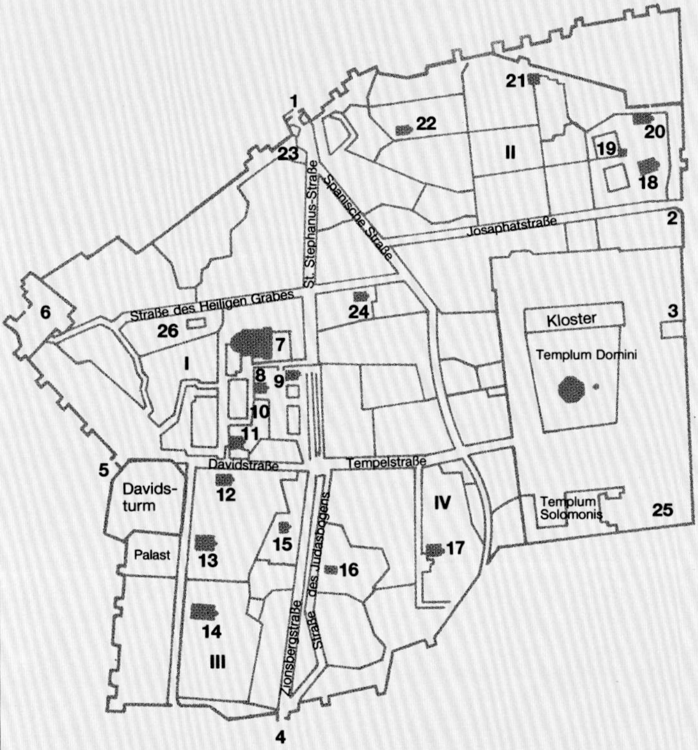

I Viertel des Patriarchen
II „Syrisches" Viertel
III Armenisches Viertel
IV Deutsches Viertel

1 St. Stephanustor
2 Josaphattor
3 Goldenes Tor
4 Zionstor
5 Davidstor
6 Tankreds Turm
7 Grabeskirche
8 St. Maria Latina Maior
9 St. Maria Latina Minor
10 Johanniter-Hospital
11 St. Johannis
12 St. Jakobus Intercisus
13 St. Saba
14 St. Jakobus-Kathedrale
15 St. Markus
16 St. Petrus in Galilea
17 St. Maria Germanorum
18 St. Anna
19 Schafsteich
20 St. Bartholomeus
21 St. Maria Magdalena
22 St. Agnes
23 St. Abraham
24 St. Cosmos
25 Salomos Ställe
26 Patriarchat

rückging, die hier angesichts der christlich byzantinischen Bedrohung im 10. Jahrhundert schon die Christen zur besseren Kontrolle zusammengefaßt hatten. Nach der Einnahme der Stadt durch die Kreuzfahrer wurde das Viertel dem Patriarchen zugewiesen und dem Papst in Rom auch in rechtlicher Hinsicht unterstellt.

In diesem Viertel, in dem die Grabeskirche und der Palast des Patriarchen lagen, befand sich ebenfalls der große Hospitalkomplex der Johanniter im heutigen Muristan. Die persische Bezeichnung „bimeristan“ für Hospital steckt noch im heutigen Wort Muristan für diesen Komplex. Die mittelalterlichen Südmauern der Kirche St. Johannes des Täufers, auf den sich der Johanniter-Orden beruft, sind noch heute als Begrenzung des Muristan an der Davidstraße zu sehen.

Südlich der Davidstraße schloß sich, wie heute, das armenische Viertel an. Mittelpunkt dieses Viertels war die St. Jacobus Kirche gegenüber dem von Balduin II. errichteten neuen Palast im armenischen Garten. Der östliche Teil des Viertels wurde von lateinischen Christen bewohnt. Die Hauptstraßen des armenischen Viertels waren die Zionsbergstraße und die „Straße des armenischen Patriarchats“. Östlich des armenischen Viertels befand sich das Deutsche Viertel. An der „Straße der Deutschen“ nahe am Tempelplatz erhoben sich die Marien-Kirche und ein Hospital der deutschen Johanniter, deren Ruinen noch sichtbar sind. Nördlich vom Deutschen Viertel, das heute zum Jüdischen Viertel gehört, erstreckte sich das Syrische Viertel.

Das Syrische Viertel war vor der Eroberung Jerusalems durch die Kreuzfahrer von Juden bewohnt worden. Nun siedelte Balduin I. hier 1115 n. Chr. Christen aus Transjordanien an. Die Kirchen St. Cosmos, St. Maria Magdalena, St. Agnes und St. Bartholomäus waren Bauwerke dieser aus dem Orient zugezogenen „syrischen Christen“. Die St. Anna-Kirche am Bethesda-Teich, an deren Stelle seit byzantinischer Zeit die Geburt der Maria lokalisiert wurde, stellten die Kreuzfahrer 1140 n. Chr. fertig und benannten sie nach der Mutter Marias.

Der Tempelbezirk oder Haram wurde dem zweiten großen Ritterorden neben den Johannitern, den Templern, zugewiesen. Hugo von Payens (gest. 1136) hatte den Tempelorden gegründet mit der Absicht, die mönchische Lebensform mit dem Kampf gegen die Heiden zu verbinden. Er leistete mit acht Genossen dem Patriarchen Warmund von Jerusalem das Gelübde des Gehorsams, der Keuschheit und Armut und versprach, die Straße von Jerusalem nach Jaffa zu sichern. König Balduin II. übergab den Templern die El Aksa-Moschee, die von den Kreuzfahrern als „Templum Salomonis“ bezeichnet wurde. Als Balduin II. den neuen Palast neben der Zitadelle

Usâma Munqidh
(4.7.1095-1188)
„Ein Leben im Kampf gegen die Kreuzritterheere“

„Immer, wenn ich Jerusalem besuchte, ging ich in die Al-Aqsa-Moschee, an deren Seite sich ein kleiner Betraum befindet, den die Franken (Kreuzfahrer) zu einer Kirche gemacht haben. Sobald ich die Al-Aqsa-Moschee betrat, in der sich die Templer befanden, mit denen ich befreundet war, räumten sie für mich diesen kleinen Betraum, damit ich darin meine Gebete verrichten konnte.

Als ich eines Tages wieder dort eintrat, „Allâhu akbar“ sprach und mich zum Gebet hinstellte, stürzte ein Franke auf mich zu, packte mich, drehte mir mein Gesicht nach Osten und rief: „So wird gebetet!“ Eilends liefen ein paar Templer zu ihm, packten ihn und brachten ihn von mir weg. Ich nahm wieder mein Gebet auf. Der Franke nutzte jedoch einen Augenblick, als die Templer nicht achtgaben, stürzte sich abermals auf mich, drehte mir das Gesicht gen Osten und rief: „So wird gebetet!“ Da kamen erneut die Templer herein und schafften ihn hinaus. Sie entschuldigten sich bei mir und sagten: „Das ist ein Fremder, der erst dieser Tage aus dem Land der Franken gekommen ist und noch niemanden in eine andere Richtung als nach Osten hat beten sehen.“ – „Ich habe genug gebetet“, erwiderte ich und ging hinaus, verwundert darüber, wie sich das Gesicht des Teufels verfärbt hatte, wie er zitterte und sich benahm beim Anblick eines Menschen, der sein Gebet in der Richtung nach Mekka verrichtete.

Ich sah einmal einen Franken zum Emir Mu'înaddin kommen, als dieser sich gerade im Felsendom aufhielt. Der Franke fragte: „Möchtest du Gott als kleines Kind sehen?“ Der Emir bejahte, worauf der Franke nahe vor uns hintrat und ein Bild Marias mit dem Messias – Friede über Ihm! – als kleines Kind auf ihrem Schoß zeigte. Er sprach: „Dies ist Gott als kleines Kind!“ – Aber weit erhaben ist Gott über allem, was die Ungläubigen sagen!“

1118 bezog, überließ er den Templern, die allmählich zu einer immer mächtigeren Organisation in Palästina heranwuchsen, den Haram. Die Templer wandelten den Felsendom in eine Kirche um und nannten ihn „Templum Domini". Auf der Kuppel richteten sie ein Kreuz aus Gold auf, das Saladin nach der Rückeroberung Jerusalems niederreißen und in der Zitadelle des Davidturmes einschmelzen ließ. Auch die noch vorhandene hölzerne Balustrade um den heiligen Felsen stammt von den Templern. Westlich des Templum Salomonis, bei der El Aksa-Moschee, errichteten sie einen Palast, in dem über 300 Angehörige des Ordens untergebracht waren. Die unterirdischen Gewölbe an der Südostecke des Haram, die die Kreuzritter auf Salomon zurückführten, dienten den Templern als Ställe.

Im Kidrontal erbauten die Kreuzfahrer an der schon unter den Byzantinern lokalisierten Stelle des Mariengrabes das Kloster und die Kirche „St. Maria in valle Josaphat". Die Krypta der byzantinischen Kirche des 5. Jahrhunderts n. Chr. wurde in die Kreuzfahrerkirche einbezogen. Heute sind nur noch ein Teil der Krypta und des Portals der 1244 n. Chr. zerstörten Kirche zu sehen. Auf den Ruinen der Kirche von Gethsemane, die von den Persern 614 n. Chr. zerstört worden war, und der Himmelfahrtskapelle errichteten die Kreuzfahrer erneut Kirchen. Die Himmelfahrtskapelle, die nicht wie die Gethsemanekirche von den Moslems zerstört, sondern übernommen wurde, versahen die Eroberer nach dem Ende des Kreuzfahrerreiches mit einer Kuppel, da sie in byzantinischer und mittelalterlicher Zeit oben offen war. Sie ist in dieser Form heute erhalten.

Die Kreuzfahrer herrschten 88 Jahre in Jerusalem. Unter ihnen wurden die meisten Stellen, an denen der Überlieferung nach vor allem aus byzantinischer Zeit biblische Ereignisse stattgefunden haben, festgelegt. Unter König Balduin II. (1118 bis 1131 n. Chr.) erreichte das Kreuzfahrerkönigreich Jerusalem seine größte Ausdehnung. Es umfaßte Palästina und Transjordanien. Allerdings formierte sich inzwischen der moslemische Gegenstoß. Damaskus konnten die Kreuzfahrer im zweiten Kreuzzug nicht zurückerobern. Balduin III. (1143-1163 n. Chr.) konnte zwar vorübergehend das Kreuzfahrerreich konsolidieren, sogar die letzte fatimidische Festung in Palästina, Askalon, 1153 n. Chr. erobern, die Jerusalems Verbindung zur Küste bedrohte, doch als es Sultan Saladin gelang, Syrien und Ägypten zu vereinigen, waren die Tage des lateinischen Königreiches Jerusalem gezählt. Da die lateinischen Kreuzfahrer mehr oder weniger eine lateinisch-französische Kolonialminderheit darstellten, zudem durch ihre Maßnahmen die griechisch-orthodoxen Christen zurückgestoßen hatten und

Jerusalem 12. Jh. n. Ch. (Cambrai MS)

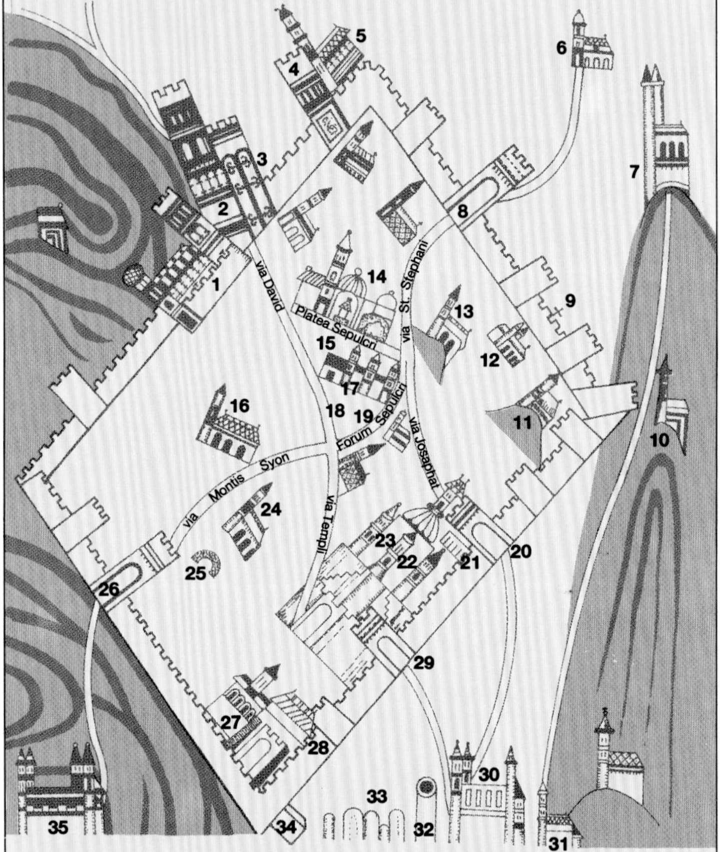

1 Königspalast
2 Davidsturm
3 Davidstor (Jaffator)
4 Turm Tankredi
5 Kirche des Hl. Lazarus
6 Kirche des Hl. Stephan
7 Ölberg
8 Stephanstor
9 Stelle, an der die Franken beim 1. Kreuzzug in die Stadt eindrangen
10 Bethanien
11 Kirche des Hl. Bartholomäus
12 St. Annen-Kirche
13 St. Marienkirche
14 Auferstehungskapelle
15 St. Maria-Kirche
16 St. Saba-Kirche
17 Johanneskirche
18 ad latinam maior
19 ad latinam minor
20 Josaphat-Tor
21 Teich Bethesda
22/23 Tempel des Herrn
24 St. Peters-Kirche
25 Jüdischer Bogen
26 Zionsbergtor
27 Ställe Salomons
28 Palast der Tempelherren
29 Goldenes Tor
30 Marienkirche im Josephattal
31 Gethsemane
32 Grab des Absalom
33 Einsiedlerort
34 Siloah
35 Marienkirche auf dem Zionsberg

auch keine Versuche unternahmen, bei den morgenländischen Christen Loyalität zu gewinnen oder gar Moslems zu bekehren, standen sie der geschlossenen Macht Saladins allein gegenüber.

Am 4. Juli 1187 n. Chr. kam es bei den Hörnern von Hittim (Quarne Hittim) südwestlich vom See Genezareth zur Schlacht. Die militärische Unfähigkeit des Kreuzritterführers Guido von Lusignan ermöglichte Saladin, den Christen eine vernichtende Niederlage beizubringen. Damit war das Schicksal Jerusalems besiegelt. Da die Ritter und die Mehrzahl anderer wehrfähiger Männer Jerusalems bei Quarne Hittim gefallen waren, war die Stadt ohne Schutz, so daß Saladin nach einer kurzen Belagerung und unter Zusicherung, daß die Christen sich freikaufen und die Stadt verlassen konnten, als Sieger in die Stadt einzog. Die Mehrzahl der Christen machte sich auf den Weg nach Norden. Nur diejenigen, die sich nicht freikaufen konnten, gerieten in die Sklaverei. Nach 88 Jahren christlicher Herrschaft war jetzt Jerusalem wieder in moslemischer Hand.

In einem feierlichen Gottesdienst übernahmen die Moslems den Felsendom und die El-Aksa-Moschee. Alle anderen ehemaligen islamischen Kultstätten erhielten ihre ursprüngliche Bedeutung zurück. Zusätzlich wurden neue Moscheen sowie theologische Schulen (Medresen) und Ho-

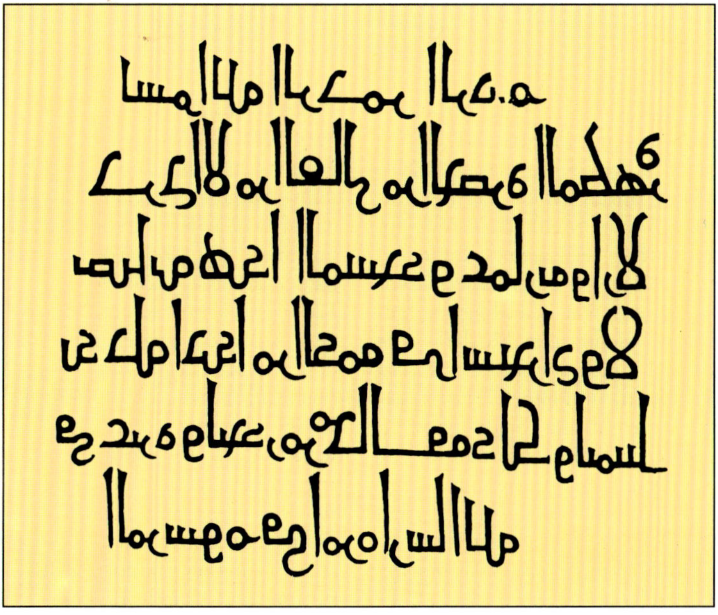

Der arabische Erlaß, der den Christen nach den Kreuzzügen den Zutritt zur Kirche des Heiligen Grabes gestattete.

spize (Rabats) errichtet. Diese wurden mit Vorliebe zwischen und neben die christlichen Kirchen und Einrichtungen gebaut, z.B. die Omarija-Moschee 1193 unmittelbar neben die Grabeskirche. Auch die Juden durften wieder nach Jerusalem zurückkehren. Zwar gab es schon vorher einige illegale jüdische Familien in der Stadt, wie der Reisende Rabbi Benjamin von Tudela bei seinem Besuch Jerusalems 1167 berichtete, doch nun nahmen die Einwanderungen zu. Zwischen 1209-1211 siedelten 300 Juden aus Frankreich und England in der heiligen Stadt. Weitere Einwanderer aus Nordafrika und dem Jemen schlossen sich später an.

Im dritten Kreuzzug, auf dem Friedrich Barbarossa im Saleph ertrank, konnten die Christen zwar die Erlaubnis zu Pilgerbesuchen in Jerusalem aushandeln, doch die Stadt nicht zurückgewinnen. Erst Friedrich II. gelang es, auf dem 5. Kreuzzug (1128-1229) durch einen Vertrag mit dem Sultan Melik el Kamil von Ägypten Jerusalem, Betlehem und Nazareth zurückzuerhalten. Jerusalem war allerdings aufgeteilt zwischen den Moslems, die die Schreine auf dem Tempelberg behielten, und den Christen, denen die übrige Stadt gehörte. Friedrich II. ließ sich zum König von Jerusalem krönen. Das Abkommen zwischen ihm und den Nachfolgern Saladins hielt jedoch nur 15 Jahre. 1244 verloren die Christen Jerusalem endgültig, als turkmenische Stämme, von den Ägyptern ermutigt, die Stadt eroberten, 7000 Christen abschlachteten und alle nichtmoslemischen Heiligtümer zerstörten. Die überlebenden Christen flohen in die den Kreuzfahrern noch verbliebenen Küstenstädte. Auch die wenigen neuangesiedelten Juden nahmen ihre Thorarollen und zogen sich ins Land nach Sichem (Nablus) zurück. Erst als die Mamelucken 1250 n. Chr. in Ägypten und Syrien erneut an die Macht kamen und die Juden ihre Gemeinden wieder aufbauen konnten, kehrten einige nach Jerusalem zurück, da dort 1267 der Rabbi Moshe ben Nachman (Nachmanides) im heutigen jüdischen Viertel eine Synagoge gründete, die 1976 restauriert wurde. Die Ramban-Synagoge ist die älteste heute benutzte Synagoge Jerusalems.

Nachdem der Mamelucke Baibars 1260 die Mongoleninvasion zurückschlagen konnte und sich zum Sultan ausgerufen hatte, nahm er den Kreuzfahrern Stadt um Stadt ab. 1265 eroberte Baibars Caesarea, 1266 Safed und 1268 Jaffa. Unter seinen Nachfolgern fielen die letzten Bastionen der Kreuzritter. Als Baibars Nachfolger Malik Al-Ashraf Khalil 1291 das christliche Bollwerk Akko einnahm, wurden auch Atlit, Tyrus, Sidon und Beirut von den Kreuzfahrern geräumt. Die letzten Kreuzritter bestiegen ihre Schiffe und verließen für immer das Heilige Land.

Rabbi Nachmanides (um 1194-1270)

„Ich schreibe euch diesen Brief von der Heiligen Stadt Jerusalem- ... Groß ist das Elend, und groß ist die Verwüstung, und je heiliger der Platz, desto größer die Verwüstung. Jerusalem ist verwüsteter als das übrige Land ...

Es gibt hier ungefähr zweitausend Einwohner, darunter dreihundert Christen, aber keine Juden ... Jetzt gibt es dort nur zwei Brüder, Färber, die ihre Farben von der Regierung kaufen ... und wir fanden ein verfallenes Haus... und machten es zu einer Synagoge: denn die Stadt hat keinen Herrscher und jeder kann, wenn er will, eine Ruine nehmen. Und wir waren bereit, das Haus zu reparieren ... und sie sandten schon nach Nablus, um die Gesetzesrollen zu holen, die in Jerusalem waren, aber weggenommen wurden, als die Tataren kamen.

Und jetzt haben sie eine Synagoge errichtet, wo sie beten werden. Denn es kommen immer Leute nach Jerusalem, Männer und Frauen von Damaskus und Aleppo und von allen Teilen des Landes, um den Tempel zu sehen und zu weinen."

Die ehemalige Frankenkarawanserei in Akko.

Die Reste der Kreuzfahrer-befestigungen in Caesarea.

Gotische Gewölbereste aus der Kreuzfahrerzeit in Caesarea.

Aus dem Bericht des christlichen Pilgers Arnold von Harff aus Deutschland über seinen Jerusalemaufenthalt 1497/98

Item eine halbe Meile vor Jerusalem zogen wir zu dem Orden in die Herberge auf dem Monte Zion, der dort ein schönes Kloster liegen hat. Die Ordensleute empfingen uns wohlwollend und ehrlich und gaben uns links von der Pforte eine eigene Kammer mit einem Bett sowie gutes Essen und guten Wein, was wir seit anderthalb Jahren nicht gesehen hatten. Denn unsere Schlafstätte war der heiße Sand unter dem blauen Himmel gewesen. Unser Essen waren im heißen Sand gebakkene Kuchen gewesen, und stinkendes Wasser aus den Ziegenhäuten war unser Trank gewesen. Weiter fand ich in diesem Kloster einen deutschen Ordensbruder, aus St. Truyden, der täglich mit mir die heiligen Stätten besuchen ging und mich alles sauber aufschreiben ließ.

Item beantragte er zuerst beim Amareyo dem obersten Herrn der Stadt Jerusalem, der ein Mameluck, also ein verleugneter Christ war, der vom Sultan dahingeschickt war, um eine freie Strecke Geleit für mich zu erlangen, um in den Tempel Christi und zu allen Plätzen gehen zu können, die innerhalb und außerhalb der Stadt zu sehen sind und die zu besuchen nach meinem Willen so oft es mir von Nutzen wäre, für zehn Dukaten.

Item besuchten wir zuerst die heilige Stätte im Kloster auf dem Zionsberg und gingen eine kleine stiege hinauf in die Kapelle zu dem Hochaltar. Das ist die Stätte, wo unser Herr Jesus mit seinen Jüngern am Grünen Donnerstag das Abendmahl aß. Da gibt es Ablaß-Vergebung aller Sünden von Pein und Schuld. Item auf der rechten Seite dieses Hochaltars steht ein weiterer Altar. Das ist die Stätte, wo unser Herr Jesus seinen Jüngern nach dem Abendmahl ihre Füße wusch. Da gibt es Ablaß für sieben Jahre und sieben Monate. Item fort gingen wir draußen von dieser Kapelle zu einer Kapelle auf der rechten Seite, die jetzt zugemauert ist, da die Heiden nicht haben wollen, daß wir Christen in diese Kapelle gehen sollten, weil dort David, Salomon und andere Könige von Jerusalem darunter begraben liegen. Aber wir sahen durch ein Fenster in diese Kapelle. Das ist die Stätte, wo Gott unser Herr nach der Auferstehung seiner lieben Mutter und den Jüngern in einem brennenden Feuer erschien. Dort gibt es Vergebung von Pein und von Schuld ...

Item gingen wir zum Tempel unseres Herrn Jesu. Da saßen vier von den Obersten der Stadt, die uns die Tür des Tempels aufschlossen, und als wir hineingegangen waren, sie von Stund an wieder zuschlossen.

Item dieser Tempel ist rund aufgebaut und ist innen zwischen den Säulen quer über 73 Fuß weit und das Seitenschiff von den Säulen bis an die Mauer, wo das Seitenschiff aufsitzt, ist er zehn Fuß breit.

Item gingen wir zuerst in eine Kapelle, die Unser lieben Frauen genannt wird. Darin wohnen zwei Ordensbrü-

Darin wohnen zwei Ordensbrüder, die dorthin vom Monte Zion geschickt werden und täglich dort innen eingeschlossen bleiben, so daß man alle Tage ihnen von Monte Zion zu essen und zu trinken bringt, das ihnen durch ein Loch in der Tür hindurchgesteckt wird ...

Item ferner kamen wir zum Tempel Salomonis, der 160 Schritte entfernt vom Tempel Christi steht. Item wurde ich mit Trinkgeld und unter großem Gelöbnis der Verschwiegenheit von einem Mamelucken in diesen Tempel geführt, wohin kein Christ noch Jude hineingehen darf, wenn er sich dort naht, denn sie sagen und wollen, daß wir schnöde Hunde sind und nicht würdig, zu der heiligen Stätte zu gehen unter Strafe des Todes, weshalb ich auch erschrak. Doch unterwies mich der Mameluck, daß ich mit ihm eines Abends in seiner Gestalt gekleidet gehen sollte, wolle er mich in den Tempel führen, und wenn ich erkannt wurde, wie ich dann einem Heiden mit Wörtern nach ihrer Sprache antworten sollte und auch die Wörter und andere Zeichen, die ich in Gaza unter Zwang im Gefängnis sagen mußte und zu tun hatte, wie ich vorher geschrieben habe. So sollte dann der Heide mir Ehre bieten und mich gehen lassen wie das oftmals geschah. Item so holte mich der Mameluck eines Abends aus dem Kloster Monte Zion in sein Haus in der Absicht, daß ich bei ihm geschlafen haben sollte, wo er mich ausrüstete mit Kleidern und allem Aussehen wie ein Mameluck. Also traten wir zusammen gegen Abend in den Tempel Salomonis, der durch seine Anordnung uns aufgeschlossen wurde und auch sofort wieder zu, deshalb, damit wir innen nicht überlaufen wurden. Dafür mußte ich vier Dukaten geben. Item dieser Tempel Salomons ist eine runde schöne hohe Kirche, mit Blei gedeckt, und um diese Kirche geht ein Friedhof ohne Gebäude, der unten ausschließlich mit weißen breiten Marmorsteinen und auch auf diese Weise innen gepflastert ist.

(Aus: Die Pilgerfahrt des Ritters Arnold von Harff von Cöln durch Italien, Syrien, Aegypten, Arabien, Aethopien, Nubien, Palästina, die Türkei, Frankreich und Spanien).

Die Herrschaft der Mamelucken

260 Jahre lang beherrschten die Mamelucken-Dynastien Jerusalem. Ursprünglich waren die Mamelucken weiße Kriegsgefangene und turkmenische Sklaven gewesen. Sie waren als tapfere Soldaten in hohe Ämter gelangt und hatten sich 1250 mit Erfolg in Ägypten gegen die Ajubiden-Sultane aufgelehnt. Ihre Herrschaft dauerte bis 1517 und erstreckte sich auf Ägypten, Palästina und Syrien. Da die Mamelucken alle Hafenstädte an der Küste zerstörten, um eine erneute Invasion von Kreuzfahrern zu verhindern, lagen Handel und Wirtschaft zunächst darnieder. Auch war das Land durch die vorausgegangenen Kriege völlig verwüstet. Baibars hatte die Taktik der „verbrannten Erde" benutzt. Dadurch litt die einzige Industrie Jerusalems sehr, die aus der Frucht der Olivenbäume Öl und Seife herstellte.

Ein gewisser Aufschwung der Stadt war schließlich dadurch zu verzeichnen, daß die Mameluckensultane als fromme Moslems der Stadt großzügig religiöse Einrichtungen stifteten. So wurden der Felsendom und die El Aksa-Moschee vergoldet und viele Schreine aus Alabastermarmor und Holz eingerichtet. Fürsten aus Persien und Turkestan umgaben den Tempelberg mit theologischen Schulen (Medresen; Einzahl: madrasa), Derwischklöstern (Einzahl: zawija), Herbergen, Moscheen, Palästen und Mausoleen. Die Mamelucken beschäftigten nur die besten Künstler und Architekten. Sie prägten mit ihrer eigentümlichen Architektur alles, was von dem mittelalterlichen Jerusalem noch übriggeblieben war. Im moslemischen Viertel der Altstadt kann man heute noch Zeugnisse der mameluckischen Kunst sehen. Die Fassaden der mameluckischen Gebäude sind aus abwechselnden Reihen roter und weißer Steine gemauert. Friese mit kunstvollen Widmungsinschriften aus dem Koran in der schwungvollen nas'chi-Schrift des arabischen Mittelalters lokkern die Fassadenflächen auf. Auch findet man ab und zu Wappen verschiedener Emire an den Häusern. Während der Mameluckenherrschaft wurde Jerusalem als zweitrangig angesehen. Es diente vor allem als Verbannungsort für Emire und andere hohe Staatsdiener, die am Hofe in Kairo in Ungnade gefallen und nicht gleich hingerichtet worden waren. Auf ihren Wappen findet man Hinweise, welche Hofämter sie einst in Kairo innehatten: ein Becher deutet auf den Mundschenk, eine Serviette auf den Kammerherrn, Schreibgeräte auf den Sekretär u.a.m.

Die Eingänge der mameluckischen Bauten präsentieren sich als hohe Halbkuppeln mit Stalaktitenmustern. Zu den schönsten mameluckischen Bauwerken in

Eingangsportal eines Hauses in mameluckischen Stil mit dem typischen Stalaktitenmuster und den zweifarbigen Steinmetzarbeiten in der Kuppel.

Jerusalem gehören die vom Sultan al Malik al-Ashraf 1483 erbaute theologische Schule (Medrese) Aschrafijja an der Westseite des Tempelberges und der vom selben Erbauer stammende öffentliche Trinkbrunnen in der Nähe des Felsendoms. Die 1328/29 von Emir Tankiz erbaute Medrese Tankizijja an der Kettenstraße gehört zu den besterhaltenen Bauwerken der Mamelucken in Jerusalem. Da nach dem Tod der Spender, Stifter und Verbannten häufig die Geldzuwendungen eingestellt wurden, verfielen leider viele der schönen Bauten und Kultstätten. Die 44 islamischen theologischen Schulen und 20 Klöster, die Jerusalem während der Mameluckenzeit beherbergte, machten aus der Stadt eine Hochburg islamischer Geistlichkeit. Sie war voller Theologen, Derwische und Glaubenseiferer.

In Summa, wir arme Pilger sendt dermassen so schändlich von Christen und Türcken umb unser gelt betrogen worden, das ess zu erbarmen ist. Mehr wil Ich nicht davon schreiben, allein ein Jeder guter gesell hutte sich vor der Raiss und so einer je lust dazu het, ziehe er nicht pilger-, sonder kaufmanssweiss, dann unter etlichen Pilgerssröcken unnd Münchskutten grosse schälck steckhen.

Aus: Hans Johann von Hirnheim, Ende des 15. Jhs.
R. Röhricht: Deutsche Pilgerreisen nach dem Heiligen Lande, Berlin 1886.

Das Verhalten der mameluckischen Moslems den Christen und Juden gegenüber schwankte in dieser Zeit zwischen Großzügigkeit und Habgier. Erlaubte ein Gouverneur (Naib) den Bau von Kirchen und Synagogen, so gestattete sein Nachfolger den moslemischen Glaubenseiferern, diese wieder zu zerstören. Auch die moslemischen Mönche, die Derwische, die um die Grabeskirche herum in den Moscheen lebten, plünderten gelegentlich die inzwischen verarmten christlichen und jüdischen Kultstätten. Die moslemischen Beduinen machten es sich sogar zum Sport, Juden und Christen auszurauben, da sie als Moslems für diese Untaten vom Gouverneur nicht bestraft wurden.

Bestechungen, um Kirchen und Synagogen wiederherzustellen oder neu zu errichten, waren die übliche Form des Umgangs mit den habgierigen moslemischen Behörden. Trotz dieser Verhältnisse nahm die Einwanderung der Juden aus europäischen Ländern zu. Besonders aus Spanien und Nordafrika kamen viele Flüchtlinge. 1440 legten die Mameluk-ken den Juden in Jerusalem drükkende Steuern auf. Das hatte zur Folge, daß viele kleine Kaufleute und Gewerbetreibende, die diese Steuern nicht aufbringen konnten, die Stadt verlassen mußten. Am Ende des 15. Jahrhunderts bot Jerusalem das Bild einer verarmten verwahrlosten Stadt mit eingestürzten Mauern. Nur noch etwa 10 000 Einwohner, davon 1000 Christen und 200 jüdische Familien waren hier ansässig.

Martin Kabtanik, ein christlicher Pilger aus Böhmen, der das Land in den Jahren 1491-92 bereiste, schreibt in seinem Buch „Reise nach Jerusalem":

„Die Christen und Juden haben Mangel an allem und sind in einer elenden Lage. Es gibt nur wenige Christen, aber viele Juden ... Ein Jude, dessen Haus einfällt, darf kein neues an seiner Stelle bauen, sondern muß den Boden nochmals von dem vorigen Eigentümer kaufen, und zu einem hohen Preis. Christen und Juden gehen in Jerusalem umher wie Bettler in unserem Lande. Sie dürfen keine gute Kleidung tragen. Trotz allem Kummer und der Unterdrückung, die die Juden von den Nichtjuden erleiden, weigern sie sich, den Platz zu verlassen."

Ritter Grünembergs Pilgerreise ins Heilige Land 1486

Um 10 Uhr vor Mittag am 13. August kamen wir zu der heiligen Stadt Jerusalem, die sich Gott erwählt hat zu seinem Leiden. Vor der Stadt stiegen wir von unsern Eseln und gingen zu Fuß hinein. Wie wir hineinkamen hatten wir Ablaß.

Zuallererst gingen wir vor den heiligen Tempel, in dem sich das heilige Grab befindet ..., nachher zum Spital. Dort blieben wir 3-4 Stunden. Die Heiden taten uns viel zuleide und wollten Geld von uns haben, sie bedrängten uns sehr. Weil wir ihre Belästigungen nicht mehr ertragen konnten, fragten wir einen Juden nach einer Herberge, in der wir vor den Heiden Ruhe hätten. Er führte uns zu dem Hause eines Christen Elias, der uns ein Gewölbe zur Verfügung stellte; ein jeder von uns bezahlte ihm dafür täglich einen Maidin. Die Christen brachten uns Brot und Trauben, Eier und gesottenes Fleisch, das wir bezahlten. Dort lagen wir einen Tag in Ruhe und Frieden.

Am Montag, dem 14. Tag im August, kam in aller Frühe ein Barfüßerherr, genannt Bruder Pilgrim, in unsere Herberge, weckte uns und geleitete uns ins Spital, wo man Messe hielt. Danach führten uns die Barfüßerherren des Klosters Mons Sion vor das Spital, um die heiligen Stätten zu besehen. Als wir dort ankamen, stand jedermann still, und ein Barfüßerherr erklärte mit lauter Stimme auf Lateinisch, welche Stätte das sei und was da geschehen. Ein anderer Bruder wie derholte seine Worte auf Französisch und Welsch und ein dritter in deutscher Sprache; wir Pilger aber bedurften des wohl, denn es waren wohl zehnerlei Sprachen und ungleiche Rede unter uns Brüdern ...

Das *heilige Grab* ist in einen harten Fels gehauen, aber die Pilger schlugen und kratzten stets davon ab und jeder wollte etwas davon mit sich nach Hause nehmen . . . Diese Kapelle ist 8 Schuh lang und nicht ganz so breit, und wer hinein will, der muß durch zwei viereckige Löcher oder Türen schlüpfen, da steht das heilige Grab zur rechten Hand erhöht, wie ein Altar, bedeckt mit schönem Marmor; darüber brennen Tag und Nacht zwölf Ampeln.

Danach sagte mein gnädiger Graf Siegmund von Lupfen zu mir, ob ich mit ihm das *Bad in Jerusalem* besuchen wolle. Ich sagte ja. Wir nahmen uns einen jungen Juden, der gut deutsch und heidnisch verstand, sonst aber keinen anderen Begleiter. Als wir zum Bad hinkamen, standen da ganz herrliche, viereckige Steinbauten, in jeder der vier Wände ein runder Ausbau. Neben der Tür saß auf einer Art Stuhl ein Heide mit einer weiten Kopfhaube und langer weißer Schaube. Der Jude führte uns in eine der runden Nischen, die mit einer Strohmatte bedeckt war. Darauf lag ein schöner Teppich. Wir setzten uns und zogen uns aus, betrachteten dabei den prächtigen und herrlichen Raum und bemerkten hoch oben im Gewölbe ein großes, rundes Loch, das dem Raum Licht gab. Gerade darunter stand in der Mitte eines sehr schönen Estrichs ein sehr zierlicher Brunnentrog aus buntem Marmor, in ihm eine schöne Steinsäule mit zwei hübschen Röhren übereinander, die hell plätschernd liefen. Die Wände des Raumes waren rings mit vielen heidnischen Inschriften bedeckt. Ich fragte den Juden nach Ihrer Bedeutung, er sagte, es wären Lobsprüche Gottes. Der Jude setzte sich auf unsere Kleider.

Darauf gingen wir nackend ins Bad. In der Mitte des großen mittleren Gewölbes war wieder eine Öffnung, die dem Raum viel Licht gab. Es waren an den Seiten vier Nischen.

In zweien standen zwei zinnerne Kessel, in die man aus zwei Messinghähnen warmes und aus zwei anderen kaltes Wasser laufen lassen konnte. In den anderen Nischen standen ebenfalls zwei Kessel. In dem einen war warme Lauge, in dem andern kalte. Daneben standen zwei Schalen voll brauner und weißer Seife und noch mancherlei Becken. Diese Geschirre waren ganz mit heidnischen Inschriften besetzt und glänzten wie neu. Der Estrich war aus Marmorsteinchen in allen Farben zusammengesetzt, lustig bunt und mit Sternen verziert. Auf dem Estrich lagen dünne Bretter aus Zedern- und Zypressenholz. Auf ihnen ging man kühl. Mied man aber die Bretter und ging auf dem Estrich, so konnte man es vor Hitze nicht aushalten. Denn das Bad wurde von unten geheizt, und die Hitze drang durch den Fußboden. Zwei Heiden pflegten uns sehr gut. Zunächst taten sie Eiweiß in eine Schale, mischten Hanf dazwischen und schlugen diese Mischung tüchtig in dem einen Becken, legten uns auf den Rükken, rieben uns die Brust tüchtig mit Schaum. Darauf nahmen sie Seife, bestrichen uns den ganzen Leib und ließen uns ein wenig liegen, zogen wollene, rauhe Handschuhe voller Knoten an und rieben und gerbten uns tüchtig den Rücken. Darauf wuschen sie uns den Kopf und den ganzen Leib. Bei ihrer Tätigkeit machten sie viele seltsame Possen und Gebärden, so daß mein Herr und ich oft lachen mußten. Mein gnädiger Herr sagte dann, wir wären hier zu Hause. Wir nahmen unsere Hemden und wuschen sie; denn sie machten uns wegen ihrer Schwärze und des Ungeziefers viel Beschwerden.

Da stießen plötzlich drei Heiden die Tür auf, ballten drohend die Fäuste gegen uns, blickten uns böse an und sprachen zornig: undar, undar, marfus roch roch, d.h. ihr schnödesten und bösesten Menschen, macht, daß ihr fortkommt, sonst setzt es Hiebe! Wir gingen rasch hinaus und fanden den Juden weinend auf unsern Kleidern sitzen. Die Heiden hatten ihm das Haar ausgerissen, ihm Mund und Nase blutig geschlagen und ihm die zwei Marzellen abgenommen, die wir ihm für die Bezahlung des Bades zur Aufbewahrung gegeben hatten. Sie hatten dem Juden auch unsere Kleider weggenommen und sie nach Geld durchsucht. Das hatten wir aber unsern Knechten gegeben mit dem Befehl, bei den andern Pilgern zu bleiben. Der Jude sagte auch, daß ihm der Bademeister das Geld entrissen hätte, und er fragte ihn, ob er mit den Marzellen zufrieden wäre, die er ihm abgenommen hatte. Er sagte ja. So eilten wir denn in das Haus, in dem unsere Brüder lagen. Die Heiden aber liefen uns nach und warfen mit Steinen.

Danach am Sonntag, dem 27. August, früh versammelten sich die Pilger auf dem *Kloster Monte Sion,* setzten sich auf die Esel und ritten von Jerusalem wieder gegen Jaffa. Unsere Begleiter, die Heiden, fingen wieder zweimal an, sich gegenseitig zu schlagen. Der Herr von Jerusalem und der Kalin ritten dazwischen und wollten sie beruhigen. Da wurden auch sie mit Steinen geworfen, und wenn sie nicht trafen, so gingen die Würfe unter die Pilger . . .

Unsere Galioten, die während der ganzen Zeit auf der Galee geblieben waren, gingen uns entgegen, empfingen uns mit ausgebreiteten Armen, wollten uns küssen und fragten, wie es uns ergangen und ob keiner inzwischen gestorben wäre.

Jerusalem im Reich der Osmanen

Im Jahre 1516 erlitt das Heer der Mamelucken durch die Janitscharen und die Artillerie des Sultans Selim I. (dem „Strengen") aus der osmanischen Dynastie nördlich von Aleppo eine vernichtende Niederlage. Das hatte zur Folge, daß im gleichen Jahr ganz Palästina in die Hände der Türken fiel, als sie auf Ägypten vorstießen. 400 Jahre blieb nun Palästina eine türkische Provinz. Es fiel in eine Art von Dornröschenschlaf. Zahlreiche Altertümer wurden in dieser Zeit vergessen, die jetzt erst im 20. Jahrhundert durch die historisch-archäologische Forschung und geographischen Legitimationsversuche von den Israelis ans Licht gehoben werden. Durch diesen Dornröschenschlaf Palästinas ist auch sehr viel erhalten geblieben, was durch ereignisvollere Zeitläufe sicher endgültig zerstört worden wäre. Bis etwa ins 19. Jahrhundert herrschte kulturell der orientalisch-türkische Einfluß vor. Seit dem 19. Jahrhundert bis zum Ende der osmanischen Herrschaft begannen die Einflüsse europäischer Kultur in Palästina ständig zu wachsen.

Unter Selim I. und seinem Sohn Suleiman II. (der „Kanuni", der „Gesetzgeber" oder, wie er in Europa bekannt war, der „Prächtige") 1520-1566 erlebte Palästina

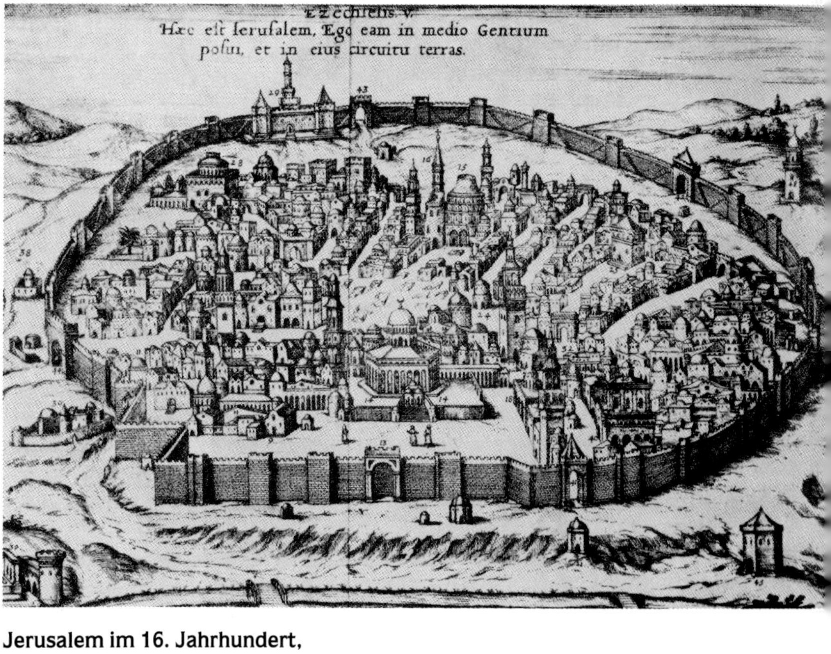

Jerusalem im 16. Jahrhundert, nach einem zeitgenössischen Stich.

eine fast paradiesische Zeit des Friedens und des Aufbaus. Suleiman, der Kalif aller Moslems, verfügte eine Neuorganisation der Provinz, und in Jerusalem ließ er 1537 die Mauern der Altstadt ausbessern und teilweise neu errichten, um die heilige Stadt gegen die plündernden räuberischen Beduinen zu schützen. 1541 war der Bau der Mauern abgeschlossen, wie Inschriften auf den Steintafeln am Jaffator, an den anderen Toren und an einigen Mauerstellen mitteilen. Das Damaskustor über dem römischen Bogen wurde am prächtigsten ausgestaltet. Hier herrschte der meiste Verkehr, denn durch dieses Tor wurden die Oliven für die Ölindustrie Jerusalems aus Schomron (Samaria) gebracht. Daher heißt auch die auf das Damaskustor zulaufende Straße Khan el Zeit (Lager der Oliven). Suleiman ließ das Goldene Tor (Shaar Ha Rahanim) renovieren und zumauern, da Christen und Juden mit diesem Tor messianische Hoffnungen verbanden. Beim Jaffator baute der Sultan die Zitadelle für seine Janitscharen aus. Eine Moschee für die Gebete der Soldaten wurde dort ebenfalls errichtet. Das Davids-Minarett kam allerdings erst später hinzu.

Neben dem Mauerbau war das bedeutendste Werk Suleimans in Jerusalem die Wiederherstellung und Ausbesserung der moslemischen Schreine auf dem Tempelberg. Durch armenische Kunsthandwerker aus Kutahia in Kleinasien ließ Suleiman die Achteckfassade des Felsendoms mit Fayencefliesen belegen, deren grau-blaue Farbe heute in anmutigem Kontrast zur vergoldeten Kuppel steht. Nachdem der Sultan die Wasserversorgung Jerusalems durch eine Erweiterung der Leitungen aus König Salomons Teichen verbessert und beim Jaffator im oberen Hinnomtal einen großen Teich, den Sultansteich, der heute ein Stadtpark an der Hebronstraße ist und immer noch seinen Namen trägt, angelegt hatte, ließ er zahlreiche öffentliche Trinkbunnen (sebil) errichten, die durch Spitzbögen oder Sparrendächer geschützt waren und mit Reliefarabesken und Halbkuppeln mit Stalaktitenmustern verziert wurden. Hervorzuheben ist der Brunnen am Kettentor zum Tempelberg.

An die Gestalt Suleimans knüpfen sich in Jerusalem viele Sagen. Beispielsweise wird berichtet, daß der Sultan bei dem Besuch gerade des obengenannten Brunnens am Kettentor bemerkte, wie eine alte Frau im Süden des Bauwerks Abfall hinwarf. Als der Sultan die Frau zur Rede stellte, bekannte sie sich als Christin aus Betlehem. Priester hätten ihr gesagt, es sei eine tugendhafte Tat, Abfall auf den verfluchten Platz zu werfen. Suleiman war über diese Geringschätzung der Westmauer des Tempelbergs so erzürnt, daß er einen Sack Goldmünzen in den Abfall werfen ließ und den armen Jerusalemern befahl, den ganzen

Felsendom, Stich um 1850.

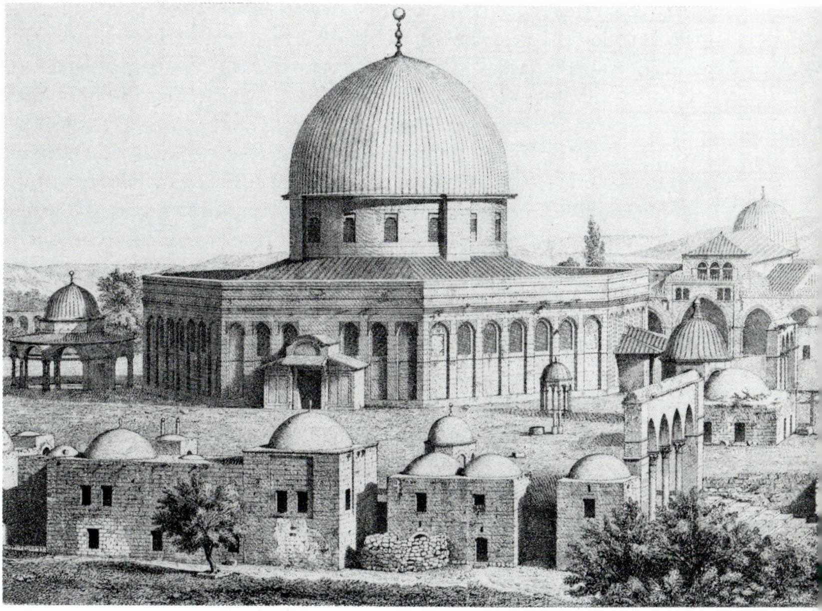

Der Felsendom heute.

Abfall abzutragen. Als diese so motiviert den Platz vor der Westmauer geräumt hatten, ließ der Sultan die Mauersteine, die er König Salomon zuschrieb, mit Rosenwasser reinigen und erlaubte den Juden, hier zu beten.

Eine andere Sage bezieht sich auf ein kleines Doppelgrab zwischen dem Jaffator und dem heutigen Fremdenverkehrsbüro am Omar Ibn el Khatab-Platz. Suleiman soll hier die beiden Architekten, die mit dem Bau der Stadtmauer beauftragt waren, geköpft und begraben haben lassen, weil sie vergessen hatten, den Zionsberg in die Stadtmauern einzubeziehen.

Der Sultan, der sich, wie es heißt, aus Ehrerbietung vor dem biblischen König und Erbauer des ersten Tempels in Jerusalem ebenfalls Salomon (arabisch: Suleiman) nannte, führte das Osmanische Reich auf den Höhepunkt seines Glanzes, seiner Macht und Ausdehnung. Seinem Beinamen „der Prächtige“ machte er in Westeuropa dadurch Ehre, daß er den Christen Südeuropas einen freien Zugang zu den heiligen Stätten im Heiligen Land und in Jerusalem gewährte, einigen Lateinern erlaubte, in der heiligen Stadt zu wohnen, um die Pilger zu versorgen, und daß er 1535 ein Abkommen mit dem französischen König Franz I. schloß, das die Privilegien und besonders die konsularische Gerichtsbarkeit der Franzosen im Osmanischen Reich regelte. Dieses Abkommen wurde später zum Vorbild für die Verträge anderer christlicher Staaten mit der Türkei. Den Franzosen sicherte der Sultan in dem Vertrag zu, eine gewisse Gerichtsbarkeit über die Christen im Orient ausüben zu dürfen. Frankreich mußte umgekehrt dafür Sorge tragen, daß die christliche Bevölkerung sich gegenüber der moslemisch-türkischen Herrschaft loyal verhielt. Suleiman garantierte weiterhin den Bestand der wenigen vorhandenen christlichen Kirchen in der heiligen Stadt, die jetzt nicht mehr in Moscheen umgewandelt werden sollten.

Auch die Juden lernten seine Großzügigkeit zu schätzen. Den geflohenen Juden aus Spanien gewährte er Aufnahme und dem jüdischen Staatsmann Don Josef Nassi, der am Hofe Suleimans diente, erteilte der Sultan die Erlaubnis, daß sich Juden in Tiberias und sieben benachbarten Dörfern ansiedeln und dort ein jüdisches Zentrum gründen konnten. Juden durften ebenfalls, allerdings in begrenzter Anzahl, wieder in Jerusalem wohnen. Jerusalem sollte aber eine überwiegend moslemische heilige Stadt bleiben. Juden und Christen war es weiterhin nicht erlaubt, den Tempelbezirk auf dem heiligen Berg El Kuds zu betreten. Sie konnten aber auf dem weniger heiligen Berg im Westen, dem Zionberg wohnen und dort Synagogen und Kirchen bauen. An den Hängen des Zionberges entstanden durch Juden aus Spanien und Istanbul die Synagogen Ben Zakkai, Eliahu Hanavi, Istanbuli und Emtzwai, die nach 1967 gründlich restauriert wurden. Der Abendmahlssaal über dem Davidsgrab auf dem Zionsberg blieb im Besitz der Franziskanermönche.

Die lateinischen Christen lebten um die Grabeskirche herum im nordwestlichen Teil der von der Mauer umgebenen Stadt. Die Armenier wohnten im heute noch armenischen Viertel. Die Juden, von denen es etwa 1500 gab, bewohnten drei Stadtviertel, die sich mit dem Gebiet des heutigen jüdischen Viertels deckten. In all diesen Vierteln hatten die Moslems jedoch Moscheen und hohe Minaretts errichtet, um den Nichtmoslems Furcht vor Allah einzuflößen.

Die unter der Regierung Suleimans erweckten Hoffnungen und der durch seine Liberalität bedingte Aufschwung nahmen jedoch mit seinem Tod rasch ein Ende. Schwache Sultane und korrupte Wesire ließen in der Folgezeit Jerusalem und das ganze Land wieder verfallen. Korruption und Habgier waren bald wieder an der Tagesordnung. Die Paschas der einzelnen Provinzen begannen untereinander Kriege zu führen, für die sie von ihren Untertanen immer höhere Steuern erpreßten. Zeitweilig verloren die Sultane in Konstantinopel völlig den Überblick und die Kontrolle über ihr Reich. So konnte der Drusenemir Fachradin I. (1598-1635) vorübergehend die Macht in Palästina an sich reißen, oder im 18. Jahrhundert gelang es dem Beduinenscheich Dahir al Omar, Galiläa und nach dem Bündnis mit dem ägyptischen Pascha Ali Bei und mit den Russen, die damals im Krieg mit der Türkei lagen, fast ganz Palästina zu beherrschen.

In Jerusalem zogen die osmanischen Gouverneure Gewinn aus den Konflikten zwischen den christlichen religiösen Gruppierungen. Die Konflikte vor allem zwischen den Lateinern und Griechisch-Orthodoxen dauerten seit den Kreuzfahrerzeiten immer noch an. Die Türken traten als Vermittler zwischen den Streitenden auf und ernannten sich selber zu Bewahrern der Grabeskirche. Damit verbanden sie zugleich das Recht, von den christlichen Pilgern Steuern zu fordern. Sie besteuerten jedoch nicht nur die Lebenden, sondern auch Tote.

Ein französischer Pilger berichtet 1664, daß die Genehmigung für die Bestattung eines Nichtmoslems 12 Dinare koste. Auf dem Totenschein mußte zudem nach dem Namen eines jeden Nichtmoslems die Bezeichnung „Hund“ hinzugefügt werden. Diese beleidigenden Schikanen konnte auch der französische Konsul, der 1621 von Ludwig XIII. von Frankreich zum Schutz der Katholiken nach Jerusalem geschickt wurde, nicht verhindern. Ihm selber wurde vielmehr ein Prozeß wegen Beleidigung des

Belangend die Stadt Jerusalem / so ist ein sehr genauer Unterschied zwischen dieser und jener / denn da zuvor die Stadt mit herrlichen Strassen und Pallästen prahlete / sind die Strassen nunmehr gar eng / krum / und unordentlich gebauet / auch mehrentheils mit vielen Steinhauffen / Koth und Dreck angehäuffet und gefüllet.

Die Bürgerliche Wohnungen sind schlecht / und ohne eintzigen Zierath / wiewol sie allesamt aus gehauenen Steinen gemacht / gewölbet / und oben mit einem ebenen Dache / nach der Landes Weise gebauet stehen.

Die meisten haben ein Stockwerk / etliche zwey / und die wenigsten drey / auch sind die Strassen auf beyden Seiten hoch / und in der Mitte tieff / welches die Häuser noch unansehnlicher machet.

Der Kauffmarckt ist noch ziemlich wol gebauet / aus viereckigt gehauenen Steinen aufgeführet / gewölbet / und auf beyden Seiten mit vielen Krahmladen besetzet...

In der Stadt stehen sonsten noch zwölf prächtige Metziden oder Moskeen / wiewol die meiste Mahumetisten ihr Gebet und Gottesdienst in dem Tempel Salomonis / den sie für den besten und heiligsten halten / verrichten.

Nicht weit von Herodis Pallast stehet a einem erhabenen Orte eine Moskee. / und daneben eine Gebäude / als ein Kloster worinnen sich einige Türckische Münche oder Geistliche aufhalten / welche die Heyrath oder den Ehestand angelobet haben.

Die Stadt ist nicht sehr Volckreich; denn man findet nicht über vierzehen oder fünfzehen tausend Seelen in derselben / ob man gleich Türcken / Mohren / Araber / Christen und Jüden ins gemein zusammen rechnet.

Der grössest Theil dieser Einwohner bestehet in dem Krieges-Volcke des Stadthalters / in Befehlshabern des Cadis / in Mahumetischen Priestern / Santonen und Derwysen.

Man findet sehr wenig Kaufleute / hingegen aber giebet es viel Handwercksleute / als: Becker / Köche / Krahmer / Weber / Schneider / Barbierer / Schuster / etc. so allesamt Jüden / Mohren oder Araber sind / in der Stadt. Ohne diese sind auch viel Römische Christen / Griechen / Armenier / Syrer und Coptisten daselbst.

Unter den Römischen findet man keine andere / als die Geistlichen des Ordens Sanct Francisci / ungefehr dreißig oder fünff und dreisig Mann starck / die sich im Kloster S. Salvatoris / und im Kloster des heiligen Grabes aufhalten . . .

Sonsten muß ein jedweder Christ / so erstlich das heilige Land kömmet / und die Stadt Jerusalem besichtigen will / grosse Schazung erlegen / auch ist ihme nicht vergönnet / bey seiner Ankunft durch ein ander Thor / als durch das Damascenische einzugehen.

An diesem Thor stehet zu dem Ende ein Troppe Janitscharen / welche dem Fremdling anhalten / ihr fragen / was er für ein Landsmann seye / und woher er komme? Worauf sie jemand an den Gardian oder Obristen des Berges Zion senden / Ihme die Ankunfft anzuzeigen. Der Gardian fertiget alsbald / nach erhaltenem Bericht / zween Geistliche dahin ab / die sich zu dem Bassa verfügen / und um die Einlassung des Reisenden oder Frembden bitten. Nach erlangter Erlaubniß / holen sie ihn von dem Thore / und begleiten ihn in Gesellschaft zweyer Krieges-Knechte / so alles Reisezeug durchsuchen / umb zu sehen / ob etwan jemand Waffen bey sich führen möchte / (weil allen Jüden und Christen auf Lebens-Straffe verboten ist / gewaffnet / oder mit verborgenen Waffen in Jerusalem zu kommen) nach dem Kloster des heiligen Seeligmachers.

Im Fall jemand schiessend Gewehr bey sich führet / derselbe lässet es bey dem Thor in der Wache stehen / und wird ihm solches im Ausgehen treulich wieder eingehändiget / wenn er nur den Krieges-Knechten eine kleine Verehrung giebet.

Nachdem die Janitscharen das Reisezeuch besichtiget haben / so werden einem jedweden dritthalbe gute Groschen / und eine Mahlzeit im Kloster der Römischgesinneten gegeben.

Hierauf verwillkommen alle Geistlichen des Klosters den Frembdling / ungeachtet derselbe eine Weltliche oder Geistliche / Römischgesinnete / oder anderer Religion zugethane Person ist / mit grosser Höflichkeit sehr freundlich / führen ihn in die Kirche / und aus der Kirche in das Hauß der Geistlichen; Denn ein jedweder / er sey auch wer er wolle / wird in gedachtem Kloster geherberget / und ohne einzige Unkosten gespeiset und bewirtet.

Aus: Olfert Dapper: Asia und Delitiae orientales. 1688. Ausgabe Nürnberg 1712, S. 345 u. 349.

Islams gemacht, und die Türken schickten ihn als persona non grata nach Istanbul ins Exil. Auch die weiteren französischen Konsuln vermochten sich gegenüber den Türken nicht durchzusetzen. Sie flohen entweder nach kurzer Zeit nach Betlehem, wie der 1699 ernannte, oder konnten sich wie jener von 1713 nur wenige Wochen behaupten.

Da Jerusalem mitten in den Bergen lag und weder Handel noch Industrie wie die Küstenstädte besaß, verarmte es völlig. Dazu trugen abgesehen von der schlechten Wirtschaftslage die Beduinen bei, die wegen der schwachen und nachsichtigen türkischen Landesherren wieder ständig Städte und Dörfer in Judäa überfielen und ausplünderten. Die Jerusalemer aller Konfessionen konnten nur noch von Almosen leben. Besonders Juden und Christen, die nicht wie die moslemische Geistlichkeit vom Staat unterstützt wurden, waren abhängig von Spenden und Unterstützungen aus dem Ausland. Sicher trug diese jahrhundertelange Abhängigkeit von milden Gaben zur Ausbildung der auch heute noch feststellbaren Schnorrermentalität in Jerusalem bei allen Konfessionen bei. Der jüdische Autor Schalom Ben-Chorin erzählt in diesem Zusammenhang eine Jerusalemer Stadtgeschichte: „Gott hatte die Menschen in seinem unerforschlichen Ratschluß in Reiche und Arme eingeteilt. Unter den Armen gab es die ganz Armen, die Bettler. Um sie gleichmäßig über die Erde zu verteilen, gab sie der Schöpfer in eine Streubüchse und ein Engel flog damit über alle Lande, die Seelen der Bettler überallhin verteilend. Über Jerusalem aber löste sich der Deckel der Streubüchse und ein 'wahrer Segen' von Schnorrern ergoß sich über die heilige Stadt." Und Schalom Ben Chorin schließt: „Wir haben noch immer an den Folgen dieses Streubüchsendefekts zu tragen." (Merian-Heft Jerusalem, Dezember 1973, S. 11 f.). Jerusalems Einwohnerzahl sank unter diesen Bedingungen zeitweilig bis auf nur 5000 Seelen.

Die jüdische Gemeinde verzeichnete im 17. Jahrhundert einen gewissen Aufschwung. In Jerusalem erblühte sogar vorübergehend das kleine Handwerk. Viele Juden verdienten sich ihren Lebensunterhalt als Schneider, Schuster und Hausierer.

Auch lebte eine große Anzahl Juden, die es sich wirtschaftlich leisten konnte, als Pilger in der Stadt, um die Ankunft des Messias zu erwarten. Daß die unsicheren Verhältnisse im Lande die Sehnsucht nach der messianischen Erlösung förderten, nutzten manche Schwindler aus. Der bekannteste Schwindler war ein in Smyrna (Türkei) geborener Jude namens Sabbatai Zewi, der von der jüdischen Gemeinde 1662 nach Ägypten geschickt wurde, um Unterstützungsgelder aufzutreiben. Die beträchtlichen Summen, die er zusammenbekam, lieferte er jedoch nicht ab, sondern benutzte sie dazu, sich selbst zum Propheten des Erlösers auszurufen. Viele einfache Menschen sahen in ihm sogar den Messias und schlossen sich seinem Marsch von Gaza, das Sabbatai Zewi auf seiner Reise nach Ägypten berührt hatte, nach Jerusalem an. In Jerusalem exkommunizierten die Rabbiner den falschen Propheten. Sabbatai Zewi kehrte daraufhin in seine Heimatstadt Smyrna zurück und trat unter türkischem Druck zum Islam über. Die Wirkung Sabbatai Zewi als Messias blieb allerdings groß. In ganz Europa gab es jüdische Gemeinden, die ihm trotz seines Übertritts zum Islam huldigten.

Als 1701 Rabbi Jehuda HaChassid (Jehuda der Fromme) mit einer etwa 500 Anhänger starken Gruppe polnischer Juden in Jerusalem eintraf und sich im jüdischen Viertel niederließ, gab es für die jüdische Gemeinde der Stadt einen erneuten Aufschwung. Die Anhänger Jehudas erhöhten vor allem die Anzahl der europäischen Juden, der Aschkenazim. Etwa 700 Aschkenazim lebten nun neben 1000 sephardischen Juden, die vor allem aus Spanien stammten, in Jerusalem. Die Aschkenazim bauten sich eine eigene Synagoge. Das Geld für den Bau liehen sie sich bei den Moslems. Als die Aschkenazim 1720 die Schuld und den Zins nicht mehr zahlen konnten, wurden ihre Wohnungen beschlagnahmt, die Synagoge zerstört und sie mußten Jerusalem verlassen. Erst 1816 durften die Aschkenazim nach Bezahlung der Schulden wieder in die heilige Stadt zurückkehren. Die Synagoge ist seither als „Hurbat Juda Ha Nasi" als „Ruine Juda Ha Nasi" bekannt. Erst 1857 konnte mit dem Wiederaufbau der Synagoge begonnen werden. Sie behielt den Namen „Hurva" (Ruine) auch nach dem Bauabschluß 1864.

Obwohl Frankreich als traditioneller Beschützer der Christenheit im Orient galt, stattete Napoleon auf seinem Feldzug 1799 Jerusalem keinen Besuch ab. Vermutlich wollte er sich mit den Moslems nicht verfeinden. Napoleon zog in der Küstenebene nach Norden bis Akko, das unter Pascha al Jazzar (der Schlächter) allen Eroberungsversuchen widerstand. Damit war Napoleons Absicht, den Orient der Herrschaft Europas zu unterwerfen, vereitelt.

Die christlichen Gemeinden im Heiligen Land hatten unter der türkischen Herrschaft viel zu erdulden. Die Beinamen der Paschas geben schon entsprechende Hinweise. Wenn von dem „Schlächter" die Rede ist oder von dessen Nachfolger „Vater des Knüppels" (Abu Nabbut), so kann man sich vorstellen, mit welchen Methoden regiert wurde. Durch die ewige Geldnot der Paschas wurden diese Methoden noch durch drückende Steuern,

Beschlagnahmungen und andere Erpressungen bereichert, die das durch die räuberischen Beduinenüberfälle ohnehin verarmte Land an den Ruin brachten. Der franziskanische Besitz auf dem Berg Zion, das Coenaculum und dessen Umgebung wurden beispielsweise beschlagnahmt und die Mönche der Custodia Terra Sancta aus ihrem Kloster vertrieben. Sie durften sich schließlich im christlichen Viertel der Jerusalemer Altstadt ein neues Kloster bauen. Während die römisch-katholischen Gläubigen, die Lateiner, nur unter dem Schutz der Exterritorialitätsvereinbarung standen, die durch Anwesenheit des französischen Konsuls garantiert wurde, genossen die griechisch-orthodoxen Christen als Untertanen des Sultans zunächst die türkische Gunst. Daher wurden sie auch mit dem Wiederaufbau der Grabeskirche beauftragt, die 1808 durch ein Feuer unter der Rotunde teilweise zerstört worden war. Die türkische Gunst endete jedoch, als die Griechen begannen, sich gegen die türkische Herrschaft zu erheben und in ihrem Freiheitskampf 1821-29 aus dem Osmanischen Reich zu lösen. Schon 1820 veranstalteten die Türken unter den Griechisch-Orthodoxen in Jerusalem ein Massaker und zerstörten ihre Kirchen und Klöster, da sie diese der Sympathie mit den Freiheitskämpfern in Griechenland verdächtigten.

Aus: Carsten Niebuhr: Reisebeschreibung nach Arabien und anderen umliegenden Ländern (1761-1767)
Koppenhagen 1774.

Die Stadt Jerusalem, oder wie die Araber sagen, Kuds, Kuds es-scherif, Beit el makdes, gehört zu dem Gouvernement des Pascha von Damask. Sie liegt in einer etwas bergichten und sehr fruchtbaren Gegend; denn der Weizen giebt hier wohl 16fältig, wenn der Acker gut bearbeitet, und das Jahr nicht zu trocken ist, und die Durra (kleiner Mais) vermehrt sich wohl 200fähig. Die Baumfrüchte, besonders die Oliven, geraten hier noch eben so gut, als in den ältesten Zeiten. Aber das allermeiste Land liegt jetzt wüste. Darüber wird sich nun wohl Niemand wundern, der sich erinnert, wie viele blutige Kriege in diesem Lande geführt worden sind, und daß es schon tausend Jahre unter der Regierung der Mohammedaner gestanden, die viele andere eben so fruchtbare Länder eben so sehr verwüstet haben. Die Stadt ist nach türkischer Art mit einer Mauer umgeben, und hat ein kleines Castell; die Häuser sind zum Theil von gehauenen Steinen gebaut und haben nach morgenländischer Art platte Dächer. Eins bemerkte ich, dessen Mauer nach der Straße ganz von Marmor aufgeführt war. Handlung und Fabriken sind hier von keiner Bedeutung. Hier leben die Mohammedaner auf Kosten der Christen und Juden, und ihre Anzahl ist weit größer als die aller übrigen Religionspartheien.

Wäre Jerusalem noch in den Händen der Christen, so möchten diese es den fremden Religionsverwandten, den Juden vielleicht nicht erlauben, ihren Gottesdienst her öffentlich zu halten. Die Mohammedaner sind darin nicht so strenge. Wie stolz auch die Sunniten auf ihre Religion sind, so erlauben sie doch den Schiiten ihre Andacht zu Mekke, Mesched Ali und an andern von den Persern für heilig geachteten Oertern zu halten, sie erlauben den Christen und Juden nach Jerusalem zu wallfahrten; der Statthalter von Jerusalem selbst geht den griechischen und armenischen Pilgern mit seinen Truppen entgegen, wenn sie ankommen, er begleitet sie nach dem Jordan und wenn sie von Jerusalem wieder zurück reisen. Die Auferstehungs-Kirche, die nach der Meinung der Christen, nicht nur über der Stelle steht, wo Christus begraben, sondern auch über dem Berge Golgatha, auf welchem Christus gekreuzigt worden ist, hat man den Christen gelassen und ihnen erlaubt, darin den Gottesdienst ganz nach ihrem Gebrauche zu halten; man überläßt ihnen den Gebrauch mehrerer anderer Kirchen und Capellen, die über vermeinten heiligen Oertern gebaut sind; man giebt den Mönchen zu ihrer Sicherheit eine Wache von Janitscharen; bey Prozessionen am Osterfeste, an welchem tausende von Pilgern in der Auferstehungs-Kirche versammelt sind, und wobey es oft sehr unordentlich und unanständig hergeht, treten Janitscharen, welche sonst die Wache vor der Kirchthür haben, mit großen Stöcken herein, um die Pilger, die sich am Grabe Christi oder vielleicht auf dem vermeinten Berge Golgatha prügeln, wieder zur Ordnung zu bringen, u.s.f. Daß nun dagegen die Christen den Mohammedanern für die Freiheit, welche sie hier genießen, und für erwiesene Dienste gut bezahlen müssen, das wird man billig finden.

Es ist auch billig, daß die Christen ihre Kirchen und Klöster auf eigene Kosten unterhalten müssen. Sie dürfen aber daran nichts ausbessern, vielweniger selbige neu aufbauen, ohne dazu die Erlaubniß der mohammedanischen Obrigkeit gesucht und erhalten zu haben, und dafür muß allezeit ansehnlich bezahlt werden. Die Mohammedaner pflegen Geschenke, die ihnen bei einer gewissen Gelegenheit gegeben werden, jährlich wieder zu fordern, wenn sie nicht freiwillig wiederholt werden. Der Statthalter, der Kadi und andere Vornehme zu Jerusalem erhalten vornehmlich daher große Geschenke, theils an Geld, theils an Waaren von den verschiedenen Klöstern; sie lassen gar ihre Bedienten von den Christen kleiden. Herrschte unter den verschiedenen christlichen Partheien zu Jerusalem mehr Einigkeit, so würden die Mohammedaner nicht so gar viel ziehen können.

Es ist wohl überaus selten, daß noch jetzt ein Laie aus Europa bloß aus Andacht nach Jerusalem reiset. Indeß unterhalten die Europäer in Palästina nicht nur eine Menge Fransicaner, sondern geben auch alles dazu her, was selbige zum Unterhalt ihrer Kirchen und Klöster brauchen und unter verschiedenen Namen an die Mohammedaner bezahlen müssen. Der Vorteil, den sie von den Almosen haben, die sie dazu hergeben, ist der, daß die Mönche Ihnen dafür das ewige Leben versprechen.

Viele gutherzige und brave Leute tragen das ihrige mit dazu bey, um die Mönche in dem Besitz der so genannten heiligen Oerter zu erhalten, und darin handeln sie nicht übel. Aber Schurken geben das ihrige doch wohl am willigsten dazu her, und wenn dann nur der Allmächtige allen denen die ewige Seligkeit geben muß, welche die *Patres de terra sancta* ihm deswegen zuschicken wollen, weil sie ihnen reichliche Almosen gegeben haben, so können diese ihr Geld wahrlich nicht besser anwenden, als wenn sie dafür Plätze im Himmel kaufen . . .

Die Juden verehren Jerusalem nicht weniger, als die Christen, und man findet daselbst nicht blos Talmudisten, sondern auch einige wenige Karaiten und Samaritaner. Aber selbst die Talmudisten besitzen keine von den von ihnen heilig gehaltenen Oertern, sondern begnügen sich, einige Ueberreste der Ringmauer ihres ehemaligen Tempels in der Ferne zu verehren, und ihre Andacht auf wüste liegenden Plätzen zu halten, welche zu bebauen die Mohammedaner ihnen vielleicht gern erlauben würden, wenn sie dafür so ansehnlich bezahlen wollten, als die Christen. Es kommen besonders viele alte Juden nach Jerusalem, um sich nach ihrem Tode im Thale Josaphat begraben zu lassen, welche Ehre die Türken sich dann ohne Zweifel auch theuer werden bezahlen lassen.

Aus: Ida Pfeifer: Reise einer Wienerin in das Heilige Land. Wien 1844.

Aufenthalt in Jerusalem 1842

Gerade als die Morgenröte anbrach, standen wir an den Mauern Jerusalems, und mir ging der schönste Morgen meines Lebens auf! Ich war so in Gedanken und in Lobpreisungen versunken, daß ich nicht sah und hörte, was um mich vorging. Und dennoch wäre es mir nicht möglich zu sagen, was ich alles dachte, was ich alles fühlte. Zu groß und mächtig war mein Gefühl, zu arm und kalt ist meine Sprache, es auszudrücken.

Am 29. Mai morgens halb fünf Uhr kamen wir an das Bethlehemtor. Eine halbe Stunde mußten wir noch warten, bis das Tor aufgeschlossen wurde, dann zogen wir durch die stillen, noch unbelebten Gassen Jerusalems, der nuova casa (Pilgerhaus) zu, welche von den Franziskanern zur Aufnahme für Reich und Arm, für Lateiner (Christkatholische) und Protestanten bestimmt ist.

Ich gab meine Effekten in das mir zugewiesene Zimmer und eilte in die Kirche, um mein Herz durch ein inniges Gebet zu erleichtern. Der Eintritt in die Kirche gleicht dem eines Hauses. Sie selbst ist klein, doch für die hier ansässigen Lateiner groß genug. Der Altar ist reich, die Orgel sehr schlecht. Die Männer stehen abgesondert von den Weibern, so auch die Knaben von den Mädchen, und alles sitzt oder kniet auf dem Boden; Bänke gibt es in der

Kirche nicht. Die Christen sind ebenso gekleidet wie die Morgenländer. Die Weiber tragen Stiefeletten aus gelbem Saffian und darüber Pantoffeln, welche sie beim Eintritt in die Kirche ablegen. Das Gesicht haben sie auf der Gasse ganz verhüllt, in der Kirche nur zum Teil, die Mädchen gar nicht. Ihre Kleidung besteht aus einem weißleinenen Rock, einem großen Tuch von demselben Stoff, in welches sie sich ganz einhüllen. Alle waren rein und nett gekleidet.

Die Andacht ist aber unter diesen Leuten so gering, daß sie durch jede Kleinigkeit gestört werden. So zum Beispiel war ich für diese Leute eine ganz neue Erscheinung, weshalb sie mich beständig von Kopf bis Fuß betrachteten und sich ihre Bermerkungen über mich so unverhohlen durch Worte und Zeichen mitteilten, daß ich wirklich keinen ernsten Gedanken fassen konnte. Manche unter ihnen stießen an mich an oder langten nach meinem Hut usw. Sie schwatzten eifrig und beteten sehr wenig, die Kinder machten es nicht besser; sie aßen während der Messe ihr Morgenbrot und stießen sich manchmal, vermutlich, um nicht einzuschlafen. Die Leute hier müssen glauben, ein gottgefälliges Werk auszuüben, wenn sie nur zwei, drei Stunden in der Kirche zubringen; um das Wie scheint sich kein Mensch zu bekümmern, sonst hätte man sie doch eines Besseren belehrt.

Nachdem ich über eine Stunde in der Kirche war, kam ein Geistlicher zu mir und sprach mich in meiner Muttersprache an. Er war ein Deutscher und sogar ein Landsmann. Er versprach mir, mich in einigen Stunden zu besuchen. Ich kehrte dann in das Pilgerhaus zurück, und jetzt erst betrachtete ich mein Zimmer. Es war höchst einfach möbliert, die ganze Einrichtung bestand aus einer eisernen Bettstelle samt Matratze, Polster und Decke, einem sehr schmutzigen Tisch, zwei Stühlen, einer kleinen Bank und einem Wandkästchen, alles von weichem Holz. Alle diese Effekten sowie die Fenster, an denen einige Scheiben zerbrochen waren, mögen wohl vor undenklichen Zeiten rein gewesen sein. Die Wände waren mit Kalk übertüncht, der Boden mit großen Steinplatten gepflastert. Kamine sind nirgends mehr zu sehen.

Ich legte mich auf eine oder zwei Stunden nieder, um nur ein bißchen auszuruhen, denn seit der Abreise von Konstantinopel bis hierher war es in einem Zug fortgegangen.

Um elf Uhr besuchte mich der deutsche Geistliche, Pater Paul, um mir die Ordnung des Hauses kundzumachen. Des Mittags wird um zwölf Uhr, des Abends um sieben Uhr gespeist. Zum Frühstück bekommt man schwarzen Kaffee; des Mittags eine eingekochte Suppe, die aber aus Schöpsenfleisch bereitet ist, dann gekochtes Ziegenfleisch, etwas Gebackenes in Öl oder sonst ein Gericht von Gurken und zum Schluß gebratenes oder eingemachtes Schöpsenfleisch. Zweimal in der Woche, freitags und samstags, werden Fastenspeisen gegeben, fällt aber das Fest eines besonderen Heiligen, was sehr oft der Fall ist, so kommen drei Fasttage, nämlich auch der Tag vor dem Heiligenfest. Die Fastenspeisen bestehen aus einem Linsengericht, einer Omelette und zwei Gerichten Stockfisch, eines warm, das andere kalt. Brot und Wein sowie die Portionen der Speisen bekommt man in hinlänglicher Quantität. Aber alles ist höchst mittelmäßig zubereitet, und lange braucht es, bis man sich an die immerwährenden Schöpsengerichte gewöhnt. In Syrien werden im Sommer weder Ochsen noch Kälber geschlachtet; ich genoß daher vom 19. Mai bis anfangs September, wo ich nach Ägypten kam, weder einen Tropfen Rindsuppe noch ein Stückchen Rindfleisch.

Im Kloster bezahlt man weder für Kost noch Wohnung und darf sich einen ganzen Monat aufhalten. Man gibt höchstens eine freiwillige Gabe für Messen; ob man aber viel, wenig oder nichts gibt, ob man Lateiner oder von einer anderen Religion ist, darnach wird nicht gefragt. In diesem Punkt ist der Franziskanerorden höchst human. Die Geistlichen sind meistens Spanier und Italiener, sehr wenige von anderen Nationen.

Ein neues Zeitalter, unter europäischen Einflüssen

Als 1831 der aufrührerische Pascha Mehmed Ali und sein Sohn Ibrahim aus Ägypten, die durch Napoleons Ägyptenfeldzug europäische Technik und Organisationsformen kennengelernt hatten, Jerusalem besetzten und zehn Jahre lang Palästina beherrschten, begann die Stadt sich ein wenig von der türkischen Mißwirtschaft zu erholen. Ibrahim Pascha verwaltete das Land nach europäischen rationalen Prinzipien. Er erlaubte den Franzosen, Russen und Engländern Konsulate in Jerusalem zu eröffnen, da ihm viel daran lag, die Sympathien der europäischen Mächte zu gewinnen. Die Juden durften ihre vier Synagogen ausbessern. Mehmed Alis Angriff auf Nisib in der heutigen Türkei rief jedoch aus Gründen des Gleichgewichts England und Preußen auf den Plan. Mehmed Ali mußte sich zurückziehen. Palästina fiel erneut an die Türken zurück, denen allerdings nichts übrig blieb, als die von Mehmed Ali gemachten Zugeständnisse an die Europäer und dessen moderne Verwaltungsmethoden, deren Erfolg im Lande unübersehbar war, zu übernehmen. Die Türken, die den starken europäischen Staaten unterlegen waren, erlaubten sich nun auch nicht mehr, die europäischen Konsule so zu behandeln, wie es im 18. Jahrhundert die Vertreter Frankreichs erfahren mußten.

Die Rückkehr westlicher Einflüsse war allerdings geprägt von der Rivalität der Großmächte. Besonders in religiösen Fragen schlug sich das nieder. 1847 gestattete der türkische Sultan dem Papst Pius IX., wieder das lateinische Patriarchat von Jerusalem einzurichten. Durch das Apostolische Breve Nulla celebrior erhielten die Lateiner nach 660 Jahren Unterbrechung erneut einen geistlichen Oberhirten in Jerusalem. Am 16.1.1848 hielt der neue Patriarch Josef Valerga seinen Einzug in der Stadt. Seit 1850 durften die lateinischen Christen auch wieder ihre öffentliche Kreuzwegandacht abhalten, die seit 1621 verboten war.

Rußland übernahm die Schirmherrschaft über die griechisch-orthodoxe Religionsgemeinschaft. Tausende von russischen Pilgern kamen jetzt ins Land, für die Hospize und Kirchen gebaut wurden. Bis heute sind die Denkmäler dieser russischen Pilgerinvasion im 19. Jahrhundert in Jerusalem erhalten. Zu nennen sind der „Russenplatz" und die Kirche mit den typisch russischen Zwiebeltürmen im Garten Gethsemane. Der Komplex am Russenplatz, der 1860 begonnen wurde, umfaßte neben einer Kirche ein eigenes Krankenhaus und Herbergen. Er war eine befestigte Stadt außerhalb der Altstadt nordwestlich des Jaffators und hieß Moskobiya.

Aus: Titus Tobler: Zwei Bücher Topographie von Jerusalem und seinen Umgebungen. Bd. 1: Die Heilige Stadt, Berlin 1853, S. 12-14.

Ich kann die Gefühle nicht beschreiben, die sich meiner bemächtigen. Wenn ich das erste Mal, im J. 1835, eher mit kalten Gefühlen, neben den ägyptischen Truppen, die sich in den Waffen übten, mich den Mauern näherte, so war ich 1845 entzückt beim Anblicke der Stadt, und ich rückte beinahe unwillkürlich meinen Hut. Ich dankte Gott für das Glück, im Besitze der köstlichen Gesundheit die ferne Stadt nun nahe vor Augen zu haben, wonach so viele Tausende umsonst sich sehnen. Allein der leibliche Anblick dieser Stadt hat ohne Idee, ohne Vergegenwärtigung ihrer Vergangenheit, ohne Gedanken an ihre Erlebnisse, sozusagen, keinen Wert. Weder die Landschaft, die vor den Blicken aufgeht, noch die Ringmauern der Stadt, welche über jene emporragen, bergen einen Zauber für den erfahrenen Wanderer. Darum wurden die jeweiligen Reisenden beim ersten Anblicke der Stadt so ungleich gerührt oder ergriffen, je nach der Stimmung, Bildung, Erwartung, der religiösen Richtung, selbst der Zugangsseite, der Witterung und Jahreszeit. Als im Jahr 1099 die Kreuzbrüder zum Orte gelangten, wo man das berühmte Jerusalem bewundern konnte, wie viel Tränen flossen und mit welcher Rührung. Die Freude begleiteten Seufzer und Schluchzen. Alle hielten still, und beteten, und auf den Knien küßten sie die heilige Erde. „Wenn ein Reisender", schrieb der eine, „mit verbundenen Augen aus England käme, und auf einmal nach Jerusalem oder auf einen der benachbarten Berge, die es beherrschen, versetzt würde, wie groß müßte sein Erstaunen sein, falls man ihm plötzlich die Binde abnähme? Von der Mitte der benachbarten Anhöhen vorbei würde er eine wilde, rauhe und gebirgige Wüste erblicken; keine einzige Herde würde er auf der Spitze dieser Berge weiden sehen; es würde ihm kein Holz, das an ihren Hängen wüchse, kein Wasser in die Augen fallen, das durch die Täler hinflösse; er würde den düsteren und strengen Anblick einer verheerten Einöde haben." „Jerusalem, als Wiege des Christentums betrachtet, ist zweifelsohne ein trauriger, christliche Fürsten schmähender Anblick", sagte ein Anderer. Und der Fürst unter den Reisenden Palästinas, nicht Fürst von Geburt, sondern im Gebiete der Kenntnisse, brach in folgende Worte aus: „Die Gefühle eines christlichen Wanderers, wenn er sich zuerst Jerusalem nähert, lassen sich besser denken als beschreiben. Auch ich war mächtig ergriffen. Vor uns, wie wir näher kamen, lag Zion, der Ölberg, die Täler Hinnom und Josaphat, und andere Örter voll des tiefsten Intresses, indes oben, die alten Hügel krönend, die Stadt ausgebreitet lag, wo Gott vor Alters gewohnt und wo der Heiland der Welt lebte, lehrte und litt. Von der frühesten Kindheit an hatte ich von jenen heiligen Stätten gelesen und gelernt; nun sah ich alles mit eigenen Augen. Es schien mir so vertraut, als wenn ein früherer Traum nun wirlich ins Leben träte. Es war mir, als sehe ich die gleichen Stellen der Kindheit wieder, die ich lange nicht besucht, die mir aber noch frisch im Gedächtnisse lebten."

Die größten Rivalen der Russen waren die Franzosen, die die katholische Christenheit traditionsgemäß beschirmten. Sie errichteten im Stil der französischen Kirchenarchitektur des 19. Jahrhunderts wuchtige Bauten in Jerusalem und der Umgebung (Emmaus, Jaffa usw.). Beispiel ist hier das riesige Kloster Notre Dame de France gegenüber dem Neuen Tor. Die Rivalität zwischen Rußland und Frankreich gipfelte schließlich im Streit griechisch-orthodoxer und lateinischer Mönche um die heiligen Stätten in Jerusalem, in den sich Zar Nikolaus I. und Napoleon III. einmischten. Die Tatsache, daß orthodoxe Mönche heimlich den silbernen Stern mit seiner lateinischen Inschrift in der Geburtskirche in Betlehem entfernten, soll angeblich den Ausschlag für den Krimkrieg (1853-1856) gegeben haben.

Neben den Russen und Franzosen weiteten die Engländer, Österreicher, Preußen und sogar die Amerikaner ihre politischen, wirtschaftlichen und religiösen Tätigkeiten in Jerusalem aus. Engländer und Preußen gründeten nach einer Vereinbarung zwischen Königin Viktoria und Kaiser Friedrich Wilhelm ein anglikanisches Bistum, zu dessen ersten Bischof ein in England zum Christentum bekehrter Jude aus Deutschland namens M.S. Alexander ernannt wurde. Damals entstand die anglikanische Kirche, die Christ Church, im goti-

Notre Dame de France

Das Innere der Christ-Church.

schen Stil nahe der Zitadelle. Der preußische Einfluß machte sich geltend im wilhelminischen Stil des Auguste-Viktoria-Krankenhauses auf dem Ölberg. Die deutschen Protestanten leisteten einen wichtigen Beitrag zur Gestaltung der Landschaft, indem sie in Jerusalem, Haifa und Jaffa Gartenvorstädte errichteten und im Scharon und in Betlehem landwirtschaftliche Kolonien anlegten. Besonders die protestantische Sekte der Templer zeigte, was Fleiß und Ausdauer in einem Land bewirken konnten, das noch größtenteils Wüste war.

Der Wetteifer der europäischen Mächte beschränkte sich nicht nur auf den Bau von Kirchen, Herbergen und Krankenhäusern. Auch die biblische und naturwissenschaftliche, die topographische und archäologische Erforschung Palästinas begann. Neben diesen Interessen spielte die Missionstätigkeit der christlichen Kirchen eine große Rolle. Da die Bekehrung von Moslems gesetzlich verboten war, richteten sich die Aktivitäten auf Juden und orientalische Christen.

Der große Einfluß der europäischen Mächte, dem sich das schwache türkische Reich nicht verschließen konnte, führte unter anderem dazu, daß sich zahlenmäßig die Bevölkerungsanteile in Jerusalem umschichteten. Die Moslems in der Altstadt gerieten in die Minderheit. Christen und vor allem Juden bildeten nun die Mehrheit. Christliche Einrichtungen breiteten sich sogar im moslemischen Viertel an der Via Dolorosa aus. Die Moslems nahmen die christliche Expansion nicht hin. Es kam zu verschiedenen Aufruhren, die von den Türken aus Furcht vor den europäischen Mächten und einem beginnenden arabischen Nationalismus allerdings niedergeschlagen wurden.

Die Juden im überfüllten jüdischen Viertel versuchten ebenfalls, der christlichen Expansion und der christlichen Missionstätigkeit entgegenzuwirken. Sie bauten die ersten jüdischen Krankenhäuser und errichteten an der Südseite des jüdischen Viertels mit Hilfe von Schenkungen aus Deutschland und Holland einen großen Siedlungskomplex, den sie „Hod“ nannten, eine Abkürzung aus Holland und Deutschland, die auf hebräisch „Luxus“ bedeutet. Außerdem entstanden Pläne für die Ansiedlung außerhalb der Stadt. 1857 erbaute Sir Moses Montefiore im Westen der Stadt auf der Anhöhe nach holländischem Muster eine Windmühle mit der Absicht, die jüdische Wirtschaft der Stadt zu beleben. 1860 errichtete er weiterhin mit den Geldspenden eines amerikanischen Juden aus New Orleans erste Häuserblocks bei der Windmühle. Das war der Beginn eines neuen Viertels, das Mishkenot Sha'ananim (Wohnung ohne Sorgen) genannt wurde. Die Windmühle birgt heute das Montefiore-Museum. Neben ihr ist auch

Die Windmühle, die Sir Moses Montefiore 1857 erbaute.

die Kutsche untergebracht, mit der Montefiore einst durchs Land gefahren ist.

Nach 1967 renovierte die Stadt die Häuser und wies sie Künstlern, Schriftstellern und Musikern als Wohnungen zu. Dort finden heutzutage zahlreiche Ausstellungen statt oder sogenannte Tage der offenen Tür, bei denen die Besucher den Künstlern bei der Arbeit zusehen und mit ihnen plaudern können. Die Errichtung dieses ersten jüdischen Viertels außerhalb der Altstadt gab den Anstoß zur weiteren Expansion der Stadt. 1868 siedelten sich Juden aus Nordafrika bei der heutigen King David Straße, Ecke Agron-Straße an und bauten das Viertel Makhane Israel, das ein Jahr später nach Westen unter Einschluß von Nahalat Shiva beim heutigen Zionsplatz erweitert wurde.

Nachdem 1867 die erste Landstraße von Jerusalem nach Jaffa und zur Küste gebaut worden war, begann auch die Ausdehnung jüdischer Siedler weiter ins Land hinaus. 1873 ließen sich einige jüdische Familien in Moza an der Straße nach Jaffa nieder. Ein Jahr später kehrten sie allerdings nach Jerusalem zurück und gründeten ohne irgendeine Hilfe aus dem Ausland im Norden des Damaskustores das Viertel Mea Shearim. Mea Shearim wurde wie andere Stadtkomplexe außerhalb der Mauern der Altstadt um einen dreieckigen Innenhof angelegt. Die umgebenden Häuser bildeten eine Mauer um diesen Hof, auf dem Synagogen und andere öffentliche Einrichtungen standen. Mea Shearim erinnert an ein osteuropäisches Getto, so abgeschieden von der modernen Stadt gibt sich dieser Teil. Die Straßen mit den langen Gebäuden, den „Warschauer“ oder „Ungarischen Häusern“ lassen ebenso an die Herkunft ihrer Bewohner denken wie die pelzbedeckten Hüte und schwarzen Samtmäntel, mit denen junge und alte orthodoxe Juden im Stil polnischer und ungarischer Adliger des 17. Jahrhunderts heute noch gekleidet umherwandeln. Mea Shearim ist heute das Zentrum der streng orthodoxen Juden. Neben den zahlreichen Synagogen prägen vor allem die vielen Jeschiwot, die Thoraschulen, das Viertel.

Im letzten Viertel des 19. Jahrhunderts wohnten in Jerusalem mehr als 25 000 Menschen. Über die Hälfte waren Juden. Es gab 7000 Christen und 5.000 Moslems, die nun völlig in die Minderheit geraten waren. Die Juden waren unterteilt in die Gemeinden der Sephardim, Aschkenazim, Mograbim und andere Gruppen aus der ganzen Welt. Ihr offizieller Vertreter den türkischen Landesherren gegenüber war der sephardische Oberrabbiner.

Sein geistlicher Konkurrent war das Oberhaupt der Aschkenazim, der Rabbi Salant, der in der Hurva-Synagoge lehrte und wirkte. Ihn anerkannten auch die chassidischen Juden, die die Tiferet Israel-Synagoge (Nissan Bak) im jüdischen Viertel erbaut hatten. Diese große Synagoge, die neben der Hurva das jüdische Viertel beherrschte und für die der österreichische Kaiser Franz Joseph auf seinem Jerusalembesuch 1869 die Kuppel gespendet hatte, wurde 1948 nach der Eroberung des Viertels durch die Jordanier zerstört. Besonders die Aschkenazim waren wirtschaftlich völlig abhängig durch Gaben aus dem Ausland, der sogenannten „Chaluka“, da sie der Auffassung waren, daß das Thorastudium ihre einzige heilige Aufgabe sei. Erst allmählich gewann die

Das neue Jerusalem im Westen vom Scopus-Berg aus.

Parolen der orthodoxen Juden an einer Thoraschule in Mea Shearim.

Gesetzesgläubige Juden in Mea Shearim in ihrer chassidischen Tracht mit Kaftan, Streimel (Pelzmütze) und Peiyot (Seitenlocke).

Erkenntnis Raum, man müsse zur Wiederherstellung der Stadt, des Landes und der Wirtschaft selber Hand anlegen und dürfe sich nicht nur auf die Mildtätigkeit des Auslands und der Glaubensgenossen in der Diaspora verlassen.

Diese Erkenntnis führte zur Errichtung neuer Viertel und ausgedehnter Bauvorhaben. Dabei entwickelten die Juden eine Strategie, die auch im Staat Israel im 20. Jahrhundert bei seiner Besiedlungspolitik immer wieder zu beobachten ist. Man umbaute allmählich ringförmig das alte moslemische Jerusalem und füllte dann den Raum zwischen dem Ring und der Altstadt mit weiteren jüdischen und nichtjüdischen Häusern und Einrichtungen. Bei dieser Besiedlungspolitik im 19. Jahrhundert war sicher zunächst ausschlaggebend, daß das Land an der Peripherie der Stadt billiger war. Inzwischen jedoch folgt man dieser Strategie der Besiedlung bewußt, um die Araber immer mehr von der Altstadt abzuschneiden und die eigenen Ansprüche auf ganz Jerusalem zu bekräftigen. In den 20er Jahren unseres Jahrhunderts entstanden auf diese Weise die Stadtviertel Rehavia, Beit Veban, Beit Ha Kerem, Qiryat Mosche, Givat Shaul, Romema, Mekor Baruch, Geula und Sanhedria. Die Mitte des Kreisbogens ist der heutige Stadtteil Givat Ram mit der Hebräischen Universität, dem Israel-Museum und dem Parlamentsgebäude, der Knesset.

Aus: E.W. Schulz: Reise in das gelobte Land im Jahre 1851. Mühlheim a.d.Ruhr 1859, S. 154 f.

Wir reisten Stunden, ja Meilen lang, und trafen kein Dorf, kein Haus an; wohl aber überall unzählige Trümmer zerstörter Städte und Flecken, Burgen und Schlösser. In den einsamsten Gegenden stießen wir zuweilen auf großartige Ruinen, umherliegende Säulen, verfallene Mausoleen, und kein Mensch konnte uns sagen, was das alles einst gewesen und aus welcher Zeit es stamme. Ganz Palästina, wie ich so oft zu meinen Reisegefährten sagte, ist eigentlich ein großer Schutthaufen, eine kolossale Ruine!

Keine Landstraßen, keine Posten und Kanäle, keine Gasthäuser finden sich im Lande – und sonst durchzogen es die trefflichsten Wege, wie die Überreste davon aus den Zeiten der Römer und noch von früher her, an denen wir öfterer vorüberkamen, zeigen. Keiner denkt daran, die Wege zu machen oder auszubessern, die besonders über die Berge äußerst schlecht sind. Stürzt ein Felsen auf den Pfad und versperrt ihn, er bleibt liegen. Fällt eine Brücke ein, sie wird nicht wieder aufgebaut. Der Wanderer mag zusehen, wie er weiter kommt. Im ganzen Orient ist kein Wagen, kein Fuhrwerk das letzte, einen erbärmlichen, plumpen Ackerwagen, sah ich in Larnaka auf Cypern. Die Unsicherheit der Wege ist sehr groß; allein darf keiner wagen zu reisen. Er muß einen besonderen

Schutz haben, oder sich an eine Reisegesellschaft anschließen. Viele wilde Tiere hausen im Lande, auf den Bergen, in den Tälern, unzählige Höhlen und einsame Steppen: Hyänen, Luchse, wilde Schweine, Füchse, Wölfe, Schakale, Leoparden. Der Löwe ist ausgerottet. Öfter sahen wir des nachts die Feuer der Beduinen um ihre Lagerplätze brennen, die reißenden Tiere dadurch von ihren Herden abzuhalten.

Richten wir nun noch unser Augenmerk auf den Charakter der Bevölkerung. Die Türken sind stolz und brutal; die Araber indolent und raubsüchtig; die Juden bei ihrer äußeren Armut und Verkommenheit niederträchtig, nicht so beweglich und emsig wie bei uns, und mit der steifsten Hartnäckigkeit an ihren Satzungen hangend; die verschiedenen Christenparteien abgöttisch blind und unwissend, in ihren Sitten und Gebräuchen halb arabisch, sich wechselseitig voll des bittersten Hasses befeindend. In einem Lande, wo der wahre Gott Jahrtausende verehrt wurde; wo der Herr der Herrlichkeit, das Vorbild aller Heiligkeit, wandelte; von da das beseligende Licht ausgegangen ist über alle Welt: herrscht die tiefste Finsternis, die gröbste Verunstaltung des Christentums, ist der wahre Christus so unbekannt wie nirgend anders, und finden die abgeschmacktesten, unheiligsten und abergläubischsten Gebräuche unter dem Namen des Christentums statt. Wer erkennt nun nicht handgreiflich in diesem geschilderten Zustande des Landes und des Volkes die Geißel, welche der gerechte und heilige Gott über dasselbe geschwungen, und wie er im Laufe der Jahrhunderte die Chaldäer und Syrer, die Ägypter und Perser, die Römer und Araber, die Seldschucken und Kreuzfahrer, die Mameluken und Tartaren und Osmannen, welche erobernd und zerstörend das unglückliche Land durchzogen, gebrauchte, und jetzt noch des Jochs, der Ungerechtigkeiten und Erpressungen der letzteren sich bedient, um an Palästina und dessen Bewohnern seine Drohungen zu erfüllen: die Städte werden wüste werden ohne Einwohner und Häuser, ohne Leute und das Feld ganz wüste liegen. Siehe, der Herr macht das Land leer und wüste. Die Steige sind wüste, es geht Niemand mehr auf der Straße. Das Land ist entheiligt von seinen Einwohnern; denn sie übergehen das Gesetz und ändern die Gebote und lassen fahren den ewigen Bund. Darum frisset der Fluch das Land, denn sie verschuldens, die darin wohnen. Darum verdorren die Einwohner des Landes, daß wenige Leute übrigbleiben.

Aus Moritz Buch: Eine Wallfahrt nach Jerusalem. Bilder ohne Heiligenschein. Leipzig 2 1863, Bd.2, S. ff.

Betrunkene trifft man selten, und dann sind es russische Pilger oder deutsche Handwerksburschen. Im übrigen stehen die Jerusalemer eben nicht in vorzüglich gutem Ruf; denn sie gelten für lügenhaft, träge und feig. Als Bewohner der heiligen Stadt halten die Bekenner aller Religionen strenger als ihre Glaubensgenossen in andern Ländern auf die Beobachtung der kirchlichen Gebräuche. Ein Mohammedaner, der Wein trinkt, ein Jude, der sich nicht genau an die Vorschriften des Talmud hält, ein Katholik, der nur gelegentlich die Messe besucht, ein Protestant, der sich bloß zum Vormittagsgottesdienst, nicht auch nachmittags in der Kirche einstellt, gilt hier schon für einen halben Ungläubigen. Die junge Türkei mit ihrem fränkischen Rockschnitt, ihrer Krawatte, ihren Hosenstegen und Lackstiefelchen ist in El Kods kaum vertreten, und ebensowenig haben Reformjuden sich zur Geltung zu bringen vermocht. Es darf hier nichts geändert werden bis Meschiach kommt, war die Antwort, die ihnen das alte Jeruschalajim auch auf verständige und heilsame Anträge gab.

Schlimmer als die obengenannten Fehler der Bewohner Jerusalems ist der Geist der Streitsucht und das bis zur Wut ausartende Streben, sich einander den Rang abzulaufen, welches die einzelnen Sekten mit Ausnahme der Moslemin erfüllt und die Sekten wieder nach Nationen, je nach Persönlichkeiten spaltet . . . Es ist, als ob ein Fluch auf dieser Stätte läge, der aus dem Boden fortwährend neue Gegenstände der Eifersucht, neue Gelegenheit zu Reibungen hervorwachsen ließe, und ich möchte nach meinen Erfahrungen und Erkundigungen annehmen, daß es auf Erden keine Stadt gleicher Größe gibt, in welcher der Baum der Zankäpfel so wohl gedeiht, in der mit solcher Erbitterung, solcher Unversöhnlichkeit und solchen schmachvollen Mitteln gestritten wird, als in dieser, die man mit so viel Emphase in allen Zungen die heilige nennt . . .

Die Geschäfte werden von den Beamten nur dann mit Eifer gefördert wenn für den Verwalter oder Richte ein Vorteil dabei herausspringt, unc schreiende Willkür, dreiste Bestech lichkeit, grobe Pflichtverletzung sinc von den Kreisen des Paschas Sureyal herab bis zu den untersten an de Tagesordnung. Nur mit den Soldate scheint man eine Ausnahme zu ma chen. Sie stecken zwar im gröbste Tuch, und ihre Fußbekleidung erweck tiefes Mitleid mit ihren Sohlen un Zehen. Ihre Bewaffnung aber – sie be steht zum Teil aus Miniébüschen – is vortrefflich, die Kasernen sind reinlich, die Verpflegung mit Lebensmitteln soll tadellos sein; auch werden sie auf dem Exercierplatz in dem Olivenwäldchen am Herodestor fleißig im Bajonnetfechten und Manövrieren geübt. Alle übrigen Untertanen des Padischah, etliche Effendis (Patrizierfamilien) ausgenommen, sind für die Beamten nur eine Herde, die man schert und melkt, wo sich irgend Gelegenheit findet.

Bei Kriminaluntersuchungen steckt nan möglichst viele Verdächtige ein, nicht sowohl, um dem Verbrechen auf lie Spur zu kommen, als um viel Geld ür Loslassung einzukassieren. Der reihe Übeltäter hat, wie man sagt, imner die Straflosigkeit im Beutel. Bei ivilsachen ist es ebenso. Niemand, der lötzlich Besitz von Vermögen verrät, t sicher, daß die Beamten ihm nicht ine Falle stellen, die ihnen einen Anteil m Glückswechsel des Betreffenden erschafft. Wünscht z.B. jemand zu auen, so hat er allerdings innerhalb eines Grundes und Bodens das Recht azu, nur muß er sich natürlich in acht ehmen, nicht ein Recht des Nachbars amit zu verletzen. Aus dieser billigen eschränkung gehen nun die ärgsten udeleien der Baulustigen hervor. Sold die ersten Steine herbeigeschafft nd, melden sich die Blutsauger. Der Baschkiatib (Schreiber des Kadi, Stadtsekretär) hetzt einen Anwohner auf, gegen den Bau Einspruch zu tun, da er ihm den Luftzug verderbe, ihm ein Gewölbe beschwere oder sonstwie seinen Besitz beeinträchtige. Kaum ist die Klage bei demselben Baschkiatib angebracht, so wird sofort, gleichviel ob sie begründet ist oder nicht, der Bau gehindert, die Bauleute in das Gefängnis geschleppt, das Material mit Beschlag belegt. Vergebens remonstriert der Bauherr, umsonst bittet er, die Sache untersuchen zu lassen. Man hat keine Zeit dazu, und so bleibt dem Armen nichts übrig, als den Beamten bei Seite zu nehmen und sich mit ihm über die Summe zu verständigen, für die der Weiterbau gestattet wird. Dann geht alles ohne Verzug seinen natürlichen Gang, den Bauleuten werden die Gefängnistüren aufgetan, und von dem Recht des Nachbars, den der Baschkiatib mit einem Teil der erpreßten Summe belohnt, ist weiter keine Rede.

Ebenso verfahren die Behörden in andern Beziehungen, um Geld wird allenthalben das Recht gebeugt, für Geld kauft man in allen Beziehungen wertvolle Gunst, der Kleinbürger und der Bauer steuert fast bei jeder Gelegenheit außer der Regierung zugleich dem Säckel der höhern und niedern Beamten.

Aus: Leonard Bauer:
Volksleben im Lande der Bibel.
Leipzig 1903, S. 332

Die Vorstadt hat im Vergleich mit der Altstadt Jerusalem ein vollständig anderes Aussehen, was von der veränderten Bauart herrührt. Nachdem seit dem Bau der Jaffastraße und besonders der Eisenbahn schwere, lange Holz- und Eisenbalken, Bretter und Ziegel befördert werden können, ist eine mehr europäische Bauweise aufgekommen. Die Häuser der Vorstadt sind mit Ziegeln gedeckt und ihre Zimmer häufig nicht mehr gewölbt.

Bei dem raschen Wachsen der Vorstadt und dem Einfluß der Europäer mußten gewisse Einrichtungen, die seit alters bestanden, fallengelassen werden. So blieben seit Anfang der 70er Jahre die Tore auch bei Nacht offen und wurden in der Mittagsstunde des Freitags, während welcher die Gläubigen auf dem Háramplatz zum Gebet versammelt sind, nicht mehr geschlossen. Die Zöllner an den Stadttoren sind eingegangen. Noch im Anfang des Jahrhunderts war ein Betreten des Háram, d.i. des alten Tempelplatzes, den Christen unbedingt untersagt. Nach dem Krimkrieg trat hierin eine Erleichterung ein, doch war es anfangs nur fürstlichen und hochgestellten Personen gestattet, die Omarmoschee zu betreten. Im Jahr 1866 erhielt die erste Pilgerkarawane Einlaß gegen Erlegung von 80 Franken. Heute kann jeder Reisende gegen ein kleines Trinkgeld unter Führung eines Polizisten und eines Konsulatskawassen die Stätte besuchen . . .

Mark Twain (30.11.-21.4.1910)
„Reise durch die alte Welt"

„Endlich, weit in der Tagesmitte, begannen alte Mauerreste und zerbröckelnde Bogen den Weg zu säumen – wir quälten uns noch einen Hügel hinauf, und jeder Pilger und jeder Sünder schwang den Hut hoch in die Luft! Jerusalem!

Auf seinen ewigen Hügeln thronend weiß und kuppelgekrönt und greifbar dicht gedrängt und mit hohen grauen Mauern eingefaßt, schimmerte die ehrwürdige Stadt in der Sonne. So klein! Sie war ja nicht größer als ein amerikanische Städtchen von viertausend Einwohnern und nicht größer als eine gewöhnliche syrische Stadt von dreißigtausend. Jerusalem hat nur vierzehntausend Einwohner. ..

Die Bevölkerung Jerusalems setzt sich zusammen aus Moslems, Juden, Griechen, Römern, Armeniern, Syrern, Kopten, Abessiniern, aus griechischen Katholiken und einer Handvoll Protestanten. Nu hundert Angehörige der letzten Sekt wohnen jetzt an diesem Geburtsort de Christentums, mehr nicht. Die feinere Schattierungen der in der oben aufgefüh ten Liste enthaltenen Nationalitäten ur die von ihnen gesprochenen Sprachen sir viel zu zahlreich, um sie zu erwähnen. M scheint, daß unter den vierzehntausen Seelen, die in Jerusalem wohnen, a Rassen und Hautfarben und Zungen d Erde vertreten sein müssen.

Aussätzige, Krüppel, Blinde u Schwachsinnige überfallen einen von len Seiten, und sie kennen offenbar n ein Wort aus nur einer Sprache – c ewige „Bakschisch". Wenn man die M sen verstümmelter, mißgestalteter u von Krankheit heimgesuchter Mensch sieht, die die heiligen Orte überschwe men und die Tore verstopfen, kön man annehmen, die alten Zeiten wä wiedergekehrt und man erwartete, c der Engel des Herrn jeden Augenb herabfahren und das Wasser Bethesda anrühren werde."

Beginn einer neuen Ära

Die Dormitio-Kirche auf dem Zionsberg.

Der Einfluß der westlichen Großmächte schlug sich im letzten Viertel des 19. Jahrhunderts nieder in den Gründungen der exterritorialen Kolonien und im Ausbau der zu ihnen führenden Verkehrsverbindungen. 1881 erbauten die Deutschen im Süden der Altstadt, im Rephaimtal, ihre Kolonie. Im gleichen Jahr gründete eine amerikanisch-schwedische Religionsgemeinschaft die amerikanische Kolonie nördlich vom Herodestor. Die Franzosen errichteten 1887 den gewaltigen Komplex des Klosters Notre-Dame-de-France und sorgten für die Öffnung des neuen Sultantors, des heutigen Neuen Tors, um eine direkte Verbindung zwischen ihren Einrichtungen und dem christlichen Viertel in der Altstadt zu erreichen. Neben der 1867 ausgebauten Straße nach Jaffa und der 1870 von den türkischen Behörden errichteten Straße nach Nablus (Sichem) eröffneten 1891 die Franzosen die Bahnlinie nach Jaffa. Damit konnten die Pilger und Reisenden aus den westlichen Ländern Jerusalem auf bequeme Weise erreichen. 1893 tagte sogar vom 15.-20. Mai der achte Internationale Eucharistische Kongreß in Jerusalem.

Die Türken setzten in Jerusalem die alte Wasserleitung instand, die von den Teichen Salomons bei Artas kam, und verbesserten dadurch vor allem die Wasserversorgung des Tempelbergbereiches. Alle diese Arbeiten, in, um und für Jerusalem fanden ihren krönenden Abschluß im Besuch des deutschen Kaisers Wilhelm II. in Jerusalem im Jahre 1898. Nochmals versah man die Straße nach Jaffa mit einer neuen Asphaltdecke. Der Sultan ließ eine Bresche in die gewaltige Stadtmauer am Jaffator brechen und den Festungsgraben um die

Zitadelle auffüllen, damit die Kutsche des Kaisers bequem ein wenig weiter in die Altstadt fahren konnte.

Vor der Grabeskirche wurde der Kaiser von dem lateinischen, dem griechischen und dem armenischen Patriarchen feierlich empfangen. Sie führten ihn zu den heiligen Stätten in den Kapellen der Grabeskirche. Wichtigstes Ziel seiner Reise war aber die Einweihung der evangelischen Erlöserkirche am Reformationstag 1898. Die kaiserliche Fürsorge schloß jedoch auch die Katholiken ein. Wilhelm II. erwarb durch Vermittlung des Sultans im Süden auf dem Zionberg ein Gelände, das er dem deutschen katholischen Palästinaverein zum Bau der Kirche Dormitio Sanctae Mariäe übergab. Ebenso förderte er die Errichtung des Augusta-Viktoria-Stifts nördlich des Ölbergs und unterstützte die Kaiserswerther Diakonissen in Jerusalem. Die jüdische Gemeinde hatte dem Kaiser eine Ehrenpforte errichtet. Sie begrüßte ihn begeistert mit dem Psalmengesang, mit dem auch Jesus aus Nazareth begrüßt worden ist: „*Gesegnet seist du, der da kommt im Namen des Herrn*“ (Psalm 118, 26). Dieser messianische Empfang vermochte den Kaiser jedoch nicht zu mehr zu bewegen, als der Abordnung der Zionisten unter Führung Dr. Herzls, die ihn im kaiserlichen Zeltlager westlich der Altstadt aufsuchte, nur allgemeines Wohlwollen zu bekunden.

Aus Mathilde Gräfin von Keller: Vierzig Jahre im Dienst der Kaiserin Leipzig 1935, S. 192-195 u. 199 f.

Jerusalem, 3. November 1898. Von Haifa über Cäsarea, Zeltlager bei Burtsih, einem kleinen Araberdorf. Das Kaiserlager umfaßt etwa 200 Zelte. Vor den Zelten saßen die Araber, wuschen und putzten das Kupferkochgeschirr. Es war ein malerischer Anblick, zumal bei dem herrlichen Mondschein.

Am 27. ging es an Fellachendörfern und Beduinenlagern vorbei nach Jaffa, wo wir im Hotel wohnten. Am 28. über Ramle, im Zeltlager geschlafen, am 29. früher Aufbruch, durch das öde Gebirge Judäa. Von Kalonije ging es bergauf in eine trostlose Steinwüste, die Berge, die Taleinschnitte kahl und leer, dazwischen Reste alter Bauten aus der Kreuzfahrerzeit. Dann öffnete sich uns auf einem großen Hochplateau, von gewaltigen Felsblöcken umgeben, ein Blick ins Freie, und rings zwischen den Trümmern und Steinen standen viele Menschen im hellen Sonnenschein, Araber und Juden, alte und junge, Frauen und Kinder, gut gekleidete und zerlumpte elende Gestalten Wir nähern uns Jerusalem! Es war ein erhebendes Gefühl, als man die Stadt nun endlich vor sich sah! Allerdings gewann man von diesem Punkte aus gar kein Bild von der „hochgebauten Stadt“! Das war schade, aber der Eindruck blieb doch mächtig und unvergeßlich!

Zuerst berührten wir die jüdisch[illegible] Rothschildsche Vorstadt. Große Scharen von Juden, die meisten Männer mi[illegible] langen Schmachtlocken, viele m[illegible] schweren Pelzmützen, langen Kaftans – 5000 Juden beherbergt die Stadt! Auch viele Deutsche, Araber usw. Diese Rothschildsche Stiftung bezweckt, die Glaubensgenossen wieder mehr im Heiligen Lande anzusiedeln und zu sammeln. Hauptsächlich werden sie für landwirtschaftliche Arbeiten verwendet, was hier gute Erfolge erzielt, während die Juden bei uns nicht dazu zu bringen sind und ihre Tätigkeit fast ausschließlich auf den Handel beschränken.

Der Weg bog nun scharf links um, das Jaffator mit den Resten des Hippicusturmes, der alten Mauern und Festungswerke rechts liegenlassend. Davor zwei Ehrenpforten, die eine mit einem in deutscher und hebräischer Sprache geschmückten Psalmwort. Wir fuhren an dem schönen, von Kaiserswerther Schwestern geleiteten Krankenhause, an dem englischen Hospital, dem Marienstift, vorüber. Überall jubelnde Zurufe, Hochs und Hurras. Ein türkisches Bataillon in Paradeaufstellung, dessen Musikkapelle „Tochter Zion, freue dich" spielte. Kaiser und Kaiserin, in weiße Staubmäntel gehüllt, mit an den Helmen befestigten Schleiern, ritten auf Schimmeln voran, hinter ihnen Claire und ein Teil der Herren; wir übrigen folgten zu Wagen. Vor einem Hause trat ein alter Araber-Scheich heran, küßte dem Kaiser die Hand und erzählte ihm, daß er vor 29 Jahren seinen Vater auf der Palästinareise begleitet hätte. Auch Kaiser Friedrich hatte den gleichen Weg wie wir über das Gebirge Judäa genommen.

Nachdem man sich in ein Festgewand geworfen hatte, fand der feierliche Einzug in die Stadt um 3 Uhr durch das Jaffator statt. Vor dem Zuge ritten vier Beduinenscheichs mit langen Lanzen. Ihnen folgten auf Schimmeln türkische Kavallerie vom Regiment Ertogrul, ein Trupp osmanischer Saptiês in braunen Uniformen und die Kawassen des deutschen Konsuls in dunkelblauer, goldgestickter Zuaventracht, hierauf der Botschafter Freiherr v.Marschall und der deutsche Konsul in Jerusalem v. Tischendorf. Nach einem größeren Zwischenraum fuhr in einem offenen Galawagen die Kaiserin mit Gräfin Brockdorff, Claire und mir. Zur Linken ritt der türkische Oberstallmeister, zur Rechten der preußische, Graf Wedel. Danach folgte auf einem seiner Leibpferde, dem prächtigen Schimmel „Kurfürst", der Kaiser in Tropenuniform mit dem Bande des Schwarzen Adlerordens, umgeben von seinen General- und Flügeladjutanten, alle in weißen Mänteln mit Schleier am Helm, hinterher das Gefolge von türkischen Generalen und Offizieren und zwei syrischen Wächtern, ungefähr 20 Gefolgewagen, und zum Schluß wieder eine Abteilung türkischer Kavallerie.

Die die Feststraße umsäumenden Gebäude, die Fenster, Balkons, die flachen Dächer, die Mauern, alles war dicht besetzt mit jubelnden Menschen, besonders Frauen, die sich nicht genug tun konnten mit freudigen Zurufen, Grüßen und Winken. An einer von den Juden errichteten Ehrenpforte standen zum Empfang der Gouverneur von Damaskus, Nazim-Pascha, dem vom Sultan die Überwachung der Kaiserreise übertragen war, und ein ehrwürdiger alter Rabbiner in kostbarem Gewande und hohem Barett, der in seinen Armen die schweren vergoldeten Gesetzesrollen trug. Dieser hielt auf hebräisch eine Ansprache, die mit einem Gebet für die Majestäten endete. Kinder aus dem jüdischen Waisenhause sangen darauf ein Lied von sieben Versen; es schloß mit den Worten: „Die Kinder Judas rufen aus voller Seele jubelnd: Gesegnet, der da kommt im Namen des Herrn! Willkommen, deutscher Kaiser, willkommen, deutsche Kaiserin, in Jerusalem!"

Jenseits dieser ersten Ehrenpforte waren hohe Masten mit Palmenwedeln errichtet. Zwischen ihnen zogen sich Girlanden von Pinienzweigen hin, auch waren die Häuser reich mit deutschen und türkischen Fahnen geschmückt. Die Zuschauermassen wurden immer dichter, die verschiedensten Nationalitäten und Trachten waren vertreten, Afrikaner, Asiaten, Europäer, schwarze Nubier, verschleierte Araberinnen und Türkinnen, ein unsagbar interessantes, farbenprächtiges, malerisches Bild. Die in Parade stehenden Truppen präsentierten, die Musikkorps spielten die alten preußischen Militärmärsche.

Nun lag die Zitadelle von Jerusalem, die Davidsburg, mit ihren mächtigen Türmen und dem uralten Jaffator vor uns. Kurz vor ihm ertönen jubelnde Hochrufe: die deutschen Festpilger haben sich dort versammelt. Laut erklingt das „Heil dir im Siegerkranz", das fern der Heimat einen ganz besonderen Klag hat und die Herzen tief bewegt. Viele Begrüßungen wurden ausgetauscht. Am Jaffator wurde ausgestiegen, da in den engen steilen Straßen Jerusalems kein Wagen fahren kann. Durch die Davidsstraße, vorüber an den kleinen, offenen Läden, die mit vielen neugierig herausschauenden Menschen angefüllt waren, davor Postenketten, weit auseinandergezogen, gingen wir zu Fuß hin zur Grabeskirche. Dort Empfang durch den lateinischen, den griechischen und den armenischen Patriarchen in vollem Ornat, von ihrer zahlreichen Geistlichkeit umgeben. Jeder von ihnen richtete in seiner Sprache eine herzliche Begrüßungsrede an die Majestäten, als erster der sehr deutschfreundlich gesonnene lateinische Monsignore Ludovico Piavi. Kaiser und Kaiserin reichten ihnen die Hand und dankten auf französisch. Unter Vortritt der Kawassen betraten die Majestäten die Kirche, die im hellsten Lichterglanz erstrahlte. Sie umschließt unzählige Kapellen der verschiedensten Konfessionen und Länder, der Lateiner, der Griechen, der Armenier, der Kopten, der Abessinier usw. eine große Zahl heiliger Stätten, die alte Überlieferung hierher verlegt. Unsagbar traurig ist es, daß die Bewachung in türkischen Händen liegt, das Wärteramt einer muhammedanischen Familie erblich gehört und die Bekenner Muhammeds in unzähligen Fällen Streit zwischen den Christen schlichten müssen!

Am 31. Oktober läuteten sämtliche Glocken Jerusalems den Festtag der Einweihung der Erlöserkirche ein. Um 9 Uhr setzte sich der glänzende Zug in Bewegung, der Kaiser in der Gardes-du-Corps-Uniform mit dem goldenen Helm und Küraß, auf dem prächtigen Rappen „Herzog", mit langem golddurchwirkten Mantel und Schleier, die Kaiserin im Galawagen. Der Weg vom Jaffator an wurde wieder zu Fuß zurückgelegt. Am Eingang zum Muristân begrüßte Herr v. Levetzow an der Spitze einer Abordnung von Johanniterrittern, alle in großer Uniform, rotem Rock und langem, schwarzseidenem Mantel, mit Straußfeder geschmücktem Hut Kaiser und Kaiserin mit einer Ansprache. Am Portal der Kirche überreichte G

Zieten-Schwerin den Schlüssel zur Kirche. Unter Vorantritt des Kuratoriums der Jerusalem-Stiftung und der Vertreter der evangelischen Kirchenregierungen zog das Kaiserpaar in das Gotteshaus ein. Die Feier begann mit dem von der Matrosenkapelle der „Hohenzollern" begleiteten Choral: „Tochter Zion, freue dich." Oryander hielt die Weiherede über den Spruch: „Einen andern Grund kann niemand legen usw." Mächtig erklangen darauf die Töne des alten Trutzliedes „Ein feste Burg ist unser Gott". Die Kirchentüren waren weit geöffnet. Davor standen die Bewohner Jerusalems dichtgedrängt in lautloser Stille, Christen, Mohammedaner, Juden, Araber. Die Predigt des Ortsgeistlichen, Pastors Hoppe, hatte viel Gutes, war aber viel zu lang. Nach der vom Generalsuperintendanten D. Nebe gehaltenen Schlußliturgie und dem gemeinsamen Gesang des letzten Verses von „Lob, Ehr' und Preis sei Gott" schritt der Kaiser zur allgemeinen Überraschung die Stufen zum Altar hinauf, kniete zum stillen Gebet nieder und verlas dann langsam und feierlich ein von tiefem Ernst beseeltes Bekenntnis. Auf die Schlußworte „Das Feld muß er behalten!" erschallte aus der tiefergriffenen Gemeinde ein einstimmiges Amen.

Nachdem wir im Zeltlager gegessen und uns umgezogen hatten, fand die Besitznahme des dem Kaiser vom Sultan geschenkten, bei dem Coenaculum gelegenen Gebiets statt. Hier hatten sich die türkischen Behörden, das türkische Gefolge, der lateinische Patriarch, die deutschen Franziskaner und die Matrosen-Ehrenwache von S.M.S. „Hertha" unter Führung des Korvettenkapitäns v. Usedom aufgestellt. Nach einer Ansprache des Kaisers wurde die Kaiserliche Standarte unter den Klängen der Nationalhymne gehißt und der Platz darauf dem Monsignore Piavi für die deutschen Katholiken zur Erbauung einer der Jungfrau Maria geweihten Kirche überwiesen. Nach der aus dem 7. Jahrhundert stammenden Überlieferung soll an dieser Stelle das Haus der Maria gestanden haben, das sie nach dem Tode des Herrn mit dem Apostel Johannes bewohnt hat. Daher trägt diese Stätte den Namen „Dormito Sanctae Mariae virginis", Sterbestätte der Heiligen Jungfrau Maria. Alsdann sprach Pater Schmidt, der Direktor des deutschen katholischen Hospizes im Namen des katholischen Palästina-Vereins dem Kaiser den Dank für die Spendung aus.

Die Türken maßen dem Besuch Wilhelms II. große Bedeutung zu, da sie sich von ihm Unterstützung gegenüber Frankreich, das sich im Libanon festgesetzt hatte, als auch England in Ägypten sowie Rußland auf dem Balkan versprachen. Das Deutsche Reich galt in den Augen des türkischen Sultans, der sein Reich durch Reformen erneuern wollte, als zuverlässiger Berater. Das gegenseitige Vertrauen führte auch im Ersten Weltkrieg dazu, daß die Türkei sich auf die Seite Deutschlands und Österreichs schlug.

Die Öffnung der Altstadtmauer am Jaffator darf ebenfalls als symbolische Handlung gedeutet werden. Seit 360 Jahren hatten türkische Soldaten bei Sonnenaufgang die Stadttore geöffnet und bei Sonnenuntergang geschlossen und Zuspätkommende nur noch durch eine kleine Pforte eingelassen. Die Stadt Jerusalem war nur die Altstadt innerhalb der Stadtmauern. Die Öffnung der Altstadtmauern ist als Zeichen zu sehen, daß jetzt die schon entstandenen umliegenden Viertel ins Stadtgebiet Jerusalems einbezogen wurden. Es war eine Öffnung sowohl dem geographischen und wirtschaftlichem Raum als auch den politischen, vor allem westlichen Mächten gegenüber, die sich in allen Bereichen niederschlug. So wurde zum Beispiel das Verbot aufgehoben, das Nichtmoslems das Betreten des Tempelbergbezirks untersagte. Die Christen durften wieder die Glocken ihrer Kirchen läuten, was seit Saladin verboten war. An ihren heiligen Plätzen genossen sie fortan größere Rechte. Die Lockerung der türkischen Einschränkungen ermöglichte, daß neue Institutionen eingerichtet werden konnten, für die sich eine rege Bautätigkeit entwickelte.

Lebte bis zum Beginn des 20. Jahrhunderts noch fast die gesamte Bevölkerung Jerusalems innerhalb der Altstadtmauern, so nahm nun der Zuzug in die neuen Viertel außerhalb kräftig zu. 1844 betrug die Einwohnerzahl Jerusalems etwa 15 000 (7000 Juden, 5000 Moslems und 3000 Christen). Um 1905 war die Bevölkerung auf das Vierfache angewachsen. Von den 60 000 Einwohnern waren 40 000 Juden, 13 000 Christen und 7000 Moslems. Die Anzahl der Juden hat im Laufe des 19. Jahrhunderts die aller anderen religiösen Gruppen überflügelt. Besonders im letzten Viertel des 19. Jahrhunderts hatte die Idee einer intensiven jüdischen Besiedlung Palästinas viele Juden ins Land ihrer Väter zurückgebracht. Die Verkündigung des zionistischen Baseler Programms von 1897 trug maßgeblich dazu bei, daß jüdische Einwanderer ins Land und nach Jerusalem strömten, ein dynamischer Aufbau jüdischen Lebens in den verschiedensten Teilen der heiligen Stadt und des Landes begann und das Leben immer mehr an westeuropäische und amerikanische Verhältnisse angepaßt wurde.

Das Baseler Programm (1897)

Der Zionismus erstrebt für das jüdische Volk die Schaffung einer öffentlich-rechtlich gesicherten Heimstätte in Palästina. Zur Erreichung dieses Zieles nimmt der Kongreß folgende Mittel in Aussicht:

1. Die zweckdienliche Förderung der Besiedlung Palästinas mit jüdischen Ackerbauern, Handwerkern und Gewerbetreibenden.
2. Die Gliederung und Zusammenfassung der gesamten Judenschaft durch geeignete örtliche und allgemeine Veranstaltungen nach den Landesgesetzen.
3. Die Stärkung des jüdischen Volksgefühls und Volksbewußtseins.
4. Vorbereitende Schritte zur Erlangung der Regierungszustimmungen, die nötig sind, um das Ziel des Zionismus zu erreichen.

Der Besuch Kaiser Wilhelms II. in Palästina und Jerusalem hatte auch für die jüdischen Interessen eine große Bedeutung. Der Begründer der zionistischen Bewegung, Dr. Herzl, bat den deutschen Kaiser um Unterstützung zur Gründung eines jüdischen Staates, der ein Protektorat des Deutschen Reiches sein sollte. Die Antwort Kaiser Wilhelms später bei einem Treffen in Konstantinopel war jedoch abschlägig und sogar voller Vorurteile. Wilhelm II. sagte zu Herzl: „Es gibt unter Ihren Landsleuten Elemente, die in Palästina unterzubringen recht gut wäre. Ich denke zum Beispiel an Hessen, wo es unter der Landbevölkerung Wucherer gibt. Wenn diese mit ihrer Habe in die Kolonien gingen, um sich anzusiedeln, könnten sie nützlicher sein."

In Jerusalem erblühte jedoch das jüdische Leben trotz aller Verhandlungsrückschläge von Dr. Herzl. Die jüdische Gemeinde wuchs, es wurden in der Stadt Gewerbeschulen eröffnet, und die jüdischen Presseinstitutionen, die sich bisher in Büchern und Zeitschriften vor allem religiösen Themen gewidmet hatten, wandten sich nun weltlichen aktuellen Problemen und Künsten zu. 1906 gründete Prof. Schatz die Kunstschule Bezalel, die bald von Hunderten von Studenten aus dem In- und Ausland besucht wurde. Jerusalem entwickelte sich wieder zur geistigen Hauptstadt des Judentums, zum ersten Mal seit Herodes. Selbst in wirtschaftlicher Hinsicht erreichte die Stadt erneut eine Mittelpunktsbedeutung. 1910 zählte Jerusalem schon mehr als 73 000 Einwohner (47 000 Juden, 16 000 Christen, 10 000 Moslems). 1912 wurde das erste Kino, das Zion, eröffnet. Es gab später dem Hauptplatz der Jaffastraße, dem Kikkar Zyyon, seinen Namen.

Als 1914 der Erste Weltkrieg ausbrach, erlitt die Entwicklung Jerusalems einen großen Rückschlag. Ein Drittel seiner Bevölkerung wurde entweder wegen Verdachts der Sympathie für die Feinde des osmanischen Reiches und aus Furcht vor Unabhängigkeitsbestrebungen, die ja auch wirklich von den Engländern geschürt wurden, ausgewiesen oder starb an Krankheit und Hunger. Der Erste Weltkrieg verwüstete ganz Palästina. England versuchte, die arabischen Völker zum bewaffneten Aufstand gegen die Türken zu bewegen und unterstützte deren Streben nach Unabhängigkeit. Der britische Hochkommissar in Ägypten bestätigte 1915 sogar die großarabi-

Aus: Theodor Herzl: Tagebuch (2. 5. 1860 - 3. 7. 1904).

„Wenn ich deiner in künftigen Tagen gedenke, o Jerusalem, wird es nicht erfreulich sein. Die muffigen Ablagerungen von zweitausend Jahren Unmenschlichkeit, Unduldsamkeit und Falschheit liegen in euern rauchenden Gassen.

Wenn Jerusalem jemals unser ist und wenn ich noch fähig wäre, etwas für es zu tun, würde ich anfangen, es zu reinigen. Ich würde alles wegschaffen, was nicht heilig ist, Arbeiterwohnungen außerhalb der Stadt errichten, die schmutzigen Rattenlöcher ausleeren und einreißen, alle nicht heiligen Ruinen verbrennen und die Bazare anderswo errichten. Dann würde ich bei Beibehaltung des alten architektonischen Stils – so viel wie möglich – eine luftige, behagliche, gut kanalisierte nagelneue Stadt um die heiligen Plätze aufbauen."

Der britische Außenminister Lord Balfour übermittelte den Beschluß des britischen Kabinetts in einem Brief an Lord Rothschild:

Foreign office, November 2nd, 1917.

Dear Lord Rothschild,

I have much pleasure in conveying t[o] you, on behalf of His Majesty's Govern[-] ment, the following declaration of sympa[-] thy with Jewish Zionist aspirations whic[h] has been submitted to, and approved by the Cabinet.

His Majesty's Government view wit[h] favour the establishment in Palestine of [a] national home for the Jewish people, an[d] will use their best endeavours to facilitat[e] the achievement of this object, it bein[g] clearly understood that nothing shall b[e] done which may prejudice the civil and re[-] ligious rights of existing non-Jewish com[-] munities in Palestine, or the rights an[d] „political status enjoyed by Jews in an[y] other country".

I should be grateful if you would brin[g] this declaration to the knowledge of th[e] Zionist Federation.

ieber Lord Rothschild,
ch habe das Vergnügen, Ihnen im Namen
ler Regierung Seiner Majestät folgende
ympathieerklärung mit jüdisch-zionisti-
chen Bestrebungen übermitteln zu kön-
en. Sie hat dem Kabinett vorgelegen und
vurde von ihm gebilligt:
Die Regierung Seiner Majestät betrach-
et wohlwollend die Errichtung eines Na-
ionalheims für das jüdische Volk in Palä-
tina und wird sich aufs Beste bemühen,
ie Erreichung dieses Ziels zu erlangen,
vobei klar zu verstehen ist, daß nichts ge-
in werden soll, was die bürgerlichen und
eligiösen Rechte bestehender nichtjüdi-
cher Gemeinschaften in Palästina oder
ie Rechte und den politischen Status von
iden in jedem anderen Lande beeinträch-
gen könnte.
Ich wäre Ihnen dankbar, wenn Sie diese
klärung der Zionistischen Vereinigung
r Kenntnis brächten.
Ihr ergebener Arthur James Balfour.

schen territorialen Pläne des Haschemitenfürsten Hussein, die den nördlichen Teil Palästinas bis Hadera für arabisch erklärten. Daß England ein halbes Jahr später, im März 1916, einen Geheimvertrag mit Frankreich abschloß, der die gesamte libanesisch-palästinesische Küste in Einflußzonen aufteilte (das Sykes-Picot-Abkommen) und somit den Vereinbarungen mit Hussein zuwiderlief, kann als erster Hinweis gelten, wie wenig die Engländer trotz aller Versprechungen auf die arabischen Interessen Rücksicht nahmen.

Am 2. November 1917 gab die britische Regierung eine Sympathieerklärung zugunsten der „jüdisch-zionistischen Bestrebungen" in Palästina ab, die sogenannte Balfour-Deklaration, in der die „Schaffung einer nationalen Heimstätte in Palästina" für die Juden wohlwollend zum Ausdruck gebracht wurde. Die Rechte der ansässigen arabischen Bevölkerung durften jedoch bei diesem Vorhaben nicht beeinträchtigt werden. Fünf Wochen nach der Balfour-Erklärung zog der britische General Lord Allenby in Jerusalem ein. Der türkische Befehlshaber Ali Fuat Pascha hatte aus Furcht vor einem Bombardement der heiligen Stadt diese am 8. Dezember 1917 räumen und die Bevölkerung evakuieren lassen. Der Bürgermeister Jerusalems und die religiösen Würdenträger gingen daraufhin den Engländern auf der Straße nach Jaffa mit einer weißen Fahne entgegen. An der Wasserscheide in Romema trafen sie auf zwei englische Soldaten, die bereit waren, die Übergabe der heiligen Stadt entgegenzunehmen. An dieser Stelle wurde später ein Denkmal errichtet. Erst zwei Tage später, am 11. Dezember 1917 zog General Allenby an der Spitze seiner Soldaten in Jerusalem ein. Am Jaffator auf den Stufen der Zitadelle gab er die Besetzung durch die Engländer bekannt. Die kirchlichen

Würdenträger Jerusalems erwiesen dem britischen Oberbefehlshaber Allenby ebenfalls ihre Referenz, denn sie hatten mit großer Aufmerksamkeit die Proklamation des Generals zur Kenntnis genommen, in der versprochen wurde, jedes geheiligte Gebäude, jede heilige Stätte, jeden Schrein zu erhalten und zu schützen. Das war für die Engländer eine schwere Bürde, wie es sich zeigen sollte. Die Juden erwarteten jedoch noch mehr von den neuen Herren. Für sie schien nun der Traum nach einer eigenen nationalen Heimstätte einen großen Schritt nähergerückt. Den Arabern galt die Einnahme Jerusalems und die Proklamation Allenbys als Einlösung des britischen Versprechens, ihren vom Türkenjoch befreiten Nationalitäten Selbständigkeit zu verleihen. Am Eingang zum Künstlerviertel Yemin Moshe bei der Windmühle Montefioris gibt es Schaukästen, in denen Fotos und Reproduktionen über die Geschichte Jerusalems ausgestellt sind, die auch dieses Ereignis dokumentieren.

Mit dem Einzug Allenbys waren 401 Jahre Türkenherrschaft über Jerusalem zu Ende. Die Einnahme der heiligen Stadt machte in der ganzen Welt einen gewaltigen Eindruck. Jetzt waren die christlichen Stätten endlich nach Jahrhunderten wieder in abendländischer Hand. Die aus diesem Erfolg für die Engländer erwachsenen Verpflichtungen erwiesen sich jedoch als zweischneidig.

Jerusalem in der Mandatszeit

Als im Frühjahr 1919 die Engländer Palästina übernahmen, war es für sie „besetztes Feindesland". Auf der Friedenskonferenz von Paris kamen neben den arabischen Vertretern auch Vertreter der zionistischen Organisation zu Wort. Die arabischen Vertreter hielten die Wünsche der Juden nach einer Heimstätte in Palästina zunächst für „maßvoll und angemessen". Nachdem jedoch der Oberste Rat der Alliierten das nördliche Syrien als Mandatsgebiet Frankreich zuteilte und der südliche Teil Palästinas mit Jerusalem den Engländern in Treuhänderschaft übergeben wurde, wobei die arabischen Interessen unberücksichtigt blieben, ja sogar König Feisal, der Sohn Husseins, von den Franzosen 1920 aus Damaskus verjagt wurde, kam es zu einem ersten Bruch zwischen den Alliierten und den Arabern. Die einseitige Förderung und Unterstützung der Juden durch die Engländer war schließlich der Keim für die Auseinandersetzungen der Araber mit Juden und Engländern.

England hatte eine doppelte Verpflichtung übernommen. Es sollte Palästina, und das hieß, die dortigen arabischen Völker, zur Selbständigkeit führen und zugleich auf der Grundlage der Balfour-Erklärung „eine nationale Heimstätte für das jüdische Volk in Palästina" errichten. An dieser doppelten Verpflichtung scheiterte schließlich die britische Mandatsregierung, denn auf der einen Seite begann die Zionistische Organisation mit einem beschleunigten Ausbau jüdischer Siedlungen und der Einflußnahme in Palästina, während auf der anderen Seite die Araber sich massiv zur Wehr setzten und die gesamte arabische Welt gegen das Palästina-Mandat aufwiegelten. Aufgrund dieser Proteste erläuterte 1922 der britische Kolonialminister Winston Churchill in einem Weißbuch nochmals seine Politik gegenüber den Zionisten, indem er zwar betonte, daß das jüdische Nationalheim in Palästina errichtet werde, aber nicht ganz Palästina den Juden als tionale Heimstätte zustände. Ständiger Streitpunkt im „Churchill-Weißbuch" wurde schließlich der Passus über die Einwanderungsquoten, die die jeweilige wirtschaftliche Aufnahmekapazität des Landes nicht übersteigen durfte. Die Juden wehrten sich angesichts ihrer expandierenden Siedlungen gegen abstrakte Zahlenmaßstäbe der Aufnahmekapazität, indem sie immer wieder versuchten, Einwanderer illegal nach Palästina zu bringen.

Eine der gewaltsamen Reaktionen der Araber war die handstreichartige Besetzung von Amman durch den Bruder Feisals, den Emir Abdullah Ibu Hussein im November 1922. England nahm diesen Gewaltakt hin, löste sogar Transjordanien 1925 aus dem Mandat heraus und gewährte dem Land Unabhängigkeit. Die jüdischen Proteste gegenüber dieser Entscheidung, die der jüdischen Kolonisation im östlichen Teil des Landes ein Ende setzte, fanden in London kein Gehör. Bis 1948 erstreckte sich von nun an das Mandatsgebiet nur zwischen Mittelmeer und Jordan mit etwa 26 000 qkm.

Die britische Militärverwaltung wurde am 1. Juli 1920 durch eine zivile ersetzt, die unter der Leitung des neuernannten Hochkommissars für Palästina Sir Herbert Samuel stand. Sir Herbert Samuel war Jude und hatte schon mehrfach in britischen Kabinet-

Aus dem Bericht des Weltreisenden Kurt Faber, der 1929 Jerusalem besuchte

„Dann ging es fort nach Jerusalem auf einer glatten, durchweg asphaltierten Straße, die man unseren deutschen Provinzialbehörden als Muster übersenden möchte . . . Was am meisten auffällt: Überall herrscht ein geradezu amerikanisches Leben in diesem Lande, das doch bisher als Inbegriff altweltlicher Beschaulichkeit in unserem Kopfe lebte. Alle Augenblicke saust ein Auto an uns vorüber. Alle Augenblicke kommt einer auf einem Motorrad. Nur zuweilen überholt man ein schwerbeladenes Kamel, das mit langem Halse vorüberschreitet, ohne einen Blick auf diesen modernen

Verkehr . . . Die Ebene mit ihren Gärten bleibt bald zurück, der Weg führt steil hinauf in ein dürres, steiniges Hochland, wo Araberdörfer mit ihren halbzerfallenen Lehmhütten freudlos in der Sonne stehen, und plötzlich taucht Jerusalem auf, ganz die „hochgebaute" Stadt, von der in der Schrift zu lesen steht. Stolz und trotzig steht die Davidsburg auf dem Felsen, scharf und schwarz zeichnen sich die Umrisse der Gebäude in den fallenden Abendschatten, überhöht von zahlreichen Kirchtürmen, Minaretten, Synagogenkuppeln, so recht ein Sinnbild dieser seltsamen, von wilden Leidenschaften zerrissenen Stadt. – Von fernher sieht das prächtig aus, aber es ist hier nicht anders wie in anderen orientalischen Städten: Wer den Orient zum ersten Male in Jerusalem erlebt, der geht einer Enttäuschung entgegen. Es ist, als ob die verhängnisvolle Entwicklung der Jahrhunderte hier alles wahrhaft Schöne erdrosselt und nur noch einen Extrakt übriggelassen hätte von alledem, was uns unerfreulich dünkt am morgenländischen Leben. Dabei ist es trotz allem „Fortschritt" noch immer eine echt orientalische Stadt, eng zusammengedrängt zwischen hohen Mauern, überschattet von Basarlauben, unter denen ein Leben von verwirrender Buntheit flutet. Wo aber findet man hier noch die königlichen Kaufleute, die über ihren Teppichen in den Karawansereien thronen, die dröhnenden Hämmer, die wetterleuchtenden Schmiedefeuer, die Derwische und Geschichtenerzähler, den betörenden Reichtum in der Gasse der Goldschmiede? Nur der Schmutz ist geblieben und die Liederlichkeit und die Ramschware, eine Rumpelkammer der Waren und der Menschen – ja, und auch eine Rumpelkammer des Geistes: Du gehst im Lichte spärlicher Laternen auf holperigem Pflaster, über viele Treppen durch die Via Dolorosa, die Leidensstraße Christi. Beim Torbogen „Ecce-homo" hält dich einer am Rock fest. „Mister, want to show you?" Bei Station Fünf, dort, wo Simon, der Cyrenier, das Kreuz aufnahm, handelt einer mit geweihten Rosenkränzen, aus dem Hause der Veronika stürzt ein anderer mit Ansichtskarten. Im Garten von Gethsemane bietet sich einer als Führer an für dreißig Silberlinge in sieben Sprachen, die sämtlich so korrupt sind wie seine schwarze Seele . . . Wo solchermaßen die Fremdenindustrie auf einen hohen Grad der Vollkommenheit gebracht wurde, ist es weiter nicht verwunderlich, daß sie auch vor den heiligen Stätten von Golgatha nicht haltmacht, ja dort ihre höchste Ausbildung erreicht. Schmutzigere, schmierigere Gotteshäuser als jene, die man über diese Plätze zu bauen beliebt hat, kann man sich nicht vorstellen. Mit winzigen Wachskerzen geht man, wie in den Katakomben Roms, über halsbrecherische Treppen mit ausgelaufenen Stufen, über zerrissene, unappetitliche Teppiche von Kapelle zu Kapelle, die keiner dem andern gönnt und die gegenseitig in tödlicher Feindschaft liegen. Und mitten darin – Gott sei's geklagt: – liegt das Heilige Grab . . . Nur das Grab selbst und um dieses ein Platz für etwa drei bis vier Personen ist gewissermaßen neutraler Boden unter dem Lichte einer großen Anzahl ewiger Lampen aus Gold und Silber, die teils den Römisch-, teils den Griechisch-Katholischen, teils auch den Kopten und Armeniern gehören. Die Protestanten sind nicht vertreten. Dies alles macht, wie gesagt, einen wenig würdigen Eindruck. Daß die ehemaligen türkischen Herren kein Interesse an einer Änderung dieser Dinge hatten, ja sogar eine gewisse Freude darüber empfanden, kann man ihnen nachfühlen. Daß aber nunmehr die Engländer ebenfalls den Dingen ihren Lauf lassen und nichts, gar nichts tun zur würdigen Ausstattung dieser heiligen Stätte, dürfte denn doch eine Unterlassung sein, die im Widerspruch zu den Bestimmungen des Mandatsvertrags über Palästina steht. Nicht einmal Namenstafeln und Wegweiser hat man aufgestellt für den Gebrauch minderbemittelter Pilger, die hoffnungslos verirrt im Gassengewirr Jerusalems stehen, weil sie sich die zwanzig Mark pro Tag für einen Führer nicht leisten können. – Aber freilich fängt der Pilger in Jerusalem erst bei Cooks Reisescheck, bei den kombinierten amerikanischen Vergnügungspartien an, die zwischen Ostern und Pfingsten hier niedergehen und schnell wieder weiterziehen nach einem anderen „Topic", das auf dem Programm steht. Doing Jerusalem.

aus: Kurt Faber, Letzte Fahrten und Abenteuer, Stuttgart 1930

ten Ministerämter innegehabt. Daß ein Jude für dieses Amt ernannt wurde, wurde von den zionistischen Kreisen sehr begrüßt, obwohl später seine Amtsführung in den Augen der Juden enttäuschend blieb, da der Hochkommissar zuallererst britischer Beamter war und die Interessen seines Landes vertrat. Samuel bezog zunächst als Residenz das Krankenhaus Auguste Viktoria, das die Deutschen 1910 erbaut und im Ersten Weltkrieg als Hauptquartier benutzt hatten. Später erbauten die Engländer ihrem Hochkommissar 1927 einen Palast, das Government House, auf einer Anhöhe im Südosten der Stadt, die von manchem mit dem Berg des bösen Rats (Joh. 11, 51) gleichgesetzt wurde, da Kaiphas hier den Plan gefaßt haben soll, Jesus umzubringen und Judas zu seinem Verrat zu kaufen. Diese symbolische Bedeutung des Namens wurde wieder akut, als die britische Mandatsverwaltung gewaltsam die Juden, die aus den Konzentrationslagern Deutschlands entkommen waren, an der Einwanderung nach Palästina hinderte und in Zypern in Lager brachte.

Im gleichen von Austen Harrison entworfenen pseudo-orientalischen eklektischen Stil wurde das Rockefeller-Museum errichtet. Als weitere staatliche Bauwerke aus der Mandatszeit sind nur noch das Postamt in Jerusalem mit seinen abwechselnden weißen und schwarzen Steinreihen, das Postamt von Jaffa sowie das Stadthaus von Haifa zu erwähnen. Die Mandatsregierung überzog allerdings ganz Palästina noch mit einem besonderen Bautyp: das waren riesige Betonklötze, die sogenannten Tegart-Festungen, die als Polizeistationen dienten. Sie konnten jedoch weder den Aufstand der Araber verhindern, noch die Mandatsregierung hinreichend schützen.

Alles in allem also wenig Bleibendes, das die Britenherrschaft hinterließ. Bleibender sind hingegen die aus der gleichen Epoche stammenden Bauwerke kirchlicher und religiöser Einrichtungen. Dazu zählen die schottische Kirche St. Andrew's, die von Clifford Holiday errichtet wurde, und das „Bible House" sowie im gleichen Stil die Barclay's Bank und das Jerusalem Stadthaus. Aus der gleichen Zeit stammt ebenfalls die im Stil italienischer Kirchenbauten überladene Fassade der Kirche aller Nationen im Garten Gethsemane. Erwähnenswert ist in diesem Zusammenhang auch das Grabmal des Gründers der Bahai-Sekte in Haifa, das in Weiterführung orientalischer Bautraditionen mit seinen weißen Marmormauern und seiner goldenen Kuppel das Wahrzeichen der Stadt darstellt.

Sir Herbert Samuel gab sich große Mühe, die Rechte der Araber zu sichern. In Jerusalem spielten zwei arabische Familien, die zu den führenden des Landes gehörten und in traditioneller Fehde lagen, bei den Auseinandersetzungen mit Briten und Zionisten eine bedeutende Rolle. Auf der einen Seite stand die gemäßigte Nationalpartei unter Führung der Familie Nashabi, die auch den Bürgermeister von Jerusalem stellte und im Rahmen des Mandats die Möglichkeiten politischen Handelns der Araber suchen wollte. Demgegenüber stand die Partei der Familie Husseini, die das Mandat ablehnte. Samuel versuchte, beide Parteien an der Aufbauarbeit und politischen Gestaltung des Landes zu beteiligen. So ernannte er einen „Obersten Moslemischen Rat", dessen Vorsitzender den Titel „Mufti (arab.: Gesetzeskundiger) von Jerusalem" führte. Als Vorsitzenden gewann Samuel ein Mitglied der Husseini-Partei, Amin el Husseini, dessen politische Radikalität die Briten dadurch in Schach hielten, daß sie jederzeit den Mufti seines Amtes entheben konnten.

Der auf diese Weise von den Briten abhängige Mufti von Jerusalem Husseini richtete seine Hauptangriffe gegen die immer stärker ins Land strömenden Zionisten und deren Aufbauwerk. Schon am 24. Juli 1918 war auf dem Skopusberg in Jerusalem der Grundstein für die Hebräische Universität gelegt worden. 1925 wurde sie unter dem Vorsitz von Lord Balfour offiziell eröffnet. In wenigen Jahren entwickelte sich nun der Skopusberg zu einem Zentrum der Wissenschaften.

1930 errichtete man im Bauhausstil das Hadassah-Krankenhaus auf dem Skopusberg und die medizinische Fakultät. Als Lehrsprache der Universität wurde nach einem langen Streit, um die jiddische oder deutsche Sprache schließlich das Neu-Hebräisch gewählt, das von nun an seinen Siegeszug antrat und Ende der zwanziger Jahre neben Arabisch und Englisch als dritte Landessprache anerkannt worden ist. Ebenso entwickelten sich andere jüdische Institutionen. Nach den Mandatsbestimmungen wurde als offizielle jüdische Vertretung die „Jewish Agency for Palestine" eingerichtet, die die britische Mandatsregierung in wirtschaftlichen und sozialen Fragen beraten sollte und eine Art Selbstverwaltungskörperschaft der Juden sowohl innen- als auch außenpolitisch darstellte. Die Jewish Agency organisierte das jüdische Schulwesen und schuf 1921 den Obersten Rabbinischen Gerichtshof, der paritätisch von einem aschkenasischen und sephardischen Rabbiner geleitet wurde.

Zahlreiche jüdische Neuwanderer siedelten sich nun in der näheren und weiteren Umgebung von Jerusalem an. Sie waren wie in Tel Aviv und in anderen Landesteilen vor allem mit der dritten Einwanderungswelle (3. Aliya) 1920 - 1923 ins Land gekommen. Die Araber fürchteten, daß die Juden, die bevölkerungsmäßig jetzt in Jerusalem das Übergewicht hatten, sich zu den Herren

Der Baum des Lebens beim Hadassah-Krankenhaus auf dem Skopusberg.

des Landes aufspielen könnten. War es schon 1920 und 1921 zu schweren antijüdischen Ausschreitungen der Araber gekommen, so erreichte der Streit 1929 einen Höhepunkt. Als die Juden am Jom Kippur-Tag an der Klagemauer eine kleine Holzwand errichteten zur Trennung der Männer und Frauen während des Gottesdienstes, ließ der Mufti von Jerusalem verkünden, die Juden begännen mit dem Bau des dritten Tempels. In der ganzen moslemischen Welt verbreitete sich diese Nachricht wie ein Lauffeuer. Es hieß, die moslemischen Heiligtümer, die El-Aksa-Moschee und der Felsendom, seien gefährdet, denn die Juden könnten Ansprüche auf die Stätte des Tempels Sa-

Jüdische Bevölkerungsentwicklung zwischen 70 n. Chr. und 1930

Im Jahre	Gesamtzahl	darunter aschkenasische Juden	in %
70 n. d. Z.	4 500 000		
1170 n. d. Z.	1 500 000	100 000	6,7
1300 n. d. Z.	2 000 000	300 000	15,0
1500 n. d. Z.	1 500 000	500 000	33,3
1650 n. d. Z.	1 750 000	700 000	40,0
1700 n. d. Z.	2 000 000	1 000 000	50,0
1800 n. d. Z.	2 500 000	1 500 000	60,0
1840 n. d. Z.	4 500 000	3 600 000	80,0
1860 n. d. Z.	6 000 000	5 200 000	86,6
1900 n. d. Z.	10 500 000	9 550 000	90,5
1930 n. d. Z.	15 900 000	14 600 000	91,8

Quelle: Artur Ruppin, Soziologie der Juden, Bd. 1. Leipzig 1930, S. 81

lomon erheben, da sie nicht nur ein religiöses, sondern auch ein nationales Symbol der Juden sei. Damit brachte Husseini ein arabisches Trauma auf den Begriff, das bis in die Gegenwart immer erneut aufbrach, man erinnere sich nur an das Attentat eines geistesgestörten amerikanischen Juden Ostern 1982 auf die moslemischen Wächter des Haram-esh-Sharif. Fünf Tage streikte die gesamte moslemische Welt von Karatschi bis Jerusalem. 1929 kam es im ganzen Land zu blutigen Auseinandersetzungen unter der arabischen Parole: „Tod den jüdischen Hunden". Vor allem in Jerusalem, in Hebron und in Motza wurden zahlreiche Juden getötet und jüdische Geschäfte verwüstet.

Die britische Regierung setzte eine Untersuchungskommission (Shaw-Kommission) ein, die den Juden untersagte, an der Westmauer Zwischenwände und Bänke aufzustellen oder am Ende des Jom Kippurs den Schofar zu blasen. Die zionistische Führung beschloß zwar, keine neuen Ansiedlungen mehr inmitten der arabischen Bevölkerung anzulegen, aber der Schofar mußte geblasen werden. Im Verlauf der folgenden zwanzig Jahre wurde trotz des britischen Verbotes jedes Jahr der Schofar geblasen, und jeder von den Briten gefaßte Trompeter wanderte ins Gefängnis. Jüdische Geschäfte und Wohnungen in der nichtjüdischen Altstadt wurden aufgegeben und die Bevölkerung

Am Passahfest; Juden vor der Klagemauer.
Männern und Frauen beten getrennt durch eine Ballustrade.

im jüdischen Viertel verringert. Ein neues Geschäftszentrum entstand außerhalb der Altstadtmauern am Berghang beim damals noch neuen King David Hotel.

Im Zweiten Weltkrieg besetzten die Engländer das King David Hotel. Es beherbergte den Sitz der Verwaltung, die die jüdische Einwanderung und die Landkäufe kontrollierte.

1946 sprengten Männer der jüdischen Untergrundbewegung, zu denen auch der bis 1983 amtierende israelische Ministerpräsident Menachim Begin gehörte, den rechten Flügel des Hotels in die Luft. Nach dem Krieg 1948 eröffnete das King David erneut den Hotelbetrieb. Es ist heute das bedeutendste Luxushotel in Jerusalem. In ihm ist auch Anwar el Sadat, der Präsident Ägyptens, auf seiner Friedensreise nach Jerusalem im November 1977 untergebracht worden. Das King David Hotel beherbergt alle hohen Staatsbesucher Israels.

Gegenüber dem King David Hotel bauten Amerikaner das Y.M.C.A.-Gebäude mit seinem Turm und zwei Kuppeln in einer Art von byzantinischem Stil. Bibelzitate auf Hebräisch, Arabisch und Englisch, die Einheit und Frieden in Stein gemeißelt beschwören, begrüßen den Besucher. Im Y.M.C.A. wurde das erste Schwimmbecken Jerusalems errichtet, in dem sich Jerusalemer aller Konfessionen erholen können.

Die britische Mandatsregierung vermochte es nach den blutigen Auseinandersetzungen 1928/29 nicht, politische Vertreter der Araber und Juden zu Verhandlungen an einen Tisch zu bringen. Dennoch gelang es, die streitenden Parteien wenigstens zu Beginn der dreißiger Jahre etwas zu befrieden, so daß der Eindruck entstehen konnte, die Lage entspanne sich allmählich. Dieser Eindruck trog jedoch, denn seit 1932 schnellten die Zahlen der jüdischen Einwanderer auf Rekordhöhen. Mitte der dreißiger jahre bestand die Bevölkerung Palästinas bereits zu einem Drittel aus Juden, in Jerusalem sogar schon zu zwei Dritteln. Die arabischen Grundeigentümer legten zwar nationale Lippenbekenntnisse gegenüber den Juden ab, verkauften ihnen aber zugleich ihr Land zu stattlichen Preisen. Diese Vorgänge lösten unter den Arabern erneut Diskussionen, Unruhen und Überfälle aus. Sie stellten aus Furcht davor, in eine Minderheitsstellung gedrängt zu werden, die Forderung nach politischer Unabhängigkeit, einem jüdischen Einwanderungsstop und der Beendigung des jüdischen Bodenkaufs.

Der Versuch des britischen Hochkommissars, einen Gesetzgebenden Rat zu schaffen, in dem die Araber die Mehrheit bilden sollten, schlug jedoch fehl und wurde von jüdischer Seite abgelehnt.

Westjerusalem mit dem King David Hotel.

Nun genügte ein geringfügiger Anlaß im Frühjahr 1936 – der Überfall arabischer Räuber auf einen Autobus, wobei zwei jüdische Passagiere getötet wurden, und die jüdische Vergeltung – der den arabischen Aufstand auslöste. Bürgerkriegsähnliche Unruhen erfaßten das Land. Sie zogen sich bis 1939 hin. Vor allem der Mufti von Jerusalem mit seinem 1936 gegründeten „Arab Higher Committee" als politisches Repräsentativorgan sorgte dafür, daß keine gemäßigte arabische Stimme, die um einen Ausgleich mit den Juden bemüht war, mehr zu Wort kam. Die Briten lösten das „Arab Higher Committee" 1937 zwangsweise auf. Der Mufti entzog sich der Verbannung durch Flucht in den Libanon. Die Juden allerdings setzten sofort eine neue Besiedlungsoffensive in Gang, um „schnell Tatsachen zu schaffen".

1937 schickte die britische Krone die Untersuchungskommission unter dem Vorsitz von Earl Peel (Peel-Kommission, tätig seit 7.8.1936) nach Palästina. Die Kommission kam in ihrem Bericht zu dem Schluß, daß die Verpflichtungen der britischen Regierung gegenüber Arabern und Juden nicht miteinander in Einklang zu bringen seien. Sie schlug vor, Palästina in einen jüdischen und arabischen Staat zu teilen. Jerusalem sollte britisches Mandat bleiben mit einem Korridor nach Jaffa. Dieser politische Lösungsversuch der Briten, die es mit keiner Seite verderben wollten, scheiterte ebenfalls. Der Terror von beiden Seiten ging weiter. Der Mufti von Jerusalem „Husseini" und seine Anhänger nahmen sogar Verbindung zum nationalsozialistischen Deutschland auf, da sie sich im heraufziehenden Weltkrieg von einem Vormarsch deutscher Truppen in Afrika den Zusammenbruch der britischen Herrschaft in Palästina versprachen. Die Briten versuchten gegen diese Bestrebungen 1939 eine letzte Beschwichtigung, indem sie in einem neuen Weißbuch die jüdische Einwanderungsquote der kommenden fünf Jahre auf 75 000 Personen festlegten und den Juden nur noch das Gebiet um Tel Aviv zuweisen wollten. Auf den Kopf des Mufti

El Husseini, der auf abenteuerlichen Wegen über Italien nach Deutschland gelangt war, setzten die Engländer eine Belohnung von 25 000 Pfund aus.

Der Beginn des Zweiten Weltkrieges schuf neue Bedingungen und setzte andere Notwendigkeiten. Es galt vor allem, die europäischen Juden vor der Vernichtung in den Nazi-Konzentrationslagern zu retten. Dennoch waren die Engländer nicht gewillt, ihre Einwanderungsquote zu ändern. Die Jewish Agency entschloß sich zwar angesichts der deutschen Bedrohung zu einer Zusammenarbeit mit den Engländern und stellte ihnen zur militärischen Unterstützung sogar die „jüdische Brigade“, doch der Kampf in Palästina gegen die Einwanderungsbeschränkungen ging unvermindert weiter. Ben Gurion sprach den Satz: „Wir werden gemeinsam mit England gegen Hitler kämpfen, als gäbe es kein Weißbuch, und wir werden das Weißbuch bekämpfen, als gäbe es keinen Krieg“.

In Jerusalem und im ganzen Land hatte der Zweite Weltkrieg vor allem schlimme wirtschaftliche Folgen. Da die Mandatsregierung den Charakter der Heiligkeit der Stadt bewahren wollte, unterließ sie jegliche Hilfe oder Förderung hinsichtlich industrieller Ansiedlungen. Die durch die Jewish Agency im Kampf gegen die Einwanderungsbeschränkungen des Weißbuches illegal geförderte Einwanderung verschärfte die Lage ebenso wie die bürgerkriegsähnlichen Auseinandersetzungen der Juden mit den Arabern. 1946 rief der Zionistische Weltkongreß in Basel die Vereinten Nationen auf, „die Förderung des jüdischen Volkes nach Errichtung eines Staates in Palästina und dessen Aufnahme in die UNO zu unterstützen“. Großbritannien war nicht mehr in der Lage, die Situation in Palästina zu meistern. Es übergab im Februar 1947 die Entscheidung über das weitere Schicksal des Mandats der UNO in der Hoffnung, mit weitergehenden Vollmachten erneut einen Auftrag zu erhalten. Das „UN-Sonderkomittee für Palästina“ gab jedoch die Empfehlung, daß das britische Mandat am 15. Mai 1948 beendet sein und Palästina in einen unabhängigen arabischen und jüdischen Staat geteilt werden sollte.

Die UN-Kommission beabsichtigte die Stadt Jerusalem als eigenständige Einheit von einem UN-Treuhandschaftsrat verwalten zu lassen. Die Briten waren von dieser Empfehlung enttäuscht und ergriffen nun Partei für die Araber in Transjordanien. Kaum hatte am 29. November 1947 die UNO diesem Teilungsplan zugestimmt, begann einen Tag später der Kampf der Araber gegen die Juden mit einem Busüberfall. Auch steckte man wenig später das jüdische Geschäftszentrum in Jerusalem in Brand. Im Frühjahr kam es durch arabische Terroristen und britische Söldner zu Sprengstoffanschlägen und Terrorakten. Das Gebäude der Jewish Agency, in dem die vorläufige Regierung der Juden, der „Volksrat" tagte, wurde durch einen Sprengstoffanschlag am 11. März 1948 stark beschädigt. Dennoch arbeiteten die Agency und der Volksrat weiter, so daß die Juden mit allen notwendigen Organen und Institutionen für eine zukünftige Staatsgründung gerüstet waren.

Zwar übte die Jewish Agency ihre politische Tätigkeit vor allem von Tel Aviv aus aus, aber in Jerusalem war sie für die Verteidigung der jüdischen Viertel und die Verteilung von Nahrungsmitteln verantwortlich. Seit 26. März 1948 belagerten die arabischen Freischärler das jüdische Viertel in der Altstadt Jerusalems. Die Versorgung der Stadt mit Nahrungsmitteln hing von Lastwagenkonvois ab, die sich zur belagerten Stadt durchschlagen mußten. An der Straße von Jaffa nach Jerusalem gemahnen heute die rostfarben gestrichenen Wracks an diesen Kampf. Der Skopusberg mit dem Hadassah-Krankenhaus war von West-Jerusalem abgeschnitten. Ein Konvoi mit Ärzten und Krankenschwestern wurde auf dem Weg zum Krankenhaus in einen Hinterhalt gelockt und niedergemacht. Die Engländer kümmerten sich nicht um die Bürgerkriegswirren und bemühten sich auch nicht, für eine ordnungsgemäße Übergabe der Verwaltung nach ihrem Abzug zu sorgen.

Die Teilung der Stadt

Am Nachmittag des 11. Mai 1948, kurz nachdem der letzte britische Hochkommissar aus Palästina abgereist war, verkündete Ben Gurion die „Erklärung über die Errichtung des Staates Israel". An diesem Tag verließen die letzten englischen Soldaten Jerusalem. Wenige Stunden nach der Proklamation des Staates Israel fielen arabische Streitkräfte aus Syrien, Ägypten, Libanon, Irak und Transjordanien in Palästina ein. Sie wollten die Entstehung des Staates Israel mit Gewalt verhindern. Der Kampf war besonders heftig im Mittelabschnitt, in und um Jerusalem. Die Israelis kämpften hier gegen Truppen des Irak und gegen die Arabische Legion mit ihrem legendären Führer Glubb-Pascha, einem Engländer, der die 1921 gegründete „Wüstenpatrouille" in Transjordanien zu einer jordanischen Elitetruppe geformt hatte. Die jordanischen Truppen machten das jüdische Altstadtviertel in Jerusalem dem Erdboden gleich. Am 4. Juni 1948 kapitulierten die Einwohner, und die alten Männer, Frauen und Kinder erhielten durch das Zionstor freien Abzug zu den israelischen Linien in der Neustadt. Die Israelis hatten den gesamten südlichen Teil der Stadt erobert; im Norden waren sie bis zur Amerikanischen Kolonie vorgestoßen. Von hier aus hofften sie, den Skopusberg zu entsetzen. Sie mußten jedoch den jordanischen Streitkräften, die von englischen Offizieren befehligt wurden, weichen. Im Oktober 1948 war endlich die Straße nach Jerusalem geöffnet, so daß die Stadt nun einen offenen Korridor zum Westen besaß.

Der Verlauf der Kämpfe bis zum Dezember 1948 zeigte, daß die Araber nicht in der Lage waren, das zionistische Palästina niederzuwerfen. Vor allem die Ägypter bekamen die militärische Überlegenheit der Israelis zu spüren, sie mußten den ganzen Negev bis zum Roten Meer aufgeben.

Im April 1949 kam es unter dem Druck der UNO zu einem Waffenstillstandsabkommen mit Transjordanien, das sich jetzt „Haschemitisches Königreich Jordanien" nannte. Der Zugang nach Jerusalem, die Latrun-Straße, wurde darin garantiert. Auch die Zufahrten, zu den jüdischen Einrichtungen auf dem Skopus- und Ölberg sowie zu den jüdischen heiligen Stätten in der Altstadt waren zugesichert. Ebenfalls wurden mit Ägypten, Syrien und dem Libanon Waffenstillstandsverträge geschlossen, in denen die vereinbarten Grenzlinien bis zu einem Friedensvertrag von allen Parteien respektiert werden sollten. Da die arabischen Staaten diese Waffenstillstandsverträge jedoch nur als vorübergehende Unterbrechung des Krieges ansahen, bemühten sie sich nicht, die den Israelis gegebenen Verpflichtungen einzuhalten. Israel hatte entgegen dem UN-Teilungsplan ein zusammenhängendes Staatsgebiet und erhebliche Gebietszugewinne. Jerusalem wurde geteilt, aber nicht internationalisiert. Ostjerusalem verblieb mit der Altstadt in jordanischen Händen. Die Altstadt als Schnittpunkt jüdischer, christlicher und moslemischer Geschichte war bei dieser Teilung besonders umstritten. Den Westteil Jerusalems erklärten die Israelis zu ihrer Hauptstadt. Das Oberste Gericht und Regierungsstellen zogen von Tel Aviv nach Jerusalem um. Die erste gewählte Knesset, das Parlament des jungen Staates, die nun die provisorische Regierung ablösen sollte, hielt ihre erste Sitzung vom 14.–17. April 1949 in der Versammlungshalle der Jewish Agency ab. Später nahm die Knesset ihren Sitz im Froumine-Gebäude, das ursprünglich für eine Bank vorgesehen war und nach 1966, als das Parlament sein endgültiges Gebäude im jerusalemer Stadtteil Givat Ram bezog, dem Ministerium für Fremdenverkehr mit dem Fremdenverkehrsamt übergeben wurde. Der Knessetbau in Givat Ram war durch eine großzügige Spende der Londoner Rothschildfamilie ermöglicht worden.

Das Knesset-Gebäude, das 1966 fertiggestellt war, ist ein ausgewogener Bau mit einem geräumigen Hof. In der Empfangshalle hängt ein großer Wandteppich von Chagall. Neben der Knesset

liegt die Kirjad, das sind die neuen Regierungsgebäude. Im Park westlich des Knesset-Eingangs steht eine Riesenmenora, ein großer siebenarmiger Leuchter, der 5 m hoch und 4 m breit ist. Der aus Deutschland nach England emigrierte jüdische Bildhauer Benno Elkan hat diesen Leuchter gestaltet, der auf Betreiben der englischen Labour-Party als Geschenk des britischen Parlaments dem neuen israelischen Parlament in Jerusalem überreicht wurde. Auf den Armen und dem Schaft des Leuchters sind Szenen aus der Geschichte Israels abgebildet. Die 29 eingegossenen Reliefdarstellungen zeigen u.a. Moses, wie er sein Volk segnet, wie er die Gebotstafeln vom Sinai bringt, wir sehen Rahel, die ihre Kinder beweint, die Vision Hesekiels von den Totengebeinen, die wieder zu neuem Leben auferstehen, und auch die Darstellung von David und Goliath. Angesichts der Symbolik dieser alten biblischen Geschichten fallen dem Betrachter all die Verfolgungen ein, denen das jüdische Volk ausgesetzt war, seine Heimkehr und Wiedergeburt, das neuerstandene Zion, wie es Hesekiel visionär geschaut und der Kampf des kleinen jüdischen David, der sich gegen den Goliath arabischer Staaten bis zum Jom-Kippur-Krieg wehren mußte. Dieser Leuchter des Friedens erinnert an das Leid Israels und an den Haß gegen die Juden, der in den Proklamationen der

Die Knesset. Im Vordergrund der Schrein des Buches im Israel-Museum, der den Deckeln der Tonkrüge, in denen die Schriften am Toten Meer gefunden wurden, nachgebildet ist.

Die Menora vor der Knesset, das Staatssymbol Israels.

Ausschnitte der Menora, auf der Szenen aus der Geschichte des jüdischen Volkes von den Propheten bis zur Rückkehr ins Land Israel dargestellt sind.

Moslemischen Bruderschaft gipfelt: „Alle Araber sollen sich zur Vernichtung der Juden erheben! Wir wollen das Meer mit ihren Leichen anfüllen." Und der Mufti von Jerusalem verkündete vor dem Unabhängigkeitskrieg: „Ich erkläre einen heiligen Krieg, meine mohammedanischen Brüder! Tötet die Juden! Bringt sie alle um!" Die Israelis haben es überlebt. Doch das Trauma sitzt tief. Ob der heutige Weg imperialistischen Ausgreifens auf fremde Gebiete und die Unterdrückung der Araber in den besetzten Gebieten den Frieden erhält, wie es sich der Sieger des Sechs-Tage-Krieges Moshe Dayan 1967 auf einem kleinen Zettel an der endlich den Juden zugänglichen Klagemauer wünschte, bleibt dahingestellt. Möge das „Shalom" – Friede – nicht nur Verheißung und Hoffnung sein.

Nach dem Waffenstillstand 1949 jubelten die Juden im Westteil Jerusalems. Doch ihr Wunschtraum war nur halb verwirklicht worden, denn der Weg zur Klagemauer blieb ihnen trotz vorheriger jordanischer Zusagen versperrt. Die Jordanier erlaubten nur, daß alle vierzehn Tage ein israelischer Konvoi die jordanischen Linien am Mandelbaumtor passieren und die israelischen unter UN-Schutz stehenden Einrichtungen wie das Hadassah-Krankenhaus und die Universität auf dem Skopusberg mit Wachen und Vorräten versorgen konnte. Der Name Mandelbaumtor rührt vom Namen eines jüdischen Kurzwarenhändlers her, der in dem Haus am Tor bis 1947 gewohnt hat. An das Gebäude erinnert heute eine Gedenktafel. Für 19 Jahre war das Mandelbaumtor, der Checkpoint für die Zufahrt zur israelischen Exklave auf dem Skopusberg, weltweites Symbol der Teilung Jerusalems. Ebenso wie in Berlin trennte ein Bollwerk von Betonmauern und Stacheldraht die jüdische und jordanische Hälfte der Stadt.

Am 16. August 1949 wurden die sterblichen Überreste Theodor Herzls von Wien nach Jerusalem überführt. Auch damit erfüllte sich ein Wunschtraum. Herzls Heimkehr nach Zion hatte er sich schon in seinem Testament gewünscht. Er wollte in Wien nur so lange neben seinem Vater begraben liegen, „bis das jüdische Volk meine Leiche nach Jerusalem überführt". Der mächtige schwarze Steinblock auf dem Herzlberg mit den großen weißen hebräischen Buchstaben ist zugleich Ausdruck dafür, daß es endlich ein jüdisches Volk wieder in Jerusalem gibt und die Heimkehr nach Zion möglich ist.

König Abdullah von Jordanien annektierte im Frühjahr 1950 offiziell Ostjerusalem und die „Westbank", d.h., das Gebiet westlich des Jordans, das der UN-Teilungsplan den Arabern zusprechen wollte. Die heiligen Stätten standen nun unter jordanischer Herrschaft. Dieser Schritt widersprach ebenso den UN-Entschließungen wie die Souveränität der Israelis über Westjerusalem. Sowohl Jordanier als auch Israelis versuchten, ihren Stadtteilen ihren jeweiligen Stempel aufzudrücken. Die exterritoriale Lage der israelischen Einrichtungen auf dem Skopusberg veranlaßte die Machthaber in Westjerusalem, neue sichere Standorte innerhalb des eigenen Gebietes zu suchen. Das Zentrum der Hebräischen Universität war schon provisorisch im Westteil Jerusalems, im von den Franziskanern 1948 geräumten Terra Sancta Institut an der King George-Straße untergebracht worden, und verschiedene Institute lagen über den Westteil der Stadt verstreut. Nun bedurfte es aber wieder einer Konzentration der gesamten Universität. So entstand in den 50er Jahren in Givat Ram ein neues Universitätsgelände, auf dem sich unter anderem die Nationale Jüdische Bibliothek, ein Amphitheater und eine sehr moderne Synagoge befinden. Nach dem Sechs-Tage-Krieg 1967 und der Wiedervereinigung Jerusalems wurden erneut die alten Gebäude der Hebräischen Universität auf dem Skopusberg restauriert und zahlreiche sehr moderne Bauten errichtet. Ebenfalls kehrte die medizinische Fakultät der Hadassah-Klinik, die die Israelis während der Teilung der Stadt auch in den Westteil Jerusalems, in die Nähe des Dorfes Ein Karem, verlegt hatten, auf den Skopusberg zurück. Für die Synagoge des Hadassah-Krankenhauses, das bei EinKarem verblieb, schuf Marc Chagall 1959-1961 zwölf Glasfenster, welche die zwölf Stämme Israels darstellen.

Da mit der Zerstörung des jüdischen Altstadtviertels durch die Jordanier auch die Hurva-Synagoge als Hauptsynagoge dem Erdboden gleichgemacht worden war, stieg die der Jewish Agency benachbarte Yeshurun-Synagoge zur wichtigsten Jerusalems auf. In den 60er Jahren wurde schließlich Hechal Shelomo, der Sitz des Oberrabbinats, zur Hauptsynagoge. In dem pompösen Gebäude des Hechal Shelomo gibt es ein Museum für jüdische Sakralkunst.

Während der Teilung der Stadt galt der Zionsberg als heiligster aller Berge des jüdischen Jerusalems, denn von ihm aus konnte man den Tempelberg sehen. Hier lag das Davidsgrab, hier gab es ein Jeschivat-Zentrum und das Museum des Heroismus, das Holocaust-Memorial.

Nach dem Unabhängigkeitskrieg 1948 strömten zahlreiche jüdische Einwanderer nach Jerusalem. Die Israelis mußten nicht nur Wohnungen bauen, sondern auch für Arbeit und Brot sorgen. Mit Regierungsförderung entstanden an der Peripherie der westlichen Stadt zahlreiche Industriezentren in Tel Arza, Romema, Givat Shaul und Talpiyot.

Die Jordanier auf der Ostseite Jerusalems wachten über die heiligen Stätten und setzten die Politik

Die zwölf Glasfenster Marc Chagalls
auf der Synagoge des Hadassah-Krankenhauses bei EinKarem.

Der Eingang zum
Holocaust-Memorial.

Die Dokumentation über
die Ermordung der Juden
im Zweiten Weltkrieg.

der Engländer aus der Mandatszeit fort. Jerusalem galt als heilige Stadt, in der sich keine Industrie ansiedeln sollte. König Abdullah konzentrierte daher alle Industrie um seine Hauptstadt Amman. Die einzige Industrie in der Nähe Jerusalems war eine Zigarettenfabrik in Abu Dis. Die wichtigste Einnahmequelle der heiligen Stadt sollten Pilger und Touristen bleiben. Diese Politik wurde von den Palästinensern in Jerusalem abgelehnt. Die Ermordung König Abdullahs an einem Freitag 1951 beim Betreten der El-Aksa-Moschee durch einen Palästinenser ist in diesem Zusammenhang zu sehen. Abdullahs Enkel, König Hussein, setzte allerdings die Politik seines Großvaters fort. Außerhalb der Altstadt nördlich vom Herodestor und an der Straße nach Ramallah wurden Hotels für Pilger und Touristen errichtet.

In Ostjerusalem lebten 1967 etwa 65 000 Menschen. Zwei Drittel davon waren Moslems. Die Bevölkerung der Altstadt betrug 25 000.

Während der 19 Jahre dauernden Teilung der Stadt wurde die Existenz des Staates Israel noch zweimal gefährdet: 1956 im Sinai-Feldzug und 1967 im Sechs-Tage-Krieg. Israel konnte sich beide Male gegenüber seinen Gegnern behaupten. Doch wie 1948 war auch 1967 gerade die heilige Stadt des Friedens, Jerusalem, Schauplatz schwerster Kämpfe. Drei Tage lang kämpften die Israelis mit erbitterten Artilleriegefechten um den Ostteil und die Altstadt Jerusalems. Dann gelang es ihnen am Mittwoch, dem 7. Juni, von Osten her durch das Löwentor in die Altstadt einzudringen. Am 8. Juni 1967 standen die Sieger mit Tränen in den Augen vor der Klagemauer, der ihnen so lange verschlossenen heiligen Stätte, an der sich das Symbol jüdischer Unabhängigkeit, der Tempel, befunden hatte. Moshe Dayan, der damalige Verteidigungsminister, erklärte: „Wir sind zurückgekehrt zu der heiligsten unserer heiligen Stätten, um sie niemals wieder zu verlassen“. Der damit zu Worte kommende Anspruch Israels auf ganz Jerusalem ist immer noch international nicht anerkannt. Nach drei Tagen war der Sechs-Tage-Krieg in Jerusalem zu Ende. Anschließend eroberten die Israelis das ganze Westjordanland, die Westbank, und stießen sogar tief in die syrischen Befestigungsanlagen auf den Golanhöhen vor.

In Jerusalem wurden in wenigen Tagen die Symbole der Teilung, Mauern und Stacheldrahtverhaue, aus dem Weg geräumt, die Straßen wurden wieder miteinander verbunden und die zugemauerten Tore der Altstadt geöffnet. Nach fast 20 Jahren konnten sich die Bewohner beider Teile wieder gegenseitig besuchen. West- und Ostjerusalem waren wieder miteinander vereinigt. 195 000 Juden, 54 000 Moslems und 12 000 Christen konnten sich von nun an in der ganzen Stadt wieder frei bewegen. Eine Woche nach dem Ende des Sechs-Tage-Krieges feierten Tausende von Juden aus ganz Israel das Schavuot, das Erntefest des Weizens, das eine Woche dauert (Schavua = Weizen), in Jerusalem. Die jüdischen Pilger zogen befreit von Teilung und Krieg in einer fröhlichen und farbigen Prozession zum Tempelberg und der Klagemauer.

Am 26. Juni 1967 beschloß die Knesset, Ostjerusalem der israelischen Gerichtsbarkeit zu unterstellen. Außerdem wurde allen Besuchern ein freier Zugang zur Stadt zugesichert. Das wiedervereinigte Jerusalem sollte fortan nicht nur unteilbar sein, sondern auch für immer die Hauptstadt des Staates Israel. In einer Verordnung des israelischen Ministerpräsidenten Levi Eschkol heißt es einen Tag später: „Alle Heiligen Stätten in Jerusalem sind immer offen für jederman, der da zu beten wünscht, allen Mitgliedern aller Religionen ohne Diskriminierung. Die Regierung von Jerusalem hat es als ihr Grundprinzip festgelegt, Beschützer der Heiligen Stätten zu sein, ihren religiösen und allgemeinen Charakter zu achten und die Freiheit des Zutritts zu ihnen zu garantieren." Jede Verunehrung der Heiligen Stätten sollte nach dem „Gesetz zum Schutz der Heiligen Stätten" mit Gefängnis bis zu sieben Jahren geahndet werden. Dieser

Jüdischer Passahgottesdienst im Gewölbe unter dem Wilson-Bogen.

Schutz sollte auch gegenüber den moslemischen Heiligtümern, vor allem dem Tempelplatz mit dem Felsendom, gelten.

Vor der Klagemauer wurde kurze Zeit später das alte Marokkanerviertel mit seinen baufälligen Schuppen abgerissen und ein großer Platz davor asphaltiert, der die Menge der Juden, die zum Gebet vor allem an Festtagen zur Klagemauer pilgern, fassen konnte. Im Norden des Platzes befindet sich der Eingang zu einer unterirdischen Halle, die parallel der unterirdischen Westmauer folgt. Da dieses Gewölbe von den englischen Archäologen Warren und Wilson entdeckt wurde, als sie einen tiefen Schacht aushoben, um die ursprüngliche Höhe der einstigen Westmauer zu erkunden, wird der gewaltige Bogenrest, der in diesem Gewölbe zutage tritt, Wilsonbogen genannt. Unter dem Wilsonbogen befindet sich der Warrenschacht, der von einem Mitarbeiter Wilsons ausgegraben wurde, um die Höhe der Westmauer festzustellen. Durch eine viereckige Öffnung kann man 14 Steinlagen der Klagemauer bis zu dem Felsgrund in der Tiefe ausmachen. An der Südecke der Westmauer gibt es den Rest eines weiteren Bogens, der nach dem amerikanischen Palästinaforscher Edward Robinson benannt ist. Diese Bögen sollen zur Zeit des Herodes Teil einer monumentalen Treppenanlage gewesen sein, die von der gepflasterten Straße zum Doppeltor der königlichen Säulenhalle führte, wie Prof. Benjamin Mazar nachwies, der 1968 hier mit den aufregendsten Ausgrabungen in der Geschichte der Archäologie begann.

Auch das jüdische Viertel der Altstadt erfuhr eine umfassende und sorgfältige Wiederherstellung. Sehr geschmackvolle Privatwohnungen, Talmudschulen (Jeschiwot) und öffentliche Gebäude wurden aus „Jerusalem-Stein“ errichtet. Man restaurierte die alte Ramban-Synagoge und vier sephardische Synagogen. Auch die Aufbauarbeiten an der Hurva- und der Tiferet-Yisrael-Synagoge dürften bald zum Abschluß kommen.

Ausgrabungen an der Südwestecke des Tempelbezirks.

Araber und Juden nach dem Sechstagekrieg

Der Sieg Israels im Sechstagekrieg führte zwar zur Beendigung der fast zwanzigjährigen Teilung Jerusalems, verdichtete aber zugleich in dieser Metropole dreier Weltreligionen brennpunktartig die tiefgehenden religiösen und emotionalen Konflikte zwischen Moslems und Juden. In der Jerusalem-Frage, der Frage nach der politischen Zukunft des arabischen Jerusalems, stießen seither immer wieder die konträren Auffassungen von Israelis und Arabern in aller Schroffheit aufeinander.

Für die Israelis stehen staatliche Existenz und religiöser Anspruch in einem unlösbaren Zusammenhang. Die Erhebung Jerusalems zur Hauptstadt des Staates Israel ist daher ebenso zwingend gewesen wie der freie Zugang zu den jüdischen heiligen Stätten. Eine erneute Teilung, die diesen Zugang verwehrte, wäre für die Israelis undenkbar.

Die Araber erklärten alle durch die Israelis unternommenen Statusänderungen der Stadt für null und nichtig. Auch heute noch ist es ihr oberstes Ziel, das arabische Ostjerusalem wieder arabischer Souveränität zu unterstellen, um auch ihre heiligen Stätten, besonders den Tempelbezirk, unantastbar zu machen und die historischen und politischen Rechte der arabischen Jerusalem-Bevölkerung in ihrem Sinne wiederherzustellen.

International ist der von Israel 1967 geschaffene Status Jerusalems bisher nicht anerkannt worden. Die seit dem Sechstagekrieg gefaßten Resolutionen der Vereinten Nationen sehen vor, daß Jerusalems künftiger Status nur gemeinsam mit den Arabern festgelegt werden könne. Diesen Standpunkt vertrat auch der Präsident der USA, Carter, auf der Konferenz von Camp David 1979, obwohl die Jerusalem-Frage auf dieser ägyptisch-israelischen Friedenskonferenz ausgeklammert war. Als allerdings das israelische Parlament am 30. Juli 1980 ein neues Jerusalem-Gesetz verabschiedete, welches nochmals bekräftigte, das vereinte Jerusalem sei in seiner Gesamtheit die Hauptstadt Israels und solle Amtssitz des Staatspräsidenten, der Regierung, des Parlaments und des Obersten Gerichts sein, wurde Israel vom UN-Sicherheitsrat ohne Gegenstimme bei nur einer Enthaltung (USA) scharf verurteilt, jede Änderung des Status von Jerusalem als „null und nichtig“ erklärt, und alle Staaten, die eine diplomatische Mission in der Stadt unterhielten, bekamen die Aufforderung, diese zu verlegen.

Juden und Christen

Immer wieder zeigt es sich, welche Bürden sich die Israelis mit der Besetzung Ostjerusalems und der Westbank aufgeladen haben. Neben den Problemen mit den Arabern ist eine der Bürden der Schutz der heiligen Stätten. Die christlichen Kirchen haben zwar wieder ihre alten Rechte und sogar eine Ehrenwache an ihren Heiligtümern, wie es einstmals Theodor Herzl versprochen hatte; doch sie befinden sich letztlich in einer Statistenrolle bei dem Konflikt zwischen Juden und Moslems. Vielleicht führt diese politische Einflußlosigkeit die christlichen Kirchen aber im geistlichen Bereich wieder enger zusammen. Erste Beispiele dafür zeigten sich schon zu Beginn der 60er Jahre bei den gemeinsamen Bemühungen aller christlichen Konfessionen um die Restaurierung der Grabeskirche und beim Besuch des Papstes Paul VI. 1964 in Jerusalem, als er mit dem ökumenischen Patriarchen Athenagoras zusammentraf. Damals trafen auf dem Ölberg nach 500 Jahren Trennung Ostrom und Westrom wieder zusammen. Der Papst und der Patriarch umarmten sich und lasen gemeinsam in lateinischer und griechischer Sprache das Gebet Jesu aus dem 17. Kapitel des Johannesevangeliums (Joh. 17, 20-22):

„Ich bitte aber nicht allein für sie, meine Jünger, sondern auch für alle, die durch ihr Wort an mich glauben werden, auf daß sie alle eins seien, gleich wie du, Vater, in mir und ich in dir; daß auch sie in uns seien, damit die Welt glaube, du habest mich gesandt. Und ich habe ihnen gegeben die Herrlichkeit, die du mir gegeben hast, daß sie eins seien, gleichwie wir eins sind . . .“

Der römische Papst und der griechische Patriarch setzten durch die Erneuerung der Bitte Jesu für die Christenheit der Gegenwart ein Zeichen, den Streit der Konfessionen zu vergessen und einen neuen Anfang zu wagen.

Auch ein spürbarer Haltungswandel gegenüber den Juden machte sich seit der Errichtung des Staates Israel und der politischen Rückkehr der Juden nach Zion bemerkbar. Hatte sich der Vatikan in einer langen Denktradition seit der Zerstörung Jerusalems 70 n. Chr. und der Vertreibung der Juden in alle Welt immer als das „Wahre und Neue Israel“ verstanden, da eine Rückkehr des Alten Israels, der Juden, nach Zion aufgrund der als gottgewollt gedeuteten Vertreibung nicht erwartet worden war, so besann man sich im 20. Jahrhundert nach der Wiedergeburt eines politischen Israels immer mehr auf die eigene geistliche Rolle und die Gemeinsamkeiten der christlichen und jüdischen Religionen.

Verstärkt wurde diese Annäherung vor allem durch die Art des Staates Israel, die heiligen Stätten aller Religionen zu achten, zu schützen und jedem Gläubigen Zugang zu ihnen zu gewähren. Diese Toleranz stand ganz im Gegensatz zur jordanischen Politik während der Teilung Jerusalems. Die Jordanier hatten den Juden und den israelischen Christen 19 Jahre lang den Zugang zu ihren Heiligtümern verwehrt. Heute scheint der Traum des Propheten Zacharias seiner Verwirklichung wieder einen Schritt nähergerückt zu sein, wenn er von Jerusalem sagt:

„Dort wohnt man, einen Bann gibt es nicht mehr,
sondern Jerusalem wohnt in voller Sicherheit“. (Zach. 14, 11)

Ebenfalls als Ausdruck der wachsenden Annäherung zwischen Christen und Juden darf der Abstecher Papst Pauls VI. bei seinem Besuch des Heiligen Landes 1964 nach Israel gewertet werden. Das war der erste Besuch eines Heiligen Vaters auf dem Boden des zionistischen Israels. In Ta'anach bei Megiddo hatte der Papst zuerst den israelischen Boden betreten. Am Mandelbaumtor in Jerusalem wurde er verabschiedet. Mit diesem Besuch war die Ewige Stadt ihrer Zwillingsschwester, der Heiligen Stadt – allerdings nicht als Hauptstadt des Staates Israel – einen Schritt nähergekommen.

Wege in die Zukunft

Das Verhältnis zu den Arabern in Ostjerusalem ist wohl die größte Bürde der wiedererstandenen Stadt Zion. Jeder vierte Bürger Jerusalems ist Araber. Obwohl sich die Stadtverwaltung alle erdenkliche Mühe bisher gab, den arabischen Bevölkerungsanteil an der wirtschaftlichen und kommunalen Entwicklung der Metropole teilhaben zu lassen, ist die Sehnsucht der Araber nach Selbstbestimmung ungebrochen und ungestillt. Politische und religiöse Motive, die in Lebens- und Anschauungsgewohnheiten seit vielen hundert Jahren wurzeln, verhindern immer wieder ein Aufeinanderzugehen, um das sich der auch von vielen Arabern geachtete Bürgermeister der Stadt, Teddy Kollek, unablässig bemüht. Da helfen weder Neubauten für arabische Familien, die Errichtung von Kindergärten, Schulen oder der Bau eines medizinischen Versorgungszentrums für Ostjerusalem, noch die Kanalisation und Sanierung der Altstadt, so daß heute alle Häuser an die Wasserversorgung angeschlossen sind. Diese Dinge des Alltags werden empfangen, sicher auch mit Dankbarkeit, die allerdings bei den arabischen Mitbrüdern nicht zu laut werden darf, möchte man nicht der Kollaboration mit den Juden bezichtigt werden. In den drei in Jerusalem erscheinenden arabischen Zeitungen kann man es nachlesen: Alltag und Politik werden streng geschieden; von Versöhnung kann keine Rede sein. Der Ruf nach Selbstbestimmung ertönt wie einst im 19. Jahrhundert unter der Türkenherrschaft, jetzt nur viel vehementer, da man die mächtigen und unabhängigen arabischen Brüder im Rücken hat. Zwar wurde in den letzten Jahren auf Mord und Terrorakte zur Durchsetzung politischer Ziele verzichtet, aber von gegenseitiger Anerkennung kann deshalb noch keine Rede sein. Die Beziehungen zwischen den Bevölkerungsgruppen in Jerusalem blieben sehr verwundbar. Einer der Gründe dafür ist die unentwegte Bautätigkeit der Juden. Die Araber fühlen sich von den jüdischen Trabantenstädten umzingelt, obwohl die Stadtverwaltung Jerusalems bisher das günstigste Erweiterungsgebiet für die Stadt südlich des Ölbergs nach Betlehem hinüber aus politischen Gründen noch nicht baulich erschlossen hat. Für Araber besteht die Teilung Jerusalems in ihrem Herzen als psychologische Barriere, die nicht zu überschreiten ist. Der Ostteil der Stadt wird als etwas völlig anderes empfunden. Lebensgewohnheiten und Lebensziele sind mit denen der Israelis, wie die Araber meinen, von Grund auf verschieden. Aber neben religiösen, ethnischen und kulturellen Gründen verweigern die in Ostjerusalem ansässigen Palästinenser vor allem aus politischen Motiven den Israelis das Recht, für die Gesamtbevölkerung der Stadt tätig zu sein. Sie pochen auf die Beschlüsse der Vereinten Nationen. Die israelische Position der Stärke gegenüber den arabischen Ansprüchen ist auch nicht der rechte Weg, denn auf diese Weise wird der wechselseitige Isolationismus zwischen den Bevölkerungsteilen noch vertieft. Nur für einen Augenblick in der Geschichte schien die Idee des Friedens und eines inzwischen durch die Realitäten notwendigen Kompromisses Aussicht auf Erfolg zu haben. Das war, als 1977 der ägyptische Präsident Sadat sowohl die politischen als auch psychologischen Barrieren zwischen Moslems und Juden durchbrach, nach Jerusalem reiste, in der El Aksa-Moschee betete und in der Knesset am 20. November für den Frieden sprach. Selbst der israelische Ministerpräsident Begin entzog sich nicht der Friedenssendung, die diese Stunde bestimmte, sodaß der Friedensvertrag von Camp David im März 1979 möglich wurde. Die Ausklammerung des Status der Heiligen Stadt bei diesen Verhandlungen, die den alten Kurs der Konfrontation verließen und neue Wege des Kompromisses suchten, blieb allerdings eine immer neue Quelle des Konflikts, politisch und emotional. Das Jerusalem-Gesetz der Knesset von 1980, das die Stadt zur ewigen unteilbaren Hauptstadt Israels erklärte, mußte dementsprechend zur Folge haben, daß die Islamische Gipfelkonferenz diesen Akt mit der Ausrufung des Heiligen Krieges zur Befreiung Jerusalems beantwortete und der UN-Sicherheitsrat Israel einmütig verurteilte. Das scherte die Israelis zwar wenig. Betroffen aber waren sie doch, als auf Antrag Jordaniens von der Organisation für Erziehung, Wissenschaft und Kultur der Vereinten Nationen (UNESCO) im Januar 1983 die Altstadt von Jerusalem als schützenswertes Weltkulturgut anerkannt wurde, was schließlich heißt, daß die in Israel geschaffenen Fakten in der heiligen Stadt auch nicht stillschweigend als Status quo gesehen werden. Jordaniens Souveränität über Ostjerusalem gilt weiterhin international. Hoffentlich erinnern sich die Jordanier, sollte es wieder einmal zu militärischen Auseinandersetzungen kommen, auch an ihren Antrag und das schützenswerte Kulturgut, damit nicht die gleichen Verwüstungen eintreten wie 1948.

Glücklicherweise ist es zu einem Heiligen Krieg bisher nicht gekommen. Die Spannungen sind jedoch gerade durch den Libanon-Krieg Israels seit 1982 gewachsen, vor allem, weil es in Jerusalem Hunderte von Palästinensern gibt, die im Libanon Verwandte haben, so daß auch die fernen Ereignisse wieder unmittelbar auf den Brennpunkt Jerusalem einwirken. Lösungen, die ein friedliches Zusammenleben aller Konfessionen und politischen Richtungen ermöglichen, werden zwar unentwegt gesucht und erwogen. Ob sie sich realisieren lassen, bleibt dahingestellt. Der Bürgermeister der Heiligen Stadt, Teddy Kollek, müht sich in der Hoffnung, Davidstern, Kreuz und Halbmond für ein friedliches Nebeneinander zu gewinnen. Selbst eine Statusänderung Jerusalems im Sinne etwa wie die des Vatikans in Rom läßt er als Möglichkeit gelten. Allerdings zweifelt er, ob nicht jede der christlichen Kirchen ihren eigenen kleinen Vatikan haben wolle, so daß die Streitigkeiten letztlich weitergingen. Ihm selbst wäre eine Bezirkseinteilung in arabische und jüdische Bezirke mit einem gewissen Maß an autonomer Selbstverwaltung und gesetzlich verbrieften Rechten für alle Konfessionen an ihren Heiligtümern am liebsten. Ein Dachverband würde die gesamte israelische Hauptstadt verwalten, „das Herz und die Seele des jüdischen Volkes in Israel und draußen", ohne die man nicht leben könne. Teddy Kolleks Hoffnung beruht darauf, daß Jerusalem in den letzten Jahren unter israelischer Herrschaft die „schönste, beste und friedvollste Epoche" erlebt habe und ein gemeinsames Interesse sowohl der palästinensischen Araber als auch der Juden bestehe, Jerusalem so zu erhalten, wie der Name es sagt: Jeru-salem = Schalom (Frieden).

Zu dieser Hoffnung des Jerusalemer Bürgermeisters gehört al-

lerdings in größerem Rahmen, daß die betroffenen Völker, Araber und Juden, ihre einander ausschließenden Ansprüche auf das Land und die heilige Stadt aufgeben und eine Koexistenz auf der Grundlage individueller und kollektiver Gleichberechtigung annehmen. Die israelisch-jüdische Seite müßte die Rechte der Palästinenser anerkennen; die palästinensisch-arabische Seite müßte anerkennen, daß heute eine israelisch-jüdische Nationalität im Lande besteht. Wenn dann dadurch der religiöse Fanatismus auf beiden Seiten, der bisher alle Hoffnungen auf Frieden zerstörte, überwunden werden kann, gäbe es das neue Jerusalem, von dem Johannes in seiner Offenbarung sagt: *„Und ich sah die heilige Stadt, das neue Jerusalem, von Gott aus dem Himmel herabfahren . . . und Gott wird abwischen alle Tränen von ihren Augen, und der Tod wird nicht mehr sein, noch Leid noch Geschrei noch Schmerz wird mehr sein, denn das erste (Jerusalem) ist vergangen"*.
(Offenb. 21, 2-4).

Aus Bernhard von Breydenbach: Die Reise ins Heilige Land. Ein Reisebericht aus dem Jahre 1483

Von den Nationen, die in Jerusalem leben

Zu diesen und vor langen Zeiten her wohnen in Jerusalem und im Heiligen Land Menschen von mancherlei Sekten und Glauben, Sarazenen, Juden und Christen genannt. Doch bei den Sarazenen ist ein großer Unterschied zu merken, denn ein Teil von ihnen heißt Turcomanni und wohnt in den Landen gen Mitternacht der Stadt Jerusalem unter dem türkischen Kaiser. Das sind die Türken, die der römischen Kirche und den Christen so oft großen Schaden zugefügt haben. Ein anderer Teil heißt Marrochiani und diese wohnen in Afrika, besonders in den Landen gen Mittag von der Stadt Jerusalem unter der Herrschaft des Königs Marochii. Von diesen zwei Volksstämmen wohnen zur Zeit keine in Jerusalem und haben auch keine Gewalt darüber. Der dritte Teil sind die Soldanii, diese wohnen in Jerusalem und das ganze Land darum ist ihrem König Soldani unterworfen, der gewöhnlich in der großen Stadt Kairo, auch Alkeyer genannt, wohnt. Alle diese Nationen oder Geschlechter leben nach dem verfluchten Gesetz Mahomets. Die Sarazenen halten gar streng alle Gesetze und Bestimmungen Mahomets und besonders den bösen Artikel, daß sie niemand wider ihr Gesetz predigen und diskutieren lassen. Allein mit dem Schwert beschützen sie ihre Gesetze und jeden, der davon abtrünnig wird, töten sie von Stund an.

Von den Juden, deren auch ein gut Teil zu dieser Zeit in Jerusalem wohnen

Zu dieser Zeit wohnen an vierhundert Juden in Jerusalem, die in ihrem Unglauben leben und in einem großen Irrtum beharren. Da sie zum ersten glauben, daß Gott leibhaftig sei und leugnen die Dreifaltigkeit der Personen in der Gottheit. Sie glauben, daß Christus oder Messias nicht gekommen sei. Doch glauben sie, daß Christus von der Jungfrau Maria geboren sei, aber von Josephs Samen. Auch leugnen sie das Fegefeuer und die Erbsünde der Menschen. So glauben sie, daß dergeben wird. Sie verstehen ihr Gesetz allein nach dem Buchstaben, der tötet und nicht nach dem Geist, der das Leben ausmacht. So sind sie mit viel anderen Irrtümern verstrickt und verknüpft, was ein jeder wohl merkt, der ihren Talmud durchliest, darinnen viel töricht Fabeln geschrieben stehen, die sie alle fest glauben. Die Juden brauchen in diesen Landen mehr die arabische Sprache zu anderen Menschen, aber unter sich die hebräische. Zu wissen ist, daß mancherlei Sekten unter den Juden waren und jede hatte ihren eigenen Namen, wie aus den Propheten kund ist.

Von den Griechen, die auch in Jerusalem sind

Die Griechen sind in der ersten Kirche und am Anfang der Christen berühmte und treffliche Leute im Glauben gewesen und haben gar namhafte Lande und Städte, dazu hochwürdige Kirchen gehabt wie zu Antio-

Von den Abessiniern oder Indianern, die sich auch Christen nennen

Es ist noch ein anderes Geschlecht etlicher Menschen in Jerusalem, die sich Abbasini oder Indiani

Von den Syrern, die sich auch Christen nennen

Auch ist zu wissen, daß zu Jerusalem eine andere Nation wohnt, die sich Surianen nennen, vielleicht nach der Stadt Sur, die vor Zeiten mächtig gewechia, Alexandria und Konstantinopel. Doch sind sie allewegen dabei hochmütige Menschen von einer harten Halsader gewesen und gewöhnlich widerspenstig gegen die römische Kirche. Ihre Kleriker, auch wenn sie die großen Weihen haben, nehmen Hausfrauen. Sie pflegen ihre Bärte mit großem Fleiß und die, die keine haben, halten sie nicht für würdig, Priester zu sein. Auch tun sie unserem Sakrament keine Ehre. Wenn einer von unseren Priestern an ihrem Altar eine Messe liest, so waschen sie denselben Altar nachher ab, als wäre er unrein geworden. In Sonderheit beharren sie in dem Irrtum, daß der Heilige Geist aus Gott dem Vater entsprungen und nicht dem Sohn. Die Griechen sind in großer Zahl in Jerusalem und hassen uns lateinische Christen viel mehr als die anderen Nationen. Sie haben in dem Tempel des heiligen Grabes den großen Chor, die ecclesia golgathena genannt, in Gebrauch. Bei ihren göttlichen Ämtern gebrauchen sie allein ihre Sprache. Aber in allen anderen Händeln und Geschäften brauchen sie das Sarazenisch.

nach der Provinz India nennen. Diese Indiani sind alle schwarz wie die Mohren und sehr geneigt und beflissen, die heiligen Stätten aufzusuchen. Sie beten andächtig und lang und vollbringen die göttlichen Ämter nach ihrer Weise gar löblich. Sie haben Armut lieb. Sie tragen leinene und gefärbte Kleider und gehen barfuß. Doch obwohl sie solches tun, sind sie leider mit etlichen Irrtümern befleckt wie andere Nationen. Sie halten die Beschneidung gleich wie die Sarazenen und brennen ihre Kinder kreuzweise an den Stirnen oder Backen oder auf der Nasen und meinen dadurch die Erbsünde loszuwerden. In der Messe haben sie sonderliche Art.

sen ist oder von dem Land Syria. Diese wohnen im Orient unter viel Königen und Fürsten, denen sie dienen und viel Tribut geben. Es sind furchtsame Menschen und sehr erschrocken und deshalb zu Kriegen und Streiten untauglich. Sie brauchen weder Bogen noch Schwert, aber zu dem Anbau von Feldern und Gärten sind sie geschickt. Sie sind meistens Ketzer und zweifelhafte Menschen und zum nehmen von Geschenken sehr geneigt. Ihre Hausfrauen verwahren und verschließen sie mit großem Fleiß, wie es die Sarazenen auch tun, und lassen weder Weiber noch Töchter auf die Straße, als mit einem Leinenlaken umgeben und einem schwarzen Tuch vor dem Gesicht, so daß man sie nicht sieht.

Diese Surianen halten alle Sitten und Statuten wie die Griechen. Sie brauchen in weltlichen Sachen zum Handeln die sarazenische Sprache, aber in göttlichen zuerst die griechische Zunge.

Jerusalem die Hohe

Seit mehr als zweitausend Jahren singen die Pilger, die sich zu den Heiligtümern Jerusalems begeben, die „Psalmen des Aufstiegs" zum Ruhme der Stadt im Herzen des Hochlands von Judäa:

„Ich freue mich über die,
die zu mir sagten:
Lasset uns ins Haus
des Herrn gehen!
Unsere Füße stehen in
deinen Toren,
Jerusalem."

Jerusalem vom Ölberg aus. Links an der Ecke der Stadtmauer ist die berühmte „Zinne des Tempels", wo der Teufel Jesus vorschlug, herunterzuspringen, um ein Schauwunder zu bewirken (Luk. 4. 9).

Jerusalem liegt auf einem Hochplateau, das durch die Erosion von Bächen eingeschnitten und in zwei Vorsprünge, zwei Hügelrücken geteilt wurde. Die Hügelrücken verlaufen von Norden nach Süd-Südosten und werden durch einen Taleinschnitt, der zur Römerzeit Tyropäon (= Käsemachertal) hieß, heute el-Wad (= das Tal) genannt wird, getrennt. Das Käsemachertal ist heute nicht mehr spürbar. Es wurde im Verlauf der Jahrtausende durch Schutt angefüllt. Auch der östliche Hügelrücken ist kaum wahrzunehmen. Nur der westliche Vorsprung fällt noch zur Innenstadt ziemlich steil ab, so daß die Gäßchen in Stufen nach Westen ansteigen müssen. Im Nordwesten hängt die Altstadt Jerusalems mit dem Judäischen Bergland zusammen. Auf ihren anderen Seiten ist sie von Schluchten umgeben, dem Hinnomtal im Westen, dem Kidrontal im Osten und der Vereinigung beider Täler im Süden. Der westliche Vorsprung erreicht beim Gareb 787 m, beim Zionsberg 768 m Höhe. Hier ist das Zionsviertel, früher die Oberstadt, in dem die Reichen und Hohen Priester ihre Villen und Paläste hatten. Der schmale östliche Vorsprung besteht aus drei kleinen Plateaus, deren höchstes der Moriah-Berg mit 750 m ist. Das nördliche Plateau Bezeta (Bethesda) erreicht nur eine Höhe von 735 m und das südliche, der Ophel, auf dem Archäologen das ursprüngliche Jerusalems Davids neben der Gihon- oder Marienquelle (Ain sitti Mirjam) lokalisierten, erhebt sich 650 m über dem Meeresspiegel.

Auf der anderen Seite des Kidrontales ragt ein langgestreckter Hügel etwa hundert Meter über die Höhe der Altstadt hinaus. Das ist der Ölberg, auf dem Christus vor den Blicken seiner Jünger gen Himmel fuhr. Die Verlängerung dieses Hügels nach Süden heißt Berg des Ärgernisses, da hier einst König Salomo den Götzen seiner heidnischen Gemahlinnen einen Altar bauen ließ (1. Kön. 11, 4 ff.). Am Ende dieses Hügels geht die Vereinigung der Jerusalemer Täler, des Hinnom- und Kidrontales, in das Wadi-en-Nar über, das zum Toten Meer führt, gleichzeitig aber den trockenen Wüstenwind, den Hamsin oder Sharaw, nach Jerusalem hineinläßt. Wenn man sich der Stadt von der Küstenebene auf der Straße nach Jaffa nähert, entsteht der Eindruck, Jerusalem sei wirklich, wie immer besungen, eine „hochgebaute Stadt“. Vom Ölberg oder Flugzeug aus erscheint sie jedoch eher

Die alte mächtige Stadtmauer
auf der Westseite.

Im Vordergrund die Kirche Dominus Flevit, der Ort auf dem Ölberg, von dem aus Jesus Jerusalem erblickte,

*„... und als er näherkam
und die Stadt sah,
weinte er über sie“* (Luk. 19. 41).

als ein Ort, der sich von Hügeln umgeben in ein Talbecken schmiegt, von dem aus sternförmig Straßen in alle Himmelsrichtungen abgehen, ein geographischer Mittelpunkt, von dem man umgekehrt auch sagen kann: Alle Wege führen nach Jerusalem.

Das Kleinod von Jerusalem, die Altstadt, ist von mächtigen Mauern umschlossen, *„dicht gebaut und festgefügt“*, wie der Psalmist singt (Psalm 122, 3). Die heutige Stadtmauer mit ihren großen Quadern grauer Steine, die im Sonnenlicht gelbrosa glühen, ist im wesentlichen das Werk des türkischen Sultans Suleiman II., des Prächtigen. Mauerinschriften bezeugen als Entstehungsdatum die Zeit zwischen 1537 und 1541. Suleiman ließ die im Durchschnitt 10 bis 12 m (an manchen Stellen sogar 20 m) hohe und drei bis sechs Meter dicke Stadtmauer mit einer zinnengeschmückten Brustwehr auf Resten der Kreuzfahrerzeit errichten, deren Fundamente wiederum auf die der römischen Aelia Capitolina zurückgehen. Der Mauergürtel stimmt in seinem Verlauf also im wesentlichen mit dem der Kreuzfahrerzeit und dem Kaiser Hadrians überein. Überreste der alten Fundamente wurden am Fuße der westlichen Stadtmauer am Jaffator und am Zionsberg freigelegt. Sie beweisen, daß Jerusalems Verteidigungslinien teilweise schon seit der Makkabäerzeit, den Römern, Byzantinern, Moslems, Kreuzfahrern und Türken konstant verliefen.

Seit 1967 wurden die Mauern gereinigt und restauriert. Die Steine, die man zur Restaurierung und zum Ausbau eines Rundganges auf der Brustwehr, der fast um die ganze Altstadt führt, benötigte, wurden aus denselben Steinbrüchen geholt, die schon zur Zeit Suleimans benutzt worden sind.

Die äußere Form des Mauerkranzes ist im groben ein verschobenes Viereck. Gerade verläuft allerdings nur die Ostmauer; alle anderen Mauerteile im Süden, Westen und Norden bilden eine Zickzacklinie mit vielen Winkeln und aufgrund des Geländes mit unterschiedlichen Höhen. Die Gesamtlänge der Stadtmauer beträgt 4018 m.

Rundgang auf der Brustwehr der Südmauer. Im Hintergrund die Dormitio-Kirche auf dem Zionsberg.

Blick auf die Südmauer in Richtung Kidrontal und Ölberg.

Blick über die Dächer der Altstadt von der nördlichen Stadtmauer aus. Die große blaue Kuppel gehört zur Grabeskirche.

Aus: Joseph Schiferle:
Reise in das heilige Land.
Augsburg 1852, S. 174 f.

Geht alsdann die liebe Sonne unter, dann geht die Torwache, müde von Arbeit, zur süßen Ruhe, und Schloß und Riegel schützen die schlafende Wache, sowie die gute Bürgerschaft vor feindlichen Angriffen und nächtlichen Überfällen. Am längsten bleibt das Jaffator geöffnet, weil dort die Europäer, die Konsuln, der englische Bischof und Doktor und andere Notabilitäten ihren abendlichen Spaziergang in der kühlen Abendluft zu machen pflegen. Ein amtlicher Schreier ruft laut den Sonnenuntergang und den nahen Torschluß mehrmals aus, und alle Lustwandelnden eilen alsdann zum nahen Tor, kürzen oft mit Schmerz den Spaziergang in der milden Abendluft ab, und kehren oft ungern in die schmutzige, übelriechende Türken- und Judenstadt zurück. Wer den Torschluß versäumt, muß ohne Gnade vor dem Tore übernachten und sich wohl vor den nächtlich umherschleichenden Dieben und Räubern in acht nehmen. Erst nach Sonnenaufgang kommt der faule, türkische Torwächter dahergeschlichen und öffnet langsam mit türkischem Phlegma die verschlossene Pforte, und alsdann erst ziehen ein und aus die schon lange vor und innerhalb dem Tore Harrenden, die einen Einlaß, die andern Auslaß erwartend. So ist hier der treffliche Tordienst bestellt. Der Torschlüssel muß beim Pascha hinterlegt, und bei ihm wieder abgeholt werden, – sodaß ohne spezielle Vollmacht des Pascha, des ersten türkischen Beamten und des höchsten Stadtkommandanten, niemand während der Nacht vor der bestimmten Stunde weder ein noch aus kann.

Die Tore der Stadt

Acht Tore unterbrechen die gewaltigen Mauern, so daß das auf einem Quadratkilometer in den engen Gäßchen pulsierende Leben der Altstadt herein- und herausströmen kann.

Das **Jaffator** (Bab el Khalil = Tor des Freundes) kann als Haupteingang in die Altstadt bezeichnet werden. Durch die Bresche, die man anläßlich des Besuches Kaiser Wilhelms II. 1898 neben dem Tor in die Mauer brechen ließ, um der kaiserlichen Kutsche die Einfahrt in die Altstadt zu ermöglichen, gibt es hier genügend Raum für ankommende Pilger- und Touristenbusse sowie auf dem anschließenden Omar ibn el Khatab-Platz vor der Zitadelle Parkmöglichkeiten. Das Jaffator ist neben dem Damaskus- und Ziontor in seiner ursprünglichen L-Form erhalten. Die L-Form der Tore bewirkte, daß die Feinde nie direkt bei der Durchbrechung des Tores einfallen konnten. Eine Inschrift aus dem 16. Jahrhundert neben dem ursprünglichen Torbogen berichtet in arabischen Schriftzeichen vom Wiederaufbau der alten Stadtmauern durch Suleiman den Prächtigen. Die beiden Gräber hinter dem schmiedeeisernen Gitter beim Toreingang werden den türkischen Baumeistern Suleimans zugeschrieben, die einer Legende nach vom Sultan geköpft wurden, da sie das Grab Davids auf dem Zionsberg nicht in die Ummauerung der Stadt einbezogen hatten.

Vom Jaffator aus kann man auf der Brustwehr der Stadtmauern zum Damaskustor wandern. Von der Mauerzinne ergeben sich großartige Ausblicke über die Dächer Altjerusalems.

Das **Neue Tor** (Bab el-dschedid) im christlichen Viertel der Altstadt wurde erst 1889 von Sultan Abdul Hamid durch die Mauer gebrochen, um einen leichteren Zugang vom christlichen Viertel zum etwa zur gleichen Zeit erbauten gegenüberliegenden Gelände der Notre Dame de France und den christlichen Wohnvierteln im neuen westlich gelegenen Jerusalem zu schaffen. Als schönstes Tor gilt das **Damaskus-Tor,** ein Kunstwerk islamischer Architektur. Wie ein Spitzenbesatz ragen kunstvolle Steinmetzarbeiten auf den das gewölbte Portal flankierenden beiden Türmen und den zahllosen Zinnentürmchen in den blauen Himmel. Das Tor diente als „Eingang der Könige" und wurde von den Arabern daher auch Bab-el Na'aser (= Triumphtor) genannt. Im Sinne dieser Tradition hielten 1869 der österreichische Kaiser Franz Josef und der Erbe des preußischen Throns sowie 1964 Papst Paul VI. Ihren Einzug durch dieses Tor in die Stadt. Da vor dem Tor an den Fundamenten archäologische Ausgrabungen

Altstadtblick oberhalb des Damaskustores. Links vorne das Gewölbedach des Tores.

Eingang des Damaskustores.

stattfanden, baute man 1966/67 eine Fußgängerbrücke zum Eingang. Die Ausgrabungen erwiesen, daß das Damaskustor auf Überresten früherer Stadteingänge aus der Zeit des Herodes Agrippa I. und der Aelia Capitolina Kaiser Hadrians um 135 n. Chr. steht. Sie förderten weiterhin einen römischen Triumphbogen und Reste aus der Kreuzfahrerzeit zutage. Vor dem Tor muß eine römische Wegweisersäule, von der aus die Meilen berechnet wurden, gestanden haben. Darauf weist ein anderer arabischer Name des Tors, Bab el-Amûd (= Tor der Säule) hin. Im Hebräischen wird das Tor Sha'ar Shechem, Nablustor, genannt, da hier die Straße nach Sichem (Nablus) beginnt. Die Christen ziehen den Namen Damaskustor vor, da von hier aus über Nablus die Straße nach Damaskus führt; ein Weg, der im Zusammenhang der Bekehrung des Saulus zu Paulus für die Christenheit eine besondere Bedeutung hat. Links außerhalb des Damaskustores hat man an der Stadtmauer einen Park angelegt. Am Fuß der Mauer am Felsengrund führt ein kleines Eisengittertor in Höhlen, in die berühmten **Steinbrüche Salomons.** Der Legende nach wurden in diesen Höhlen, die tief unter das Wohngebiet des mohammedanischen Viertels reichen, die Steine für Salomons Tempelbau gebrochen. Nach jüdischer Überlieferung soll sich hier Zedekia, der

Aus: Salomon Schweigger: Eine Newe Reyssbeschreibung auss Teutschland nach Constantinopel und Jerusalem. Nürnberg 1608

Ankunft einer Pilgergruppe am 4.5.1581

Desselbigen vierten Tags um 2 Uhr nach Mittag / kamen wir zu Jerusalem mit freuden an / vor dem Thor musten wir bey einer stund verziehen) und warten / auff bewilligung von dem Subwascha oder Vogt / als derselbig einen Diener zu uns für das Thor schicket / giengen wir zu fuß und Wehrlos in die Stadt / dann kein Christ dorfft weder in die Stadt noch aus derselben reiten / die Säbel theilete wir unter die Türcken / aus dem Gleid umb ein gewiese bezahlung zu führen / dann welcher Christ ein Waffen in die Stadt führet der wird umb 100. Ducaten gestrafft / ich schencket meinen Säbel unserm Tolmetschen Mehmet / dann ich trug sorg / wir möchten der Waffen halben angefochten werden / und in ein handel kommen / wie dann auch beschehen / dann der Subuuascha fordert unsern Tolmetschen / fragt in was für Waffen wir bey uns führeten / als er aber nit bekennen wolln / lies er ihm 100 Schleg auff die Solen geben / und ins Gefengnus werffen / welchen wir mit einem Ducaten wider ledig machten / unser Compagnia hielt dafür / er war mit hinderlist umbgangen / damit er möcht Gelt außschrecken / darzu ihm andere mehr geholffen haben.

letzte König von Juda, vor den Chaldäern versteckt haben. Gegenüber den Steinbrüchen Salomons, auf der anderen Seite der Suleiman-Straße, neben dem Busbahnhof, am Ende einer kleinen Gasse befindet sich übrigens die **Grotte des Jeremia,** der hier seine Klagelieder über die Zerstörung der Stadt verfaßt haben soll.

Das **Herodes-Tor** verdankt seinen Namen dem Glauben mittelalterlicher Pilger, daß sich das Haus des Herodes Antipas, zu dem Pilatus Jesus schickte, in der Nähe befunden habe. Am Herodes-Tor durchbrachen am 15. Juli 1099 die angreifenden Kreuzritter zuerst die Verteidigung der Stadtmauer. Von dem ursprünglichen Tor, das einst Bab es-Zahra (= blühendes Tor) hieß, stehen nur noch die Türpfosten der östlichen Öffnung auf ihrem Platz.

Das **Stephanstor** ist das einzige offene Tor, das nach Osten weist. Es wird von den Christen so genannt, weil an dieser Stelle der erste christliche Märtyrer Stephanus zu Tode gesteinigt wurde:

„Und die Zeugen legten ab ihre Kleider zu Füßen eines Jünglings, der hieß Saulus, und steinigten Stephanus, der betete und sprach: „Herr Jesu, nimm meinen Geist auf!“ Er kniete aber nieder und schrie laut: „Herr behalte ihnen diese Sünde nicht!“ Und als er das gesagt, entschlief er. (Apostelgesch. 7, 57-59).

Die Araber nennen das Tor „Bab Sittna Mirjam“ (= Marien-

Das Stephans- oder Löwentor mit den Löwenpaarreliefs.

tor), da von hier der Weg zu Marias Grab führt. Die Bezeichnung „Bab el-Ghor" (= Jordantor) aus der Zeit Suleimans setzte sich nicht durch. Die Juden nennen das Stephanstor „Löwentor" (Sha'ar Haarajot) wegen der Löwenreliefs neben dem Torbogen. Einer Legende nach sollen dem Sultan Suleiman zwei Löwen im Traum erschienen sein, die ihm befahlen, eine Mauer um die heilige Stadt zu bauen zum Schutze der Einwohner. Täte er das nicht, würden sie ihn zerreißen. Suleiman gehorchte und schmückte daraufhin das Tor an jeder Seite mit einem Löwenpaar. Da die Löwen älter zu sein scheinen als die Mauer und Ähnlichkeit mit dem Löwenpaar an der Gindasbrücke bei Ramla aufweisen, wird auch angenommen, daß der Mamelucke Baibars sie in die Mauern Jerusalems einfügte. Letzte Version: Suleimans habe Baibars mit den Löwenreliefs als Befreier Jerusalems von den Kreuzrittern ehren wollen.

Im Sechstagekrieg 1967 drangen die israelischen Soldaten durch das Löwentor zuerst in die Altstadt ein.

Das **Goldene Tor** befindet sich etwas abseits und scheint in stiller Erhabenheit auf den Jüngsten Tag zu warten. Es ist seit fast 500 Jahren zugemauert. Die Legende behauptet, daß der Messias durch dieses Tor Jerusalem betreten werde und die Moslems deshalb das Tor zugemauert hätten, um die Ankunft des jüdischen Messias zu verhindern. Wahrscheinlicher ist, daß die Moslems das Tor schlossen, um den Ungläubigen den Zutritt zum Tempelberg zu verwehren.

Das Goldene Tor ist eines der ältesten erhalten gebliebenen Tore Jerusalems. Man erzählt, daß schon die Königin Saba dem König Salomon die monumentalen Säulen am Eingang zum Geschenk gemacht habe. Suleiman der Prächtige ersetzte das hölzerne Tor aus der Zeit der Kreuzzüge durch einen steinernen Turm, der den anderen Türmen der Stadtmauer in der ottomanischen Architektur mit den dekorativen Medaillons ähnelt. Der Bogengang im Turmgewölbe ist byzantinische Kunst.

Die Juden nennen das Tor „Sha'ar Harachamim" (= Tor der Barmherzigkeit), das erst beim Kommen des Messias geöffnet werde. Die Araber sprechen vom Bab el-Tobe (= Tor der Reue) und stellen es sich als Schwelle zwischen Himmel und Hölle vor. Für uns Christen ist es das Tor, das Jesu Eintritt auf dem Tempelberg vor seiner Passion symbolisiert. In der Kreuzfahrerzeit öffnete man zweimal im Jahr das Tor anläßlich der Palmsonntagsprozession und am Karfreitag.

Das **Dung- oder Misttor** an der Südseite der Stadtmauer hat seinen alten Namen behalten, weil dort seit dem 2. Jahrhundert n. Chr. die Abfälle aus der Stadt abgeladen wurden. Das Tor wurde auch Bab el-Magharbeh (= Tor der Mohren) genannt, weil im 16. Jahrhundert hier Einwanderer aus Nordafrika lebten. Das Tor aus der Zeit vor der Türkenherrschaft muß viel kleiner gewesen sein. 1954 unter der jordanischen Herrschaft wurde das Tor für den Autoverkehr erweitert.

Das **Zions-Tor** führt aus der Altstadt zum Berg Zion. Die Araber nennen es Bab en Nabi Daoud (= Tor des Propheten David), da es den Zugang zum Grab König Davids ermöglicht. Während der Zeit, als es in jordanischen Händen war, blieb es geschlossen, da die israelische Grenze nur einen Steinwurf weit entfernt war. Die von Gewehrkugeltrichtern übersäte Außenseite des Tors bezeugt die schweren Kämpfe um das jüdische Viertel im Unabhängigkeitskrieg 1948. Eine Gedenktafel erinnert an den Durchbruch der Israelis während des Sechstagekrieges.

Das Zions-Tor mit den Spuren des Geschoßhagels aus dem Krieg 1948.

Erwähnt werden müssen auch an der Südseite des Tempelbezirks die Umrisse des zugemauerten **Dreifachen Tores.** Drei Jahrtausende lang erfüllte der Aufstieg zu dieser Stelle die Gläubigen mit Ehrfurcht, denn schon zur Zeit Davids betraten die Pilger hier den heiligen Bezirk. Auch Herodes setzte den Zugang zu seinem prachtvollen Tempel an diese Stelle, durch den alle Pilger den Tempel betreten konnten. Ein Tunnel führte vom Tor unter den gewaltigen Außenmauern zum Tempelplatz.

Die Zitadelle

Zu der Stadtbefestigung an der Westseite der Altstadt gehört die **Zitadelle** – von den Juden „Davids-Turm“ genannt und für Jahrhunderte ihnen ein Symbol für Zion, zu dem sie sich zurücksehnten. Der nordöstliche Turm der Zitadelle steht auf dem höchsten Punkt der Altstadt. Die Zitadelle bewacht das Jaffa-Tor. Sie galt mit ihren Türmen, Wällen, Treppen und Schießscharten in ihrer strategisch günstigen Lage als uneinnehmbar. Die Zinnen sind mit glockenartigen Verzierungen versehen ähnlich wie am Damaskustor.

Stand der Ausgrabungen von hasmonäischen und herodianischen Resten im Hof der Zitadelle, im Jahre 1982. Die Mauern des Grabens im Vordergrund enthalten das Geröll, das Herodes aufschütten ließ, um eine Plattform für den Bau seines Palastes zu schaffen.

Die Ausgrabungen der letzten Zeit förderten Überreste zutage, die aus der Zeit des Ersten und Zweiten Tempels und der römischen und byzantinischen Epoche stammen. Darunter befinden sich auch Teile von einem der drei Türme, die Herodes zum Schutze seines Palastes 24 v.Chr. erbauen ließ. Herodes nannte die drei Türme nach seiner Frau Marianne, seinem Bruder Phasael und seinem Freund Hippicus. Der jüdische Geschichtsschreiber und damalige Zeitgenosse Josephus Flavius liefert eine anschauliche Beschreibung der Festung in seinem „ Jüdischen Krieg“: „Gegenüber stand der Turm Hippicus und daneben zwei andere Türme, die alle von König Herodes in die alte Mauer hineingebaut worden waren und an Pracht, Schönheit und Stärke ihresgleichen nicht in der Welt hatten.“

Die Zitadelle war zugleich die Residenz des römischen Prokurators für Palästina, wenn er von seiner ständigen Residenz Caesarea aus Jerusalem besuchte. Josephus Flavius berichtet, daß im jüdischen Aufstand die Zitadelle noch einen Monat lang von den Zeloten (= den Eiferern) nach dem Fall Jerusalems gegen die römischen Soldaten des Titus gehalten wurde. Als die Römer schließlich die Festung erobert hatten, so erzählt Josephus Flavius uns weiter, befahl der Caesar, „die ganze Stadt dem Erdboden gleichzumachen und nur die stolzen Türme Phasael, Hippicus und Marianne

Die drei Türme der Zitadelle zum Schutz des rechts anschließenden Herodespalastes.

Im Vordergrund der Herodespalast. Im Hintergrund der Tempelbezirk und links davon die Antoniafestung.
Nachbildung von Jerusalem 1 : 50 im Park des Holyland-Hotels.

und den Teil der Mauer stehenzulassen, der das westliche Stadtgebiet umschloß. Das letztere sollte als Garnisionslager bestehen bleiben, und die Türme sollten die Nachwelt an den Charakter der Stadt und die starken Befestigungen erinnern, die den römischen Helden nicht hatten trotzen können." Ausgrabungen in jüngster Zeit förderten an dieser Stelle Reste von römischen Soldatenunterkünften und Fliesen mit Legionszeichen – Spuren der X. Legion – ans Tageslicht.

Auch Hadrian verschonte nach der Niederschlagung des Bar-Kochba-Aufstandes 135 n.Chr. einen Teil des Phasael-Turmes. Alle anderen Anlagen wurden geschleift. Dieser Teil wird heute **Davids-Turm** genannt. Etwa seit byzantinischer Zeit fiel nämlich die Vorstellung von der Zitadelle mit der vom legendären David-Turm zusammen, an den eine Beschreibung im Hohenlied Salomons (4, 4) erinnert:

„Dein Hals ist wie der Turm Davids, mit Brustwehr gebaut, daran tausend Schilde hangen und allerlei Waffen der Starken."

Es ist sehr fraglich, ob es sich hier tatsächlich um den Platz der alten Festung handelt.

Im Mittelalter brachten die christlichen Pilger die Zitadelle mit dem Hospiz der Ritter von Pisa in Verbindung und nannten sie Castellum Pisanum. Ihre heutige Gestalt erhielt die Festung durch den Mameluckensultan Malik an-Nasir, der die Befestigung 1310 auf den Mauern der ehemaligen Kreuzfahrerresidenz aus dem Jahre 1228 errichtete und eine Moschee hinzufügte, da David im Umkreis der Zitadelle zu beten pflegte. Suleiman der Prächtige vollendete schließlich die Anlage, indem er zwischen 1531 und 1538 den äußeren Torweg, die steinerne Brücke und die westliche Terrasse ergänzte. Das dem David-Turm aufgesetzte Minarett wurde 1655 hinzugefügt. Während der 400 Jahre türkischer Herrschaft diente die Zitadelle als Militärstützpunkt, bis 1917 die siegreichen britischen Streitkräfte unter General Allenby die Stadt einnahmen, die Zitadelle besetzten und der General von der Plattform am Eingang der Befestigung die Befreiung Jerusalems von der türkischen Herrschaft verkündete. Während der Teilung Jerusalems von 1948 bis 1967 hatte die Zitadelle wieder eine militärische Funktion. In ihr lag eine Garnision der jordanischen arabischen Legion. Von der Zitadelle aus konnten das neue jüdische Jerusalem ebenso wie die Altstadt sehr gut überblickt werden. Seit der Wiedervereinigung Jerusalems nach dem Sechstagekrieg begann man, die Zitadelle zu einem kulturellen Zentrum auszubauen. Ein Teilergebnis dieser Absicht ist die Unterbringung des Jerusalemer Stadtmuseums in der Zitadelle. Eine Ton-Bild-Schau mit dem Titel „Ein Stein in Davids Turm" demonstriert die mehr als 4000jährige Geschichte der Stadt.

Gassen und Basare

Die Jerusalemer Altstadt besteht aus einem Gewirr von zahlreichen, schmalen, winkligen Gassen, deren größte selbst nicht den Namen einer Straße verdienen, obwohl auf den Namensschildern immer von Straßen und Plätzen die Rede ist. In diesen Gassen pulsiert ein farbiges Leben. Moderne und Vergangenheit verschmelzen zu einem bunten Gemisch, das jedoch zugleich beruhigend, gar gemütlich ist. Man läßt sich Zeit beim Kauf und Verkauf, man kommt ins Gespräch, erhält als Tourist von den Ladeninhabern häufig einen verkaufsfördernden Kaffee, plaudert, raucht und das Auge hat Zeit, die Basarherrlichkeiten des Orients zu genießen. Einkauf als Vergnügen; niemand hat es eilig oder rennt, bis auf die zahlreichen Araberkinder, die in dem bunten Völkergemisch schon ein sicheres Auge für die verschiedenen Nationalitäten haben und den Touristen fast immer in seiner richtigen Landessprache mit gewissen Geschäftsfloskeln ansprechen, um dem Handelsgebahren ihrer Väter oder erwachsenen Brüder nachzueifern. Schon in der Bibel stellt man übrigens fest, daß nur in ganz außergewöhnlichen Fällen geeilt und gerannt wird. Wenn man rennt, handelt es sich immer um Gott: Zachäus, der kleine aus Jericho, rennt auf den Baum, um den Messias zu sehen; Maria Magdalena rennt, um

Basargasse in der Altstadt. Die Keramik stammt häufig aus Italien und ist in Jerusalem bemalt worden.

Petrus und Johannes am Ostermorgen zu melden, daß Jesu Grab leer sei, beide rennen, um sich von der Richtigkeit der Meldung Maria Magdalenas am Grabe selbst zu überzeugen. Heute laufen im Eilschritt, ohne sich umzudrehen, nur noch Talmudstudenten am Sabbat zur Klagemauer. Üblich ist es hingegen im Orient, daß man Bekannte begrüßt, stehenbleibt und sich ausgiebig unterhält. „Grüßen" hat die gleiche Bedeutung wie „sich unterhalten". Jesus trägt seinen Aposteln auf, ohne Gruß ihren Weg zu gehen, damit sie keine Zeit durch unnützes Reden verlören.

Es scheint, als sei Jerusalem eine Stadt der Faulpelze und Nichtstuer, wenn man die Männer den ganzen Tag in den Kaffeehäusern und vor ihren Läden beim Brettspiel oder der Diskussion der Lokalnachrichten beobachtet. Schon Jesus spielt auf dieses Verhalten an, wenn er diese Leute zur Arbeit ruft mit den Worten *„Geht auch ihr in meinen Weinberg"* (Matth. 20, 7).

Die Altstadt ist ein einziger Markt, in dem angefangen von Kleidern, handgewebten Teppichen, Lederwaren, buntem Hebronglas, Holzarbeiten, gravierten Tellern, Schüsseln und Krügen aus Keramik, Kupfer und Bronze bis hin zu den Nahrungsmitteln des täglichen Bedarfs, Gewürzen und Süßigkeiten, alles zu

finden ist, was das Herz von den Genüssen und Gerüchen des Orients sich wünscht. Überwältigend ist auch das Angebot wohlschmeckender Obst- und Gemüsesorten in der Halle des ehemaligen Kreuzfahrer-Hospitals des Johanniterordens an der David-Straße.

Dem europäischen Pilger und Touristen scheint hier in der Altstadt die Zeit stehengeblieben zu sein. Und er hat recht mit seinen Empfindungen, denn trotz aller zivilisatorischen Fortschritte ist das Milieu weitestgehend das gleiche geblieben, wie zu Jesu Zeiten. Hier sind tausend Jahre wie ein Tag.

Der Schafmarkt an der nordöstlichen Ecke der Stadtmauer.

Bestickte Kleider, handgewebte Teppiche und Messingwaren.

Jerusalem, zur Zeit Jesu

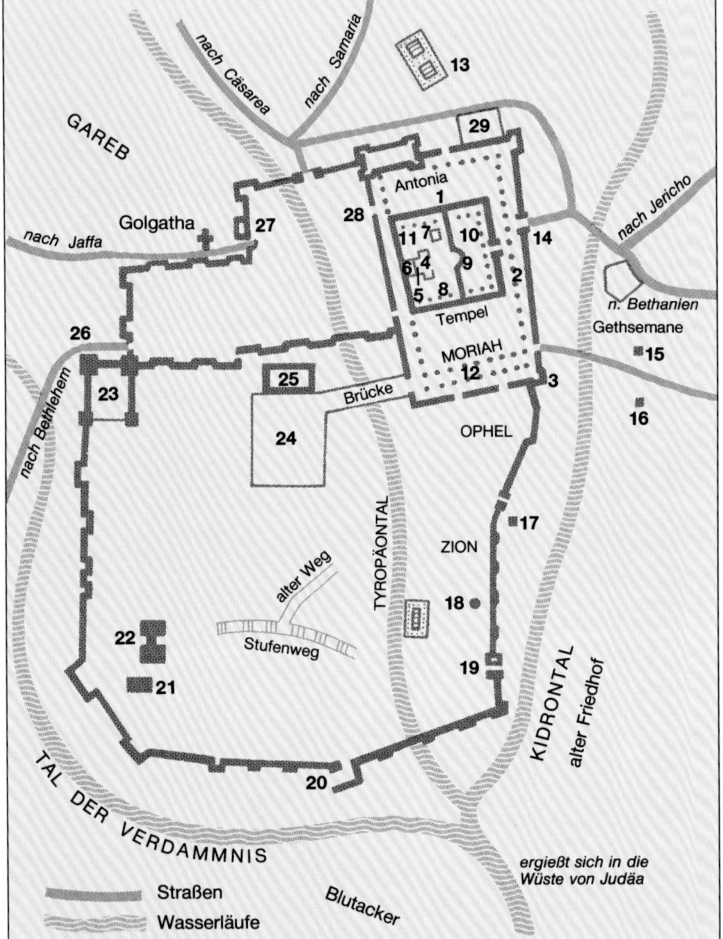

1 Vorhof der Heiden
2 Portikus Salomos
3 Zinne
4 Vorraum
5 Heiliges
6 Allerheiligstes
7 Opferaltar
8 ehernes Becken
9 Nikanertor
10 Vorhof der Frauen
11 Vorhof der Priester
12 Königl.Portikus
13 Teich Bethesda mit fünf Säulenhallen
14 Goldene Pforte
15 Grab des Absalom
16 Grab des Zacharias
17 Brunnen der Jungfrau
18 Teich und Turm von Siloa
19 Brunnentor
20 Misttor
21 Saal des Abendmahls
22 Palast des Annas und Kaiphas
23 Palast des Herodes
24 Xystus
25 Palast der Hasmonäer
26 Davidsturm
27 Tor Ephraim
28 Schmerztor
29 Birket Israim

Palmsonntagsprozession Von Betphage zum St. Annenkloster

Josephus Flavius, der altjüdische Geschichtsschreiber, erzählt, wie alljährlich etwa drei Millionen Juden zum Passahfest nach Jerusalem pilgerten. Wenn diese Zahl auch sehr übertrieben erscheint, so kann doch angenommen werden, daß während dieses Festes, das sieben Tage dauert, die Stadt dicht gedrängt voller Menschen war, die auch in der Umgebung in Gärten und auf den Hügeln im Freien lagerten. Man nimmt an, daß in großen Festzeiten etwa 125 000 Pilger Jerusalem überfluteten, eine Menge, die die Zahl von ungefähr 55 000 Einwohnern natürlich weit übertraf.

Die Wissenschaft hat als wahrscheinlichstes Datum des Einzugs von Jesus in Jerusalem den 2.4.30 ermittelt. Wenn Jesus im Jahre 7 vor unserer Zeitrechnung geboren wurde, war er zum Zeitpunkt seines Todes 37 Jahre alt.

Auf der Pilgerreise nach Jerusalem kurz vor dem Dorf **Betphage** (Feigenhausen) auf dem Ölberg sagte Jesus zu zweien seiner Jünger: *„Gehet hin in den Flecken, der vor euch liegt, und alsbald werdet ihr eine Eselin finden angebunden und ein Füllen bei ihr; bindet sie los und führet sie zu mir“* (Matth. 21, 1). Auf dem Eselsfüllen ritt Jesus dann nach Jerusalem, so daß sich das Wort des Propheten Sacharja ein halbes Jahrtausend zuvor erfüllte:

„Aber du, Tochter Zion, freue dich sehr, und du, Tochter Jerusalem, jauchze! Siehe dein König kommt zu dir, ein Gerechter und ein Helfer, arm und reitet auf einem Esel und auf einem jungen Füllen der Eselin“.

Viele Menschen breiteten auf dem Weg Jesu ihre Kleider aus, schnitten Zweige von den Bäumen und streuten sie auf die Straße. Die Leute, die vor ihm gingen, riefen, wie Matthäus berichtet (Matth. 21, 9):

„Hosianna dem Sohn Davids! Gelobt sei, der da kommt in dem Namen des Herrn!
Hosianna in der Höhe!“

Schon einmal trachtete die Menge danach, Jesus zum König auszurufen. Damals, nach der Speisung der 5000, entzog er sich ihr und floh in die Einsamkeit. Am Sonntag vor Passah floh er nicht. Das Königtum des Messias schien endlich herbeigekommen.

Die Palmsonntagsprozession nimmt von Betphage aus den Weg den Ölberg herab an den Kirchen Dominus Flevit, der russischen Maria Magdalena- Kirche mit den goldenen Zwiebeltürmen und am Garten Gethsemane mit der Kirche aller Nationen vorbei auf die Jerichostraße.

Der Weg der Palmsonntagsprozession.

An der Spitze der Prozession geht traditionsgemäß in türkischer Uniform ein Soldat, der die einstige osmanische Herrschaft symbolisieren soll.

Christliche Jugendgruppen, Kongregationen.

Der Abschlußgottesdienst der Palmsonntagsprozession an der Rückseite des St. Annen-Klosters.

Alle Jahre wird nun in Jerusalem diese Begrüßung von Jesus durch das Volk mit Palmzweigen in einer Prozession nachvollzogen. Sie beginnt in Betphage um 14.30 Uhr, führt über den **Ölberg** ins **Kidrontal** hinab, zieht durch das **Stephanstor** zum **St. Annenkloster** und endet dort im Hof in einem feierlichen Gottesdienst mit dem Segen des Patriarchen von Jerusalem.

Schon im 4. Jahrhundert lokalisierte die Überlieferung in Betphage den Ort, wo Jesus das Eselsfüllen bestieg, und erbaute dort eine Kirche. 1883 erstellten die Franziskaner auf den Ruinen der ursprünglichen Kirche eine neue, deren Fresko von C. Vagarini in der Apsis zeigt, wie Jesus auf einem Eselsfüllen in Jerusalem einzieht. Die einfarbigen Fresken an den Wänden des Kirchenschiffs veranschaulichen den Festzug.

An dieser Stelle soll nach dem Pilgerbericht der Nonne Ätheria übrigens auch die Begegnung und das Gespräch Jesu mit Martha und Maria stattgefunden haben, als er von Jericho hinaufkam und Lazarus von den Toten auferweckte. Ein 1876 gefundener Steinwürfel, der von einem Eisengitter umschlossen in der Kirche liegt, weist Malereien aus der Kreuzfahrerzeit auf, die Martha und Maria zu Jesu Füßen und den wiedererweckten Lazarus, Männer mit Palmen in den Händen, Dorfbewohner, die dem Losbinden der Eselin und des Füllen zusehen und eine Aufschrift „Betphage“ zeigen.

Die alljährliche Palmsonntagsprozession wurde schon zur Zeit der Kreuzfahrer gepflegt. Nach dem Untergang des lateinischen Kreuzfahrerkönigreiches führten die Franziskanermönche diesen Brauch weiter bis zum Jahre 1563, als die Türken die Prozession verboten. Die Tradition der Palmsonntagsprozession konnte erst 1933 wieder aufgenommen werden. Der Einzug der Palmwedel schwenkenden Menge in die heilige Stadt eröffnet alljährlich die Karwoche und symbolisiert in der Liturgie die Aufforderung an die Gläubigen, mit Christus im Leiden treu auszuharren. Sie ist zugleich auch Verheißung der Erlösung.

Der Patriarch mit seinen Bischöfen beim Gebet. Im Vordergrund die „Ordnungsmächte".

Der Bethesda-Teich

Im Anschluß an den Hof des St. Annen-Klosters, in dem die Palmsonntagsprozession ihren Abschluß findet, befindet sich die St. Annenkirche und das Ausgrabungsfeld mit dem in der Bibel (Joh. 5, 2) erwähnten Teich Bethesda. Die Vulgata-Bibel nennt ihn auch Schafsteich (= probatica piscina), da hier, wie der Historiker Eusebius berichtet, schon in vorchristlicher Zeit Schafe vor dem Opfer gewaschen wurden. Münz- und Töpferfunde weisen auf die Hasmonäerzeit bis ins 2. Jahrhundert v. Chr., während die Konstruktion der beiden Becken des Teiches auf die Makkabäerzeit hindeutet. Im Hebräischen wird der Teich Bethsaida- oder Bethsatha-Teich genannt. Er hatte fünf Hallen, in denen sich Kranke aufhielten, die in dem Teich Heilung suchten. Jedesmal, wenn das Wasser des Teiches aufwallte, und das geschah in gewissen Abständen, konnte Heilung erfolgen.

Jahrhundertelang war der Teich verschüttet und vergessen, so daß man schon irrtümlicherweise den nördlich des Tempelbezirks gelegenen Birkat Israel für den Schafsteich hielt. Nachdem der Architekt Mauss 1873 bei Restaurierungsarbeiten der St. Annenkirche Reste des Teiches entdeckt hatte, konnten schließlich 1881 Ausgrabungen der Weißen Väter nach mühsamer Entfernung einer 8 bis 13 m dicken Schuttdecke den Teich mit seinen Bauresten freilegen. Der Teich bildete ursprünglich ein ungleichmäßiges Rechteck von 120 zu 60 Metern. Ein Damm teilte ihn in zwei ungleiche Becken. Auf diesem Damm muß die im Evangelium erwähnte Säulenhalle gestanden haben. In byzantinischer Zeit und unter den Kreuzfahrern wurden mit Hilfe von Stützbogen auf dem Damm Kirchen gebaut, die mit den Seitenschiffen den Teich überdeckten. Dazu bedurfte es vom Grund des Teiches aus neuer gewaltiger Fundamente. Ausgrabungen haben die zum Teil noch gut erhaltenen Unterbauten des südlichen Seitenschiffes freigelegt. An der Nordmauer schloß sich eine Reliquienkapelle an, von der ein Mosaikboden erhalten ge-

Das Johannesevangelium berichtet darüber (Joh. 5,2-9):

„Es ist aber zu Jerusalem bei dem Schaftor ein Teich, der heißt auf Hebräisch Bethesda und hat fünf Hallen, in welchem lagen viele Kranke, Blinde, Lahme, Ausgezehrte ... Es war aber daselbst ein Mensch, der lag schon acht unddreißig Jahre krank. Da Jesus den sah liegen und vernahm, daß er schon lange gelegen hatte, spricht er zu ihm: Willst du gesund werden? Der Kranke antwortete ihm: Herr, ich habe keinen Menschen, wenn das Wasser sich bewegt, der mich in den Teich bringe; wenn ich aber komme, so steigt ein anderer vor mir hinein. Jesus spricht zu ihm: Steh auf, nimm dein Bett und gehe hin! Und alsbald ward der Mensch gesund und nahm sein Bett und ging hin."

Der Teich Bethesda mit den Resten der auf dem Damm erbauten Kirchen.

blieben ist, der Kreuze als Ornamente aufweist. Da der byzantinische Kaiser 427 verbot, Kreuze in Fußböden anzubringen, muß die Kirche vor diesem Verbot erbaut gewesen sein. Unter dem Chor legten neuere Ausgrabungen einen Kultraum des heidnischen Äskulap, des Heilsgottes, aus dem 2. Jahrhundert frei. Skulpturreste mit dem Bild der Schlange, dem Zeichen des Äskulapkultes, und ein Votivfuß mit einer Widmung der Pompaia Lucilia sind hier gefunden worden. Vermutlich wollte Eudocia, als sie im 5. Jahrhundert bewußt die Kirche zu Ehren Marias über dem Äskulap-Tempel erbauen ließ, den heidnischen Kult ein für allemal verdrängen. Dieser Kirchen-

Die St. Anna-Kirche. Im Vordergrund die Ausgrabungen des Teiches Bethesda. Unter der Überdachung links der byzantinische Mosaikfußboden.

bau wurde 614 von den Persern teilweise zerstört, jedoch vom Abt Modestus bald wieder aufgebaut. In byzantinischen Kirchen feierte man das Heilungswunder Jesu und die Geburt Marias. Die Kreuzfahrer fanden nach den Zerstörungen El Hakims 1009 nur Ruinen der byzantinischen Kirche vor. Daher erbauten sie zwei neue Kirchen, eine kleine einschiffige über dem Bethesda-Teich zum Andenken an das Heilungswunder, von der ein Teil der Apsis vorhanden ist, und die heute noch erhaltene und älteste Kirche Jerusalems, die St. Annen-Kirche, an der Stelle, wo nach der Überlieferung Anna und Joachim, die Eltern Marias, lebten.

Die rein romanische **St. Annen-Kirche,** die heute als die schönste Kirche der Stadt gilt, wurde 1140 auf Anordnung von Königin Arda, der Witwe Balduins I., erbaut. Ihre Krypta beherbergt das Geburtshaus der Jungfrau Maria.

Nach der Vertreibung der Kreuzfahrer verwandelte Sultan Saladin die Kirche in eine Moschee und Koranschule (Medrese). Erst 1856 auf Intervention Napoleons III. übertrug der türkische Sultan als Dank für Frankreichs Hilfe im Krimkrieg das Bauwerk den katholischen Weißen Brüdern. Sie restaurierten die Kirche so, wie sie zu Zeiten der Kreuzfahrer ausgesehen haben muß.

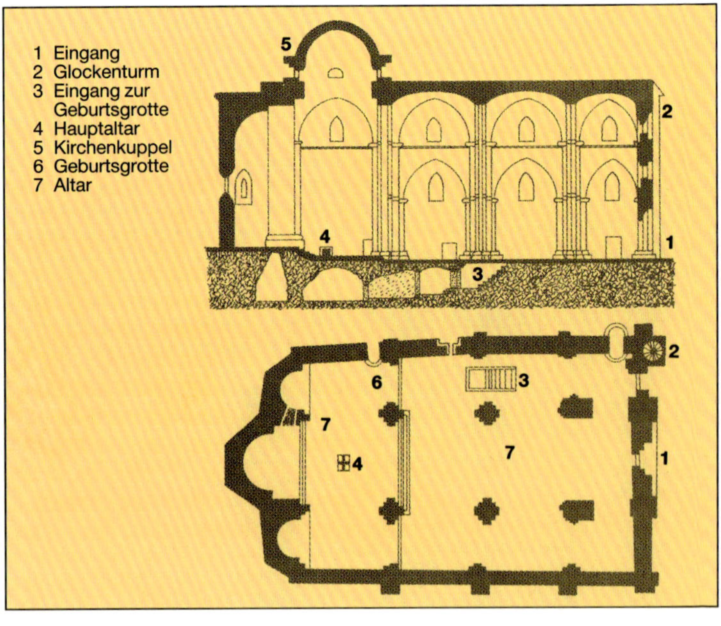

St. Annenkirche

Heilige Stätten bei der Burg Antonia

Die Antonia-Festung wurde von Herodes dem Großen um 37–35 v. Chr. errichtet und zu Ehren von Markus Antonius, dem Freunde von Herodes, benannt. Die Festung bestand aus einer riesigen quadratischen Grundfläche mit vier gewaltigen Ecktürmen. Das westliche Drittel der Burg, ein Hof von etwa 2500 qm, war mit Steinen gepflastert. Den Hof umgaben Säulenhallen. Dieser Teil der Burg ist der durch Ausgrabungen bekannteste der Burganlage. Das Steinpflaster, das erst 1931 entdeckt wurde, ist größtenteils freigelegt. Die Steine sind gerillt, um das Ausrutschen der Pferde zu verhindern. Rinnsteine leiteten das Regenwasser in zwei Zisternen, die unter dem Pflaster liegen. Herodes residierte in der Antoniafestung zwölf Jahre, bis er sich 23 v. Chr. einen neuen Palast, die Zitadelle am Jaffator, erbaute.

Auf dem Areal der alten Antonia-Burg, die aus Höfen, Kasernen und einem Palast bestand, befindet sich die erste Station des Leidensweges Christi. Die römische Besatzungsmacht hatte in der Antoniafestung ihre Garnision, denn nach dem Tode des Herodes, der zwar von Rom abhängig gewesen war, aber Judäa selbst verwalten konnte, hatte Kaiser Augustus das Land wieder einem

Im Hintergrund die Antonia-Festung mit den vier massiven Ecktürmen. Links vorne vor den beiden Stadtmauertürmen befindet sich Golgatha. (Modell Jerusalem im Holyland-Park).

Prokurator, einem Landpfleger, unterstellt, dessen Soldaten die wichtigsten Plätze besetzt hielten. Zur Zeit des Prozesses Jesu war der Landpfleger Pontius Pilatus, der für das Todesurteil verantwortlich war.

Pontius Pilatus konnte die Juden nicht leiden, er war arrogant und nur auf seine Karriere bedacht. Daher mochte er sich nicht gegenüber den Drohungen der Hohenpriester durchsetzen, die ihn bei einer Freilassung Jesu der Begünstigung eines Hochverräters geziehen und dieses dem Kaiser in Rom gemeldet hätten. An Festtagen reiste Pontius Pilatus von seiner ständigen Residenz Caesarea am Mittelmeer nach Jerusalem, um ein waches Auge auf die so unruhigen und politisch nicht zuverlässigen Juden zu haben, die hier zusammenströmten und leicht einen Aufruhr entfachen konnten. Sein Aufenthaltsort war gewöhnlich, wie Josephus Flavius und Philo berichten, der Herodespalast bei der Zitadelle, wo er auch Recht sprach. Der Überlieferung nach und nach Meinung vieler Forscher soll er jedoch nicht dort, sondern in der Antonia-Burg Jesus verurteilt haben. Daher sucht die Tradition das Prätorium, d.h., den Regierungssitz des römischen Stadthalters oder den Teil einer Stadthalterresidenz, in dem der Prätor (General), später der Prokurator, Recht sprach, auf der Antonia-Festung. Diese Lokalisierung wird gestützt durch einige Hinweise der Evangelien über den Gerichtsort im Prozesse Jesu. Bei Johannes heißt es:

„Da führten sie Jesus von Kaiphas vor das Richthaus. Und es war frühe; und sie gingen nicht in das Richthaus . . .“ (Joh. 18, 28).

Mit „Richthaus“ ist das Prätorium gemeint, in dem sich ein großer Teil der Passion Christi vollzog, denn hier wurde Jesus angeklagt, verhört, gegeißelt, mit Dornen gekrönt, zum Kreuzestode verurteilt und mit dem Querbalken des Kreuzes beladen, da der Pfahl schon auf der Richtstätte stand.

Etwas später gibt Johannes einen weiteren Hinweis:

„Da Pilatus das Wort hörte, führte er Jesus heraus und setzte

Nach dem Ostergottesdienst im Armenischen Kloster.

sich auf den Richtstuhl an der Stätte, die da heißt Steinpflaster, auf hebräisch Gabbatha" (Joh. 19, 13).

Auf griechisch heißt das Steinpflaster „Lithostrotos". Im 19. Jahrhundert hat man in der heutigen Verurteilungskapelle und im Ecce-Homo-Kloster ein charakteristisches Steinpflaster aus der Zeit Jesu freigelegt. Das aramäische Wort „Gabbatha" bezeichnet zudem ein erhöhtes Gelände. Da die Burg Antonia mit ihren Höfen auf dem hochgelegenen Teil der Stadt lag, wie es bei Josephus Flavius in seinem Jüdischen Krieg (5, 238–247) heißt: Die Festung sei an der Nordwestecke des Tempels „auf einem Felsen, 50 Ellen hoch, erbaut worden", und wie es ebenfalls Markus (15, 8) berichtet: *„und das Volk ging hinauf . . ."*, könnte der Verurteilungsort Jesu tatsächlich dort gewesen sein, wo heute die El-Omariya-Koranschule steht, die man über eine Treppe von der Straße aus errreichen kann. Hier befanden sich die königlichen Gemächer des Herodes, in denen sich später sicher auch die Stadthalter aufgehalten haben.

Daß Pilatus damals in der Antonia-Festung residierte und nicht im herodianischen Palast, in der Zitadelle, mag aus militärischen Gründen zu erklären sein. Er war ja nicht als Teilnehmer des jüdischen Osterfestes gekommen, sondern als Wahrer von Ruhe und Ordnung bei einem Ereignis, zu dem nicht nur Tausende von Pil-

**Aus: Josephus Flavius:
Der Jüdische Krieg. 5. Buch, 5. Kap.**

8. Die Antonia lag in dem Winkel, den zwei Säulenhallen des äußeren Tempelhofes, die westliche und die nördliche, miteinander bildeten. Gebaut war sie über einem fünfzig Ellen hohen, auf allen Seiten abschüssigen Felsen. Sie war ein Werk des Königs Herodes, durch das er seine Prachtliebe in hohem Grade bekundete. Zunächst war der Fels von seinem Fuße an mit geglätteten Steinplatten belegt, einmal, weil es schön aussah, dann auch, damit jeder, der hinaufzuklettern oder hinabzusteigen versuchte, abglitte. Vor dem eigentlichen Burggebäude zog sich eine drei Ellen hohe Mauer hin, hinter der die Antonia sich vierzig Ellen hoch erhob. Das Innere hatte die Räumlichkeiten und die Einrichtung eines Palastes; denn es war in Räume aller Art und Bestimmung geteilt, in Hallen, Bäder und große Höfe für die Truppen, so daß die Burg, was die Ausstattung mit allen Bequemlichkeiten anging, eine Stadt, in bezug auf Pracht ein Königspalast zu sein schien. Das Ganze sah wie ein Turm aus, war aber an den Ecken wieder mit vier Türmen besetzt, von denen drei je fünfzig Ellen hoch waren, der südöstliche jedoch siebzig Ellen, so daß man von ihm aus den ganzen Tempelraum überschauen konnte. Wo die Burg an die Tempelhallen grenzte, führten Treppen hinunter, auf denen die Wachmannschaften der stets in der Antonia liegenden römischen Abteilung herabstiegen, um, bewaffnet in den Hallen verteilt, an Festtagen mögliche aufrührerische Bewegungen des Volkes zu überwachen. Wie der Tempel eine Festung für die Stadt, so war dies für den Tempel die Antonia.

gern sich in der Stadt drängten, sondern sicher auch zahlreiche Aufwiegler und Unruhestifter, die aus religiösem Fanatismus sich gegen die römische Fremdherrschaft empören konnten. Fromme Mienen, hinter denen sich revolutionäre Gedanken verbargen, und mancher geheime Dolch in den Gewändern waren zu erwarten. Daher wurde die römische Garnison in der Antoniafestung regelmäßig anläßlich des Passahfestes durch einige Kohorten aus Caesarea verstärkt, um bei Tumulten oder Putschversuchen von der Burg aus über zwei große Treppen hinab zum Tempelplatz zu gelangen und dort einschreiten zu können. Lukas spielt auf solche Ausschreitungen an, denen Pilatus schon einmal durch ein Blutbad auf dem Tempelplatz begegnet war (Luk. 13, 1). Für Pilatus wäre es leichtsinnig gewesen, vom Treffpunkt aller Pilger entfernt im Herodespalast am Jaffator etwaigen Aufruhr abzuwarten und von dort aus Gegenmaßnahmen einzuleiten. Aus diesem Grunde wird der Prokurator sich bei seinen Truppen aufgehalten haben, während vermutlich sein Gefolge sich im Herodespalast befand. Dort hielt sich auch Herodes Antipas auf, der aus Galiläa zum Osterfest in die Stadt gekommen war. Pilatus überwies Jesus dem Herodes zur Konsultation, erhielt ihn aber mit einem weißen Mantel als Spottkönig von Herodes zurückgesandt (Luk. 23, 8–12). Für die Lokalisierung der Verurteilung Jesu spricht auch die Warnungsbotschaft, die die Frau des Pilatus ihrem Gemahl während der Gerichtsverhandlung zukommen ließ, wie Matthäus berichtet:

„Habe du nichts zu schaffen mit diesem Gerechten, ich habe heute viel erlitten im Traum seinetwegen“ (Matth. 27, 19).

Wenn seine Frau bei ihm gewesen wäre auf der Burg Antonia, hätte sie ihm sicher schon am Karfreitagmorgen vor der Gerichtsverhandlung von ihrem Traum erzählt. Im Hof der El-Omariya-Koranschule ist daher die 1. Station von Jesu Passionsweg.

Aber nicht nur Jesus, sondern auch der Apostel Paulus litt in der Antonia-Festung (Apostelgesch. 21, 23). Als er auf seiner dritten Missionsreise im Jahre 58 nach Jerusalem kam, wurde er von den strenggläubigen Juden im Tempelvorhof schwer mißhandelt und wäre vermutlich getötet worden, hätte nicht der römische Oberst Lysias mit seinen Soldaten von der Antoniaburg aus eingegriffen und ihn der fanatischen Menge entrissen. Paulus wurde gefesselt und die Treppe zur Burg hinaufgeführt. Er bat den Obersten um Erlaubnis, auf der Treppe noch einmal zu der Menge reden zu dürfen. Der Oberst gewährte dies, und die Juden hörten ihn auch zunächst still an, begannen dann aber erneut mit Anklagen und Wutgeschrei, so daß der Oberst Paulus in die Burg bringen ließ und in der Meinung, es mit

Lithostrotos. Das Steinpflaster im Kloster der Schwestern Zions.

einem Aufwiegler zu tun zu haben, die Geißelungen anordnete. Nur der erneute Hinweis auf sein römisches Bürgerrecht bewahrte Paulus davor. Lysias schickte Paulus schließlich zum Statthalter Felix nach Caesarea.

Heutzutage ist das ehemalige Areal der Antonia-Burg von Häusern, Kirchen und Klöstern überbaut und Straßen durchzogen. Die El-Mujahideen-Straße und die Via Dolorosa durchqueren den Bereich der früheren Festung. An den Stellen, die im Zusammenhang mit Jesu Geißelungen und Verurteilungen ermittelt worden sind, wurden schon in byzantinischer Zeit Heiligtümer errichtet. Gegenüber der El-Omariya-Koranschule auf der Nordseite der Straße El-Mujadiheen befindet sich im Klosterhof der Franziskaner rechts die Geißelungskapelle und links die Verurteilungskapelle.

Die **Geißelungskapelle** ist mittelalterlichen Ursprungs. Als die Türken 1618 die Franziskaner vertrieben, wurde die Kapelle als Pferdestall mißbraucht. Später diente sie als Weberwerkstatt. Schließlich zerfiel sie und war nur noch eine Ruine. 1838 gab Ibrahim Pascha den Franziskanern die Stätte zurück. Ein Jahr später spendete Herzog Maximilian von Bayern die Mittel zur Wiederherstellung der Kapelle. 1927 begannen umfangreiche Renovierungsarbeiten, so daß zwei Jahre später die Kapelle im Stil des 12. Jahr-

Die Dornenkrone in der Kuppel der Geißelungskapelle.

hunderts völlig erneuert war. Der Künstler Cambellotti schuf die drei berühmten Glasfenster, die die Geißelung, die Händewaschung des Pilatus und den Triumpf des Barabbas darstellen. In der Kuppel der Kapelle leuchtet die Dornenkrone, die an die Verspottung Christi erinnert. Jesu Voraussage hat sich hier erfüllt: „. . . *sie werden ihn verdammen zum Tode und überantworten den Heiden. Die werden ihn verspotten und verspeien und geisseln und töten . . .*“
(Mark. 10, 33-34).

Im Johannes-Evangelium hören wir von der Erfüllung der Passion des Herrn. Pilatus spricht zu den Juden: *„Ihr habt aber eine Gewohnheit, daß ich euch einen Gefangenen zum Osterfest losgebe; wollt ihr nun, daß ich euch der Juden König losgebe? Da schrieen sie wieder und sprachen: Nicht diesen, sondern Barabbas! Barabbas aber war ein Räuber. Da nahm Pilatus Jesus und ließ ihn geißeln. Und die Kriegsknechte flochten eine Krone von Dornen und setzten sie auf sein Haupt und legten ihm ein Purpurkleid an, traten zu ihm und sprachen: Sei gegrüßt, lieber Judenkönig! und gaben ihm Backenstreiche. Da ging Pilatus wieder heraus und sprach zu ihnen: Sehet, ich führe ihn heraus zu euch, damit ihr erkennt, daß ich keine Schuld an ihm finde. Da ging Jesus heraus und trug eine Dornenkrone und ein Purpurkleid. Und Pilatus spricht zu ihnen: Sehet, welch ein Mensch!“*
(Joh. 18, 39-19,5).

Das Verhalten der Soldaten, die Jesus zum König krönten, erinnert an das Königsspiel. Dabei wurde bei den Saturnfesten ein Soldat zum Scheinkönig erwählt, den die Soldaten für eine kurze Zeit mit allen möglichen Titeln verehrten, dem sie dienten und alle Wünsche und Triebe erfüllten, ihn aber anschließend geißelten und zu Tode quälten (vgl. Matth. 27, 27–30). Ein Zeugnis für dieses Spiel des Königs sind Steineinritzungen auf den Überresten des Lithostrotos, des Steinpflasters, das in der **Kapelle der Verurteilung** auf der linken Seite des Franziskanerkonvents zu sehen ist und sich bis auf die andere Seite der Bab el Ghawanima-Straße zum Kloster der Schwestern Zions erstreckt. Hinzuweisen ist auf das seit 1927 im Geißelungskloster untergebrachte franziskanische Bibelinstitut und das beachtenswerte archäologische Museum im Erdgeschoß. Dort befinden sich in einem Türmchen 13 Glocken aus dem 13. und 14. Jahrhundert, die beim Bau des Casa Nova in Betlehem 1889 gefunden wurden.

Die **Kapelle der Verurteilung** erhebt sich an der Stelle, an der Pilatus das Urteil über Jesus fällte.

„Von da an trachtete Pilatus, wie er ihn losließe. Die Juden aber schrieen und sprachen: Läßt du diesen los, so bist du des Kaisers Freund nicht; denn wer sich zum König macht, der ist wider den Kaiser. Da Pilatus das Wort hörte, führte er Jesus heraus und setzte sich auf den Richterstuhl an der Stätte, die da heißt Steinpflaster, auf hebräisch Gabbatha. Es war aber der Rüsttag auf Ostern und die sechste Stunde. Und er spricht zu den Juden: Sehet, das ist euer König! Sie schrieen aber: Weg, weg mit dem! Kreuzige ihn! Spricht Pilatus zu ihnen: Soll ich euren König kreuzigen? Die Hohenpriester antworteten: Wir haben keinen König, denn den Kaiser. Da überantwortete er ihnen Jesus, daß er gekreuzigt würde“ (Joh. 19, 12-16).

Der vierte Evangelist hat mit protokollarischer Sachlichkeit den Ort und Zeitpunkt des denkwürdigen Vorgangs notiert. Matthäus beschrieb, wie Pilatus die Hände in Unschuld wäscht, um sich ein moralisches Alibi zu verschaffen (Matth. 27, 24). Und das versammelte Volk sprach im Chor die furchtbare Formel der Selbstverfluchung im Falle eines Irrtums: *„Sein Blut komme über uns und über unsere Kinder“* (Tos Sukka 4, 3). Ein Gottesgericht wurde hier zelebriert, eine Kaiserliturgie in der festlichen Gottesstadt vom Hohenpriester Kaiphas des Gottesvolkes. Dann wurde Jesus abgeführt.

Die Verurteilungskapelle steht also auf dem alten Hofpflaster des Lithostrotos. Sie wurde 1903 auf den Ruinen einer älteren Kapelle von dem deutschen Franziskaner Wendelin Hinterkeuser im byzantinischen Stil errichtet.

Auch das **Kloster der Schwestern Zions** befindet sich noch auf dem Gelände der ehemaligen Antonia-Festung. Hier sind die wichtigsten Überreste der Antonia-Burg, der größte Teil des Lithostrotos zu sehen. Die Klosterschwestern zeigen dem Pilger gern den ausgegrabenen Teil des Steinpflasters. Auf mehreren Steinen sind eingeritzte Spiele zu erkennen. Es sind Linien für Würfel- und Glücksspiele und an einer Stelle für das schon erwähnte Königsspiel. Eine Krone, ein Schwert und der Buchstabe B (Basileus = König) sind in den Stein gegraben.

Der **Ecce-Homo-Bogen,** ein dreifacher Triumphbogen, steht am westlichen Ende des Lithostrotos. Er war ursprünglich ein dreifaches Rundbogentor, von dem ein Teil des mittleren Bogens mit einer kleinen Wachstube darauf außerhalb der Ecce-Homo-Kirche die Via Dolorosa überspannt. Der südliche Rundbogen auf der anderen Straßenseite ist nicht erhalten; der nördliche wurde in die Ecce-Homo-Basilika eingebaut. Nur der obere Teil des Bogens ist hier als Hintergrund des Altars zu sehen. Der untere Abschnitt ist im Boden eingemauert. Die Bogenpfeiler stecken 1,60 m tief im Boden der Kirche.

Die Überlieferung seit dem 16. Jahrhundert hat angenommen, daß Jesus hier nach seiner Verurteilung von Pilatus der Volksmenge vorgestellt worden ist mit den Worten: Sehet, welch ein Mensch (= Ecce homo) und durch diesen Bogen dann die Via Dolorosa betrat. Inzwischen hat man festgestellt, daß dieser Bogen nicht aus der Zeit Christi stammt, sondern als Osttor der hadrianischen Aelia Capitolina wohl erst im Jahr 135 n. Chr. errichtet wurde. Er kann daher keine Rolle bei der Passion Christi gespielt haben.

Die Via Dolorosa

Kreuzweg, Tod und Auferstehung sind die einschneidensten Ereignisse im Leben Christi. Jesu Worte zu den Jüngern von Emmaus: *„Mußte nicht Christus solches leiden und zu seiner Herrlichkeit eingehen?“* (Lukas 24, 26) machen deutlich, daß das Ereignis der Via Dolorosa auch dann nicht hätte vermieden werden können, wenn Pilatus ein anderes Urteil gefällt hätte. Denn *„es geht nicht an, daß ein Prophet umkomme außerhalb von Jerusalem“* (Luk. 13, 33).

Im Mittelalter war es deshalb Brauch, in den Kirchen Europas die Via Dolorosa nachzubilden, so daß die Gläubigen, die nicht nach Jerusalem pilgern, den Kreuzweg Christi zu Hause nachvollziehen konnten. Noch heute besitzen alle katholischen Kirchen Kreuzwegtafeln, bei denen der Leiden des Herrn gedacht werden kann. Der Kreuzweg ist von zahllosen Künstlern in aller Welt in Bild, Stein, Musik und Wort immer wieder thematisiert worden. Dabei geht es um die religiöse Bedeutung des Weges Christi, der das Leid der Menschheit auf das eigene Kreuz genommen hat.

In der Ecce-Homo-Kapelle

Der historische Kreuzweg ist, da Aufzeichnungen aus dieser Zeit fehlen, historische und archäologische Argumente sich widersprechen, die Stadt mehrfach zerstört wurde, das Straßenpflaster heute viel höher liegt und Ausgrabungen bei der dichten Besiedlung der Altstadt sehr erschwert sind, kaum mehr zu ermitteln. Nicht einmal die genaue Lage des Prätoriums ist bekannt. Da im 16. Jahrhundert der arabische Statthalter von Jerusalem die Antonia-Festung zu seiner Residenz erkor und dort den Gerichtshof einrichtete, festigte sich unter den Christen die Annahme, daß an dieser Stelle das Prätorium gewesen sein müsse, indem man einen temporären Akt aus Unkenntnis als langwährende Tradition ansah.

Schon seit dem frühen Mittelalter verfolgen Pilger die Passion Christi vom Ölberg über Gethsemane zur Grabeskirche auf unterschiedlichsten Wegen. Damals war es in religiöser Hinsicht wie heute nebensächlich, ob die Straße, die zu Besinnung, Nachdenken und Einkehr aufruft, dem historischen Wege Jesu entsprach oder nicht. In der Kreuzfahrerzeit legte man den Kreuzweg allmählich fest und unter dem Einfluß von Franz von Assisi entstanden die Kreuzwegstationen, die dazu verhelfen sollen, das geschichtliche Ereignis der Passion lebendig zu machen. Anfänglich schwankte noch die Zahl der Kreuzwegstationen, denn nur die erste, zweite, fünfte, achte, zehnte, elfte, zwölfte und vierzehnte werden im Neuen Testament erwähnt, die anderen wurzeln im Volksglauben. Die letzte dieser acht Stationen war die heutige siebte Station. Schließlich legte man nach europäischer Überlieferung die Anzahl auf vierzehn fest, von denen die letzten fünf sich innerhalb der Grabeskirche befinden. Peter Bamm schreibt in seinem Buch „Frühe Stätten der Christenheit" zum Problem des Verlaufs der Via Dolorosa: „Die Via Dolorosa hat, wie aus den Berichten der Pilger hervorgeht, im Lauf der Jahrhunderte ihren Ort mehrfach gewechselt. Aber die Passion hat sich in Jerusalem ereignet. Anderthalbtausend Jahre frommer Verehrung sind auch eine historische Tatsache. Es ist nicht anzunehmen, daß Verehrung im Himmel weniger wohlgefällig ist als wissenschaftlicher Streit. Ein vortrefflicher Archäologe des 19. Jahrhunderts hat gesagt: „In Jerusalem ist alles historisch" (S. 183).

Seit dem 16. Jahrhundert und endgültig seit dem 19. Jahrhundert verläuft die Via Dolorosa in ihrer heutigen Form. Jeden Freitag, nachmittags um drei Uhr, ziehen die Franziskaner betend den Kreuzweg entlang. Die einzelnen Stationen sind durch Mauerinschriften, Kapellen oder eine Säule bezeichnet. Die Prozession beginnt auf dem Gelände der früheren Antonia-Festung, im Hof der Al-Omariya-Schule.

Rechts die Kuppeln der Verurteilungskapelle sowie der Ecce-Homo-Kirche.

I. Station (Jesus wird von Pilatus zum Tode verurteilt)

Die erste Station wurde nördlich des vermuteten Prätoriums festgelegt, da die Christen während der arabischen Herrschaft die Festung nicht betreten durften. Sie erinnert an die Worte des Johannes: *„Da führten sie Jesus von Kaiphas vor das Richthaus"* (Joh. 18, 28). Wenn das Richthaus gegenüber der Geißelungskapelle gestanden hat, wäre das der Ort, wo sich heute die El-Omariya-Koranschule befindet. Dort erfüllen sich die Psalmworte: *„Die Könige der Erde lehnen sich auf, und die Herren ratschlagen miteinander wider den Herrn und seinen Gesalbten* (Ps. 2, 2).

II. Station

(Jesus nimmt sein Kreuz auf sich)

Die zweite Station befindet sich gegenüber der Al-Omariya-Koranschule auf der anderen Straßenseite am Treppeneingang des Franziskanerklosters. Eine römische Zwei links vom Eingang kennzeichnet die Stelle. Man wendet sich dabei der Verurteilungskapelle zu. Hier soll erinnert werden, wie Jesus gegeißelt, verurteilt und mit Dornen gekrönt in die Via Dolorosa geführt wurde. Der Ecce-Homo-Bogen unterstreicht das Wort Jesu: *„Ich bin die Tür . . ."* (Joh. 10, 7), und die Prophezeihung des Jesaja wird Wirklichkeit: *„Fürwahr, er trug unsere Krankheit und lud auf sich unsere Schmerzen. Wir aber hielten ihn für den, der geplagt und von Gott geschlagen und gemartert wäre. Aber er ist um unserer Missetat willen verwundet und um unserer Sünde willen zerschlagen. Die Strafe liegt auf ihm, auf daß wir Frieden hätten, und durch seine Wunden sind wir geheilt"* (Jes. 53, 4-5).

III. Station

(Jesus fällt mit dem Kreuz)

Man nimmt an, daß der Weg von der zweiten zur dritten Station hügelabwärts verlief und im Tyropöon-Tal auf eine Querstraße stieß, die in die Stadt führte. Dort ist Jesus mit dem Kreuzbalken auf dem Rücken zum ersten Mal zu Fall gekommen, vielleicht wegen des Gedränges am Stadttor. Ein Säulenstück neben dem Eingang zu den türkischen Bädern von Hamman El-Sultan, die bis 1947 in Betrieb waren, diente jahrelang dazu, diese Stelle zu markieren. 1948 wurde an der Ecke der El Wad-Straße an der dritten Station von der polnischen Gemeinde Jerusalems eine Kapelle errichtet. Die Mittel für diese Kreuzwegkapelle stammen aus einem Fond polnischer Soldaten, die während des Zweiten Weltkriegs im Heiligen Land dienten. Das Hochrelief über dem Eingang und die Skulpturen in der Kapelle sind das Werk des polnischen Künstlers Thaddeus Zielinsky. Der Kapelle ist ein kleines Museum angeschlossen.

Wie Jesus unter der Last des Kreuzes zusammenbricht, gemahnt an die Worte des Psalmisten:

„Meine Kräfte sind vertrocknet wie eine Scherbe, und meine Zunge klebt an meinem Gaumen, und du legst mich in des Todes Staub . . . Aber du Herr, sei nicht ferne; meine Stärke, eile, mir zu helfen!“ (Ps. 22, 16 und 20).

IV. Station

(Jesus begegnet seiner Mutter)

Die vierte Station mit der Begegnung von Mutter und Sohn auf dem Passionsweg wird in den Evangelien nicht erwähnt; nur wie Maria unter dem Kreuze steht. Der Volksglaube nimmt an, daß die Mutter dem Sohn schon auf dem Wege zur Richtstätte nahezukommen suchte. Hier in der Nähe des Stadttores hätte sie ihn

Hochrelief des Sturzes Christi an der polnischen Kapelle.

Karfreitagsprozession. Die 3. Station, der Sturz Christi.

Die Via Dolorosa bei der 3. Station.

in keinem Fall verfehlen können. Die Tradition verlegt diese Begegnung in die Krypta der armenisch-katholischen Kirche nebenan. Ein riesiger byzantinischer Mosaikfußboden aus dem 4. bis 6. Jahrhundert, der beim Bau des Gebäudes 1881 ans Licht kam, markiert diese Stelle. Seine Einfassung umschließt ein Paar nach Nordwesten zeigende Fußabdrücke, die von Maria stammen sollen. Station beim Nachvollzug des Kreuzwegs Christi macht man jedoch zumeist an einer kleinen Wegkapelle links an der Straße, deren Eingangstür durch ein Relief, das die Begegnung von Mutter und Sohn darstellt, geschmückt ist. Auch dieses Relief schuf Thaddeus Zielinsky.

Maria wird in dieser Situation geklagt haben wie in den Klageliedern des Jeremias: *„Darum weine ich so, und meine Augen fließen mit Wasser, daß der Tröster, der meine Seele sollte erquicken, fern von mir ist. Meine Kinder sind dahin, denn der Feind hat die Oberhand gekriegt“* (Klagel. 1, 16).

V. Station

(Simon von Kyrene hilft Jesus)

An der fünften Station zwangen die römischen Soldaten einen Fremden, der als Zuschauer zufällig am Wegrand stand, Jesus das Kreuz tragen zu helfen, ein Verfahren von Besatzungsmächten, wie es zu allen Zeiten immer wieder praktiziert wird. Max Frisch hat in seinem Tagebuch eine ähnliche „Szene in Berlin, Sommer 1945“ beschrieben. Simon war aus Libyen zum Passahfest nach Jerusalem gekommen. Da bei der fünften Station die Via Dolorosa nach rechts abbiegt und einen mit Bögen überwölbten Treppenweg hinaufgeht, dessen Steigung zur Zeit Christi aus dem Tyropöon-Tal hinauf sicher viel steiler war und dessen Aufstieg große Mühe verursachte, ist anzunehmen, daß die römischen Soldaten sich hier nach einer Hilfe für den geschwächten Kreuzträger umsahen. Bei Lukas heißt es: *„Und als sie ihn hinführten, ergriffen sie einen, Simone von Kyrene, der vom Felde kam, und legten das Kreuz auf ihn, daß er's Jesus nachtrüge“* (Luk. 23, 26).

Hochrelief der 4. Station.

5. Station

Eine Marmortafel mit der Inschrift: „Hic Crux ad Symonem Cyrenaeum imponetur“ ist in die Hauswand eingelassen. So wie Simon Jesus hilft, so forderte Jesus seine Jünger auf, allen Menschen zu helfen, denn: *„Was ihr getan habt einem unter diesen meinen geringsten Brüdern, das habt ihr mir getan“* (Matth. 25, 40).

VI. Station
(Veronika reicht Jesus das Schweißtuch)

Auch diese Station wird in der Bibel nicht erwähnt, sondern verdankt ihre Existenz der christlichen Legende. Die fromme Überlieferung erzählt, daß eine mitleidige Frau namens Veronika Jesus auf seinem Weg mit einem feuchten Tuch das schweiß- und blutbedeckte Antlitz abgetrocknet und Jesus aus Dankbarkeit sein Leidensbild im Tuch abgebildet habe. Dieses originale „Schweißtuch der heiligen Veronika“, von dem es übrigens im Zuge des mittelalterlichen Reliquienhandels mehrere gegeben hat, soll sich seit 707 n. Chr. im Petersdom in Rom befinden.

Die Kirche der heiligen Veronika liegt links auf halber Höhe der Straße mit der Kapelle der sechsten Station in der Krypta. Die Kapelle wird von den Kleinen Schwestern Jesu betreut. Rechts im Inneren der Kapelle sind Baureste eines tiefer gelegenen Gebäudes zu erkennen, die wahr-

6. Station.
Die Kapelle der hl. Veronika.

scheinlich zu einem Kloster der Heiligen Kosmas und Damian aus dem 6. Jahrhundert gehörten. Die über der Kapelle erbaute griechisch-katholische Kirche wurde 1953 von dem italienischen Künstler Barluzzi neu ausgestaltet.

Als Veronika Jesus das Tuch reichte, muß er ausgesehen haben, wie es schon Jesaja beschrieb: *„Er hatte keine Gestalt noch Schöne; wir sahen ihn, aber da war keine Gestalt, die uns gefallen hätte. Er war der Allerverachtetste und Unwerteste, voller Schmerzen und Krankheit“* (Jes. 53, 2-3).

VII. Station
(Jesus fällt ein zweites Mal)

Die siebte Station gemahnt an die Stelle, an der Jesus ein zweites Mal stürzte, durch eine hohe, rötliche römische Säule im Innern der einen Franziskanerkapelle. Die Säule stammt aus der Aelia Capitolina Hadrians und gehörte zum „Urteilstor“ (Porta Judiciaria), an dem die Todesurteile angeschlagen waren und durch das Jesus die ummauerte Stadt verlassen hat. Die Station liegt dort, wo die Via Dolorosa auf die überdachte Hauptbasarstraße „Suq-Khan-Ez-Zeit“ (Ölpresserstraße) stößt, die vom Damaskustor herkommt. Die Sug-Khan-Ez-Zeit-Straße folgt der Linienführung des Cardo Maximus, der nord-südlichen Hauptstraße, die in römischer und byzantinischer Zeit durch die Stadt führte. Ein Teil des Cardo Maximus wurde kürzlich bei Ausgrabungen im Jüdischen Viertel wiederentdeckt. Die Franziskaner erwarben 1875 die siebte Station, die letzte nach früher jerusalemer Überlieferung, um sich hier der Situation Christi erinnern zu können:

„Wir gingen alle in die Irre wie Schafe, ein jeglicher sah auf seinen Weg; aber der Herr warf unser aller Sünde auf ihn. Da er gestraft und gemartert ward, tat er seinen Mund nicht auf wie ein Lamm, das zur Schlachtbank geführt wird . . .“ (Jes. 53, 6-7).

VIII. Station
(Jesus spricht zu den weinenden Frauen)

Ein Stein mit einem eingravierten lateinischen Kreuz und dem griechischen Wort „Nike“ (= Jesus der Christus ist Sieger) ist in die Außenmauer des griechisch-orthodoxen Klosters St. Charalambos eingefügt und bezeichnet die achte Station. Das Mauerkreuz befindet sich auf der linken Seite der Al-Khanga-Straße gegenüber von einem Johanniterhospiz.

Jesus befand sich an der achten Station, ebenso wie schon bei der siebten, außerhalb der ummauerten Stadt, und die Richtstätte, der Golgathahügel, erhob sich vor seinen Augen. Am naheliegenden Stadttor mögen auch die weinenden Frauen gestanden haben, die nach alter Sitte den Verurteilten einen aromatischen Wein angeboten haben, um die Schmerzen der Kreuzigung zu lindern. Jesus

Karfreitagsprozession.
Kurz vor der Grabeskirche.

wird später diesen Wein ablehnen, da er mit vollem Bewußtsein den Kelch des Leidens trinken will. Zu den klagenden Frauen spricht er die düstere Prophezeiung, die sich nur wenige Dekaden später erfüllen sollte, als die Römer Jerusalem einäscherten: *„Ihr Töchter von Jerusalem, weinet nicht über mich, sondern weinet über euch selbst und über eure Kinder. Denn siehe, es wird die Zeit kommen, in welcher man sagen wird: Selig sind die Unfruchtbaren und die Leiber, die nicht geboren haben, und die Brüste, die nicht genährt haben! Dann werden sie anfangen zu sagen zu den Bergen: Fallet über uns! und zu den Hügeln: Decket uns!"*

(Luk. 23, 28-30).

IX. Station

(Jesus fällt zum dritten Mal)

Da seit dem Mittelalter der direkte Weg zur Stätte Golgatha durch Gebäude verbaut worden ist, wird die Via Dolorosa an der achten Station unterbrochen. Man muß zur Basarstraße Suq-Khan-Ez-Zeit zurückgehen, sie einige Schritte in südlicher Richtung verfolgen und gelangt rechts über eine Treppe hinauf auf eine Plattform oberhalb der Grabeskirche, wo sich die Klausen äthiopisch-koptischer Mönche befinden, zur neunten und letzten Station außerhalb des Grabeskirchenkomplexes. Man glaubt, daß Jesus am Fuß des Golgathahügels noch einmal zusammenbrach. Der Schaft einer römischen Säule am Eingang der koptischen Kirche bezeichnet die Station. In der koptischen Kirche, die auf Resten einer Kreuzfahrerkirche erbaut wurde, ist eine riesige unterirdische Zisterne zu besichtigen.

An der neunten Station sollte man des leidenden Messias und seines Reiches wieder mit den Worten des Psalmisten gedenken:

„Ich bin ausgeschüttet
wie Wasser,
alle meine Gebeine
haben sich zertrennt
mein Herz ist in meinem Leibe
wie zerschmolzen Wachs.
Meine Kräfte sind vertrocknet
wie eine Scherbe,
und meine Zunge
klebt an meinem Gaumen,
und du legst mich in des
Todes Staub" (Ps. 22, 15-17).

X. Station

(Jesus wird entblößt und mit Galle gespeist)

Der direkte Weg durch das koptische Kloster zur Grabeskirche, in der sich die letzten fünf Stationen befinden, ist versperrt. Daher muß man zur Basarstraße zurückgehen, sich nach rechts wenden und gelangt, an der linksliegenden Erlöserkirche vorbei, durch ein kleines Tor auf den Vorplatz der Grabeskirche. Die Stationen X bis XIII liegen auf dem Kalvarienberg in der Grabeskirche. Am Eingang zur Kalvarienbergkapelle wird die zehnte Station auf dem Fußboden markiert. Ein Mosaik stellt dar, wie Abraham seinen Sohn Isaak opfern wollte. In den Psalmen heißt es:

„Sie teilen meine Kleider
unter sich
und werfen das Los um
mein Gewand.
Aber du, Herr, sei nicht ferne;
meine Stärke, eile, mir zu helfen“
(Ps. 22, 19-20)

und später:

„Und sie geben mir Galle zu essen und Essig zu trinken in meinem großen Durst“ (Ps. 69, 2).

XI. Station

(Jesus wird ans Kreuz genagelt)

Die elfte Station beim Kreuzannagelungsaltar erinnert daran, wie Jesus an der Richtstätte Golgatha, die nach einer Felsformation „Schädel“ heißt, am Boden mit ausgestreckten Armen angenagelt wurde. Damit der Körper

Pilger aus aller Welt unterwegs zur Grabeskirche.

nicht durchriß, gab man ihm zwei Stützen zwischen den Beinen und unter den Füßen, so daß er, wie die Kirchenväter sagen, gleichsam auf einem Throne saß. Ein Mosaik aus der Kreuzfahrerzeit stellt an dieser Stelle die Folterung und Kreuzigung Christi und der beiden mit ihm hingerichteten Verbrecher links und rechts von ihm dar. Die Golgathastätte mit der X. und XI. Station wurde 1937 mit wunderbaren Mosaiken renoviert.

Die führenden Männer des Synhedriums, des Obersten religiösen Rates, waren als Zeugen erschienen, und Kaiphas wartete auf ein Schuldbekenntnis des Pseudopropheten, auf einen Widerruf, um den Gekreuzigten dann lossprechen zu können. Über dem Kreuz wurde nach römischer Rechtspraxis eine Tafel angebracht, der Titulus, der in amtlicher Kurzformulierung das Delikt des Verurteilten ausdrückte. Pilatus hatte mit verstecktem Hohn angeordnet, daß in drei Sprachen für jedermann lesbar „Jesus Nazarenus Rex Judaeorum" auf der Tafel angeschlagen würde. Zwar protestierte der jüdische Klerus, aber Pilatus wies das zurück.

Hohn und Spott kennzeichnen die letzten Stunden des Herrn, wie Markus (15, 29–32) berichtete. Dazu gehört auch der Essigtrank, der Jesus bei Bewußtsein halten soll, bis Elia wiederkomme, um ihn vom Kreuz abzunehmen, sowie der Titel „König in Israel", mit dem die Hohenpriester seine messianische Sendung verhöhnen.

In diesen Stunden des Leids und der Verhöhnung hatten sich auch einige seiner Anhänger eingefunden, besonders Frauen. Unter ihnen waren seine Mutter und sein Lieblingsjünger Johannes, dem er im Zeichen echt jüdischen Familiensinns die Mutter anvertraute (Joh. 19, 26 f.).

Von allen großen Persönlichkeiten der Weltgeschichte berichtet die Überlieferung letzte Worte, die an der Schwelle des Todes Zusammenhänge sehen, die, wie man glaubt, im irdischen Leben nicht gesehen werden. Die Evangelien berichten von sieben Worten des Gekreuzigten, die gleichsam das Vermächtnis des Hinscheidenden sind. Das erste Wort ist nach Lukas 23, 24 ein Fürbittegebet: *„Vater, vergib ihnen, denn sie wissen nicht, was sie tun!"* Dieses Kreuzeswort wollte man lange Zeit aus Jesaja 53, 12 herleiten, doch seit dem Fund der großen Jesajarolle in Qumran wissen wir, daß dieser Text nicht von Fürbitte, sondern vom stellvertretenden Sühnetod spricht. Dieses Wort ist ein echtes Jesuswort ebenso wie das der neunten Stunde: *„Und um die neunte Stunde rief Jesus laut und sprach: Eli, Eli lama asabthani? das ist verdolmetscht: Mein Gott, mein Gott, warum hast du mich verlassen?"* (Mark. 15, 34). Jesus sagt Gott hier nicht ab, sondern hält an ihm fest. Sein Glaube hat hier seine letzte Kühnheit und Menschlichkeit erreicht, denn diese Worte des 22. Psalms, des Passionspsalms, spielen in der Messiastheologie und Messiaserwartung der Juden eine bedeutende Rolle. Das war nicht der erwartete Widerruf eines abgefallenen Predigers, auf den man gewartet hatte. Und die Verdrehung der Worte Jesu, er warte auf Elias, war nur der Ausdruck antijesuanischer Polemik. In der Folgezeit hat man denn auch diese Psalmworte der jüdischen Nationalheldin Esther in den Mund gelegt und das dreitägige Fasten im Buch Esther, das die Juden in ihrer Not veranstalteten, auf den 14., 15. und 16. Nissan, also die drei Tage nach der Passahschlachtung verlegt. Der Tag der Passahschlachtung war aber nach Sanh. 43 a der Kreuzigungstag Jesu. Das Bild Esthers wurde damit zu einer jüdischen Konkurrenz zum Kreuzigungsbild Christi.

Anschließend betete Jesus nur noch Sabbath-, Nacht und Sterbegebete seiner Väter. Von diesen Sterbegebeten, die er halblaut als ein Todmüder spricht, wird er den Sabbatkiddusch gesprochen haben: *„So wurde vollendet. . . und Gott vollendete . . . und ruhte von seinem ganzen Werk.“* Der Evangelist Johannes hat von diesem Gebet nur ein Wort festgehalten, das ihm zum Inbegriff und Schlußwort aller Taten Christi wird: „Vollendet“. Jesus schaut auf sein Lebenswerk zurück. Er kann etwas später sagen: *„Es ist vollendet“* (Joh. 19, 30).

XII. Station

(Jesus stirbt am Kreuze)

Der griechisch-orthodoxe Kreuzigungsaltar, im orientalischen Stile geschmückt und mit überlebensgroßen Ikonen von Christus, Maria und Johannes versehen, steht an der Stelle, an der die Kreuze Jesu und der beiden Schächer aufgerichtet waren. Rechts vom Altar öffnet sich im Felsen eine tiefe Spalte, die durch das Erdbeben beim Tode Jesu entstanden sein soll.

Als um 15.00 Uhr die Tempelposaunen ertönen und die Pilger auf dem Tempelplatz nach der Schlachtung der Osterlämmer das

Verkauf von Dornenkronen an der Via Dolorosa.

Abendgebet anstimmen, reiht sich der Einsame auf Golgatha in ihren Kreis ein und betet mit lauter Stimme mit: *„Vater, ich befehle meinen Geist in deine Hände! Und als er das gesagt, verschied er.“* (Luk. 23, 46).

XIII. Station

(Jesu Leichnam wird vom Kreuz genommen)

Die dreizehnte Station ist durch den kleinen Stabat-Mater-Altar zwischen der elften und zwölften Station gekennzeichnet. Eine schöne Holzstatue der Maria, die im 16. Jahrhundert in Lissabon geschnitzt worden ist, zeigt den tiefen Schmerz der Gottesmutter. Die Empfindungen Marias, als ihr der Sohn tot in den Schoß gelegt

Der Kreuzigungsaltar auf Golgatha.

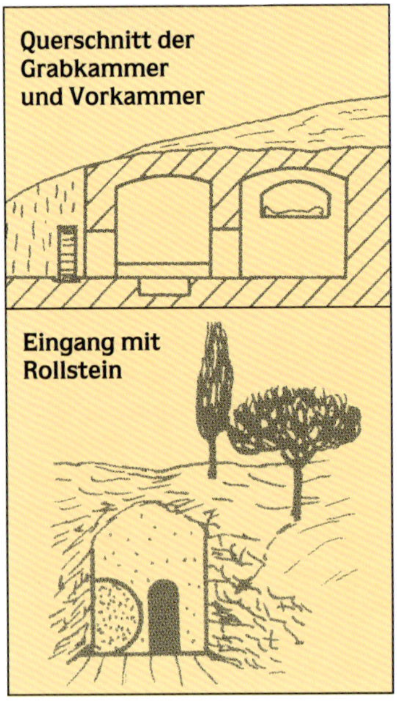

worden ist, mögen die Klagelieder ausdrücken: „*Schauet doch und sehet, ob irgend ein Schmerz sei wie mein Schmerz, der mich getroffen hat; denn der Herr hat mich voll Jammers gemacht . . .*“ (Klagel. 1, 12).

Nach römisch-katholischer Überlieferung wurde Jesus vor der Grablegung auf dem Salbungsstein im Eingang der Grabeskirche einbalsamiert. Die Griechisch-Orthodoxen glauben hingegen, daß an dieser Stelle, die durch eine rötliche Kalksteinplatte aus dem Jahre 1810 gezeichnet ist, Jesus unter den Tränen seiner Mutter vom Kreuz abgenommen wurde.

XIV. Station

(Jesus wird ins Grab gelegt)

Die letzte Station des Leidensweges Christi ist das Christus-Grab in der Rotunde der Grabeskirche, eine eigene Kapelle, die den Mittelpunkt der gesamten Kirche bildet. Daß Jesus nicht auf dem Verbrecherfriedhof, wie es das jüdische Gesetz vorschrieb, verscharrt, sondern in einem Ehrengrab beigesetzt wurde, läßt darauf schließen, daß Pilatus und einige jüdische Richter doch kein ganz ruhiges Gewissen hatten, wenn sie der Bitte des Ratsmitgliedes Joseph von Arimathia nach einem ehrenvollen Begräbnis nachgaben. Zusammen mit Nikodemus vollzog Joseph das Bestattungsritual.

Sie hüllten den Leichnam in reine Leinentücher unter Beigabe von balsamierenden Gewürzen und legten ihn in ein Felsengrab, das Joseph gehörte und in einem Garten in der Nähe der Kreuzigungsstätte lag. Das Grab bestand nach der Art jüdischer Gräber, vermutlich aus einem Vorraum und einer Grabkammer und wurde mit einem Rollstein geschlossen. Das sogenannte Gartengrab hat mit dem Grab Jesu nichts zu tun, vermag aber ebenso wie die Herodesgräber neben dem King David Hotel eine Vorstellung davon zu geben, wie Jesu Grab ausgesehen haben mochte. Die Echtheit des Grabes in der Grabeskirche kann als gesichert gelten. Nach Matthäus (27, 62 ff.) und der judenchristlichen Jesustradition wurde das Grab Christi einige Tage lang bewacht.

Die vier Evangelien berichten, daß Jesu Grab nach dem Sabbat leer gewesen sei. Paulus' Römerbrief faßt noch einmal die Bedeutung des Sühnetods Christi zusammen: *„Sind wir aber mit Christi gestorben, so glauben wir, daß wir auch mit ihm leben werden, und wissen, daß Christus, von den Toten erweckt, hinfort nicht stirbt; der Tod kann hinfort über ihn nicht herrschen. Denn was er gestorben ist, das ist er der Sünde gestorben ein für allemal; was er aber lebt, das lebt er Gott. Also auch ihr, haltet euch dafür, daß ihr in der Sünde gestorben seid und lebet Gott in Christus Jesus"* (Röm. 6, 8-11).

Die Grabeskirche

Überlieferung und Geschichte

Der heiligste Ort des Heiligen Landes war nach dem Johannesevangelium (19, 41) *„ein Garten und im Garten ein neues Grab, in welches niemand je gelegt war."* Der Garten gehörte Josef von Arimathia und erstreckte sich von der Westseite des abfallenden Golgathafelsens in einer schmalen südwestlich verlaufenden Senke, die im Westen erneut von Felswänden begrenzt wurde. In diese Felswände hatte Josef von Arimathia Grabstätten für seine Ahnen und gerade zur Zeit von Jesu Kreuzigung ein neues Grab für sich selbst einhauen lassen, in das Jesus gelegt wurde. Das ist die Stelle der Auferstehung, griechisch Anastasia genannt. Daher heißt die Grabeskirche bei den Griechen auch Auferstehungskirche.

Die Golgathastätte oder der Schädelplatz (lateinisch: Kalvaria) liegt etwa fünf Meter höher. Weshalb diese Stätte diesen Namen trägt, wissen wir nicht. Ob der kleine Felsbuckel das Aussehen eines Schädels hatte oder in der Nähe eine Grabanlage bestand oder man dort den Schädel Adams, des ersten Menschen, begraben glaubte, alles dies bleibt im Raum der Vermutungen für die Erhellung der Namensherkunft. Wenn die meisten christlichen Kunstwerke die Kreuzigung auf einem Hügel oder Berg wiederge-

Darstellung der Grabeskirche im Roman „Jerusalem" von Selma Lagerlöf Ende des 19. Jahrhunderts

„Das nächste Mal hielt die Bahre auf dem Vorhof eines großen, grauen Gebäudes. Der offene Platz war mit Bettlern und armen Hökern angefüllt, die Rosenkränze, Pilgerstäbe, Heiligenbilder und andern Kram feilboten.

„Hier siehst du nun die Kirche, die über dem Heiligen Grab und Golgatha gebaut ist", sagte Halvor.

Mit matten Blicken schaute Birger Larsson an dem Gebäude empor. Allerdings hatte es große Türme und breite Fenster und war von ansehnlicher Höhe; aber noch nie hatte Birger eine Kirche so zwischen andern Häusern eingeklemmt gesehen. Er sah weder den Turm noch den Chor noch die Vorhalle. Nein, das würde er sich gewiß nicht weismachen lassen, daß das ein Gotteshaus sei. Und das konnte er auch nicht glauben, daß sich so viele Händler und Verkäufer im Vorhof aufgehalten hätten, wenn dies wirklich das Grab Christi wäre. Er wußte wohl, wer die Wechsler aus dem Tempel hinausgejagt und den Taubenhändlern ihre Käfige umgeworfen hatte."

ben mit einem alles überragenden Kreuz zwischen zwei kleineren, darf diese Darstellung nicht realistisch, sondern symbolisch aufgefaßt werden. Die ins Bild gehobene göttliche Größe läßt die Herrlichkeit der Auferstehung schon ahnen. Wenn der Pilger heute die Stätte der Kreuzigung und Auferstehung besucht, bleibt die Überraschung nicht aus, einen recht niedrig liegenden Ort in einer durch zahlreiche Anbauten gekennzeichneten Kirche inmitten eines Gewirrs von kleinen Häusern und engen Gassen vor sich zu sehen. Auch macht es Schwierigkeiten, sich Golgatha inmitten der Stadt und nicht etwa als große Erhebung wie den Ölberg außerhalb der Stadtmauern vorzustellen. Diese Verwirrung mag im 19. Jahrhundert dazu geführt haben, daß Protestanten eines der Steingräber außerhalb der Stadt zum wirklichen Gartengrab erhöhten, nicht zuletzt deshalb, weil sie selber keinen Anteil der Grabeskirche besitzen. Der Blick in die Geschichte als Spurenwanderung der Gedanken Gottes gibt auch hier Auskunft.

Jesu Kreuzigung fand außerhalb der Stadtmauern statt. Elf Jahre nach seiner Erlösertat ließ jedoch Herodes Agrippa (41–44 n. Chr.) eine neue Stadtmauer errichten, die nun die heilige Stätte einschloß, zu der die Mitglieder der kleinen christlichen Urgemeinde wie Petrus, Jakobus, Johannes, Stephanus, die Apostel und, nach seiner Bekehrung, Paulus, pilgerten. Die Umtriebe der christlichen Urgemeinde waren sowohl den Juden als auch später besonders den Römern ein Dorn im Auge. Daher ließ Kaiser Hadrian im Jahre 135 das Grab Jesu zerstören, und er erbaute auf dem Golgathafelsen einen Tempel zu Ehren der Aphrodite, damit jede Erinnerung an die christliche, aber ebenso jüdische Religion gelöscht würde.

Zwei Jahrhunderte des Schweigens breiteten sich von nun an über die heiligsten Stätten der Christenheit, zumal seit dem Weggang von Petrus aus Jerusalem nach Rom die heilige Stadt ihre Vorrangstellung für das Christentum an Rom, die Hauptstadt des Reiches, abgegeben hatte. Dennoch vergaßen die Christen nicht den Ort der Welterlösung und der Auferstehung. Sie überlieferten von Geschlecht zu Geschlecht, was sich unter dem römischen Götzenbild verbarg. Vielleicht hat gerade der Versuch Hadrians, diese Stätte aus dem Gedächtnis der Christen auszulöschen, dazu beigetragen, daß er in der Erinnerung so lebhaft verblieb.

Als auf dem Konzil zu Nicäa (325) Helena, die Mutter Kaiser Konstantins, die mit ihrem Sohn Christin geworden war, von Makarios, dem Bischof von Aelia Capitolina, über den traurigen Zustand dieser heiligsten Stätte der Christenheit erfuhr, machte sie sich noch im gleichen Jahr auf nach Jerusalem. Auf dieser berühmten Pilgerfahrt entdeckte sie zusammen mit Makarios den Ort der Kreuzigung und Grablegung Jesu. Ihr frommer Eifer und einige Phantasie ließen sie sogar das Kreuz aus den Resten anderer Kreuze herausfinden, an dem Jesus starb. Daraufhin befahl der Kaiser Konstantin im Jahre 326, den Hadrian-Tempel zu zerstören und über dem heiligen Grab die Anastasis, die Auferstehungskapelle, zu errichten. Um das Heiligtum herum wurde auf einem Säulenkranz eine prächtige Kuppel, die Rotunde, erbaut. Bei den Bauarbeiten wurde der Kirchenboden mit dem Grabmonument auf die gleiche Höhe gebracht. Die Grabhöhle befreite man von ihrer felsigen Umgebung. Leider ist dabei der Vorraum des Grabes zerstört worden. Noch die heutige Rotunde ruht auf dem konstantinischen Fundament. Nach Osten angrenzend schlossen Säulenhallen einen offenen Hof ein, dessen Boden mit polierten Platten belegt war. In der Südecke des Hofes erhob sich der Golgathafels, der von einer silbernen Balustrade umgeben und von einem Baldachin überwölbt war. Noch weiter ostwärts schloß sich die eigentliche Basilika, ein fünfschiffiges Langhaus nach römischem Muster an. Unter dem Mittelschiff lag die Zisternenhöhle, in der Helena und Makarios das heilige Kreuz gefunden hatten. Die Apsis der konstantini-

Die Grabeskirche

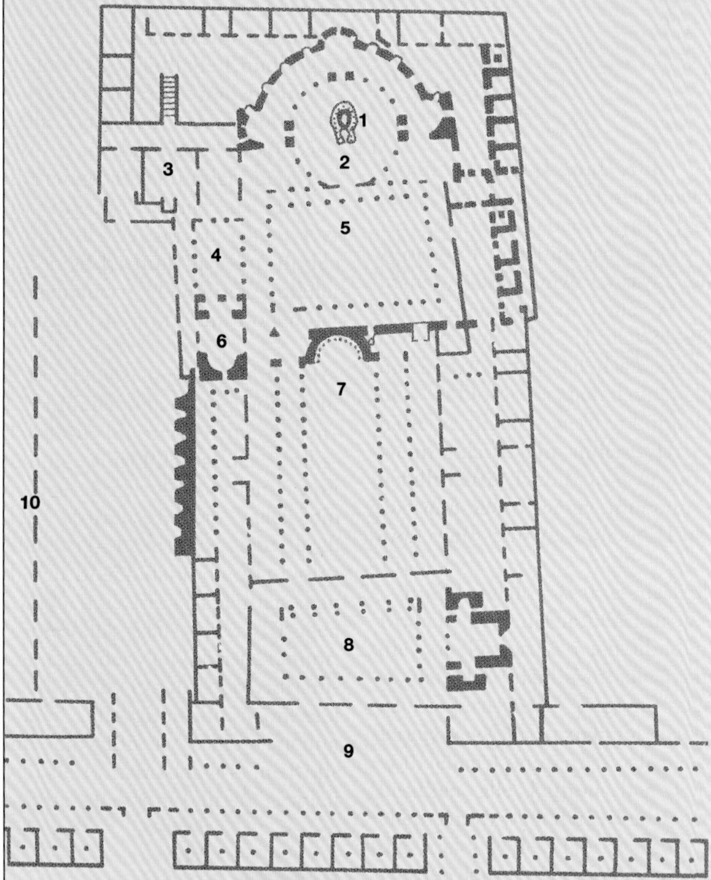

1 Grab Christi
2 Rotunde der Anastasis
3 Baptisterium
4 Südatrium
5 Atrium der Rotunde
6 Golgatha-Kirche
7 Basilika des Konstantin
8 Ostatrium
9 Cardo maximum
10 Forum

schen Ur-Basilika wurde erst 1968 unter dem „Katholikon“ der Kirche ausgegraben. Auch entdeckte man den Westteil der Basilika im russischen Kloster bei der Grabeskirche. Die Kaiserinmutter Helena überwachte die Bauarbeiten höchstpersönlich. 335 konnte die feierliche Einweihung gefeiert werden, zu der sich Kaiser Konstantin selber nach Jerusalem begab.

Der unbekannte Pilger von Bordeaux, der 333 ins Heilige Land reiste und die damaligen Sehenswürdigkeiten von Jerusalem aufzählt, berichtet uns von den Bauarbeiten bei der Grabeskirche: „Einen Steinwurf von Golgatha entfernt öffnet sich die Gruft, in der der Leichnam Jesu beigesetzt wurde, und aus der er nach drei Tagen wieder auferstanden ist. Gerade dort hat Kaiser Konstantin eine Basilika von wunderbarer Schönheit erbauen lassen . . . “. Nun reißen die Pilgerberichte über Jerusalem und die Grabeskirche nicht mehr ab, so daß wir uns ein gutes Bild über den Zustand der Grabeskirche, die Art der dort gehaltenen Gottesdienste und auch die anderen Bauten an den heiligen Stätten der Stadt machen können. Leider endete diese lichtvolle Epoche der Überlieferung im Jahre 614 mit dem Einfall der Perser.

Die Perser brandschatzten die ganze Stadt. Jede Kirche, jedes Kloster und jeder Schrein, die den Christen heilig waren, wurden zerstört. Auch die Grabeskirche erlitt dieses Schicksal. Das heilige Kreuz verschleppten die Sieger als Trophäe nach Persien. Der Wiederaufbau der Grabeskirche konnte nur zögernd beginnen. 616 begann Abt Modestus vom Theodosiuskloster bei Betlehem, die Anastasis wiederherzustellen und einzelne Kapellen über dem Kalvarienfelsen, der Krypta der Kreuzauffindung und dem Salbungsstein zu erbauen. Zu einer alles einschließenden Basilika reichten die Mittel nicht mehr. Durch den Sieg des byzantinischen Kaiser Heraklius über die Perser 628 konnte auch das Kreuz von Golgatha wieder den Persern entrissen und nach Jerusalem zurückgebracht werden. Heraklius traf nach seinem Sieg über die Perser am 21. März 630 in Jerusalem ein. Am Goldenen Tor legte er alle seine kaiserlichen Insignien und Kleidungsstücke ab und trug das Kreuz unter dem Jubel der Bevölkerung auf eigenen Schultern durch die Stadt zur Grabeskirche.

Die Rekonstruktion des Grabes Christi im 4. Jh. nach J. Wilkinson, der es nach Abbildungen auf Pilger-Reiseflaschen aus dem 6. Jh. rekonstruierte.

Aus: Bernhard von Breydenbach: Die Reise ins Heilige Land. Ein Reisebericht aus dem Jahre 1483.

Der Heilige Tempel, darin das Grab Christi ist.

Die Kirche ist rund und von Apsiden umgeben. In der Mitten derselben Kirche ist eine runde Öffnung, so daß das heilige Grab ganz unter dem Himmel freisteht. Aber die Kirche Golgatha ist daran gebaut anstatt eines Chores an die Heilig Grab Kirche, doch ein wenig niedriger und beide Kirchen unter einem Dach. Die Kapelle, darin das Grab unseres Herrn ist, ist auswendig mit Marmor bedeckt, aber inwendig ist es Fels, wie es zu der Zeit war als unser Herr darin lag. In die Kapelle geht man durch eine Tür vom Orient aus, die gar niedrig und klein ist. Wenn man darin ist, so ist das Grab an der rechten Hand, an der Wand nach Mitternacht zu, von grauem Marmorstein. Die Kapelle ist zu allen Seiten geschlossen, kein Licht dringt von außen nach innen, nur neun Ampeln über dem Grab unseres Herrn geben das Licht. Eine andere Kapelle ist vor dieser Kapelle des heiligen Grabes. In diese auswendige Kapelle gingen die heiligen Frauen als sie sprachen, wer wendet uns den Stein von der Tür des Grabes, womit die Tür geschlossen war. Ein großer Teil des Steins liegt noch vor der Tür, aber der andere Teil ist auf dem Berg Zion.

Auch ist der Kalvarienberg, auf dem unser Herr gekreuzigt worden ist, siebenhundert Schuh weit von dem heiligen Grab entfernt und man muß hinaufsteigen bis zum Ende, wo das heilige Kreuz in einen Felsen gesenkt wurde. Das Loch ist so groß, daß ein Mensch seine Hand hineintun kann, und es geht ein Riß der Länge nach durch den Felsen, wo das Kreuz hineingesenkt wurde. Und so erscheint noch heut die Farbe des Blutes unseres Herrn Jesu Christi in dem Riß des Felsen, der unter der linken Hand Christi entstand, als er am Kreuz verschied.

Acht Jahre später endete jedoch die christliche Herrschaft. Nach zweijähriger Belagerung mußte sich Jerusalem den Arabern ergeben. Die Araber erwiesen sich allerdings barmherziger den Christen gegenüber als diese sich in der Zeit des Heraklius gegenüber den Juden verhalten hatten. So berichtet die Legende, daß der Patriarch Sophronius den Kalifen Omar, den zweiten Nachfolger Mohammeds, bat, selbst nach Jerusalem zu kommen, um die Kapitulation in Empfang zu nehmen. Als der Kalif und der christliche Patriarch beim Einzug in die Stadt sich zur Zeit des islamischen Gebetes vor der Grabeskirche befanden, soll Omar nicht in die christliche Kirche hineingegangen sein, um zu beten, sondern habe sein Gebet draußen auf den Stufen der Grabeskirche verrichtet mit dem Hinweis, er wolle vermeiden, daß durch sein Gebet in der Kirche spätere Geschlechter ein Anrecht auf diesen Ort ableiten könnten. Unter solcher toleranter Herrschaft vermochten sich die vom Abt Modestus geschaffenen Bauten um Kreuzigungs- und Grabesstätte Jesu bis in das Jahr 1009 zu erhalten. Harun al-Raschid (763 bis 803), der bekannteste Kalif aus der Abbasidendynastie, erlaubte sogar Karl dem Großen, Einrichtungen für die westlichen Pilger in Jerusalem und im Heiligen Land zu stiften und zu versorgen. Außerdem übersandte er Karl dem Großen die Schlüssel der Grabeskirche als symbolische Geste für das Protektorat über diese Stätte. Seitdem übten die Franzosen als Nachfahren des Frankenreiches die Schutzherrschaft über die Christen in Palästina aus.

Unter der Fatimidenherrschaft in Kairo endete dieses goldene Zeitalter für Jerusalem. Im Jahre 1009 ließ Kalif Hakim Biamrillah, der auch der „wahnsinnige Kalif" genannt wurde, die Pilgerfahrten nach Jerusalem verbieten, die Stadt verwüsten und alle Kirchen und Synagogen zerstören.

Für die Grabeskirche ordnete Hakim an, daß sie mit „allen ihren Anzeichen christlicher Pracht" zu vernichten sei. Die Zerstörer machten sogar den Versuch, das heilige Grab herauszureißen und den Felsblock zu zerkleinern, um „die letzte Spur davon von dem Erdboden zu vertilgen", wie der arabische Chronist Yaha Ibn Saud im 11. Jahrhundert berichtete. Nach dem Ende der Schreckensherrschaft des wahnsinnigen Kalifen – er wurde 1021 in der Nähe Kairos ermordet – erlaubten 1030 die Nachfolger Hakims den Byzantinern, die Grabeskirche zu erneuern. 1048 waren die Restaurationsarbeiten unter dem Kaiser Konstantin Monomachus abgeschlossen. Die Basilika konnte auch diesmal wegen der geringen Mittel nicht wiederhergestellt werden. Die Rotunde erhielt dafür eine zusätzliche obere Galerie und eine Apsis an der Ostseite. Der offene säulenumkränzte Hof wurde restauriert.

Die Vernichtung der heiligsten Stätte der Christenheit durch Hakim hatte jedoch die Feindschaft des Abendlandes gegen den Islam entfacht. Hinzu kamen die Nachrichten von Greueltaten, die die inzwischen mehrmals im 11. Jahrhundert zur Macht gelangten Türken unter der Dynastie der Seldschuken in diesem Gebiet an den christlichen Pilgern begangen hatten. Diese Mißhandlungen an den Pilgern und die Hilferufe des byzantinischen Kaisers Alexius I., der sich dem immer größer werdenden Druck der Türkenherrschaft ausgesetzt sah, veranlaßten schließlich die abendländische Ritterschaft, sich zur Befreiung des Heiligen Landes aus den Händen der Ungläubigen aufzumachen. Der erste Kreuzzug begann.

Als die Kreuzfahrer am 15. Juli 1099 Jerusalem einnahmen, begannen sie sofort mit dem Neubau der Grabeskirche, da nach ihrer Meinung die Vielzahl der Kapellen und Bauten nicht der besonderen Bedeutung des Ortes entsprachen. Die vorhandene Rotunde wurde teilweise übernommen und im byzantinischen Stil ausgebessert. Eine neue prächtige monumentale Kirche entstand in Kreuzform nach Art der abendländischen Dome an der Stelle des bisher offenen Hofes.

Eine Inschrift zur Erinnerung an die Konsekration der Kirche am 15. Juli 1149 besagt:
Est Locus iste sacer sacratus sanguine Christi:
Per nostrum sacrare sacro nil addimus isti.
Heilig ist dieser Ort, geheiligt durch Christi Blut:
Durch unsere Weihehandlung fügen wir dieser Heiligkeit nichts hinzu.

Die Grabeskirche.
Längsschnitt aus dem 12. Jahrhundert

In ihrer Anlage entspricht diese Kirche dem heutigen griechisch-orthodoxen Katholikon. Die verschiedenen Kapellen versuchte man in den Chorumgang einzubeziehen, was bei der unsymmetrischen Lage der heiligen Orte von großen Schwierigkeiten begleitet war. Beispielsweise mußte die etwas höher gelegene Kalvarienkapelle in dem Südarm des Querschiffes der Kirche untergebracht werden. Auch die Kreuzauffindungskrypta entzog sich dem Chorumgang. Man stieg auf einer Treppe in die Krypta hinab. An der Südseite erhob sich ein massiver Glockenturm.

Der etwas verworrene Eindruck des Gesamtkomplexes, der sich bis heute gehalten hat, und vor allem nach dem Brand von 1808 durch den Wiederaufbau der Griechen noch gesteigert wurde, wird in der Neuzeit gern als architektonischer Ausdruck christlicher Feindschaft gedeutet, die durch die Streitigkeiten und Intrigen zwischen den an der Grabeskirche teilhabenden christlichen Konfessionen geschürt wird. Es gibt dagegen Stimmen, die in der Gesamtanlage immer noch eine wohlüberlegte Symmetrie als Ausdruck pluralistisch-toleranter Harmonie durchschimmern sehen wollen.

Der Erbauer der Kreuzritterkirche war Meister Jordan. Als die Kathedrale am 15. Juli 1149 eingeweiht wurde, erhielt sie durch die Kreuzfahrer ihren Namen: Grabeskirche. Gottfried von Bouillon, der die Königskrone ablehnte, die ihm vom „Königreich Jerusalem" angetragen wurde, regierte als „Beschützer des Heiligen Grabes" (Advocatus Sancti Sepulchri). Die Wache beim Heiligen Grab versahen die Ritter des Heiligen Johannes.

Als Sultan Saladin dem Kreuzfahrerkönigreich 1187 ein Ende bereitete, ließ er die Grabeskirche ungeschoren. Auch die Mamelucken und Türken duldeten das christliche Heiligtum, das durch die Jahrhunderte von den Franziskanern versorgt wurde und sich daher fast unverändert erhielt. Zweimal allerdings mußten die Franziskaner größere Restaurierungen vornehmen: 1555 erneuerten sie die Grabkapelle nach dem Vorbild des Kreuzfahrerbaus, und 1719 bedurfte es einer Renovierung der Kuppel.

Die Nacht vom 11. auf den 12. Oktober 1808 brachte für die Grabeskirche die größte Katastrophe in der Neuzeit. Eine Feuersbrunst verheerte die Rotunde und die anliegenden Bauten. Die Griechisch-Orthodoxen erhielten nach dem Brand als einzige die Erlaubnis des türkischen Sultans, die Kirche wieder aufzubauen. Sie taten es in ihrem Geschmack, ungeachtet der vorher jahrhundertelangen Bemühungen der Franziskaner, Ausstattung und Baustil im Sinne der Kreuzfahrerzeit zu erhalten. Etwas unförmige Pfeiler tragen seitdem die Galerien und Kuppel der Rotunde. Die nur wenig beschädigte, vorher schlichte

Der Bericht eines Augenzeugen aus: Hyacinth M. Wilmes: Im Land des Herrn, S. 87)

„Das Feuer brach während der Nacht vom 11. auf den 12. Oktober 1808 in der Kapelle der Armenier auf einer Galerie der Kirche aus. Der Sakristan der Franziskaner, welcher während der Nacht die Lampen zu besorgen hatte, bemerkte es zuerst und rief um Hilfe. Aber das Feuer war schon so weit fortgeschritten, es fand so viel Nahrung, die Mittel, es zu bekämpfen, waren so unvollkommen, daß man gleich im Anfang die Hoffnung aufgeben mußte, das Gebäude zu retten. Nach zwei Stunden stürzte die Kuppel über dem heiligen Grab ein, riß die Galerien und eine Teil der Mauern mit fort und zerschmetterte die Säulen und Kapellen, welche es umgaben. Man wurde erst nach langer Zeit Herr des Brandes; niemand kam dabei um. Gerettet wurde folgendes: die Fassade, das heilige Grab, die Kapelle der heiligen Maria Magdalena, die Sakristei und das Kloster der Franziskaner. Der Brand dehnte sich nur über die Hälfte des Kalvarienberges aus; die Stätte der Kreuzigung und das kleine Oratorium der Schmerzhaften Mutter blieben verschont, ebenso die zwei unterirdischen Kapellen der hl. Helena und der Auffindung des hl. Kreuzes“.

Auferstehungskapelle wich einem rechteckigen Marmorbau mit einem russischen Zwiebelturm. Das Mittelschiff mit der Chornische der Kreuzfahrerkirche wurde schließlich als eine Kirche für sich durch hohe Mauern vom übrigen Kirchenraum abgetrennt.

Im Jahre 1852 konnten die anderen christlichen Konfessionen bis auf die Protestanten erneut ihre Besitzrechte an der Grabeskirche erlangen. In dem Dokument „Status quo“, das heute noch Gültigkeit besitzt, erhielten die verschiedenen Denominationen bestimmte Teile der Grabeskirche, Säulen, Mauern und Kapellen sowie sogar einzelne Gegenstände wie Ikonen, Bilder und Lampen zugewiesen. Nun teilten sich die Griechisch-Orthodoxen, die Römisch-Katholischen, die Armenier, Kopten, Abessinier und Syrer die Grabeskirche. Nur die ersten drei Denominationen haben allerdings umfangreichere Besitzrechte an dem Grabeskirchenkomplex. Jede der beteiligten Religionsgemeinschaften wacht seitdem eifersüchtig über ihre Rechte und versucht, durch historische Beweisführungen ihre Ansprüche zu erhärten und auszudehnen.

Die Griechisch-Orthodoxen fühlen sich als direkte Nachfahren der Byzantiner, die 300 Jahre das Heilige Land regierten. Daher verlegten sie ihr Patriarchat, das sich in römisch-byzantinischer Zeit zeitweise in Caesarea, am

Die Grabeskirche 12. Jh.
Stich aus dem Jahre 1830.

Ende der Epoche schließlich in Konstantinopel befand, im 19. Jahrhundert zurück ins Christenviertel der Altstadt von Jerusalem. Die Abessinier (Äthiopier) pochen darauf, daß sich ihr religiöses Zentrum schon seit dem 8. Jahrhundert in Jerusalem befunden habe. Daraus leiteten sie das Recht ab, ihr Kloster auf dem Dach der St. Helena-Kapelle neben der Grabeskirche zu errichten, was wiederum zu Spannungen mit den Kopten führte, die sich als Eigentümer dieses Platzes fühlen.

Die Armenier können beweisen, daß seit der Zeit Saladins bis 1426 sie die Wächter von Golgatha, das heute zwischen den Griechisch-Orthodoxen und den Franziskanern geteilt ist, gewesen sind.

Diese eifersüchtigen Ansprüche zur Wahrung der jeweiligen Besitzrechte haben dazu geführt, daß Restaurierungen und bauliche Erneuerungen der Grabeskirche immer wieder verzögert, unterlassen oder endlich von politischen Mächten in Angriff genommen wurden. 1858 nahmen daher Rußland und Frankreich mit Erlaubnis der Türkei die Ausbesserung an der Kuppel der Grabeskirche vor. Sie ersetzten die hölzerne Kuppel durch eine eiserne. Nach dem Erdbeben 1927, als sich die drei Hauptbesitzer der Kirche über eine Restaurierung nicht einigen konnten, war es die britische Mandatsmacht, die

Der Griechenchor der Grabeskirche
mit dem Nabel der Welt,
der Marmorschale. Stich von 1836.

schließlich 1938 das Heiligtum durch Eisen- und Balkengerüste vor dem Einsturz bewahrte. Erst 1959 konnte eine Einigung der verschiedenen Denominationen über eine gründliche Restaurierung der Grabeskirche erzielt werden. Bevor 1961 das Werk begonnen wurde, beseitigte man noch ein Zeichen der gegenseitigen christlichen Feindschaft. Das war der Diwan vor dem Kircheneingang, auf dem seit Jahrhunderten ein muselmanischer Wächter saß oder lag, dessen Familie vom türkischen Sultan einstmals die Türschlüssel für die heiligste Stätte der Christenheit anvertraut bekommen hatte, um Ordnung unter den christlichen Brüdern zu halten. Die gemeinsamen Restaurierungsarbeiten an der Grabeskirche, die inzwischen fast zum Abschluß gekommen sind, lassen hoffen, daß ein solcher fremdgestimmter Wahrer christlicher Brüderschaft den Konfessionen nicht mehr aufgenötigt zu werden braucht und die auch heute noch bei den großen Prozessionen in Jerusalem und Bethlehem mitgehenden in alttürkischen Uniformen ausstaffierten moslemischen Wächter nur noch historische Erinnerungen hervorrufen.

Aus: Ida Pfeiffer: Reise einer Wienerin in das Heilige Land. 1842

Den folgenden Tag ging ich in die Kirche des Heiligen Grabes. Mehrere enge, schmutzige Gassen führen dahin; in denen, die der Kirche nahe liegen, sind lauter Buden wie zu Mariazell in Steiermark und an vielen andern Wallfahrtsorten, in welchen eine Auswahl von Rosenkränzen, geschnitzten Perlmuttmuscheln, Kruzifixen usw. zu finden ist. Der Platz vor der Kirche ist ziemlich nett. Ihm gegenüber liegt das schönste Haus Jerusalems; seine Terrassen waren mit Blumen geziert.

Wenn man zu dieser Kirche geht, tut man wohl, sich mit einer guten Portion Para (sieben Stück machen einen guten Kreuzer) zu versehen, denn man wird von einer Menge Bettler umschwärmt. Die Kirche ist verschlossen; die Türken haben die Schlüssel in Verwahrung und öffnen sie nur dann, wenn es begehrt wird. Man gibt ihnen für diese Mühe den kleinen Betrag von drei oder vier Piastern, sie sind damit zufrieden und bleiben während der ganzen Zeit, die man in der Kirche zubringt, gleich am Eingang im Innern der Kirche zurück, wo sie sich auf Diwane lagern, Tabak rauchen und Kaffee trinken. Gleich am Eingang der Kirche bemerkt man auf dem Boden eine große, länglich viereckige Marmorplatte, dies ist der Salbungsstein.

In der Mitte des Schiffes der Kirche steht eine kleine Kapelle, welche inwendig in zwei Teile geschieden ist. In der ersten Abteilung sieht man in der Mitte eine Steinplatte mit Marmor gefaßt. Dies soll derselbe Stein sein, auf welchem der Engel saß und den Frauen die Auferstehung verkündete, als sie kamen, um den Leichnam Jesu einzubalsamieren.

In der zweiten, ebenso kleinen Abteilung steht der Sarkophag oder das Grabmal Christi aus weißem Marmor. Der Zugang dahin führt durch eine so niedere Pforte, daß man sich sehr bücken muß, um hineinzukommen. Das Grab nimmt die ganze Länge der Kapelle ein und wird als Altar verwendet. Man kann deshalb nicht in den Sarkophag hineinsehen. Die Beleuchtung ist Tag und Nacht äußerst reich, es brennen beständig dreiundvierzig Lampen ober dem Grab. Dieser Teil der Kapelle, wo das Heilige Grabmal steht, ist leider so klein, daß, wenn der Priester Messe liest, kaum noch drei oder vier Personen Platz haben. Die Kapelle ist ganz aus Marmor erbaut und gehört den Lateinern, jedoch dürfen abwechselnd auch die Griechen darin Messe lesen.

So kniete ich nun an jenen Stellen, welche der Gegenstand aller meiner Wünsche schon in der Kindheit waren, auf die ich stets meine Gedanken gerichtet hatte. Die Gefühle, welche man an solchen Stellen hat, sind wohl zu heilig und mannigfaltig, sie mit Worten beschreiben zu wollen.

Man erzählte mir, daß es in dieser Kirche selten ohne Zank und große Unordnung abgehe, wenn die Griechen ihre Ostern hier feiern. Und noch viel größer soll diese Unordnung sein, wenn unglücksseligerweise die griechischen Ostern mit jenen der Lateinern zusammenfallen. Da gibt es nicht nur blutende Köpfe, sogar als Leichen werden einige fortgetragen. Da müssen dann gewöhnlich Türken einschreiten, um unter den Christen Ordnung und Ruhe herzustellen. Was können dann jene Völker, die wir Ungläubige nennen, für einen Begriff von uns Christen haben, wenn sie sehen, mit welchem Haß und Neid eine christliche Sekte die andere verfolgt?

Die Heiligtümer der Grabeskirche

Der heiligste Ort der Christenheit im Heiligen Land ist eingezwängt zwischen Häuserblocks und Klöstern, so daß dem Pilger von der äußeren Gestalt der Kirche nur die Kuppel der Rotunde, der Glockenturm und die südliche Eingangsfassade sichtbar wird. Vor dem Eingang erstreckt sich ein kleiner gepflasterter Vorhof, der nur einzelne Pilgergruppen zu fassen vermag. Am Südende des Hofes bezeugen Säulenstümpfe, daß hier im 12. Jahrhundert ein Säulengang den Pilgern einstmals bequemeren Einlaß zur Grabeskirche bot. Die Westseite des Hofes wird von den Apsiden der drei griechischen Kapellen des heiligen Jakobus d.J., des heiligen Johannes des Täufers und der Vierzig Märtyrer flankiert. Auf der rechten Seite, der Ostseite, begrenzt den Hof das griechische Abrahamskloster, die armenische Kapelle des Johannes und die koptische St. Michaelskapelle.

Die romanische Fassade der Grabeskirche hat sich seit der Kreuzfahrerzeit erhalten. Den Eingang zur Kirche bildete ursprünglich ein Doppelportal, von dem das rechte seit der Zeit Saladins zugemauert wurde. Die linke Portalseite wurde seit 1244 von sarazenischen Hütern bewacht, die dieses Amt in ihrer Familie bis 1958 forterbten. Links hinter der Tür befand sich auch der besagte Diwan, auf dem der moslemische Wächter ruhte und von dem aus er bis ins Jahr 1832 von den christlichen Pilgern ein Eintrittsgeld erhob. Dieses Eintrittsgeld war für den türkischen Sultan eine nicht unerhebliche Einnahmequelle, ein Grund auch für die Kalifen und Türkenherrscher, die Grabeskirche zu erhalten. Seit 1832 bezahlen die Lateiner, Griechen und Armenier gemeinsam eine für die Öffnung pro Tag festgesetzte Summe, die sich bei der Öffnung der Kirche zu besonderen Anlässen erhöhte.

Die Portale und darüber sich befindenden Fenster sind von Spitzbögen überwölbt. Rechts vom Eingangsportal führt eine zwölfstufige Treppe zur Frankenkapelle, die der Mutter Gottes geweiht ist. Ursprünglich gelangte man durch diesen Eingang, der schon 1187 auf Befehl Saladins zugemauert wurde, zum Kalvarienberg. Die Frankenkapelle gehört den Franziskanern. Im untern Teil des Bauwerks liegt die den Griechen gehörende Kapelle der hl. Maria von Ägypten. Sie erinnert an Marias Bekehrung im Vorhof der Grabeskirche und wurde um 373 n. Chr. errichtet.

Wenn der Pilger die von Osten nach Westen gebaute Grabeskirche von der südlichen Seitenfront aus betritt, gelangt er zunächst in einen Vorraum, da der Blick in das Hauptschiff der Kirche durch eine hohe Wand verwehrt wird. In diesem Vorraum zwischen Golgatha und dem Ort der Auferstehung befindet sich der Salbungsstein, der, von den Besit-

Eingang der Grabeskirche.

Gebet vor der Grabeskirche am seit 1187 geschlossenen Eingang der Kreuzfahrer zum Fels von Golgatha. Der kleine Bau enthält die Kapelle der Franken oder der Schmerzen.

zern der Kirche mit Lampen und Kerzen erhellt, an die Salbung Jesu zwischen Tod und Auferstehung erinnert (Joh. 19, 39-40):
„Es kam aber auch Nikodemus, der vormals bei der Nacht zu Jesus gekommen war, und brachte Myrrhe und Aloe untereinander gemengt, bei hundert Pfunden. Da nahmen sie den Leichnam Jesu und banden ihn in leinene Tücher mit den Spezereien, wie die Juden pflegen zu begraben".

Nach griechisch-orthodoxer Auffassung soll Jesus an dieser Stelle unter den Tränen Marias vom Kreuz genommen worden sein. Der rötlich schimmernde Salbungsstein stammt aus dem Jahre 1810. Die Trennwand zum Hauptschiff ist mit riesigen Ikonen geschmückt, die die Kreuzabnahme und die Grablegung darstellen. Einige Schritte links vom Salbungsstein steht ein großer Kerzenständer über einem runden Stein. Die armenische Kirche will damit an den Ort erinnern, an dem die frommen Frauen der Kreuzigung Jesu *„von ferne zuschauten"* (Mark. 15, 40).

Die Helena-Krypta mit Mosaiken aus byzantinischer Zeit.

Die Treppen rechts im Vorraum führen zur Kalvarienstätte hinauf. Hält man sich links vom Salbungsstein, gelangt man in die Rotunde zur Grabkapelle. Mitten im Raum erhebt sich die Endstation des Leidensweges Christi, die Grabkapelle.

Ihre heutige Gestalt rührt aus dem Jahre 1810 nach dem großen Brand. Das Bauwerk ist 8,30 m lang, 5,90 breit und ebenso hoch. Über dem Eingang zur Grabkapelle hängen vier Reihen von Lampen, die den drei Hauptbesitzern der Kirche gehören. Die oberste Reihe wird von den Lateinern betreut, für die zwei mittleren sorgen die Griechen, für die untere Reihe die Armenier. Auch die großen Standleuchter rechts und links vor dem Eingang gehören diesen Konfessionen.

Die Grabkapelle besteht aus einem Vorraum und der Grabkammer. Der Vorraum wird Engelskapelle genannt, da hier der Osterengel auf dem zur Seite gewälzten Rollstein saß und den Frauen, die zum Grabe des Herrn kamen, verkündete: *„Er ist nicht hier; er ist auferstanden"* (Luk. 23,6). Ein Bruckstück des Rollsteins, der wohl während des Persereinfalls 614 zerbrochen wurde, ist noch in der Engelskapelle zu sehen.

Durch eine niedrige Türöffnung gelangt man in die Grabkammer, die 2,07 m lang und 1,93 m breit ist. Auf der rechten Seite befindet sich eine mit Marmor verkleidete Felsbank, auf der Jesu Leichnam vom Abend des Karfreitag bis zur Osternacht ruhte. Eine mit Metall ausgelegte Gravur an der Grabesbank enthält die Markusworte (16, 6): *„Er ist auferstanden, er ist nicht hier. Siehe da die Stätte, wo sie ihn hinlegten"*. Drei Auferstehungsbilder schmücken über der Bank die Grabkammer. Von der Decke hängen 43 Lampen, die von den einzelnen Religionsgemeinschaften unterhalten werden. Hinter einem aufklappbaren Marienbild sind einige Teile des ursprünglichen Felsengrabs aufbewahrt. Dieser kleine enge Raum ist für die Christenheit, wie es einstmals Eusebius ausdrückte, „der seligste Ort der heilbringenden Auferstehung".

Alljährlich am Karsamstag der griechisch-orthodoxen Kirche findet bei der Grabkapelle eine besondere Zeremonie statt. Nach einer kurzen Andacht vor der Kapelle, zu der die Kirchenvertreter aller Konfessionen anwesend sind, wird das Licht in der Grabkammer gelöscht, die Tür geschlossen und von Moslems versiegelt. Priester der sechs Deno-

Die Grabkapelle in der Rotunde. Stich aus dem Beginn des 19. Jahrhunderts.

Abbildung der Grabkapelle aus dem 15. Jahrhundert.

minationen halten Wache vor der Tür, bis der griechisch-orthodoxe Patriarch nach einer dreimaligen Prozession um die Rotunde und nachdem er alle kirchlichen Insignien abgelegt hat, sich in die Grabkammer begibt und dort in Anwesenheit eines Armeniers das heilige Feuer, das dort vom Himmel fallen soll, in Empfang nimmt und an die gläubige Menge weitergibt. Der bretonische Mönch Bernhard der Weise beschrieb zum ersten Mal 867 dieses Schauspiel, das seither alljährlich zelebriert wird. Das Feuer werde, so glaubt man, von Gott selbst am Grabe seines Sohnes entfacht, als Symbol der Auferstehung und des Lebens. In allen Ostkirchen wird mit diesem heiligen Feuer in der Osternacht das Ewige Licht neu entzündet.

An der Rückwand des Christusgrabes besitzen seit 1573 die Kopten eine kleine Kapelle. Am Altarsockel kann man einen kleinen Teil des ursprünglichen Felsengrabs sehen. Gegenüber zwischen zwei Pfeilern hindurch befindet sich die etwas düstere Kapelle der syrischen Jakobiten, von der ein Mauerteil und die Apsis aus dem 4. Jahrhundert stammen. Rechts daneben hinter einer niedrigen Tür liegt eine jüdische Grabanlage, die wahrscheinlich zur Familiengrabstätte Josefs von Arimathia gehört. Diese jüdische Grabanlage beweist, daß der Kalvarienberg zur Zeit Jesu außerhalb der damaligen Stadtmauer gelegen haben muß, da es den Juden verboten war, ihre Toten innerhalb der Stadt zu bestatten.

Auf der nördlichen Seite der Rotunde schließt der Teil der Grabeskirche an, der den Lateinern der römisch-katholischen Kirche gehört. Jenseits der Säulenreihe steht der Altar der hl. Maria Magdalena. Hier erschien Jesus der Maria in Gestalt eines Gärtners. Der kubanische Maler Del Rio schuf zur Veranschaulichung dieser Szene im Jahre 1855 das Altarbild. Das Johannesevangelium erzählt von der Osterfreude Maria Magdalenas (Joh. 20, 11–18). Die einzige Orgel der Grabeskirche ist auch an dieser Stelle zu finden.

Einige Schritte weiter nördlich schließt sich die Chorkapelle der Franziskaner an, die als Erscheinungskapelle an die Begegnung des Auferstandenen mit seiner Mutter erinnert.

In den Evangelien steht zwar nichts über dieses Ereignis, doch von der christlichen Empfindung und Tradition her muß solch eine Begegnung stattgefunden haben. Rechts vom Eingang der Kapelle befindet sich ein Säulenstumpf aus Porphyrgestein, der als Geißelungssäule Christi verehrt wird. Auch in Rom ist eine Geißelungssäule. Die Echtheit beider Säulen läßt sich nicht beweisen.

Von der Nordseite der Kapelle der Erscheinung führt eine Tür ins Franziskanerkloster. Das Kloster ist das zweitälteste Franziskanerkloster im Heiligen Land. Seit 1336 lebten hier die Brüder, die

Aus: Eduard Ohnesorge:
Der Zions-Pilger. Tagebuch auf der Reise nach Jerusalem (1844).
Berlin 1858.

Um 1/2 5 Uhr ging ich das erste Mal nach der Grabeskirche. Sie war verschlossen, während draußen viel Volks an der Türe wartete, und von drinnen ertönte lateinischer Gesang. Mit Mühe wurden wir endlich eingelassen, jedoch beinahe mit der zugleich hereindrängenden Pilgermenge durch den Stock der türkischen Wache wieder hinausgetrieben. Vor uns knieten feierlich singend katholische Priester und Mönche um den Salbungsstein mit Kerzen und Weihrauchfässern. Mächtig wurde ich zunächst durch den majestätischen Bau der Kirche ergriffen. Vor dem offenen Grabe des Herrn kniete nunmehr die singende Schar und ihr heller, andächtiger Gesang hallte kräftig wider in den Kuppeln und Hallen der imposanten Grabeskirche. Ich stand dabei und schaute hinein in meines *Jesu* offenes Grab, und tief ergriffen, eingedenk des herrlichen *Paul Gerhardt*schen Liedes: „Auf! auf mein Herz! mit Freuden" usw. drängten sich unwillkürlich Tränen hervor. Da nunmehr die Menge der nachdringenden Pilger den ruhigen Eintritt in die Kapelle des Grabes nicht mehr gestattete, so wandten wir um und hinauf gen Golgatha, mir die heiligste Stätte, deren Anblick mich aufs Tiefste ergriff, eingedenk aller der köstlichen Passionslieder, namentlich des Liedes: „O Haupt voll Blut und Wunden!" usw. und des Verses: „Nun was Du, Herr, erduldet, ist Alles meine Last, ich hab' es selbst verschuldet, was Du getragen hast. Schau' her, hier steh' ich Armer, der Zorn verdienet hat: gib mir, o mein Erbarmer, den Anblick Deiner Gnad'!"

Aus: Ida Pfeiffer:
Reise einer Wienerin in das Heilige Land. 1842.

Am 10. Juni wohnte ich dem Fest des Ritterschlages vom Orden des Heiligen Grabes bei. Die Grafen Zy., Wa. und Sa. ließen sich zu Rittern des Heiligen Grabes schlagen, welche Zeremonie in der Kapelle der Lateiner und in der Heiligen Grabeskapelle vollzogen wurde.

Der Reverendissimus setzte sich auf einen Thronsessel, der künftige Ritter kniete vor demselben nieder und legte den Schwur ab, die heilige Kirche, die Witwen und Waisen zu schützen usw. Währenddessen beteten die herumstehenden Priester. Nun wurde dem Laien von einem Geistlichen der Sporn Gottfrieds von Bouillon angeschnallt, das Schwert dieses Helden in die Hand gegeben, die Scheide davon umgegürtet und das Kreuz samt der schweren goldenen Kette, ebenfalls von Gottfried von Bouillon herstammend, um den Hals gehängt. Darauf bekam der Knieende den eigentlichen Ritterschlag mit dem Schwert auf Achseln und Haupt. Die Geistlichen umarmten den neuen Ritter, und die Zeremonie war beendet.

Ein gutes Mahl, von den neuen Rittern gegeben, wozu Pater Paul und ich geladen waren, machte den Schluß dieses Festes.

bei Tag und Nacht den Dienst in der Grabeskirche versehen. Das Kloster ist voller kleiner Treppen und verwinkelter Gänge. Im 19. Jahrhundert wurde es erweitert und durch eine Dachterrasse ergänzt, auf der seit 1875 der Glokkenstuhl der Lateiner steht. Die Erweiterung des Klosters seit 1869 verdanken die Franziskaner den Bemühungen des österreichischen Kaisers Franz Josef beim Sultan.

Tritt man aus der Erscheinungskapelle wieder heraus, trifft man gleich links daneben auf die Sakristei der Franziskaner, in der aus der Kreuzfahrerzeit ein Jerusalemkreuz, ein Paar goldene Sporen und ein Schwert mit kreuzförmigem Griff angeblich aus dem Besitz Gottfrieds von Bouillon gezeigt werden. Das Schwert und die Sporen benutzt heute noch der Patriarch, wenn er jemanden zum „Ritter des Heiligen Grabes“ durch einen Ritterschlag ernennt.

Kehrt der Pilger in das ursprüngliche Seitenschiff der Kirche zurück, kommt er an den „Sieben Bögen der hl. Jungfrau“ vorbei; Überreste einer Galerie aus dem 11. Jahrhundert. Einige der restaurierten Säulen stammen aus byzantinischer Zeit. Geht er geradeaus weiter zur nordöstlichen Ecke der Grabeskirche, stößt er auf das „Gefängnis Christi“. Vor der Kreuzigung soll Jesus mit den beiden Schächern hier eingesperrt gewesen sein.

Einige Schritte zurück beginnt in östlicher Richtung der seit 1810 sehr verbaute Chorumgang, der auf die Kreuzfahrerzeit zurückgeht. Der Chorumgang ist umkränzt von drei Kapellen. Die erste ist dem Soldaten Longinus geweiht, der seine Lanze in Jesu Seite stach (Joh. 19, 34). Der Lanzenschaft wird in der Peterskirche in Rom aufbewahrt. Die zweite ist die Kapelle der Kleiderverteilung. Nach römischem Recht fielen die Kleider der Hingerichteten den Soldaten zu, die an der Kreuzigung beteiligt waren. Da Jesu Gewand nahtlos war und die Kriegsknechte es daher nicht zerschneiden wollten, würfelten sie darum (Joh. 19, 23-24). Heute hütet der Dom zu Trier dieses Gewand, das Kaiserin Helena selbst ihrer Residenzstadt Trier geschenkt hat, wie eine Urkunde aus dem Jahre 1105 bezeugt.

Neben der Kapelle der Kleiderverteilung führt eine Treppe fünf Meter tief zur Krypta, zur unterirdischen Helenakapelle hinab. Die Helena-Krypta gehört der armenischen Kirche. Sie wurde erst im 12. Jahrhundert geöffnet. Ihre Seitenwände, die Nord- und Südmauern bildeten das Fundament des Mittelschiffes der Konstantins-Basilika aus dem 4. Jahrhundert. Die Kuppel der Kapelle, die auf vier Säulen ruht, die zum Teil dem 7. Jahrhundert entstammen, errichteten die Kreuzfahrer.

Rechts vom Hauptaltar, der der Helena geweiht ist, gibt es eine

Plan Grabeskirche

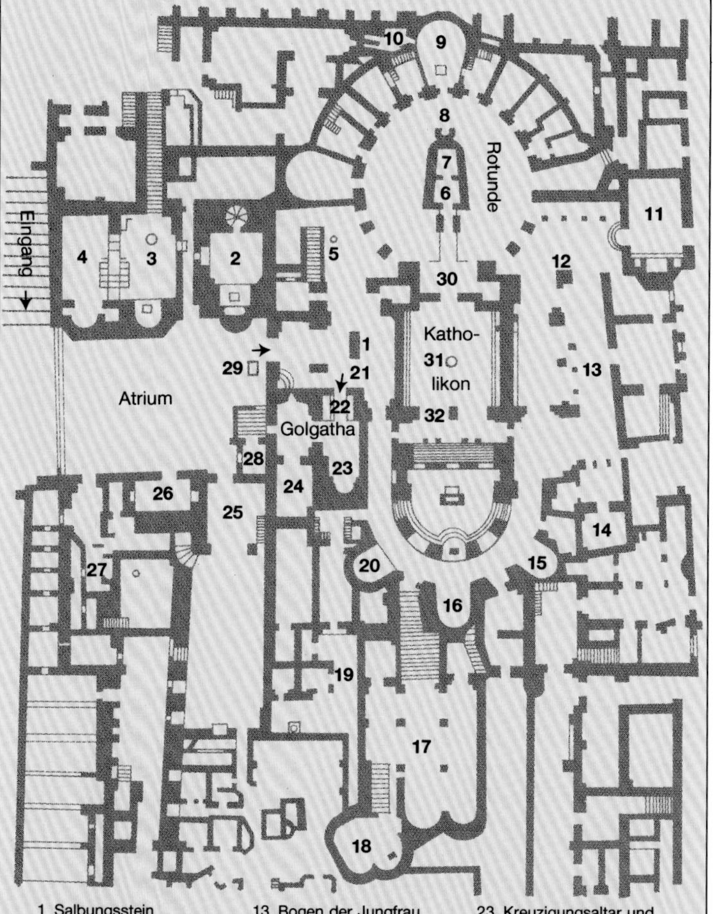

1 Salbungsstein
2 Kapelle der Vierzig Märtyrer und Glockenturm
3 Johanneskapelle und Baptisterium
4 Jakobskapelle
5 Stelle der drei Frauen
6 Kapelle des Engels
7 Heiliges Grab
8 Kapelle der Kopten
9 Kapelle der Jakobiten
10 Grab des Joseph von Arimathia
11 Franziskanerkapelle
12 Altar der Maria Magdalena
13 Bogen der Jungfrau
14 Gefängnis Christi (Kapelle)
15 Longinuskapelle
16 Kapelle der Kleiderverteilung
17 Helenakapelle
18 Krypta der Kreuzauffindung
19 Mittelalterlicher Kreuzgang
20 Kapelle der Beschimpfungen
21 Adamskapelle
22 Ehem. Grabmäler von Gottfried von Bouillon und Balduin I.
23 Kreuzigungsaltar und Stabat-Mater-Altar
24 Kreuznagelungsaltar
25 Michaelskapelle
26 Johanneskapelle (armen.)
27 Abrahamskapelle
28 Kapelle der Schmerzen (Kapelle der Ägyptischen Maria)
29 Grabmal des Philippe d'Aubigny
30 Lateinischer Chor
31 Nabel der Welt (Marmorschale)
32 Griechischer Chor

Nische, von der aus die Kaiserinmutter die Ausgrabungen beobachtet hat, die zur Auffindung des Kreuzes Jesu führten. Die Gemälde in der Kapelle stellen historische und legendäre Ereignisse der armenischen Kirchengeschichte dar. Auf dem linken Gemälde wird der König Tiridate mit seinem Volk vom Bischof Gregor Illuminator im Jahre 303 getauft. Das rechte Bild zeigt die Verehrung des heiligen Kreuzes durch die Armenier, nachdem es aus Persien heimgeholt worden ist.

In der rechten Ecke der Kapelle gelangt man über eine dreizehnstufige Treppe hinab zur Kreuzauffindungskapelle, die der römisch-katholischen Kirche gehört. Hier fanden unter den Augen der Kaiserinmutter Helena emsige Arbeiter das heilige Kreuz, das als wahres Kreuz Christi verehrt wird, sowie andere Leidenswerkzeuge. Teile des Kreuzes gingen als Reliquien in alle Welt. Ein großer Teil blieb in Jerusalem, größere Stücke wurden nach Konstantinopel und Rom gebracht. Von diesen Stükken verschenkte und veräußerte die Kirche an die Gläubigen zahlreiche Splitter, die in den Heilig-Kreuz-Kirchen in allen Landen aufbewahrt werden. An manchen Orten werden auch die „heiligen Nägel“ gezeigt und verehrt, von denen allerdings nur drei oder vier echt sein können. Der von Erzherzog Maximilian von Österreich, dem späteren Kaiser von Mexiko, 1857 gestiftete Altar konnte nach der letzten Restaurierung der Kapelle nicht wieder aufgestellt werden, da er durch die Feuchtigkeit des Ortes, der früher eine Zisterne barg, brüchig geworden war. In der Grotte wird alljährlich am 7. Mai mit einem Pontifikalamt das Fest der Kreuzauffindung gefeiert.

Wenn man die Treppen hinauf in den Chorumgang zurückkehrt, schließt sich gleich links die dritte der Gedächtniskapellen, die griechische Kapelle der Beschimpfung oder der Verspottung Christi an. Hier ist eine weitere Geißelungssäule zu besichtigen. Einige Schritte weiter erhebt sich links der Golgathafels, der nach dem Heiligen Grab die heiligste Stätte der Basilika ist. Zwar sind die Felshänge schon beim Bau der konstantinischen Kirche weggehauen worden, doch neben dem Treppenaufstieg ist noch die Nordseite des Felsblocks zu sehen, auf dem das Kreuz des Erlösers stand. Auf den 5 bis 6 m hohen Block, auf dem die letzten vier Stationen des Leidensweges Christi sind, führen zwei steile Treppen hinauf. Das Heiligtum auf dem Kalvarienfelsen ist durch Pfeiler zweigeteilt. Im südlichen Teil, der den Lateinern gehört, liegen die 10. und 11. Station des Kreuzweges.

Das Mosaik über dem rechten Altar, dem Kreuzannagelungsaltar, zeigt Gottes Sohn auf das noch am Boden liegende Kreuz genagelt, während Maria in Leid erstarrt danebensteht. Die Jünger Jesu sehen erschüttert von der Seitenwand des Mosaiks her zu. Die Mosaike stammen von dem italienischen Künstler Trifoglio, der sie 1937 schuf. Die Deckenmosaike außer dem noch mittelalterlichen Christusoval sind von D'Archiardi. Der Altartisch, aus dem Jahre 1588, ein Geschenk Ferd. Medici, des Großherzogs der Toskana, ist das Werk Portigianis. Rechts neben dem Altar eröffnet ein kleines Fenster den Blick in die Kapelle der Schmerzen, Frankenkapelle genannt, die unter den Kreuzfahrern vom Vorhof der Grabeskirche aus zugänglich war.

Links neben dem Altar unter dem Bogen mit der Inschrift, daß hier unter dem Kreuz die Mutter Gottes gestanden hat, steht der etwas kleinere Stabat-Mater-Altar. Neben dem Altar kündet eine Spalte im hier sichtbaren Golgathafelsen von den Naturereignissen beim Tode Jesu: *„Und die Erde erbebte, und die Felsen zerrissen, und die Gräber taten sich auf . . .“* (Matth. 27, 52). Das Bronzegitter der Mensa des Marienaltars berichtet von den sieben Worten des sterbenden Jesus: *„Mein Gott, warum hast du mich verlassen“*.

Neben dem Stabat-Mater-Altar befindet sich der Kreuzigungsaltar der griechisch-orthodoxen Kirche. Er steht über dem Felsloch, in dem das Kreuz Christi errichtet worden sein soll. Eine runde Öffnung unter dem Altartisch erlaubt die Berührung des Golgathafelsens. Zwei schwarze Marmorplatten rechts und links kennzeichnen die Stellen, wo die Kreuze der Schächer gestanden haben. Drei Ikonen (Jesus, Maria und Johannes) veranschaulichen das Ereignis der Kreuzigung. Hier erfüllte sich das Prophetenwort Jesajas (53, 4–5):

„Fürwahr, er trug unsere Krankheit und lud auf sich unsre Schmerzen . . . Aber er ist um unsrer Missetat willen verwundet und um unsrer Sünde willen zerschlagen. Die Strafe liegt auf ihm, auf daß wir Frieden hätten, und durch seine Wunden sind wir geheilt.“

Das Katholikon mit dem Blick in die justinische Apsis der Griechen.

Unter dem Kalvarienfelsen befindet sich, mit der Apsis in den Fels gehauen, die Adamskapelle. Auch hier ist durch eine Glasscheibe der Felsspalt erkennbar, von dem beim Stabat-Mater-Altar die Rede war. Die Kapelle verdankt ihren Namen einer alten Legende, nach der an dieser Stelle Adam, der erste Mensch begraben sein soll, auf dessen Schädel am Karfreitag das Blut Christi getropft sei. Mit diesem Blut wurde Adam von der Paradiessünde gereinigt. Im Wahrheitskern der Legende meint der hier gefundene Totenkopf also jeden sterblichen Menschen seit Adam, der durch das Blut Christi erlöst ist. Von dieser Vorstellung her rührt der Brauch, auf den Kruzefixen unter den Füßen des Erlösers einen Totenkopf anzubringen.

An der Südseite der Adamskapelle ist der Eingang zu einer Sakristei der Griechen, die kostbare Reliquien enthält.

Neben der Adamskapelle kennzeichnen zwei Steinsitze die Grabstätten Gottfrieds von Bouillon und König Balduins I., des ersten Kreuzfahrerkönigs von Jerusalem. Die Grabsteine selbst wurden 1808 von griechischen Mönchen entwendet und zerstört. Hier brach der um die heiligen Stätten rivalisierende Haß auf die Lateiner durch, die in der Kreuzfahrerzeit die Griechen benachteiligt hatten.

In der Mitte des Grabeskirchenkomplexes liegt die Hauptkirche der Griechisch-Orthodoxen, das Katholikon oder die „griechische Kathedrale". Das Katholikon ist das Mittelschiff der einstigen Kreuzfahrerkirche, das seit 1810 durch hohe Wände von den Seitenschiffen getrennt ist. Es wird von der zweitgrößten Kuppel der Grabeskirche überwölbt. Genau mitten unter der Kuppel steht ein Marmorbecken mit einer umflochtenen Halbkugel, die anzeigen soll, daß hier nach christlicher Überlieferung der Mittelpunkt der Erde, der „Nabel der Welt" ist, durch den alles neue Leben strömt. Zahlreiche mittelalterlichen Landkarten überliefern diesen Mittelpunkt der Welt. Nach jüdischer Auffassung gilt der heilige Fels auf dem Tempelberg als Mittelpunkt der Welt. Das Katholikon weist noch die wunderschönen gotischen Gewölbe der Kreuzfahrerzeit auf.

Die erhöhte Plattform zwischen dem Katholikon und der Grabkapelle dient den Lateinern als Chor bei ihren Gottesdiensten vor Jesu Grab.

Der Pilger kann an der täglichen Prozession der Franziskaner, die um 16.00 Uhr in der Erscheinungskapelle beginnt, teilnehmen und die Heiligtümer der Grabeskirche kennenzulernen. In der Sakristei erhält er eine brennende Kerze und ein Prozessionsbüchlein. Die Prozession an den Samstagen der Fastenzeit ist besonders eindrucksvoll. Sie beginnt dann etwas früher. Sie endet mit dem sakramentalen Segen an ihrem Ausgangsort.

Die Umgebung der Grabeskirche im christlichen Viertel

Gegenüber dem Südportal der Grabeskirche erhebt sich rechterhand die **Omarmoschee** mit ihrem hohen viereckigen Turm. Die Omar- (El Omariya-) Moschee erinnert an das Gebet des Kalifen Omar im Anblick der Auferstehungskirche im Jahre 638. Sie wurde 1193 erbaut. Nördlich der Grabeskirche errichtete Saladin an der Stelle des Patriarchenpalastes der Kreuzfahrer die **El Khanga-Moschee.** Genau in der Mitte der Linie zwischen den Minaretten der beiden Moscheen liegt übrigens die Grabkapelle in der Grabeskirche. Das Minarett der Omar-Moschee stammt aus dem Jahre 1465, das der El Khanga-Moschee von 1418.

Bei der Omar-Moschee in der St. Helena-Straße werden Kerzen feilgeboten. Die Auswahl der farbigen Kerzen ist bemerkenswert. Links, vom Vorhof der Grabeskirche aus, steht das orthodoxe Gethsemani-Kloster. Noch weiter links, außerhalb des Vorhofs, führt ein Tor zum **Muristan-Viertel.** Die Bezeichnung „Muristan“ kommt aus dem Persischen und bedeutet Krankenhaus. Früher stand hier eine byzantinische Kirche, die von den Persern zerstört wurde. An ihrer Stelle errichteten sie einen Hospitalkomplex, der auch unter der Herrschaft der Kreuzfahrer Bestand

Der hohe Turm der Omarmoschee und der Eingang zum Vorhof der Grabeskirche.

Die Erlöserkirche.

hatte. Hier wurden unter den Kreuzfahrern die Scharen der christlichen Pilger untergebracht, die ins Heilige Land strömten. Die Ritter des hl. Johannes, die Johanniter (später nach ihrem Sitz auf Malta Malteser genannt) leiteten die Hospize. Nach dem Ende des Kreuzfahrerreiches verfielen die Bauten, dennoch konnten im Muristan bis ins 15. Jahrhundert noch 400 Pilger aufgenommen werden. Im 16. Jahrhundert benutzte Sultan Suleiman der Prächtige die Quader der verfallenen Hospizbauten zum Bau der Jerusalemer Stadtmauer. Die Türken teilten schließlich 1869 das Gelände zwischen den russischen Griechisch-Orthodoxen, die den kunstvollen Bogeneingang und den verzierten Muristanbrunnen bauten, und den preußischen Protestanten, die mit ihrer im Jahre 1898 eingeweihten Erlöserkirche nun auch eine Anbetungsstätte in Jerusalem besaßen.

Am Ende des vom Muristanbogeneingang aus schräg laufenden „griechischen Basars" glänzt die silberne Kuppel der **Kirche des hl. Johannes** des Täufers. Die Kirche betritt man am Südende der Christenstraße durch den Hof des griechisch-orthodoxen Klosters. Ursprünglich stand hier eine byzantinische Kirche, die beim Persereinfall 614 zerstört wurde. Unter der Kreuzfahrerherrschaft bauten Kaufleute aus Amalfi die Kirche wieder auf. Später diente sie dem Orden der

Tor zum Muristan-Viertel.

Johanniter, heute gehört sie den Griechisch-Orthodoxen. Die Krypta unter der Kirche ist das älteste uns erhaltene Bauwerk des christlichen Jerusalems. Der kleeblattähnliche Bau mit einer Vorhalle stammt aus dem 5. Jahrhundert.

Die Hauptkirche der Johanniter war **St. Maria Latina,** die auf Karl den Großen zurückging. Die ursprüngliche Lage von St. Maria ist durch einen Pfeiler in der Mitte des Muristanmarktes gekennzeichnet. Der Sage nach soll die Kirche auf wunderbare Weise vollständig nach Rom versetzt worden sein. Heute heißt sie dort Santa Maria Majora.

Im Osten des griechischen Basars begann 1890 der Bau der deutsch-lutherischen **Erlöserkirche.** Das Gelände schenkte der türkische Sultan Abdul Hamid dem deutschen Kaiser Wilhelm II., der die Kirche bei seinem Besuch 1898 feierlich eröffnete. Beim Bau fand man weitere Relikte der Kreuzfahrerkirche Maria Latina, die der Erlöserkirche einverleibt wurden. So stammt das Portal des Nordeingangs mit seinen Tierkreiszeichen und Monatssymbolen aus der Kreuzfahrerzeit. Auch der mittelalterliche Kreuzgang unter der Probstei ist sehenwert. Neuere Ausgrabungen unterhalb der Erlöserkirche förderten eine starke Mauer zutage, von der vermutet wird, sie sei die südliche Forum-Stützmauer von Hadrians Aelia Capitolina (135 nach Chr.) gewesen. Vom 50 m hohen Turm der Erlöserkirche, der jüngsten Kirche der Altstadt, genießt man einen prächtigen Rundblick.

Bernhard der Mönch 870 n.Chr. über seinen Aufenthalt im Muristan-Hospiz).

„Wir wohnten im Hospiz des Ruhmreichsten Kaiser Karl. Jeder, der aus Gründen der Frömmigkeit nach Jerusalem kommt und die römische Sprache (d.h. Latein) spricht, wird dort gastlich aufgenommen. Daneben ist eine Kirche zu Ehren der Hl. Maria, und dank des Kaisers besitzt es eine glänzende Bibliothek . . . Vor diesem Hospiz ist das Forum, und jeder, der dort sein Geschäft betreibt, zahlt der verantwortlichen Person eine jährliche Gebühr von zwei Guineen."

Wendet man sich von der Erlöserkirche nach rechts, gerät man nicht nur auf die Via Dolorosa, sondern auch ins Herz der drei wichtigsten Basare, zum Fleischermarkt „Suq el-Lahamin", zum Gewürzmarkt „Suq el-Attarin" und zum Stoffmarkt „Suq el-Hawatjat", der auch „Markt der vornehmen Herrn" genannt wird.

Das **russische Hospiz Alexander** steht gegenüber der Erlöserkirche, in dessen Keller bedeutende Ausgrabungsfunde zu besichtigen sind: Reste eines Triumphbogens, den Kaiser Hadrian am Eingang des Forums der

Gewölbe aus der Kreuzfahrerzeit im Basar.

Aelia Capitolina im Jahre 136 errichtete sowie ein Mauerrest mit einer Torschwelle, der zur zweiten Stadtmauer Jerusalems gehören könnte, die nahe an Golgatha vorbeiführte. Da das Hospiz an der südöstlichen Ecke der ehemaligen konstantinischen Basilika über dem Heiligen Grab liegt, könnte dieses Mauerwerk der Stadtumfriedung als Fassade des dreitorigen Atriums der Basilika benutzt worden sein.

Vom Hospiz aus in nördlicher Richtung, die Khan-ez-Zeit-Straße entlang, erreicht man über eine Treppe links das äthiopische Kloster, das koptische Kloster mit der 9. Station des Leidensweges Christi und das **koptische Patriarchat.** Zu diesem Komplex gehören eine Schule, die alte Kapelle der Helena mit der schon erwähnten sehenswerten Zisterne sowie Wohnungen für koptische Familien. Links vom Portal erhebt sich auf einer Terrasse die Kuppel der Helenakapelle der Grabeskirche. Hier hatten zu Zeiten der Kreuzfahrer die Kanoniker des Heiligen Grabes ihr Kloster. Heute leben in Lehm- und Wellblechhütten äthiopische Mönche auf der Terrasse.

Westlich der Grabeskirche auf der anderen Seite der Christusstraße schließen sich zunächst einmal der Teich des Hezekiah sowie die Bauten und Einrichtungen der christlichen Religionen und Organisationen an. Gassen und Straßen im Christenviertel sind breiter und besser gepflastert als in den anderen Altstadtvierteln, da dieses Viertel mit seinen drei- bis vierstöckigen Bauten erst gegen Ende des 19. Jahrhunderts errichtet wurde.

Der **Teich des Hezekiah** oder auch Teich des Patriarchenbads war ursprünglich ein Wasserreservoir aus herodianischer Zeit, das durch ein Aquädukt aus dem Mamilla-Teich gespeist wurde. Josephus Flavius erwähnt den Hezekiah-Teich als „Amygdalon“, wobei diese Namensgebung vermutlich im Zusammenhang mit den nahegelegenen Türmen des Herodespalastes (Migdal = Turm) zu sehen ist. Im Mittelalter lieferte der Teich den Patriarchen bei der Grabeskirche das Badewasser. Daher rührt auch sein

Name. Heute kann der Teich nur durch den Koptischen Khan, eine ehemalige Karawanserei, in der jetzt Werkstätten verschiedenster Art untergebracht sind, erreicht werden. Die Anwohner benutzen das Gelände des Hezekiah-Teiches inzwischen als Müllabladeplatz.

Weiter nördlich an der Christusstraße liegt das Hauptkloster des **griechisch orthodoxen Patriarchats.** Hier wohnen der Patriarch, der Generalvikar, Chorbischöfe und zahlreiche Mönche, die alle zu der Bruderschaft des Heiligen Grabes gehören. Sie versehen das Wächteramt und den Dienst an den heiligen Stätten. Der Eingang zum Kloster liegt an der Straße des griechisch-orthodoxen Patriarchats, die auf das Casa Nova-Hospiz zuführt.

Die Klosterkirche ist dem Heiligen Konstantin und der Helena geweiht. Die Bibliothek des Klosters birgt kostbare, seltene und sehenswerte Handschriften. Vom Dach des Klosters bietet sich ein sehr schöner Ausblick.

Auf das **Casa Nova-Hospiz** stößt man am Ende der griechisch-orthodoxen Patriarchats-Straße. Es wurde 1847 errichtet, nachdem schon seit dem Mittelalter die Franziskaner im Zionskloster und seit 1840 am Platz der heutigen Mädchenschule der Kustodie Unterkünfte für die Pilger bereit hielten. Mit dem Neubau 1847 wurde „das neue Haus“ eine Bezeichnung für alle weiteren im 19. Jahrhundert wiedererrichteten Pilgerunterkünfte der Kustodie im Heiligen Land und übertrug sich auch auf die schon früher bestehenden franziskanischen Einrichtungen in Betlehem, Jaffa, Ramla, Nazareth, auf dem Tabor und in Tiberias.

Im alten Teil des Casa Nova-Hospizes, in dem sich das franziskanische Pilgeramt befindet, bekritzelten frühere Pilger einen hölzernen Torweg mit ihren Namen als Andenken an ihren Besuch im Heiligen Land. Manche dieser Namen sind durch Beschreibungen ihrer Pilgerfahrt später berühmt geworden.

Das **Lateinische Patriarchat** liegt westlich des Casa Nova-Hospizes an der Stadtmauer. In ihm residiert seit 1847 durch das Apostolische Breve Nulla celebrior des Papstes Pius IX. wieder ein katholischer Patriarch in der heiligen Stadt. Die Rechtshoheit des Jerusalemer Patriarchen erstreckt sich auf Gläubige des lateinischen Ritus in ganz Palästina mit dem Gazastreifen, Transjordanien und die Insel Zypern. Etwa 50 000 Lateiner unterstehen dem Patriarchenstuhl. Als Lateiner gelten im Orient Katholiken, die sich bei der Messe und der Sakramentspendung des römischen Ritus der lateinischen Kultsprache bedienen, obwohl in der Liturgie seit dem zweiten Vatikanischen Konzil auch das Arabische und Hebräische benutzt werden darf. Damit wird auf die mit Rom vereinigten Kirchen des Morgenlandes Rücksicht genommen, bei denen sich altchristliche Liturgien in alten Kultsprachen oder in der lebenden Sprache des Volkes erhalten haben.

Diese ursprünglich von der römischen Mutterkirche getrennten Gemeinschaften sind im Laufe der Jahrhunderte nach Rom zurückgekehrt und behielten als unierte Kirchen ihre herkömmlichen Riten und Kultsprachen bei. Ihr Gottesdienst ist daher sehr orientalisch geprägt.

Das **Salvator (Erlöser)-Kloster** erstreckt sich bis zur Stadtmauer nördlich des Casa-Nova-Hospizes, in dem die „Kustodie des Heiligen Landes" (Custodia Terrae Sanctae), d.h., der Orden der Franziskaner im Heiligen Land den Hauptsitz hat. In diesem Namen drücken sich zugleich die Aufgaben der Franziskaner aus, nämlich Wächter und Bewahrer der heiligen Stätten zu sein. Ordensbrüder aus allen Nationen widmen sich seit Jahrhunderten der Aufgabe, die heiligen Stätten zu betreuen, Verlorengegangenes wiederzugewinnen, Zerstörtes wiederaufzubauen und Gläubigen und Pilgern zu helfen.

Franz von Assisi selbst hat im Jahre 1219 mit zwölf Brüdern die Tätigkeit des Ordens im Heiligen Land begonnen. Kehrte auch der Ordensstifter, nachdem er in Ägypten den Sultan Melik el Kamil für sich und seine Brüder günstig zu stimmen vermochte, im gleichen Jahr nach Italien zurück, so siedelten sich die im Land verbliebenen Franziskaner bald nach der Schlacht von Hittim in dem von den Kreuzfahrern noch beherrschten Küstenstreifen Palästinas an und errichteten Niederlassungen in Sidon (1253), Tyrus (1255) und Jaffa (1252). Mit dem Fall Akkos (1291), der letzten Bastion der Kreuzfahrer im Heiligen Land, mußten auch die Franziskaner Palästina verlassen.

Mehr als vierzig Jahre später jedoch (1335-1337) konnten sie erneut im Lande ansässig werden, da König Robert von Sizilien den Abendmahlssaal (das Coenaculum) auf dem Zionsberg vom Sultan erworben hatte, ein Kloster für die Franziskaner dort erbaute und für sie das Recht erwarb, in der Grabeskirche für alle Zeiten verweilen und das Offizium verrichten zu dürfen.

In der Bulle „Gratias agimus" vom 21. November 1342 beauftragte Papst Klemens VI. den Franziskanerorden, diese Aufgaben im Heiligen Land wahrzunehmen. Das war die Geburtsstunde der Kustodie. Zunächst war das Zionskloster Sitz des Oberen aller Brüder, des Paters Kustos, der deshalb heute noch den Titel des „Wächters vom heiligen Berge Sion" trägt. 1551 vertrieben die Moslems den Franziskanerorden aus dem Abendmahlssaal und -kloster. In dem von den Georgiern gekauften „Säulenkloster" (Der Amud), das später in **Salvatorkloster** umbenannt wurde, fanden der Pater Kustos und seine Brüder 1559 eine neue Heimstatt.

Der umfangreiche Klosterkomplex enthält neben den Wohnungen für den Pater Kustos, seinen Stellvertreter, den Generalprokurator, die Kustodialräte und die Mönche ein Waisenhaus, ein Altersheim, eine bedeutende Bibliothek, ein Archiv, eine Druckerei, Buchbinderei, Bäckerei, Schreinerei, Schlosserei, Schneiderei und Schusterei, die alle Lehrwerkstätten betreiben. Die Kustodie besitzt auch einen Weinkeller.

Zu den Aufgaben der Kustodie gehört neben der Betreuung der Pfarreien in Jerusalem, Betlehem, Nazareth, Jaffa, Akko, Jericho und Kana auch der Unterhalt von Schulen und Waisenhäusern. Im Heiligen Land sind es fünf höhere Knabenschulen (Jerusalem, Betlehem, Jaffa, Nazareth, Amman), zwei höhere Mädchenschulen (Jerusalem, Betlehem) und vier Grundschulen (Jericho, Ramla, Akko, Kana). In Jerusalem gibt es zudem ein Knaben- und ein Mädchenwaisenhaus.

Im Bereich der Ausgrabungen ist die Kustodie ebenfalls tätig und berichtet über die Funde in eigenen Schriften.

Die **Salvatorkirche** links vom Klostereingang diente mehr als dreihundert Jahre lang als Pfarrkirche der kleinen jerusalemer Gemeinde. Um die wachsende Zahl der Gläubigen zu fassen, ließ die Kustodie 1882-1885 eine neue Kirche erbauen. Kaiser Franz Josef I. von Österreich unterstützte den Bau mit 60 000 Goldfranken.

Der Berg Moriah und der Tempelbezirk

Überlieferung und Geschichte

Der Berg Moriah gilt als einer der heiligsten Orte der Welt. Juden, Christen und Moslems sehen in ihm eine heilige Stätte seit Jahrtausenden. Die gemeinsamen Quellen der drei großen monotheistischen Religionen erkennen in dem heiligen Fels den Nabel der Welt, den Ort der Erde, den Gott als erster schuf (1. Mose 2) und unter dem alles Wasser, das die Menschenkinder trinken, entspringe (1. Mose 2, 10–14 und Mudschir ed-din, el'uns el-dschelıl). Schon Adam habe hier einen Betplatz angelegt. Abraham soll an dieser Stelle Jerusalems König Melchisedek begegnet sein (1. Mose 14, 18), und unter dem Joch des Gehorsams bereitete er auf diesem Felsen des Landes Moriah seinen Sohn Isaak zum Opfer vor; (1. Mose 22, 1–19); Jesus aus Nazareth, unser Messias, reinigte den Platz von Geldwechslern und Händlern, redete und diskutierte an dieser Stelle und prophezeite und verkündete den Untergang des herodianischen Prunktempels. Mohammed wurde für die Moslems hier in den Himmel entrückt. Alle diese religiösen Überlieferungen, aber auch Mythen, gewinnen ihren Platz bei der Beschreibung einzelner Örtlichkeiten im Laufe der Geschichte dieser Stätte.

Die Gründungsgeschichte des Heiligtums wird in zwei Stellen des Alten Testaments erzählt (2. Sam. 24 und 1. Chron. 21). Merkwürdigerweise war es eine Volkszählung, die hier den Zorn Gottes verursachte. David hatte diese Volkszählung veranlaßt. Gott stellte als Strafe dafür dem König David drei Alternativen zur Wahl: Entweder käme sieben Jahre lang eine Teuerung übers Land oder David müsse drei Monate vor seinen Widersachern fliehen oder für drei Tage überzöge die Pest sein Land. David entschied sich fürs letztere. Als der Pestengel die Einwohner Jerusalems bedrohte, versuchte David, Gott zu versöhnen.

In der Nähe seines Palastes dicht hinter der Stadtmauer erwarb er von dem jebusitischen Bauern Ornan (Aravna) einen Platz, den dieser als Dreschtenne benutzte, und errichtete Gott, dem Herrn, einen Brandopferaltar (2. Sam. 24; 1. Chron. 21, 1–27). In einer vorherigen Offenbarung hatte Gott David kundgetan, daß dieser Ort heilig sei. Auf dem Gelände ragte in der Mitte ein großer Felsen hervor. Ihn identifizierte man als den legendären Altar Abrahams auf dem Berg Moriah, für David nun auch zugleich der Ort der Gotteserscheinung. Als er hier sein Brandopfer verrichtete, hatte die Pest ein Ende.

Da David die Bundeslade von Hebron nach Jerusalem geholt und damit Jerusalem zum religiösen Mittelpunkt gemacht hatte, beabsichtigte er, diese in einem Tempel zum Lobpreis Gottes unterzubringen. Aber das Wort des Herrn kam zu ihm und sprach: *„Du hast viel Blut vergossen und große Kriege geführt; darum sollst du in meinem Namen nicht ein Haus bauen, weil du so viel Blut auf die Erde vergossen hast vor mir. Siehe, der Sohn, der dir geboren werden soll, der wird ein Mann der Ruhe sein ... Der soll in meinem Namen ein Haus bauen“*. (1. Chron. 22, 8-10). David hielt sich an das Wort des Herrn. Die Bundeslade verblieb während seiner vierzigjährigen Regierungszeit unter einem Nomadenzelt auf dem Dreschplatz des Jebusiters, wie einst auf den Wanderungen des Volkes Israel im Sinai.

Davids Sohn Salomon begann schließlich im vierten Jahr seiner Regierung, 968 v. Chr., an der Stelle, die sein Vater bestimmt hatte, *„das Haus des Herrn zu Jerusalem auf dem Berge Morija“* (2. Chron. 3, 1) zu erbauen. Phönizische Architekten, Baumeister und Steinmetze benötigten siebeneinhalb Jahre um das Bauwerk auszuführen. Der Berg Moriah mußte behauen, seine Kuppe eingeebnet werden, um ein Plateau für den Tempelplatz herzustellen. Auf diesem erhob sich der Tempel. Die Außenmauern des Tempels bargen Vorratsräume, in denen Priestergewänder, Gefäße mit Öl, Gewürzen, Kultgeräten und der Staatsschatz untergebracht waren. Das eigentliche

Der Tempelbezirk mit dem
Felsendom heute.

Einzige Abbildung der Bundeslade
auf Rädern als Relief aus dem
4. Jahrhundert nach Chr. in
Kapernaum am See Genezareth.

Tempelhaus bestand aus zwei Räumen: die äußere Tempelhalle mit dem Priesterhof und dem Allerheiligsten. In den Priesterhof wurden Stiere, Ziegen und Schafe, Tauben und Getreide für das Brandopfer gebracht. Außerdem befand sich in diesem Raum das geheimnisvolle „Eherne Meer", ein etwa 4000 Liter fassendes Wasserbecken, das von zwölf im Kreis aufgestellten bronzenen Stieren getragen wurde, aus deren Mäulern man das Wasser in kleinere Becken fließen lassen konnte.

Das Allerheiligste war ein quadratischer dunkler Raum über Abrahams Felsenaltar. In ihm ruhte die Bundeslade, der Stab Moses und ein Krug Manna. Nur einmal im Jahr am Versöhnungstag durfte der Raum vom Hohenpriester betreten werden.

Sieben Tage dauerte das Einweihungsfest des Tempels, an dem Scharen von Gläubigen aus dem ganzen Land von Dan bis Beer Sheba teilnahmen. 22 000 Ochsen und 120 000 Schafe sollen in dieser Woche im Tempelhof geopfert worden sein. Die Überführung der Bundeslade aus dem Zelt ins Allerheiligste nahm Salomon als „Mann der Ruhe" vor, nicht wie sein Vater mit Tänzen der Verzückung. Nun hatte das jüdische Volk einen Mittelpunkt, der zugleich ein Zentrum religiöser Unterweisung und die Schatzkammer des Landes war. 374 Jahre überdauerte Salomons Tempel, bis 586 v. Chr. die Babylonier bei der Zerstörung von Jerusalem auch von ihm keinen Stein auf dem anderen ließen.

Nach der Rückkehr der Juden aus dem babylonischen Exil begannen sie 540 mit dem Neubau des Heiligtums, das zwar in seiner Anlage und den Ausmaßen dem ersten Tempel entsprach, jedoch weitaus bescheidener war.

Im Jahre 516 v. Chr. konnte der Neubau des zweiten Tempels vollendet werden. Ein Jahr später fand die Einweihung statt. Das Allerheiligste mußte jetzt allerdings leer bleiben, denn die Bundeslade, die der Prophet Jeremias vor der Einnahme Jerusalems durch die Babylonier in einer Höhle auf dem Berg Nebo (Jordanien) versteckt haben soll, konnte nicht mehr gefunden werden (2. Mak. 2, 4 ff.).

Dieser zweite nachexilische Tempel, der unter den Makkabäern gereinigt, restauriert und neu geweiht werden mußte, da Antiochos Epiphanes, der seleukidische König, das Judentum zugunsten des Hellenismus unterdrückt und den Tempel 167 v. Chr. Zeus geweiht hatte, bestand als Bauwerk bis zum 18. Regierungsjahr von Herodes d. Gr.

Herodes als Idumäer, Sohn aus dem Lande Edom, bestenfalls Halbjude, wurde seit dem ersten Tag seiner dreißigjährigen Regierungszeit abgelehnt und gehaßt. Um die Juden zu gewinnen, begann er im Jahre 19 v. Chr. mit dem Umbau und der Erweiterung des Tempels. Herodes wollte mit

Der herodianische Tempel
und die Antoniafestung.

Die Ostmauer mit dem Blick auf den äußeren Vorhof,
aus dem Jesus seinerzeit die Wechsler und Händler verjagte.
Nachbildung der herodianischen Stadt aus
dem Jahre 66 n.Chr. im Holyland-Park. Maßstab 1:50.

dem dritten Tempel den Traum des Propheten Hesekiel Wirklichkeit werden lassen (Hes. 40–43). Allerdings wohl nicht so sehr zur Ehre Gottes als vielmehr als Zeichen seiner eigenen Macht und sicher auch der Versöhnung mit den Juden. Nach neun Jahren war das Heiligtum so weit fertiggestellt, daß die Einweihung stattfinden konnte. Erst 64 n. Chr. unter dem Urenkel des Herodes, Agrippa II., wurde die Gesamtanlage vollendet. Die durch gewaltige Unterbauten (vgl. S. 70) vergrößerte Fläche des Tempelplatzes, die etwa ein Sechstel der damaligen Altstadt einnahm, entspricht ungefähr dem heutigen Ausmaß des Haram esh-Sharif. Die Westseite der aus gewaltigen Quadern bestehenden Stützmauer des Platzes ist 490 m, die Ostseite 474 m, die Nordseite 321 m und die Südseite 283 m lang. Die West- oder Klagemauer ist aus dieser Zeit erhalten geblieben – heute die heiligste Stätte des Judentums.

Zur Zeit des Herodes war der ganze Tempelbezirk an seinen Mauern entlang von Säulenhallen umrahmt. An der Südmauer erhob sich die von 162 Säulen gebildete dreischiffige Königshalle von 280 m Länge und 36,75 m Breite. Heute befindet sich an dieser Stelle die El Aksa-Moschee. Neun Tore ermöglichten den Zugang zum Tempelbezirk. Der Haupteingang lag im Osten, während das Heiligtum und Allerheiligste sich im Westen befanden. An der Nordwestecke errichtete Herodes die Antonia-Festung. Der Name war eine Huldigung gegenüber seinem Gönner Mark Anton. Von den Türmen dieser Festung konnte die römische Garnison das Tempelgelände genau überblicken und durch einen geheimen Gang von der Festung zum Tempelhof bei Unruhen oder Aufständen schnell auf dem Gelände erscheinen. Von hier aus erfolgte die Gefangennahme des Paulus, als er sich im Tempel befand.

Eine Anzahl von Höfen führte terrassenförmig in immer kleineren Rechtecken auf flachen riesigen Stufen zum Heiligtum hinauf. Es gab den Vorhof für die Heiden oder Nichtjuden, den für die Frauen, für die Männer und, durch ein niedriges Steingitter von diesem getrennt, den Hof der Priester, in dessen Mitte der Brandopferaltar über dem heiligen Fels und etwas links dahinter das „Eherne Meer“ standen. Der zeitgenössische Schriftsteller Josephus Flavius beschreibt in seiner „Geschichte des Jüdischen Krieges“, daß die mit Gold überzogenen Ornamente und Verzierungen des Tempels und der massive weiße Stein jedem Fremden, der nach Jerusalem pilgerte, von fern wie ein schneebedeckter Hügel erschienen seien.

Der herodianische Tempelbezirk spielt in den Evangelien und Apostelgeschichten für das Christentum eine besondere Rolle.

Plan des Herodestempels

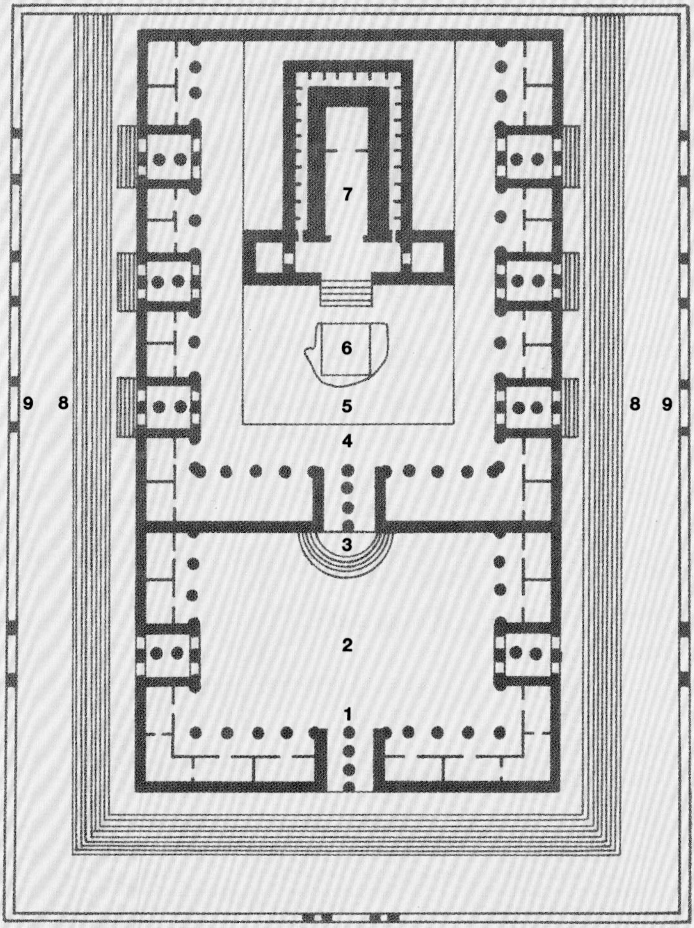

1 Osttor
2 Frauenvorhof
3 Nikanortor
4 Männervorhof
5 Priestervorhof
6 Brandopferaltar
7 Heiliges und dahinter Allerheiligstes
8 Treppenaufgang zu den Vorhöfen
9 Steinschranke, die den äußeren Vorhof (der Heiden) abgrenzte. Außerhalb der Steinschranke, im Vorhof der Heiden, stand im Osten die Halle Salomons, im Süden die Königliche Halle.

Durch das Osttor, heute das Goldene Tor, zog Jesus vom Volk umjubelt am Palmsonntag in den Tempel ein. Am Osttor befand sich die mehrere hundert Meter lange Halle Salomons, in der gepredigt, gebetet und diskutiert wurde. Vermutlich fanden Maria und Josef hier den zwölfjährigen Jesus, *„mitten unter den Lehrern, wie er ihnen zuhörte und sie fragte“* Luk. 2, 46). Der besorgten Mutter entgegnete Jesus mit dem für sie unverständlichen Wort: *„Wisset ihr nicht, daß ich sein muß in dem, das meines Vaters ist?“* Im Johannesevangelium wird berichtet, daß *„Jesus . . . in der Halle Salomons auf und ab“* (Joh. 10, 23) gegangen sei. Hier griff Jesus zur Geißel, um die Verkäufer von Opfertieren und Geldwechsler mit den Worten zu vertreiben: *„Mein Haus soll ein Bethaus heißen; ihr aber macht eine Räuberhöhle daraus“* (Matth. 21, 13). Als später die Apostel Petrus und Johannes im Namen Jesu einen Lahmgeborenen auf ihrem Weg in den Tempel heilten, *„lief alles Volk zu ihnen in die Halle, die da heißt Salomons, und wunderten sich sehr“* (Apostelgesch. 3, 11).

Der Hof der Heiden erstreckte sich zu beiden Seiten der Halle Salomons. Steinerne Barrieren schlossen diesen Vorhof von den höhergelegenen Vorhöfen ab, zu denen nur Juden Zutritt hatten. Wurde ein Andersgläubiger in diesen Höfen angetroffen, verfiel er der Todesstrafe.

Im um zwölf Stufen erhöhten Vorhof der Frauen hat Maria ihr Kind dem Herrn „dargestellt“, wie es in der Bibel heißt. Bei dieser Gelegenheit konnte endlich der fromme Simeon, dem prophezeit worden war, *„er solle den Tod nicht sehen, er habe denn zuvor den Christ des Herrn gesehen“* (Luk. 2, 26), Gott bitten ihn in Frieden fahren zu lassen (Nunc dimittis). Auch wird der Frauenvorhof der Platz sein, an dem die arme Witwe ihre zwei Scherflein in einen der trompetenförmigen Opferstöcke warf (Luk. 21, 2), und die Begegnung zwischen Jesus und der Ehebrecherin mag hier stattgefunden haben (Joh. 8, 11).

Westlich vom Frauenvorhof erhob sich fünfzehn Stufen höher der Männer- und Priestervorhof. An dem reich verzierten großen Tor, das der vermögende alexandrinische Jude Nikanor gestiftet hatte, spielte sich wahrscheinlich die Szene zwischen dem Pharisäer und Zöllner ab, die Jesus erzählt. Der reuige Zöllner blieb bescheiden am Portal stehen, während der selbstgerechte Pharisäer sich im Männervorhof seiner Gottgefälligkeit brüstete (Luk. 18, 9-14).

Noch weiter westlich der beiden Vorhöfe stand das eigentliche Tempelgebäude mit dem Heiligen, zu dem nur der diensttuende Priester Zutritt hatte und das durch einen edlen Teppich vor den Augen des Volkes geschützt war. In diesem Raum verkündete

Aus: Josephs Flavius:
Der Jüdische Krieg.
5. Buch, 5. Kapitel

4. Zum Tempelhaus selbst, das inmitten des geweihten Heiligtums stand, stieg man zwölf Stufen hinan. Die Front des Gebäudes war gleich hoch und breit, nämlich hundert Ellen, das Hintergebäude aber um vierzig Ellen schmaler, da der Vorderbau rechts und links flügelförmig zwanzig Ellen weit hinausragte. Das vordere Tor des Heiligtums, siebzig Ellen hoch und fünfundzwanzig breit, hatte keine Türen; denn es sollte ein Sinnbild des unabsehbaren offenen Himmels sein. Seine Vorderseite war überall vergoldet, und wenn man hindurchsah, hatte man den vollen Anblick des eigentlichen Tempelhauses, das zugleich das höchste Bauwerk des Tempels war. Auch um die innere Seite des Tores strahlte alles von Gold. Dieses Tempelgebäude zerfiel also in zwei Räume; offen aber war nur der vordere, der in der Höhe neunzig, in der Länge fünfzig und in der Breite etwa zwanzig Ellen maß. Das Tor, das in diese Räume führte, war, wie gesagt, durchweg vergoldet, wie auch die ganze umgebende Wand; über ihm befanden sich goldene Weinreben, von denen mannsgroße Trauben herabhingen. Seine Türflügel waren golden, fünfundfünfzig Ellen hoch und sechzehn Ellen breit. Vor diesen wallte ein gleich langer babylonischer Vorhang herab, bunt gestickt aus Hyazinth, Byssus, Scharlach und Purpur und wunderschön gewebt; die beziehungsreiche Mischung der Stoffe stellte ein Bild des Weltalls dar: Scharlach sollte das Feuer, Byssus die Erde, Hyazinth die Luft, Purpur das Meer andeuten, zwei der Stoffe durch ihre Farbe, Byssus und Purpur durch ihren Ursprung, indem jene die Erde, diesen das Meer erzeugt. Die Stickerei zeigte den Anblick des ganzen Himmels mit Ausnahme der Bilder des Tierkreises.

6. Der äußere Anblick des Tempels bot alles, was Auge und Herz entzücken konnte. Auf allen Seiten mit schweren goldenen Platten bekleidet, schimmerte er bei Sonnenaufgang im hellsten Glanz und blendete das Auge wie Sonnenstrahlen. Fremden, die nach Jerusalem pilgerten, erschien er von fern wie ein schneebedeckter Hügel; denn wo er nicht vergoldet war, leuchtete er in blendendem Weiß, Seine Spitze starrte von scharfen goldenen Spießen, damit er nicht von Vögeln, die sich auf ihn niederließen, verunreinigt würde. Von den zu seinem Bau verwendeten Quadern waren manche fünfundvierzig Ellen lang, fünf hoch und sechs breit. Vor ihm stand der fünfzehn Ellen hohe, fünfzig Ellen lange und breite Altar viereckig von Gestalt und an seinen Ecken mit hornartigen Vorsprüngen versehen; von Süden her führte ein sanft ansteigender Weg zu ihm hinauf. Er war ohne Benutzung eiserner Werkzeuge gebaut; überhaupt hatte Eisen ihn nie berührt. Rings um Tempel und Altar lief ein zierlich gearbeitetes, etwa eine Elle hohes Gitter von schönem Gestein, das das Volk von den Priestern schied. Tripperkranken und Aussätzigen war die ganze Stadt verboten, Frauen während der Menstruation der Tempel; letztere durften, auch wenn sie rein waren, die oben bezeichnete Grenze nicht überschreiten. Männer, die nicht völlig rein waren, mußten dem inneren Hof fernbleiben, desgleichen Priester, bei denen dies der Fall war.

der Erzengel Gabriel dem Priester Zacharias die Geburt Johannes des Täufers (Luk. 1, 8-17). Hinter dem Heiligen befand sich durch einen handbreiten Vorhang getrennt, der bei Jesu Tod zerriß, das Allerheiligste. Es durfte nur einmal im Jahr, am Versöhnungstag, wie im Salomonischen Tempel, vom Hohenpriester betreten werden. Ein Stein erinnerte an die Stelle, an der während der Zeit des ersten Tempels die Bundeslade aufgestellt war.

Während des jüdischen Krieges, als die Römer 70 n. Chr. Jerusalem eroberten, wurde der herodianische Tempel eingeäschert. Am neunten Tag des Aw (Tischa be-Aw), also am 10. August des Jahres 70 n. Chr. warf gegen den Willen des Feldherrn Titus ein römischer Soldat die Brandfackel in den Tempel. Josephus Flavius vermerkt ausdrücklich in seinem „Jüdischen Krieg" (6. Buch, 4. Kapitel), daß die Vernichtung des herodianischen Tempels im selben Monat, am selben Tag und 639 Jahre nach der Zerstörung des Salomonischen Tempels durch die Babylonier stattgefunden habe. Die Reliefdarstellungen am Triumphbogen des Titus in Rom zeigen die mitgebrachten Siegestrophäen: den siebenarmigen Leuchter, der zum Symbol des jüdischen Glaubens wurde, den Schaubrottisch und die heiligen Trompeten aus dem Tempel.

Der römische Geschichtsschreiber Dio Cassius aus dem 3. Jahrhundert berichtet, daß Kaiser Hadrian im Jahre 136 auf den Ruinen des jüdischen Tempels einen Tempel für den römischen Gott Jupiter Capitolinus errichten ließ. Diese Tat reizte die Juden in ihrem religiösen Empfinden aufs Äußerste und trug wesentlich mit dazu bei, den Bar-Kochba-Aufstand auszulösen. Unter der Herrschaft Konstantins d. Gr. wurde der Jupiter-Tempel zerstört. Im 4. Jahrhundert wollte Kaiser Julianus Apostata (der Abtrünnige) in seinem Haß auf das Christentum den jüdischen Kult in Jerusalem wieder aufleben lassen. 363 rief er die Juden aus allen Provinzen in die Heilige Stadt, damit sie ihren Tempel wieder errichteten. Ein Erdbeben und eine Feuersbrunst machten jedoch alle schon hoffnungsvollen Anstrengungen der Juden zunichte, so daß der Tempelplatz bis zum Einzug der Mohammedaner im März 638 als Ruinenstätte und Müllhalde verödete. Den Christen galt er als ein Ort, den Gott selber verflucht hatte.

Die Eroberung der Heiligen Stadt durch den Kalifen Omar, den zweiten Nachfolger des Propheten Mohammed, führte zu einem neuen Abschnitt der Geschichte des Tempelplatzes. Der Kalif soll den christlichen Patriarchen Sophronius, der ihm die Kapitulation Jerusalems nach viermonatiger Belagerung überbracht hatte, gefragt haben, ob er nicht einen geeigneten Platz für ein moslemisches Heiligtum in der Stadt angeben könne. Sophronius führte den Kalifen zum ehemaligen Tempelplatz. Omar ließ den Platz säubern und an der Stelle der El Aksa-Moschee einen viereckigen Gebetsplatz anlegen, der 3000 Menschen gefaßt haben soll und mit einem Holzdach versehen war. Das war die erste Moschee in Jerusalem.

Erst der spätere Kalif Abd el-Malik (685–705 n. Chr.) ließ im Jahre 691 mit Hilfe byzantinischer Baumeister über dem historischen Felsen, wo nach jüdischer Überlieferung die Bundeslade gestanden hat und von wo aus Mohammed in den Himmel auffuhr, einen Kuppelbau errichten, der allerdings nicht als Moschee oder moslemisches Gebetshaus diente, sondern nur den heiligen Felsen schützend überwölben sollte.

Dieses Bauwerk machte als islamisches Heiligtum den Pilgerstädten Mekka und Medina den Rang streitig (vgl. S. 92). Zugleich ist es ein Ausdruck dafür, daß die Moslems zwar der Tradition des Judentums und Christentums in diesem Denkmal über Abrahams Fels treu zu bleiben gedachten, jedoch auch deutlich ihre Eigenart und Anwesenheit auf dem Tempelberg bekräftigen wollten. Der Felsendom diente ebenfalls als Gegengewicht zum höchsten Heiligtum der Christenheit, der Anastasis oder Grabeskirche. Darauf deutet der oktogonale Bauplan hin, der dem Achteck der Grabeskirche angeglichen ist.

In der Kreuzfahrerzeit (1099–1187) verwandelten die Christen den Felsendom in eine Kirche, in den Templum Domini. Der heilige Fels wurde mit Marmor verkleidet und darauf der Altar errichtet. Durch den Sieg Saladins über die Kreuzfahrer 1187 wurde der Felsendom wieder ein islamisches Heiligtum. Das ist er bis heute geblieben.

Die Anlage des heutigen Tempelplatzes erhielt ihre Gestalt im 14. und 15. Jahrhundert während der Mameluckenherrschaft. Suleiman der Prächtige erneuerte ein Jahrhundert später die Mauern des Tempelbergs und ließ den Felsendom renovieren.

Der Schrein mit dem Fußabdruck Mohammeds im Felsendom.

Der Felsendom

Der Felsendom (arab.: Qubbat es-Sakhra) steht auf der höchsten Erhebung des Tempelplatzplateaus. Die Plattform, auf der sich der Felsendom erhebt, umfaßt 24 500 qm, 500 qm größer als der Petersplatz in Rom. Von vier Seiten führen Stufen auf das Plateau, die oben jeweils mit Arkaden von drei oder vier Bögen gekrönt werden. Der Felsendom selbst, fälschlicherweise Omarmoschee genannt, ist achteckig. Die Bezeichnung Omarmoschee benutzte der Pilger Arculf, der 670 n. Chr. Jerusalem besuchte. Auf die von ihm beschriebene Moschee traf dieser Name auch zu.

Im Grundriß des Bauwerks sowie an den Mosaikdekorationen im Innern des Domes ist byzantinischer Einfluß spürbar. Der Durchmesser des Doms beträgt 53 m. Die Harmonie des Heilig-

Der bis zur Höhe von 5,5 Metern mit Marmor und dann mit 45 000 Fayenceplatten verkleidete Felsendom. Diese Fliesen ersetzten bei der Erneuerung 1963 die früheren persischen Fayencefliesen aus dem 16. Jahrhundert.

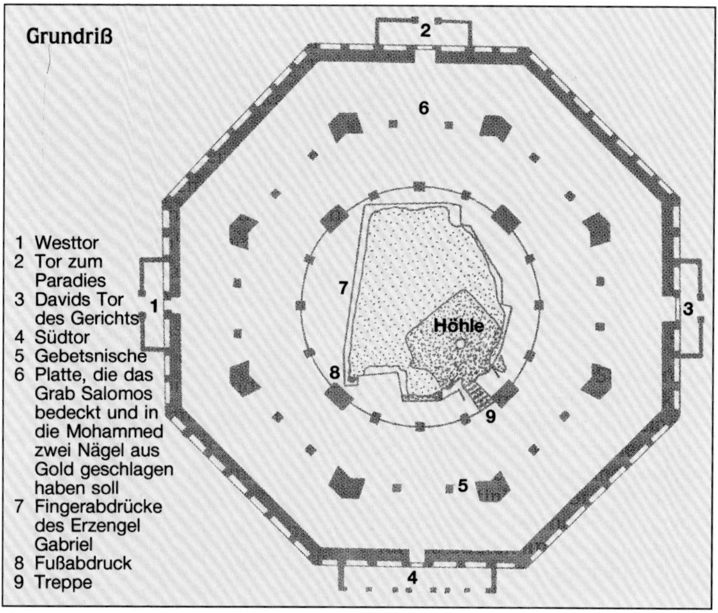
Grundriß
1 Westtor
2 Tor zum Paradies
3 Davids Tor des Gerichts
4 Südtor
5 Gebetsnische
6 Platte, die das Grab Salomos bedeckt und in die Mohammed zwei Nägel aus Gold geschlagen haben soll
7 Fingerabdrücke des Erzengel Gabriel
8 Fußabdruck
9 Treppe
Höhle
1
2
3
4
5
6
7
8
9

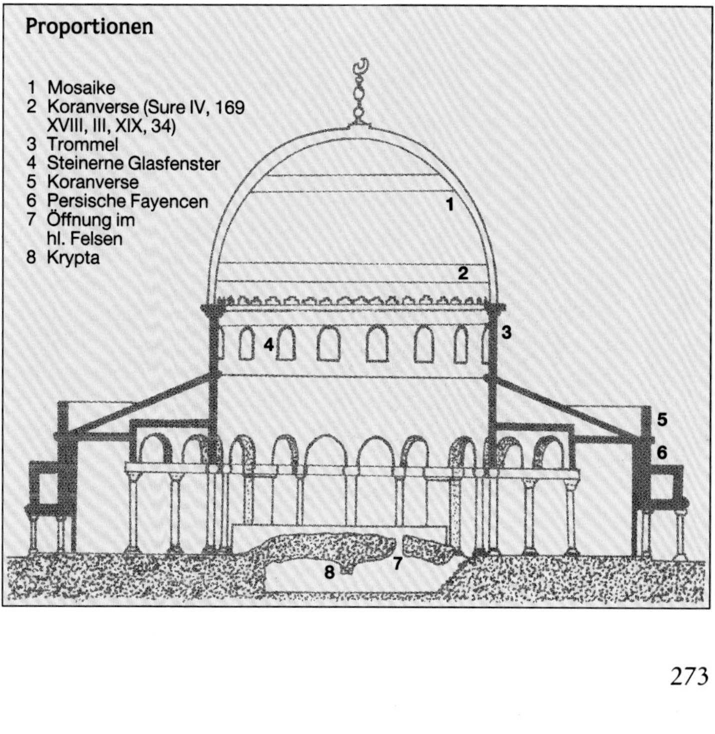
Proportionen
1 Mosaike
2 Koranverse (Sure IV, 169 XVIII, III, XIX, 34)
3 Trommel
4 Steinerne Glasfenster
5 Koranverse
6 Persische Fayencen
7 Öffnung im hl. Felsen
8 Krypta
1
2
3
4
5
6
7
8

Die Kuppel des Felsendomes mit dem Fries, auf dem die Verse des Korans stehen, die den Islam gegen den christlichen Glauben abgrenzen.

Rechts und links die Granitpfeiler der inneren Säulenreihe, zwischen denen je drei Marmorsäulen den Zylinder der Kuppel tragen.

tums rührt von der Geometrie des Grundrisses her, der aus in einen Kreis gesetzten Quadraten besteht. Dieses Bauprinzip kannten schon die Griechen.

Seine Außenmauern sind mit Marmor und seltenen und kunstvollen persischen Fayenceplatten verkleidet, die 1693 erneuert wurden. Um den Mauerfries verläuft ein arabischer Vers aus der 39. Sure des Korans. Diese äußere Gestalt erhielt der Felsendom durch Renovationen und Restaurationen Suleimans des Prächtigen im 16. Jahrhundert. Auch die bunten Fenster entstammen dieser Zeit. Sie bestehen aus schräg durchbrochenen Gipsplatten, in deren Öffnungen farbige Glasstücke eingesetzt sind. Da die Fenster außen durch eine Fayencevergitterung geschützt werden, lassen sie nur gedämpftes Licht eindringen, so daß eine einzigartige Farbharmonie im Innern des Domes erreicht wird.

Der Dom besitzt vier Eingangsportale, die in die vier Himmelsrichtungen weisen. Das südliche Portal, früher häufig „Tor des Gebets" genannt, ist nach Mekka ausgerichtet. Es ist das schönste. Über diesem Eingang fordert eine Inschrift die Gläubigen auf, in Richtung Mekka zu beten. Rechts vom Eingang befinden sich zwei marmorne Bilder von Vögeln, die sich in Stein verwandelt haben sollen, da sie Salomon nicht gehorchten. Dem Südeingang ist ein kunstvoll gestalteter Portikus mit acht Säulen vor-

Die Bögen der inneren Säulenreihe im Felsendom, die mit Mosaikmotiven und oberhalb mit einem schmalen Band von Blumenornamenten geschmückt sind, weisen den byzantinischen Stil auf, der vom 5. bis 7. Jahrhundert typisch für die Bauten im Heiligen Land war. Die Säulen tragen korinthische Kapitelle.

Das Südportal.
Das „Tor des Gebets".

gesetzt, auf dem eine arabische Sonnenuhr angebracht ist, die aus osmanischer Zeit stammt.

Das westliche Tor bildet den Eingang zum Dom, das Nordportal nennt sich „Tor zum Paradies", und das Ostportal wird „Davids Tor des Gerichts" genannt.

In der Mitte des regelmäßigen Achtecks ruht auf einem Zylinder die hohe Kuppel. Als 687 n. Chr. der Grundstein für den Felsendom gelegt wurde und er vier Jahre später vollendet war, blieben von der in Anschlag gebrachten Bausumme rund 100 000 Golddinare übrig. Damals ließ Abd el-Malik dieses Geld einschmelzen und mit dem Gold die damalige Kuppel überziehen, so daß das Volk glaubte, der Kalif hätte die Strahlen der Sonne eingefangen, um das Gotteshaus zu schmücken. Im Laufe der Renovierungsarbeiten in den späteren Jahrhunderten verzichteten die Bauherren jedoch auf die vergoldeten Messingplatten, wie sie noch der arabische Geograph Mukkadasi im 10. Jahrhundert in seinem Bericht über Jerusalem bewundert hatte, und ließen die Kuppel mit Bleiplatten überziehen. In dieser Gewandung verblieb der Felsendom bis 1963, als König Hussein von Jordanien die Kuppel mit Aluminiumplatten bedecken ließ, die mit einer goldschimmernden Messinglegierung versehen sind, so daß das Wahrzeichen Jerusalems im alten

Glanze erstand. Die äußere vergoldete Kuppel ist von der inneren durch einen 0,60 bis 1,50 m breiten Hohlraum getrennt, in dem man zu dem die Kuppel krönenden vergoldeten Halbmond, der 1 m Durchmesser hat, hinaufsteigen kann. Die Kuppelkonstruktion stammt nach einer Inschrift aus dem Jahre 1022; sie hat also die Stürme der Kreuzzugszeit überdauert.

Das Innere des Felsendoms ließ Abd el-Malik von seinen byzantinischen und persischen Baumeistern mit Mosaiken auf Goldgrund ausschmücken. Eine eingearbeitete arabische Inschrift enthielt seinen Namen, seine Titel und das Erbauungsdatum des Heiligtums. Hundert Jahre später, als die Abbasiden die Herrschaft über Jerusalem übernahmen, ließ der Kalif Abdullah Ha'aman el Mamun den Namen Abd el-Maliks durch den eigenen ersetzen. Die Handwerker vergaßen allerdings das Erbauungsdatum zu ändern.

Im Gegensatz zu anderen Moscheen, die nach Mekka blicken, liegt das Zentrum des Domes in seiner Mitte. Das ähnelt christlichen Kirchen wie dem Dom San Vitale in Ravenna (540) und der Kirche von Bosra in Syrien (515).

Abd el-Malik wollte ja kein Gebetshaus errichten, sondern vielmehr eine Art Martyrium um den heiligen Fels, der sich ein bis zwei Meter und in einer Länge von 17,7 m und einer Breite von 13,5 m über dem Marmorfußboden erhebt und von einer hölzernen Einfriedung umgeben ist. Zwei konzentrische Wandelgänge umschließen das Zentrum. Sie sind durch eine Bogenstellung, die die schrägen vergoldeten Decken der Wandelgänge trägt, voneinander getrennt. Der Architrav der Bögen ruht auf einem Kranz von acht Pfeilern und sechzehn Säulen mit korinthischen Kapitellen. Die Säulen dieser äußeren Reihe sind ebenso wie die der inneren von unterschiedlicher Größe. Kreuze an einigen von ihnen deuten darauf hin, daß sie aus christlichen Kirchen stammen. Die Marmorböden der Wandelgänge sind mit kostbaren Teppichen belegt, die König Mohammed von Marokko 1964 gestiftet hat.

Kunstvoll verzierte Fenster und Wandverkleidungen beim Westportal.

Beschreibung des Tempelplatzes
Aus: Felix Faber: Die Pilgerfahrt des Bruders Felix Faber ins Heilige Land Anno 1483.

Als man nun zu Pilatus' Haus kommt, so gehet man zu der linken Hand eine Gassen hinauf, da stehet das Haus, da Herodes, der König, innen war, zu dem in das Haus Christus ward geführt und von ihm und allem seinem Volk verachtet und mit einem weißen Kleid verspottet ward. Zu dem Haus gingen wir nicht, denn man sagt' uns, daß der Hauptmann von Jerusalem es für übel nähme, wenn wir dazu hinaufgingen, doch sahen wir durch die Gasse dazu. Der Hauptmann von Jerusalem hat da seine Konkubinen und hübsche Dirnen sitzen, darum wir auch nicht sehr baten, daß wir hineinkämen.

Danach kamen wir an ein Haus, in dem Maria, als sie ein junges Jungfräulein war, zum ersten Mal das jüdische ABC lernte. Von dem Ort nicht weit kamen wir an die Statt, da die Sünderin Christo seine Füße wusch mit ihren Tränen und sie trocknete mit ihrem Haar, und nahm da Vergebung aller Sünden.

Als wir fürbaß gingen, da sahen wir durch ein Gewölbe den Platz vor Salomonis Tempel oder den Tempel des Herren. Der Tempel ist rund unten herum sehr weit, und die Wände sind musiert köstlich von außen. Er ist oben hinaus hoch und hat ein Dach mit Blei gedeckt, doch sieht man wohl, daß das Dach hat Übergüldung gehabt. Die Spitze auf dem Dach ist ein halber Mond, der die Hörner über sich hält, den haben sie auf allen Mocheen. Zuring um den Tempel ist eine lustige schöne Weite, mit weiß poliertem Marmelstein besetzt, in dem selben Revier des Tempels ist eine andere Kirche, die nennen etliche Porticus Salomonis nd ist Unser Frauen Kirch gewesen, da die Christen die Stadt inne hatten. Die Heiden halten den Tempel Salomonis in großen Ehren und sehr sauber außen und innen und gehen alle barfuß hinein, und zu etlichen Zeiten waschen sie die Wände von innen mit lauterem Rosenwasser von Damaskus und lassen weder Hund noch Kind mit sich laufen in den Tempel, und keine kranke Frau darf hinzukommen. Es darf auch kein Christ noch Jud in den Tempel gehn, denn wo man des gewahr würde, daß ein Christ oder Jud hineinginge, der müßte verleugnen seines Glaubens und ein Heide werden. Meine Herren und Gesellen, die mit mir blieben zu Jerusalem, hatten praktiziert mit dem heidnischen Herren von Jerusalem, daß er sie in den Tempel wollt' heimlich lassen, und da es dazu kam, daß sie sollten gehn, da durften sie den Heiden nicht trauen und vermuteten Untreue und Falsch, daß sie um Leib und Leben wären kommen oder um ihren Glauben. Es war einer unter den Rittern, der hat seinen Anschlag gemacht mit einem Mamelukken, der bracht' ihm heidnische Kleider, die tat er an, und da er mit dem Mamelucken kam bis vor den Tempel, da fiel ihm ein solcher Graus zu und fürchtete sich und zitterte so sehr, daß er hinein nicht konnte kommen und mußte wiederkehren.

Die innere Säulenreihe, auf deren Bögen der Zylinder ruht, der die Kuppel trägt, besteht aus vier Granitpfeilern und zwölf Marmorsäulen. Das kunstvolle schmiedeeiserne Gitter zwischen den inneren Säulen ist eine Arbeit der Kreuzfahrer aus dem 12. Jahrhundert, als der Felsendom in eine Kirche umgewandelt war. Der doppelte Säulengang regt die Gläubigen zur Meditation über den Ursprung an, der sich im heiligen Fels, dem Opferstein Abrahams, dem Platz unzähliger Brandopfer der Juden und, für die Moslems, der Stätte der Himmelfahrt ihres Propheten manifestiert. Die reich mit Arabesken verzierte Kuppel wölbt sich 20,5 m über dem nackten Fels, ihr Durchmesser beträgt 20,3 m. Der Fries, auf dem sie ruht, enthält den 169. Vers aus der 4. Sure, den 111. aus der 17. Sure und den 34. aus der 19. Sure des Korans. In diesen Versen geht es wesentlich um die Abgrenzung gegenüber dem christlichen Glauben, besonders der Trinitätslehre. Unterhalb dieses Frieses verläuft ein schmales Band mit Blumenornamenten, die vom 5. bis zum 7. Jahrhundert für die byzantinische Kunst typisch waren.

In der Kuppel selber konkurrieren goldene Arabesken auf rotem Untergrund mit Blumenmotiven in Glasmosaik. Zahlreiche Sultane haben ihre Namen in der Kuppel verewigt. Eine goldene Kette fällt von der Kuppelmitte auf das Zentrum der Welt. Sech-

Die Kuppel ist mit Arabesken in vergoldetem Stuck auf rotem Untergrund verziert.

Marmorsäulen und Granitpfeiler im Felsendom.

zehn hohe farbige Glasfenster unterhalb der Kuppel werfen ein gedämpftes Licht auf den honigfarbenen Fels. Wenn die Gläubigen den Fels umschritten, glaubten sie, auf den Pfaden des Paradieses zu wandeln, wie uns Zeugnisse bekunden.

Der Nabel der Welt, der Fels Moriah, die Tenne von Ornan, die Konkurrenz zum Katholikon in der Grabeskirche, das die Christen als Nabel der Welt betrachten, hier soll Gottes Thron stehen am Tage des Gerichts. In der religiösen moslemischen Überlieferung lautet ein dem jüdischen Konvertiten Ka'b zugeschriebenes Wort, das Khalil ed-Dahiry überliefert: „Und das Gericht und die Rechenschaft sind in Jerusalem", eine unverkennbar dem Judentum entstammende Vorstellung. Mark Twain äußerte etwas zynisch in seinem Reisebericht über das Heilige Land, Erdbeben könnten ja den Nabel der Welt verschieben – von Norden nach Süden ist der Fels Moriah durch einen Riß gespalten, den ein Erdbeben im Jahre 1067 verursachte. An seiner südwestlichen Ecke schützt ein kleiner goldener Schrein den Fußabdruck Mohammeds, als er in den Himmel auffuhr. Man kann hineinlangen und den Abdruck ertasten. Auch Barthaare des Propheten und die Fahne Omars werden in diesem Schrein aufbewahrt. Ebenso sollen die Fingerabdrücke des Erzengels Gabriel zu erkennen sein, der den Felsen zurückhielt, als er dem Propheten auf seiner Himmelfahrt folgen wollte. Seitdem schwebt der Felsen gewissermaßen in der Luft und bildet eine Grotte, in die von Süd-Osten aus Stufen hinunterführen. Diese Krypta, eine Naturhöhle von 7 x 7 m, enthält den Gebetsaltar Davids und Salomons, Abrahams und des Propheten Elias. Auch Mohammed soll hier gebetet haben, den Propheten begegnet und an dieser Stelle vom Erzengel Gabriel an die Hand genommen worden sein für seine Himmelfahrt.

Die Moslems nennen die Höhle „Brunnen der Seelen" (Bir el Arwah). Unter der Marmorplatte auf dem Boden der Grotte hört man das Rauschen des Paradiesflusses, wahrscheinlich das Was-

Die Krypta unter dem Felsendom, die Gebetsstätten der Propheten und Mohammeds.

ser das unter dem Tempelbezirk aus den Zisternen in das große Wasserbecken vor der El Aksa-Moschee, das Alca'as, fließt. Jetzt liegt im Vergleich zu der feierlichen Schönheit des Felsendoms ein nicht sehr geschmackvoller Teppichboden auf dem Marmor. Eine runde Öffnung im Felsen ließ vermuten, daß hier die Ableitung des Opferblutes und Abwaschwassers zur Zeit des jüdischen Tempels gewesen ist. Da jeder Laut in der Höhle hohl klingt, glaubt man neben oder hinter ihr noch andere Höhlen annehmen zu können. Die Juden meinen sogar, daß die Bundeslade und andere heilige Tempelgefäße irgendwo unter dem Haram esh-Sharif versteckt liegen könnten und würden daher, auch wenn es ihnen erlaubt wäre, diesen Ort niemals betreten, aus Angst, unwissentlich auf das Allerheiligste zu treten, denn dann müßten sie, wie es die Prophezeiung sagt, sterben, ehe das Jahr zu Ende geht.

Die Höhle erhält ihr Licht aus einem runden Loch in der Decke, das dem Moriahfelsen auch den Namen „der durchbohrte Stein“ gegeben hat.

Die erhöhte Plattform, auf der sich der Felsendom erhebt, birgt noch weitere Heiligtümer und kunstgeschichtlich interessante Bauwerke. So steht am Osteingang des Felsendoms, unmittelbar vor „Davids Tor des Gerichts“ – nach der Überlieferung

Der Tempelberg (Haram esh-Sharif)

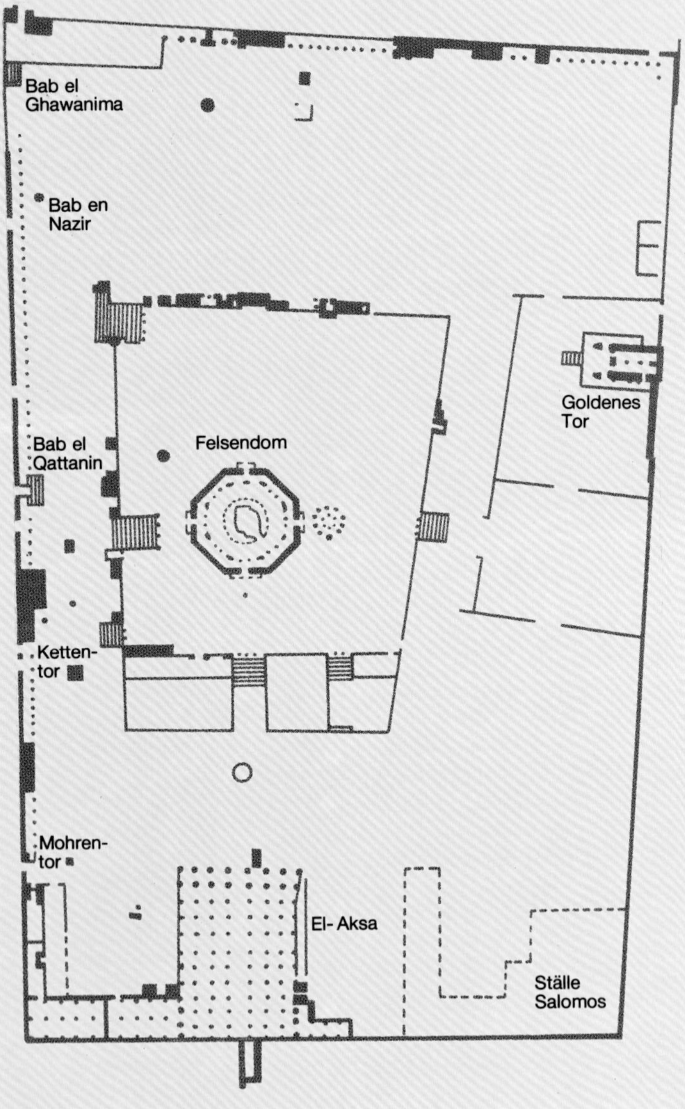

hielt hier König David Gericht – der **Kettendom.** Er sieht nicht nur wie das verkleinerte Modell des Felsendoms aus, er scheint der Überlieferung zufolge auch dieses Modell zu sein. Kalif Abd el-Malik hatte nämlich vor der Ausführung des Felsendoms den beiden Hauptarchitekten den Auftrag gegeben, zunächst einmal ein Modell des großen Bauwerks zu errichten. Entspräche das Modell den Erwartungen des Auftraggebers, sollte danach gebaut werden. Das Modell fand Gefallen, der Bau des Felsendoms konnte 687 begonnen werden.

Der Kettendom (Qubbet es-Silsileh) bietet sich als eine offene elfeckige Halle mit elf Säulen dar, die um ein inneres Sechseck läuft, dessen sechs Säulen die Kuppel tragen. Von jedem Punkt aus sind alle Säulen, die noch ihre byzantinischen Baumeister verraten, sichtbar. Der Kettendom steht genau im Mittelpunkt des gesamten Tempelbezirks. Er beherbergte den Staatsschatz der Omayyadendynastie. Die Kreuzfahrer wandelten das Tempelchen in eine Kapelle um zu Ehren des Hl. Jakobus des Jüngeren, des ersten Bischofs von Jerusalem, den die Juden 62 oder 63 n. Chr. von der Tempelmauer ins Kidrontal hinabstürzten. Im 16. Jahrhundert versah der osmanische Herrscher Suleiman der Prächtige das Gebäude ebenso wie den Felsendom mit kostbaren Fayenceplatten. Seinen Namen verdankt der Kettendom der Legende, daß Kö-

Aus: Alban Stolz:
Besuch bei Sem, Cham und Japhet oder Reise in das Heilige Land. Freiburg 1857.

Während man in Konstantinopel für tausend Piaster einen Erlaubnisferman durch den Sultan erlangen kann, um in die Sophiamoschee zu gelangen, so gibt es kein Mittel für einen Christen, um Einlaß in die Omarmoschee zu bekommen. War ich in Konstantinopel auf eigentümliche Weise ohne Ferman, jedoch nicht ohne Gefahr, in die Sophiamoschee durch einen türkischen Beamten und Iman gebracht worden, so sollte mir nun auch in Jerusalem die außerordentliche Gelegenheit zuteil werden, die Omarmoschee zu betreten. Der Sultan hatte nämlich an den Pascha von Jerusalem den Befehl ergehen lassen, dem Herzog von Brabant alles zu zeigen, was er wolle. Unter allem aber, was türkischerseits in Jerusalem gezeigt werden kann, ist nichts, was an Interesse und Merkwürdigkeit der großen Moschee gleichkommt; daher sollte auch diese besichtigt werden. Der Herzog hatte schon vorher den freundlichen Wunsch geäußert, unsere Pilgerschaft kennenzulernen, weshalb wir dann alle ihm Besuch abstatteten. Nun ließ er noch das Anerbieten machen, daß fünf von unserer Gesellschaft ihn begleiten, wenn er in die Omarmoschee gehe. Einige verzichteten freiwillig darauf, unter den Übrigen wurde gelost; das Los traf auch mich. Man sprach davon, wie unter den Türken eine große Gärung sei, daß ihr Heiligtum von Ungläubigen betreten werden solle; sie haben eine Prophezeiung, daß, wenn Christen in diese Moschee gehen, so werde es vierzig Jahre nachher mit der mohammedanischen Herrschaft und Religion zu Ende sein.

Blick von der „Kuppel der Geister“ auf den Felsendom und rechts davon den Himmelfahrt- und Hebrondom.

nig David und sein Sohn Salomon an dieser Stelle Gericht hielten. An einer Wand des Bauwerks soll eine Kette gehangen haben, die der Angeklagte in den Händen halten mußte. Log er, so löste sich ein Kettenglied, und die Schuld des Angeklagten war bewiesen. Eine andere Version spricht davon, daß der Angeklagte bei einer Lüge vom Blitz getroffen würde.

An der nordwestlichen Seite des Felsendoms befindet sich die **Himmelfahrtskapelle** (arab.: Qubbet el-Mirraj). Sie erinnert an Mohammeds nächtlichen Ritt in den Himmel auf seinem Pferd Buraq und wurde laut Inschrift um 1200 erneuert. Der Bau ähnelt der Himmelfahrtskapelle auf dem Ölberg. Unter den zahlreichen kleineren Kuppelbauten auf dem Tempelplatz mag noch ein öffentlicher Brunnen an der südwestlichen Ecke des Felsendoms hervorgehoben werden, der **Sebil Quaitbai,** den der Sultan Quait Bai im Jahre 1482 stiftete. Der Brunnen ist ein klassisches Beispiel mameluckischer Baukunst mit einem Aufwand, der sonst nur bedeutenden Grabmälern vorbehalten war. Um alle vier Seiten verläuft ein sehr dekoratives Inschriftenband, das neben Zitaten aus dem Koran auch Hinweise auf einen früheren Brunnen enthält und von den Restaurierungsarbeiten des Sultans Abdul Hamid aus dem Jahre 1883 Kunde gibt. Das Bänderwerk mit dem Sternenmuster im Innern spiegelt

Der Brunnen auf der Schnittlinie
von der El-Aksa-Moschee zum Felsendom.

ebenfalls die Blütezeit der mameluckischen Architektur wieder.

Bevor man die erhöhte Tempelplattform nach Süden durch die Arkadenbögen zur El Aksa-Moschee hinab verläßt, lohnt sich auf der rechten Seite noch ein Blick auf die kunstvolle marmorne „Sommerkanzel“ (arab.: Minbar), die 1456 von Burhan ed-Din erbaut wurde. Durch den von acht Säulen getragenen südlichen Portikus, an dem die Sonnenuhr aus osmanischer Epoche den Gläubigen die Zeit für ihre Gebete anzeigt, gelangt der Besucher 21 Stufen hinab auf den Vorplatz der El Aksa-Moschee. Auf der Schnittlinie vom Felsendom zur Moschee befindet sich ein großes rundes Wasserbecken, Alca'as

Fußwaschung eines Moslems.

Blick durch den südlichen Portikus auf die El-Aksa-Moschee.

(der Kelch) genannt, an dem auf vielen Sitzen aus rötlichem Stein die rituellen Waschungen vor dem Gebet vorgenommen werden können. Dieser Brunnen stammt schon aus dem Jahre 709 n. Chr. und wird von zahlreichen unterirdischen Zisternen des Tempelplatzes gespeist. Westlich des Alca'as erhebt sich ein uralter Ölbaum, der noch aus den Tagen von Mohammeds Himmelfahrt stammen soll.

Die El-Aksa-Moschee

Am Südende des Tempelbezirks erhebt sich das größte Gebäude des gesamten Geländes, die El-Aksa-Moschee, in der sich die Moslems fünfmal am Tage zum Gebet versammeln. Ihr Name „Dschami el Aksa", „die entfernte Moschee", bezeichnet die von Mekka und Medina entfernteste Gebetsstätte, zu der Mohammed entrückt wurde, wie es am Anfang der 17. Sure des Korans heißt: *„Preis dem, der seinen Knecht des Nachts von dem heiligen Gebetsplatz zu dem weitentfernten Gebetsplatz reisen ließ, dessen Umgebung wir gesegnet haben, um ihm unsere Zeichen zu zeigen"*. Die islamischen Korandeuter erblicken in dieser Aussage einen Hinweis auf die geheimnisvolle Nachtreise (isra) des Propheten mit seinem Reittier Buraq von der Ka'aba in Mekka zum jerusalemer Tempelberg, an die sich die Himmelfahrt (miradsch) anschloß.

Der Grundstein der Moschee wurde schon zu Beginn des 8. Jahrhunderts in der Regierungszeit Al Walids, des Sohns von Abd el-Malik, gelegt. Anders als der Felsendom erlitt das Bauwerk grundlegende Veränderungen und Rekonstruktionen. So zerstörte 747/8 ein Erdbeben die neuerrichtete Moschee, die wie eine christliche Basilika gestaltet war: mit einem Mittelschiff und, wie zeitgenössische arabische

El-Aksa-Moschee

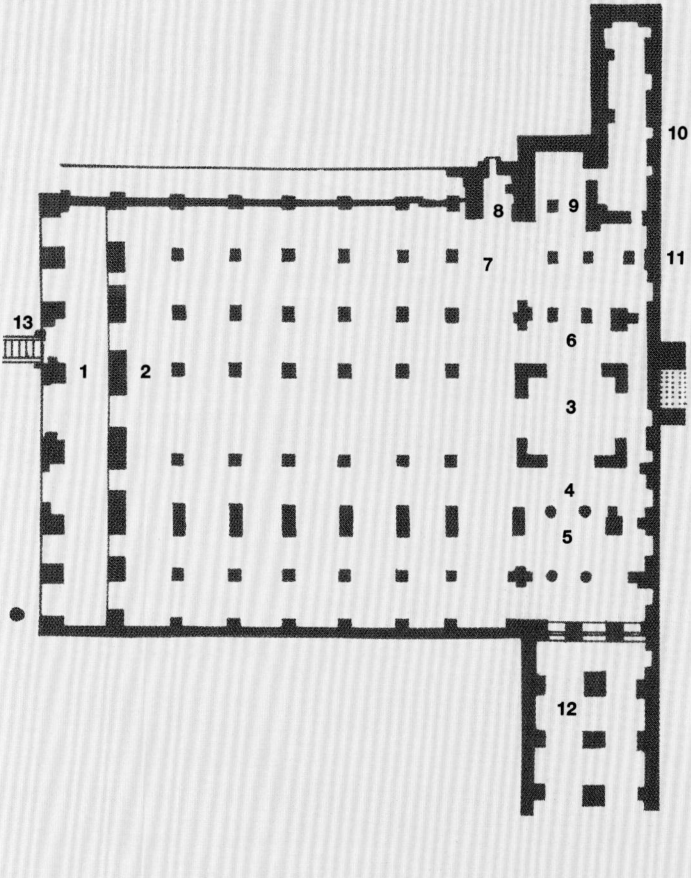

1 Eingang
2 Grab der Söhne Arons
3 Gebetsnische Saladins
4 Gebetsnische Howei
5 Gebetsnische Jesu
6 Das Hulda-Doppeltor
7 Säulen aus der Kreuzfahrerzeit
8 Gebetsnische des Zacharian
9 Moschee der 40 Märtyrer
10 Moschee Omars
11 Alte Stadtmauer
12 Weiße Moschee (Frauenmoschee)
13 Treppe zu den Ställen Salomons

Blick auf die Gebetsnische im Süden.

Das Innere der El-Aksa-Moschee vom ersten östlichen Seitenschiff aus gesehen.

Schriftsteller berichten, mit jeweils sieben Seitenschiffen. Etwas nördlich vor dem nach Mekka ausgerichteten südlichen Kopf des Mittelschiffs, dem Mihrab (Gebetsnische), wölbt sich die Kuppel empor. Unter dem Mittelschiff in seiner gesamten Länge zieht sich ein unterirdischer Gang entlang, der „Aksa el Qadima" (die Alte) genannt wird. In der herodianischen Zeit und unter den Omayyaden begann dieser Gang am westlichen Doppelten Huldator an der Südseite der Tempelmauer, das in der Kreuzfahrerzeit zugemauert wurde. Der Gang setzte sich bis zum Nordportal der Moschee fort. Links neben dem Hauptportal führt eine Treppe in das unterirdische Areal. Im inneren Vestibül des antiken Hulda-Doppeltores sind noch heute die beiden großen herodianischen Säulen des südlichen Portals zu sehen, die von den Baumeistern der El-Aksa-Moschee wiederverwendet wurden und deren Ausmaße schon Josephus Flavius beschrieben hat. An der südlichen Außenmauer haben Ausgrabungen die 65,5 m breiten Treppenanlagen, die von der Unterstadt Ophel zu dem Doppelten Huldator im Westen und dem Dreifachen Huldator im Osten führten, sowie die zugemauerten Tore freigelegt.

Die Umbauten und Änderungen der Abbasiden, Fatimiden und Kreuzritter lassen nur eine ungefähre Vorstellung vom ursprünglichen Gebäude zu. Der Wiederaufbau nach einem weiteren Erdbeben 1033, den der Kalif Az Zahir veranlaßte, gab der Moschee ein Aussehen, das im wesentlichen bis heute erhalten geblieben ist. Beiderseitig des Mittelschiffs schließen sich, von Mamorsäulen mit korinthischen Kapitellen begrenzt, jeweils drei Seitenschiffe an, die eine unterschiedliche Breite haben.

Auf 81 Säulen und 33 Pfeilern ruhen Dach und Kuppel der Moschee. Das Mittelschiff, das durch das Hauptportal betreten wird, ist siebzehn Meter hoch. Die Seitenschiffe sind niedriger. Die gesamte Moschee mißt 80 m in der Länge und 55 m in der Breite. Sie vermag 5000 Gläubige zu fassen.

So wie die Auferstehungskirche zur Zeit Konstantins in die Rotunde des Heiligen Grabes mündete, so öffnet sich auch die El Aksa-Moschee, mit der die Kalifen mit dem christlichen Heiligtum zu wetteifern gedachten, zur Gebetsnische hin, die nach Mekka orientiert ist. Die Fassade des Bogens vor der Gebetsnische ist mit Mosaiken geschmückt, die, wie eine Inschrift besagt, aus dem Jahre 1035 datieren. Ebenso schmücken sie den inneren Zylinder, der die Kuppel trägt.

Nach der Einnahme Jerusalems durch die Kreuzfahrer (1099) wurde an der Westseite der Moschee der Palast der lateinischen Könige von Jerusalem errichtet. In diesem Gebäudekomplex residierte König Balduin I. bis 1118. Dann zog er in den neuen Köpalast im armenischen Garten um und überließ dem Ritter Hugo von Payens und dessen acht Gefährten die Baulichkeiten, die hier den Orden der Tempelherren gründeten und die Moschee mit ihren Nebengebäuden teilweise als Kirche und als Hauptquartier nutzten. Die Kirche weihten die Templer der Darstellung Maria im Tempel. Die Fensterrosette in der Gebetsnische des Zacharias im östlichen Schiff der Moschee ist noch ein Zeugnis ihrer Bautätigkeit. Ein interessantes Relikt aus der Kreuzfahrerzeit sind nahe am Haupteingang die Gräber der Meuchelmörder des englischen Kanzlers und Erzbischofs von Canterbury Thomas Beckett (1118-1170), die nach ihrer Tat nach Jerusalem pilgerten und den Tempelrittern dienten.

Nach seinem Sieg über die Kreuzritter verwandelte Sultan Saladin 1187 das Bauwerk wieder in eine Moschee, ließ sie mit wunderschönen Mosaiken ausschmücken und die Hauptgebetsnische errichten. Diese Mihrab trägt Saladins Namen.

Westlich von Saladins Mihrab schließen sich übrigens noch die Gebetsnischen von Moses und Jesus an. Der Sultan ließ auch eine aus Zedernholz sehr kunstvoll geschnitzte Kanzel aus Aleppo nach Jerusalem in die Aksa-Moschee bringen, die jedoch 1969 einem Brand zum Opfer fiel, den ein geistesgestörter Tourist gelegt hatte. Die Kanzel galt als die schönste des ganzen Orients. Die Vorhalle der Moschee mit ihren sieben Torbögen, die den sieben Schiffen des Gesamtbaus entsprechen, wurde im 13. Jahrhundert ergänzt.

Unter der Herrschaft der Mamelucken im 14. und 15. Jahrhundert und unter dem Sultan Suleiman dem Prächtigen gewann die El-Aksa-Moschee endgültig ihre heutige Gestalt. Er ließ das Gebetshaus restaurieren und Glasfenster einfügen. Durch weitere Erdbeben wurde der Bau zwar im Laufe der Jahrhunderte wieder erheblich beschädigt, doch die Ausbesserungsarbeiten von 1938 bis 1942 konnten die Moschee sanieren. Die Säulen im Mittelschiff und in den östlichen Seitenschiffen aus Carrara-Marmor wurden während dieser Restaurierung eingefügt. Sie waren ein Geschenk Mussolinis. Der ägyptische König Faruk stiftete die Bemalung des Deckengewölbes. Die 17,7 m hohe Kuppel, die heute mit silbrig glänzenden Bleiplatten bedeckt ist, war schon 1927 neu verkleidet worden. Daher wird die El-Aksa-Moschee auch der Silberdom genannt. Im gleichen Jahr wurden auch die Glasfenster des 16. Jahrhunderts durch die gegenwärtigen ersetzt.

In der Südostecke des Tempelplatzes befindet sich der Eingang zu den gewaltigen Gewölben, die Herodes zur Untermauerung der Tempelplattform anlegen ließ. Der Volksmund gab diesen Gewölben den Namen **„Salomons Ställe“**. Zunächst gelangt man die

Treppe hinab zu einer unterirdischen Kammer, in der links unter einem auf vier Säulen ruhenden Baldachin eine römische Muschelschale zu sehen ist, die als „Wiege Christi“ bezeichnet wird. Hier befand sich vermutlich die Krypta der justinianischen Basilika, in der an die Darstellung Jesu im Tempel erinnert wurde.

Breite Stufen führen weiter in die Ställe Salomons. Dieses Areal hat eine Größe von etwa 5000 qm; 88 Pfeiler in zwölf Reihen bilden dreizehn verschieden lange und breite Gänge, deren Tonnengewölbe 9–10 m hoch sind. Die Anlage geht auf die Erweiterungsbauten des Tempelplatzes durch Herodes zurück. Sie wurde 70 n. Chr. beim Fall Jerusalems von den Römern teilweise zerstört. Als Kaiser Justinian die Marienkirche hier errichtete, mußte er diese Unterbauten wiederherstellen. Die Araber restaurierten ebenfalls die Gewölbe. Im 12. Jahrhundert stellten die Kreuzfahrer in den Räumlichkeiten ihre Pferde ein. Manche Pfeilerecken sind noch mit Ringen versehen, die zum Anbinden der Tiere dienten. Aus Sicherheitsgründen sind die Ställe heute dem allgemeinen Publikum verschlossen. Es bedarf einer Sondergenehmigung des Islamischen Höchsten Rates, wenn man eine Besichtigung beabsichtigt.

Die Südostecke der Tempelbergmauer über den Ställen Salomons wird die **Zinne** genannt. Wahrscheinlich erhob sich zur Zeit Christi hier ein Eckturm. Es soll jene Stelle sein, zu der Jesus vom Teufel geführt wurde nach seiner Rückkehr vom Berg der Versuchung. Der Teufel schlug ihm vor: *„Bist du Gottes Sohn, so wirf dich von hier hinunter; denn es steht geschrieben* (Psalm 91, 11, 12): *„Er wird seinen Engeln befehlen über dir, daß sie dich bewahren“* (Luk. 4, 9-10). Jesus antwortete mit dem Wort Mose (5. 6, 16): *„Du sollst Gott, deinen Herrn, nicht versuchen“.*

Eine weitere für das Christentum bedeutsame Stätte auf dem Tempelplatz ist das **„Goldene Tor“** in der Mitte der östlichen Haram-Mauer hoch über dem Kidrontal. Das heutige Tor reicht in seiner heutigen Gestalt vermutlich bis ins 5. Jahrhundert zurück. Die Ausmaße des Torgebäudes betragen 24,60 m Länge und 17,25 m Breite. Sechs Kuppeln zieren sein Terrassendach.

Die 12 m hohe Torhalle wird durch zwei 8,30 m hohe Säulen in zwei Gänge geteilt. Diese monolithischen Säulen sollen ein Geschenk der Königin von Saba an Salomon gewesen sein. Frühere Pilger glaubten, das Goldene Tor sei die Porta Speciosa, das Schöne Tor, wobei sie das griechische Wort horaia (schön), das „orea“ ausgesprochen wird, mit dem lateinischen „aurea“ (golden) verwechselt haben. Die Porta Speciosa befand sich jedoch innerhalb des Tempelplatzes weiter westlich und bildete den Eingang zum Männervorhof des Tempels, während das Goldene Tor als Osttor zur Zeit des Herodes in die Halle Salomons führte. Durch dieses Tor hielt Jesus am Palmsonntag seinen Einzug in Jerusalem. Hier heilte Petrus den lahmgeborenen Bettler (Apostelgesch. 3, 1–11). In Erinnerung an Petrus' Heilung ließ wahrscheinlich in der Mitte des 5. Jahrhunderts die Kaiserin Eudokia bei der Ausbesserung der Ostmauer das jetzige Torgewölbe errichten. Im Jahre 628 zog Kaiser Heraklius mit dem von den Persern zurückeroberten wahren Kreuz im Triumph durch das Schöne Tor in Jerusalem ein.

Seit der Mitte des 7. Jahrhunderts unter islamischer Herrschaft wurde das Tor geschlossen, um den Ungläubigen den Zutritt zum Tempelbezirk zu verwehren. Die Kreuzfahrer öffneten das Tor nur zweimal im Jahr, am Palmsonntag und am Fest der Kreuzerhöhung. Unter der Herrschaft Suleimans vermauerten die Mohammedaner 1530 die Toreingänge. Einer Legende nach soll sich das Tor erst wieder vollständig öffnen, wenn Jesus am Tag des Jüngsten Gerichts zurückkehrt.

Die Moslems nennen die beiden Toreingänge „Tor der Buße" und „Tor der Barmherzigkeit". Mit diesen Namen gewinnt das Goldene Tor eine Beziehung zum Josaphatal, dem „Ort des Weltgerichtes".

Unweit nördlich vom Goldenen Tor erhebt sich an der Ostmauer eine kleine Moschee. Sie bezeichnet die Stelle, an der sich Salomons Thron befunden haben soll, als er die Bauarbeiten am ersten Tempel überwachte.

Der nichtmohammedanische Besucher kann heute den Tempelbezirk zwar durch alle neun Tore verlassen, aber nur durch das alte Serailtor (Bab el-Ghawanim, Bab en-Nazir), das Baumwolltor (Bab el-Quattanim), das Kettentor (Bab el-Silsila) und das Mohren- oder Marokkanertor (Bab el-Maghariben) betreten. Der Zutritt zum Tempelbezirk ist kostenlos. Für die Besichtigung des Felsendoms und der El-Aksa-Moschee wird jedoch Eintritt erhoben. Eintrittskarten werden am Bab en-Nazir oder am Bab el-Maghariben in zwei Kiosken verkauft. Die Moschee und der Felsendom sind täglich außer freitags und zu den mittäglichen Gebetszeiten von 8 bis 16 Uhr geöffnet. Schuhe, Taschen und Kameras sind vor dem Betreten der Heiligtümer abzulegen.

Aus: Alban Stolz: Besuch bei Sem, Cham und Japhet oder Reise in das heilige Land. Freiburg 1857.

Außerhalb der großen Umfangsmauer gegen Westen ist ein kleiner Platz, wo es den Juden gestattet ist zu beten. Man sieht hier noch uralte gewaltige Steine in den untern Lagen der Mauer, einzelne Steine, welche höchstwahrscheinlich noch von König Salomon herstammen, sind 20 Fuß lang und 5 bis 6 Fuß dick; 2 Quadern haben sogar 27 Fuß Länge. Hier soll es niemals leer sein von Juden, an Festtagen aber ist der Platz ganz überfüllt; es ist ihr Klageplatz, wo gleichsam wie ein ewiges Licht die Klage niemals ausgeht. Hier im Angesicht der ehrwürdigen Reste jüdischer Herrlichkeit sitzen die Juden mit entblößten Füßen, küssen den Boden und lesen Psalmen und Propheten und sonstige Schriftstellen, welche sprechen von dem Glanz und der Zerstörung dieser einst so heiligen Orte. Ich glaube, selbst der ärgste Judenfeind müßte gerührt und mitleidig werden, wenn er diese auch sonst so armen Juden seufzen und weinen sähe bei den letzten verwitterten Steinen aus tausendjähriger schöner Vergangenheit. Bei uns sieht man gewöhnlich am Juden nur das Häßliche, beim gemeinen Juden schmutzigen Schacher, beim aufgeklärten Juden oft Religionshaß und mit den Strohblumen der Zivilisation verzierte Niederträchtigkeit. In Jerusalem wird man beim Anblick der Juden daran erinnert, daß auch ein edleres von uns gewöhnlich zugedecktes Feuer in ihnen glüht, die heiße schmerzliche Liebe zu ihrem niedergetretenen Vaterland und in Scherben zerschlagenen Gottesdienst. Wenn man hier diese ewige Trauer sieht, so kommt man von selbst zu der Überzeugung dessen, was Paulus schreibt, daß Gott solche Treue auch im Irrtum nicht verachten werde und ganz Israel noch zur Erkenntnis kommen werde:

Dr. Sepp führt die schöne Litanei an, welche jeden Freitag an jener 60 Fuß hohen Mauer die Juden beten:

Wegen des Palastes, der wüste liegt.
Wegen des Tempels, der zerstört ist.
Wegen der Mauern,
die zerrissen sind.
Wegen unserer Majestät,
die dahin ist.
Wegen unserer großen Männer,
die danieder liegen.
Wegen der kostbaren Steine,
die verbrannt sind.
Wegen der Priester, die gestrauchelt haben.
Wegen unserer Könige, die ihn verachtet haben.

Das Volk respondiert dem Vorsänger auf jeden Spruch: „Da sitzen wir und weinen." Und sie tun es wahrhaftig.

Die West- oder Klagemauer

Wenn wir durch das Mohrentor an der Südwestecke, an der übrigens das sehenswerte Museum für islamische Kunst mit zahlreichen Ausgrabungsstücken und Zeugnissen islamischer Kunst beherbergt ist, den Tempelbezirk verlassen, öffnet sich rechts ein weiter Platz mit der Westmauer (hebr.: Hakol Mamaaravi). Dieses Mauerstück in einer Höhe von 18 m ist ein Überrest der westlichen Stützmauer des herodianischen Tempels aus dem Jahre 20 v. Chr. Noch 19 Steinlagen stekken 21 m tief im Schutt unter dem heutigen Niveau des Platzes, wie ein Ausgrabungstest bewies. Sieben Steinlagen über dem Boden stammen aus herodianischer, wenn nicht gar früherer Zeit. Darüber sind siebzehn Reihen aus kleineren Steinblöcken aufgeschichtet, von denen die ersten vier der spätrömischen Epoche, die anderen späteren Jahrhunderten angehören. Die obersten Lagen wurden sogar erst während des britischen Mandats über Palästina (1917–1948) ergänzt. Weitere ausgegrabene Steinlagen sind an der Südwestecke der Mauereinfassung zu besichtigen. Die ursprüngliche Länge der Westmauer betrug 485 m. Bis 1967 waren davon nur 48 m freigelegt. Nach dem Sechstagekrieg rissen die Israelis die Häuser und Hüt-

Der Festplatz vor der Klagemauer; links im Hintergrund die Kuppel des Felsendoms, rechts etwas verdeckt die der El-Aksa-Moschee.

ten des Marokkanerviertels, die bis auf vier Meter an die Klagemauer herangebaut waren, kurzerhand ab, schufen einen riesigen Platz für die Andacht, Wallfahrt und Festlichkeiten des Judentums und befreiten die Westmauer um weitere 122 m vom Schutt der Jahrhunderte, so daß sich die Klagemauer nun in einer Breite von etwa 170 m dem Betrachter darbietet.

Die Klagemauer ist die heiligste Stätte des Judentums. Vor ihr beklagen die Juden die Zerstörung des Tempels durch die Römer (70 n. Chr.) und erinnern sich an seine alte Herrlichkeit. Seit den Zeiten des Talmuds wurde dieser Mauerteil im Volksglauben schon als geheiligt angesehen. Allerdings war den Juden der Zugang zu diesem Heiligtum häufig verwehrt, so in der Zeit nach dem Bar Kochba-Aufstand, unter den Kreuzfahrern im Mittelalter und von 1948 bis 1967, als die Jordanier den Juden den Besuch der Klagemauer verweigerten. Seit dem 18. Jahrhundert haben die Juden häufig versucht, den ihnen heiligen Abschnitt der Westmauer von der Verwaltungsbehörde für religiösen Besitz der Moslems (Wakf) zu kaufen. So Rabbi Abdallah von Bombay im 18. Jahrhundert und Baron Edmond de Rothschild 1887, aber alle Angebote wurden von den Türken abgelehnt.

Heute kommen zu Gottesdiensten und zum Beten von früh bis spät die Juden an der Klagemauer

Die imposante Höhe der Klagemauer.

zusammen. Besonders am Sabbat und an den jüdischen Feiertagen ist der weite Platz vor der Mauer mit Gläubigen überfüllt. Auf der linken Seite beten die Männer, rechts von ihnen abgeteilt die Frauen. Die Gläubigen schreiben ihre Gebete und Anliegen auf kleine Zettel, die sie zerreiben und in die Mauerritzen stecken. Und es erklingen die Klagelieder des Jeremias: *„Wie hat der Herr die Tochter Zion mit seinem Zorn überschüttet . . . er hat die Festen der Tochter Juda abgebrochen in seinem Grimm und geschleift. . . . Er hat sein Gezelt zerwühlt wie einen Garten und seine Wohnung verderbt . . . Der Herr hat seinen Altar verworfen und sein Heiligtum entweiht . . . Ich habe schier* *meine Augen ausgeweint, daß mir mein Leib davon wehe tut ... Die Güte des Herrn ist's, daß wir nicht gar aus sind; seine Barmherzigkeit hat noch kein Ende."*

In den Texten der Klagelieder des Jeremias, die voller Trauer an der Westmauer angestimmt werden, kommt die besondere Tragik des jüdischen Schicksals ebenso wie aber auch die große Hoffnung auf die Zukunft ergreifend zum Ausdruck. In diesem Zusammenhang steht auch eine der zahlreichen Legenden, die sich um die Klagemauer ranken. Seit der Zerstörung des zweiten Tempels sei die Schechin (die Einwohnung oder Anwesenheit Gottes) nicht von den Überresten der Westmauer des Tempelberges gewichen. In Gestalt einer Taube warte sie auf die Wiedererrichtung des Tempels einstmals in den Tagen des Messias.

Der moslemische Anspruch auf die Westmauer schlägt sich in der Legende nieder, der Prophet Mohammed habe hier sein Wunderpferd Buraq stehengelassen, als er den Tempelplatz zum Gebet aufsuchte.

Die Ausgrabungen, die am Nord- und Südende der Klagemauer seit 1968 von den Israelis unternommen wurden und an die Ausgrabungen des 19. Jahrhunderts anschließen, förderten nicht nur zahlreiche Funde aus herodianischer Zeit zutage, sie entdeckten auch Gewölbe und unterirdische Spuren der byzantinischen Aelia und des christlichen Jerusalems. 1868 hatte Chr. **Wilson,** ein britischer Offizier, schon einen nach ihm benannten **Bogen** entdeckt, der sich an die Westmauer anlehnt und als der letzte und höchste einer Reihe von Bögen aus der Zeit des Herodes anzusehen ist, die als Abstützung einer das Tyropöontal (Käsemachertal) überspannenden Straße dienten sowie den unteren Aquädukt stützten, der Wasser zum Tempelberg führte. Ausgrabungen nördlich und westlich des Wilsonbogens legten weitere ausgedehnte Hallen, ein kompliziertes System unterirdischer Gewölbe frei bis nördlich zur Kettentorstraße. Im Gewölbe des Wilsonbogens ist heute eine jüdische Gebetsstätte.

An der Südecke der Westmauer jenseits der Auffahrt zum Mohrentor springt der **Robinson-Bogen** aus der Mauer hervor. Er heißt nach dem amerikanischen Gelehrten Edward Robinson, der glaubte, der Bogenrest sei ein Überbleibsel einer zweiten Brücke, die die Oberstadt mit dem Tempel verbunden habe. Heute weiß man, daß der Robinsonbogen mit anderen Bögen den Teil einer monumentalen Treppenanlage bildete, die zum Doppeltor der königlichen Säulenhalle an der Westmauer führte.

Die Ausgrabungsstätte beim Robinsonbogen und an der Südmauer des Tempelbezirks förderten zahlreiche Reste aus herodianischer Zeit zutage, unter anderem die Ruinen verschiedener moslemischer Bauwerke aus dem 7. und 8. Jahrhundert, die dazu dienten, Pilger und hochgestellte Gäste aus allen Teilen des Omayyaden-Reiches aufzunehmen. Das Erbeben 747/48 vernichtete diese Bauten.

Beim Robinsonbogen wurde ein großer Stein mit den hebräischen Worten aus der Prophezeiung des Jesaja gefunden: *„Ihr werdet's sehen, und euer Herz wird sich freuen, und euer Gebein soll grünen wie Gras."*
(Jes. 66, 14).

**Aus: Eduard Ohnesorge:
Der Zions-Pilger.
Tagebuch auf der Reise nach Jerusalem (1844). Berlin 1858.**

Der Freitagnachmittag und -abend wurde mir noch von besonderer Wichtigkeit. Nach 3 Uhr ging ich zunächst an den Klageort der Juden an der südwestlichen Seite von Morijah und sah hier, wie das arme, verblendete Volk seine Klage hielt; Männer und Frauen, welche die Psalmen lasen, sitzend oder stehend, den Kopf in die Fugen zwischen den alten, großen Steinen des Fundaments gelegt; namentlich schien es einem vornehm aussehenden Juden besonders ernst zu sein, dessen langer, weißer Bart sich beim Sprechen fast zitternd bewegte, desgleichen der Kopf bald rechts, bald links, bald nach vorn und hinten, bald schien er die Steine zu küssen. Ach, wie viele Tränen mögen diese Steine schon benetzt haben um des Tempels geschwundene Herrlichkeit und Zions Gefängnis! Ich gedachte der Worte aus Psalm 137, und sie wurden mir hierbei ganz besonders anschaulich: „An den Wassern zu Babel saßen wir und weineten, wenn wir an Zion gedachten" usw. Aber auch das Wehe des Herrn über Jerusalem und alle seine Drohungen, deren tatsächliche Erfüllung einem Jeden hier lebendig und anschaulich entgegentritt, vergegenwärtigte sich an diesem Orte dem Auge und Ohre des Glaubens, ferner die Worte: „Auf daß die Schrift erfüllet würde!" finden einen mächtigen Widerhall bei diesem tief ergreifenden Anblicke. Prediger *Reichardt* und dessen Frau lernte ich hier kennen. Einen alten Juden daselbst, welcher den 68. Psalm las, begann derselbe mit Bezugnahme auf Zachar. 2, 10 bis 12 also anzureden, indem er sagte: wir Gojim glaubten auch an den Gott Israels und daß schon der Messias Israels, der einst kommen solle, gekommen sei: das könnte man daran erkennen, daß die Heiden auch schon den wahren Gott anbeteten, während Israel noch blind sei; er führte ihm viele hebräische Stellen an. Der alte Mann stand auf, als müßte er sich in seinem Gewissen für überzeugt erkennen, wollte es jedoch nicht äußerlich merken lassen und sagte: „Ein Vater hat sein Kind dennoch lieb, wenn er es auch züchtiget, er nimmt es wieder an." –
Wir betrachteten noch die äußerste Südwestecke des Tempelfundaments mit dem merkwürdigen Reste jenes alten Brückenbogens, Steine von 18 bis 20 Fuß Länge. –

In der armenischen Jakobskathedrale.

Anläßlich der Fußwaschung durch den armenischen Patriarchen am Gründonnerstag.

Das Armenische Viertel

Westlich des an die Klagemauer anschließenden jüdischen Viertels der Altstadt, in dem gegenwärtig sehr geschmackvoll mit dem Jerusalemstein gebaut und saniert wird, liegt das Armenische Viertel, dessen heilige Stätten ebenfalls für den christlichen Pilger reizvoll sind. Das Viertel hat seinen Namen vom **armenischen Kloster,** das mit seinen Wohnvierteln, Schulen, Werkstätten, seiner Druckerei, dem theologischen Seminar, der Bibliothek und der Residenz des armenischen Patriarchen eine eigene Stadt in der Altstadt bildet.

Der Besuch des armenischen Viertels führt durch ein schweres Eisentor mit der armenischen Inschrift: „Dieses Tor wurde vom Patriarchen Krikor im Jahre 1646 erbaut". Im Hof begegnet man einem marmornen Trinkbrunnen, der aus der Jahrhundertwende stammt und ebenfalls eine Inschrift trägt: „Mögen alle, die an dieser Stelle trinken, des anonymen Erbauers gedenken".

Zu Beginn des 4. Jahrhunderts hatten die Armenier als erste Nation das Christentum angenommen. Ihre Heimat liegt im südlichen Kaukasus, im Gebiet um den Berg Ararat, auf dem die Arche Noah gelandet sein soll. St. Gregor brachte im 3. Jahrhundert das Christentum in dieses Gebiet, das

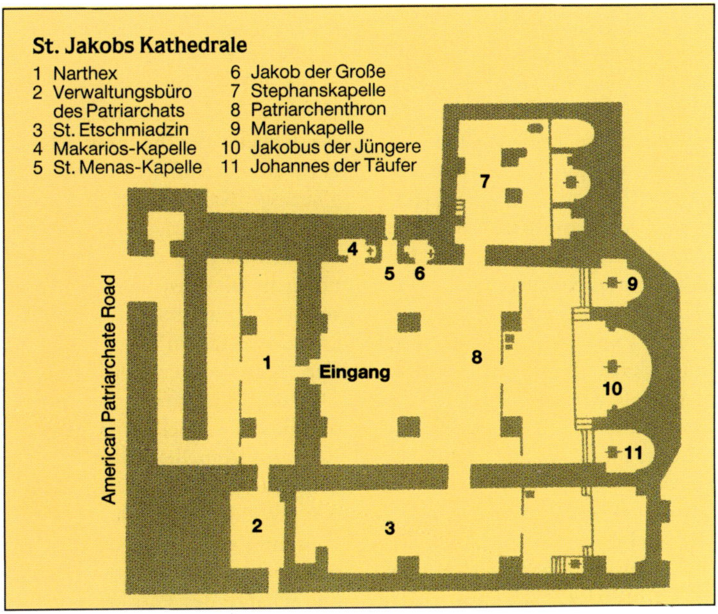

heute eine Provinz der Sowjetunion ist. Daher nennt sich die armenische Kirche auch Gregorianische Kirche. Seit dem Untergang des Königreiches Armenien im 4. Jahrhundert wurden die Armenier immer wieder vertrieben, verfolgt und unterdrückt. Nur ihr Glaube gewährte ihnen Halt in diesen Zeiten und bewahrte vor allem die Kirche im Exil vor dem Verlust ihrer Identität.

Die Mehrzahl der etwa 3500 in Jerusalem lebenden Armenier zählt sich zu den Gregorianern. Sie führen ein aktives kulturelles Leben, betreiben eine eigene Druckerei und tun sich besonders im Handwerk und der Kunst hervor. In der Schatzkammer des Patriarchen werden Kunstwerke von unschätzbarem Wert aufbewahrt. Wertvolle Handschriften birgt die Handschriftenbibliothek des Heiligen Thoros. Die öffentliche Bibliothek des Klosters, die nach dem armenischen Ölmagnaten Gulbenkian benannt wurde, der 1929 ihren Bau finanzierte, enthält vornehmlich Werke der armenischen Literatur, Geschichte und Kultur.

Den Mittelpunkt des armenischen Viertels bildet die **St. Jakobskathedrale.** An ihrem Platz soll der Apostel Jakobus, der Bruder des Evangelisten Johannes, im Jahre 44 n. Chr. von Herodes Agrippa I. durch das Schwert hingerichtet worden sein (Apostelgesch. 12, 2). Die Jakobskirche wurde im 5. Jahrhundert gegründet, 200 Jahre später durch den Persereinfall zerstört und im 11. Jahrhundert wieder errichtet. Sie ersetzte damals die in der Zwischenzeit an dieser Stelle erbaute Kapelle, die dem ägyptischen Märtyrer Menas gewidmet war, und überdauerte ohne große Veränderungen den Wechsel der Zeiten bis heute.

Der Vorhof, durch den die Kirche betreten wird, wurde im 17. Jahrhundert der Kirche angefügt. Rechts vor ihrem Haupteingang fallen die beiden alten Synander, ein Holz- und ein Bronzestück, die als Gong verwendet wurden, ins Auge. Im 9. Jahrhundert verboten die Moslems den Christen das Läuten der Glocken, so daß man auf diesen Gong angewiesen war, um die Gläubigen zum Gebet zusammenzurufen. Dieser vormals erzwungene Brauch hat sich bis heute erhalten.

Links in der Nordwestecke der Kirche befindet sich etwas erhöht die **Kapelle des heiligen Makarios,** des Bischofs, in dessen Begleitung Kaiserin Helena das Kreuz Christi aufgefunden hat.

Daneben liegt die Kapelle des heiligen Jakobus, des „Donnersohns“, der als erster Apostel den „Kelch des Herrn“ getrunken hat. Die Kapelle kennzeichnet den Ort seines Martyriums. Zwischen den beiden Kapellen ist der Eingang zur Kapelle des Menas aus dem 5. Jahrhundert. Die Kapellen des Jakobus und Menas gehören zum ältesten Teil der Kirche. Sie sind nicht zugänglich, da in ihnen die Schätze des Patriarchats aufbewahrt werden. Jeweils am 10. Januar, am St. Jakobstag, werden einige der Kostbarkeiten der Öffentlichkeit gezeigt. Berühmt unter den Kostbarkeiten ist die Mitra, die der Patriarch während der Liturgie trägt. Sie wurde 1740 für Gregor den Kettenträger angefertigt und ist mit zahlreichen Edelsteinen geschmückt. Auch andere uralte armenische Ritualgegenstände, wie Meßkelche, Kreuze und Monstranzen, können die Besucher bewundern. Die mit kostbaren Steinen geschmückten Gefäße schufen armenische Handwerker. Die Lampen und anderen rituellen Gegenstände schenkten armenische Goldschmiede aus Istanbul und Isfahan dem Kloster.

Eine Tür weiter gelangt man in die **Kapelle des heiligen Stephan** aus dem 10. und 11. Jahrhundert. Sie dient als Sakristei und enthält eine Taufkapelle. Eine zweite Taufkapelle ist auf der gegenüberliegenden Südseite die **Etschmiadzin-Kapelle.** Dort lag im Mittelalter der Haupteingang der Kirche. Ihr Altar birgt in einem Schrein Steine vom Berg Mose im Sinai, vom Berg Tabor, vom Jordan und vom Heiligen Grab. Der Name der Kapelle rührt von der Residenz des Papstes (Katholikos) aller armenischen Christen in Etschmiadzin bei Eriwan her.

Die Seitenwände der Kathedrale sind mit bemalten Kacheln aus Kutahya in Kleinasien ausgekleidet. In naiver Malerei werden Szenen aus dem Alten und Neuen Testament dargestellt. Im Kirchenchor erhebt sich der Stuhl des heiligen Jakobus, auf dem er enthauptet worden sein soll. Der Hauptaltar in der nach Osten weisenden mittleren großen Apsis stammt aus dem Jahre 1721. Er ist aus Zedernholz aus dem Libanon geschnitzt. Die Seitenaltare sind Johannes dem Täufer und der Jungfrau Maria geweiht.

Sehenswert außerhalb der St. Jakobskirche ist die Kapelle, die als **Haus des Hohenpriesters (Hannas) Annas** bezeichnet wird. Die Kapelle, die um 1300 erbaut wurde, erinnert an den Ort, an dem Annas, der Schwiegervater des im Jahre der Kreuzigung Christi amtierenden Hohenpriesters Kaiphas, gelebt haben soll (vgl. Joh. 18, 13). Die Kapelle ist ein schönes Beispiel für die armenische Kunst. An der nordöstlichen Ecke der Kapelle steht ein uralter Olivenbaum, den man seit dem 15. Jahrhundert für den Baum hält, an den Jesus während seiner Geißelung gefesselt war. Daher trägt die Kapelle auch den Namen **Kapelle des Olivenbaums** (Deir el-Zeitnouneh). Ein eingemauerter Stein an ihrer Außenwand wird als einer der Steine verehrt, die geschrien hätten, wenn Jesu Jünger mit dem Lobpreis Gottes beim Einzug in Jerusalem auf Verlangen der Pharisäer aufgehört hätten (Luk. 19, 40).

Im armenischen Viertel können noch drei kleinere mittelalterliche Kirchen besichtigt werden. Es sind dies **St. Jakob,** heute eine kleine Moschee, die Kirchenruine **St. Thomas,** die sowohl von den Armeniern als auch den Moslems beansprucht wird, und, die Straße des Armenischen Patriarchats entlang nach Süden in der ersten Gasse links, die **Markuskirche,** die den syrischen Jakobiten gehört. Sie steht nach der Überlieferung auf den Fundamenten des **„Hauses der Maria",** zu dem sich der Apostel Petrus begab, nachdem er durch einen Engel aus dem Gefängnis befreit worden war: *„Und als er sich besann, kam er vor das Haus Marias, der Mutter des Johannes, der mit dem Zunamen Markus hieß, wo viele beieinander waren und beteten"* (Apostelgesch. 12, 12).

Die heiligen Stätten des Zionsberges

Der heute als Zion bezeichnete Bergrücken westlich vom davidischen Sion ist ein Hochplateau, auf dem die nachdavidische Oberstadt lag. Er beginnt eigentlich schon bei der Zitadelle am Jaffator und erstreckt sich zwischen dem Tyropöon-Tal und dem Hinnom-Tal nach Süden. Der südliche Teil des Plateaus liegt außerhalb der heutigen Stadtmauer wie in der Zeit seit dem Ersten Tempel bis ins 2. Jahrhundert v. Chr. Bis zur Zerstörung Jerusalems durch Titus schlossen die Stadtmauern den Berg ein. Hadrians neue Stadt Aelia Capitolina umfaßte den Zion nicht mehr. Erst unter der Kaiserin Eudokia von Byzanz im 5. Jahrhundert umschlossen ihn erneut die Stadtmauern. Die berühmte Madaba-Mosaikkarte aus dem 6. Jahrhundert in der Kirche von Madaba in Jordanien liefert dafür den Beweis (vgl. S. 88). Bei der Erneuerung der Stadtmauern durch Suleiman den Prächtigen im 16. Jahrhundert blieb der Berg Zion wieder außerhalb der Stadtbefestigung, ein Versäumnis, das der Sultan bekanntlich mit der Hinrichtung der Baumeister strafte.

Daher liegen mehrere heilige Stätten des Zionsberges heute außerhalb der Stadtmauer. Man erreicht durch das Zionstor, dessen von Gewehrkugeln zerschossene Außenseite an die Kämpfe im Unabhängigkeitskrieg von 1948 erinnern, das Haus des Kaiphas, die

Blick von Südwesten auf den Zionsberg mit seinem Wahrzeichen, der Dormitiokirche.

Dormitio-Kirche (Mariä Heimgang), das Coenaculum, Davids Grab, das Franziskanerkloster und St. Peter Gallicantu. Sehenswert ist auch die Gedenkstätte „Keller des Holocaust“, an der kein verantwortungsvoller Christ vorbeigehen darf.

Der Zionsberg ist den Juden, Moslems und Christen heilig. Juden und Moslems verehren hier das Grab Davids, den Christen gilt der Berg Zion als Ort des letzten Abendmahls Jesu und des Todes von Maria. Für die Juden und Christen steht der Name Zion synonym für Jerusalem, wenn der Prophet Jesaja von der Wiederkunft des Herrn spricht:

„Es wird zur letzten Zeit der Berg, da des Herrn Haus ist, fest stehen, höher denn alle Berge und über alle Hügel erhaben werden, . . . Denn von Zion wird das Gesetz ausgehen und des Herrn Wort von Jerusalem“ (Jes. 2, 2 f.).

Das Haus des Kaiphas

Nicht weit vom Zionstor entfernt auf der rechten Seite bei den Ruinen einer armenischen Kirche aus dem 15. Jahrhundert soll sich das Haus des Kaiphas befunden haben. Die Gebäude des heutigen armenischen Klosters stehen der Überlieferung nach am Ort des Kaiphas-Palastes, in den Jesus nach seiner Gefangennahme geführt wurde. Nach einer anderen Überlieferung wird das Haus des Kaiphas am Ort der Kirche St. Peter zum Hahnenschrei vermutet.

Die erste Erwähnung der Residenz des Hohenpriesters Kaiphas auf dem Zionsberg entstammt dem 4. Jahrhundert. Überreste einer byzantinischen Kirche, die Gräber der armenischen Patriarchen von Jerusalem sowie die Reste einer Kreuzfahrerkapelle mögen die Annahme erhärten, daß hier der Kaiphas-Palast gestanden hat.

In dem Palast wurde Jesus dem Hohen Rat vorgeführt, verhört und von Kaiphas des Todes schuldig erklärt, da er sich als Sohn Gottes bekannt hatte (Matth. 26, 57 ff.). Anschließend wurde Jesus verspottet und mißhandelt und bis zum nächsten Morgen in ein Verlies gesteckt. Petrus war Jesus gefolgt, um zu sehen, wie die Gerichtsverhandlung ausgehe. Als er im Hofe des Palastes von Dienerinnen und anderen als Jünger Jesu erkannt wurde, leugnete er dreimal. Beim Hahnenschrei jedoch erinnerte er sich an Jesu Wort: *„Ehe der Hahn krähen wird, wirst du mich dreimal verleugnen, und ging hinaus und weinte bitterlich“* (Matth. 26, 75).

Aus: Ida Pfeiffer; Reise einer Wienerin in das Heilige Land, 1842

Unweit von dem Blutacker erhebt sich die Anhöhe oder der Berg Zion, auf dem einst das Haus des Kaiphas gestanden sein soll, in welchem Christus gefangensaß. Jetzt ist eine kleine armenische Kirche an seinem Platz. Das Grab Davids, ebenfalls auf diesem Hügel, wurde in eine Moschee verwandelt, in der man die Stelle zeigt, wo Christus mit seinen Jüngern das letzte Abendmahl hielt.

In der Umgebung dieses Berges sind die Friedhöfe der Lateiner, Armenier und Griechen.

Gleich am Berg Zion hin zieht sich der Berg des „Bösen Rates“, so genannt, weil die Richter hier den Entschluß gefaßt haben sollen, Jesu zu töten. Einige Spuren von Ruinen des Landhauses Kaiphas' sind noch sichtbar.

Die Dormitiokirche

Die nächste Station auf unserem Weg, rechts eine schmale Gasse entlang, ist die Abtei der Dormitiokirche. Die Kirche **Dormitio Sanctae Mariae** (Todesschlaf der heiligen Maria), die an den vermutlichen Sterbeort Marias gemahnt, gilt mit ihrer konischen Kuppel und dem gedrungenen Glockenturm heute als das für den Zionsberg markanteste Bauwerk, das die Stadt weithin sichtbar überragt. Die katholische Marienkirche wurde von den Deutschen nach Plänen Heinrich Renards im neuromanischen Stil erbaut. Ihre Grundsteinlegung nahm 1898 Kaiser Wilhelm II. anläßlich seines Besuches in Jerusalem vor, nachdem die Türken ihm einen großen Geländeteil mit den Ruinen der früheren Kirche auf dem Zionsberg abgetreten hatten. Das Grundstück übergab Kaiser Wilhelm dem Erzbistum Köln, das den Deutschen Verein vom Heiligen Land mit der Verwaltung beauftragte. Durch Kollektengelder konnte der Bau im Stil des Aachener Doms finanziert werden. 1910 fand die Einweihung statt. Den Benediktinern von Beuron wurde das Heiligtum anvertraut und 1926 zur Abtei erhoben. Während der Kriege 1948 und 1967 litt die Abtei zwar Schaden, aber inzwischen konnte alles wieder erneuert werden.

Nach der Überlieferung ist Maria in Jerusalem heimgegangen.

Jesus hatte seine Mutter unter dem Kreuz dem Apostel Johannes mit den Worten anvertraut: *„Siehe, da ist deine Mutter. Und von der Stunde an nahm sie der Jünger zu sich“* (Joh. 19, 27). Es ist anzunehmen, daß Johannes die Mutter Jesu in Jerusalem untergebracht hat. Da sich auf dem Zionsberg der Mittelpunkt der entstehenden Christengemeinde befand, wird Maria dort zusammen mit den Anhängern Jesu gelebt haben. Sicher hat auch Johannes vor dem Tode Marias Jerusalem nicht endgültig verlassen, um etwa mit ihr nach Ephesus in Kleinasien überzusiedeln, wie es später einzelne Stimmen behaupten wollten. Das Mariengrab kann also nicht in Ephesus gesucht werden.

Im Innern der rund angelegten Kirche Mariä Heimgang leuchtet aus der Apsis auf goldenem Mosaikgrund das große Bildnis Marias herab; sie trägt ihr Kind, um es der Welt zu schenken. Ein Spruchband unter dem Bild: „Siehe, die Jungfrau wird empfangen . . . “ weist auf die Propheten hin, die zwischen den Chorfenstern dargestellt sind und Jesu Ankunft verkündet haben. Der Prophet Micha weissagte Christi Geburt in Betlehem (5, 1), Jesaja sprach von der Jungfrauengeburt (7, 14), Haggai nennt den Messias die Erwartung aller Völker (2, 7), Jeremias verkündet das Reich des Friedens, Daniel sagt dem Reiche Gottes ewigen Bestand voraus, Zacharias (Sacharja) prophezeit den triumphalen Einzug des Messias in Zion, Malachias hat die Vision von der Sonne der Gerechtigkeit und dem reinen Speiseopfer des Neuen Bundes (1, 11 und 3, 19).

Der Weg zur Dormitiokirche.

Kapellen umkränzen das Rund der Kirche, die zur linken Seite dem hl. Joseph, Johannes dem Täufer, Bonifatius, dem Apostel der Deutschen, zur rechten den Heiligen Drei Königen, den Schutzpatronen der bayrischen Diözesen und dem hl. Benedikt geweiht sind. Das Bodenmosaik der Kirche versinnbildlicht den Dreifaltigen Gott als Licht und Leben, das Himmel und Erde zu allen Zeiten erfüllt und sich in den Propheten und Aposteln offenbart.

In der Krypta von Mariä Heimgang erinnert in liegender Haltung eine andächtige Figur an die entschlafene Gottesmutter. Marias Vorbilder aus dem Alten Testament werden in sechs Medaillons dargestellt. Es sind dies: Eva, Mirjam, Rahel, Ruth, Judith und Ester. Aus der Kuppel der Krypta ruft in einem Mosaik Christus der Herr seine Mutter mit den Worten des Hohenliedes zu sich: *„Stehe auf, meine Freundin, und komm, meine Schöne, komm her!"* (Hoheslied 2, 13).

Die alten Kreuzgänge des Klosters der Königin Sancia von Neapel auf dem Zionsberg

Der Abendmahlsaal

Wenn man nach dem Verlassen der Dormitio-Kirche sich links hält und dann noch einmal links die Gasse entlang geht, stößt man auf eine Moschee mit einer Kuppel und einem Minarett. In dem etwas verwinkelten Gebäudekomplex befinden sich das Coenaculum (Abendmahlsaal) und Davids Grab.

Jesus hatte am ersten Tage der ungesäuerten Brote, da man das Osterlamm opferte, zwei seiner Jünger in die Stadt gesandt. Sie sollten dort bei dem Besitzer eines Hauses vorsprechen mit der Anfrage: *„Der Meister läßt dir sagen: Wo ist das Gemach, darin ich das Osterlamm mit meinen Jüngern essen kann?"* (Mark. 14, 14). In den Evangelien gibt es nur Angaben, daß es sich bei dem Gemach um einen großen Saal handelte, der mit Polstern versehen war (Mark. 14, 15; Luk. 22, 12). Wo sich dieser Saal in der Stadt befand, kann nicht ausgemacht werden. Wir sind allein auf die Tradition angewiesen.

Die Überlieferung sah schon sehr früh den Abendmahlssaal auch als den „Obersaal" an, in dem die Jünger betend die Kraft des Heiligen Geistes erwarteten, und als den Ort, an dem der Auferstandene erschien. Im Bericht des hl. Epiphanius (307–403) wird dieser Ort zum ersten Mal lokalisiert. Epiphanius schreibt, Kaiser Hadrian habe auf seiner Palästinareise 130 n. Chr. Jerusalem noch

Die renovierte Ruine der Hurva-Synagoge im jüdischen Viertel.

so verwüstet vorgefunden, wie Titus es hinterlassen hatte. Nur einige Häuser und eine kleinere Kirche, „die sich dort erhob, wo nach der Himmelfahrt des Erlösers die Jünger in den Obersaal hinaufstiegen", seien im südwestlichen Winkel der Stadt, also auf dem Zionsberg, erhalten geblieben.

Im 5. Jahrhundert wurde über dieser Kirche durch den Erzbischof Johannes eine fünfschiffige Basilika erbaut. Sie galt als Mutter aller Kirchen und hieß „Hagia Sion". Die Perser brannten sie 614 nieder. Ihr Grundriß erhielt sich aber auf einer Wachstafel, den Bischof Arculf im Jahre 685 zeichnete. Die Kreuzfahrer fanden von ihr nur noch Trümmer vor.

Sie errichteten auf den alten Fundamenten eine neue Basilika, die sie „St. Marien vom Berge Zion" nannten. Im Nordschiff dieser Kirche befand sich die Kapelle Mariä Heimgang, im Südschiff lag der Abendmahlssaal. Die verfallene Kirche konnte 1333 vom König Robert von Neapel erworben werden. Sie wurde den Franziskanern anvertraut, die sie 1342 erneuerten. Die Königin Sancia von Neapel ließ südlich des damaligen Abendmahlssaales ein Kloster errichten, dessen Kreuzgänge bis heute erhalten geblieben sind. Die Abendmahlskapelle erhielt damals ihre gotische Form. Durch zwei Säulen, die auf den Pfeilern des Untergeschosses stehen, wurde der Raum in zwei

Schiffe geteilt. Als 1551 die Franziskaner von dort vertrieben wurden, verwandelten die Türken das Gebäude in eine Moschee. 1928 bauten die Moslems in den Abendmahlssaal eine nach Mekka gerichtete Gebetsnische ein. Jesus soll während des Mahles der Gebetsnische gegenüber gesessen haben. Heute kann man das Coenaculum über eine Außentreppe betreten und in dem leeren Raum an die Ereignisse denken, die diese Stätte heiligen: Wie Jesus vom letzten Abendmahl aufstand, sein Oberkleid ablegte, seinen erstaunten Jüngern die Füße wusch und sie mit dem Leinentuch, mit dem er umgürtet war, abtrocknete (Joh. 13, 1 ff.); wie er seine Jünger zur Liebe ermahnte (Joh. 13, 15, 17); wie er den Verrat des Judas voraussagte (Joh. 13, 21–30) und das Abendmahl stiftete (Luk. 22, 15–20). In diesem Saal fanden die Jünger nach Jesu Tod ihre Zuflucht, hier trat der Auferstandene zu ihnen (Apostelgesch. 1), und hierher kehrten sie nach der Himmelfahrt des Herrn zurück und erlebten das Pfingstwunder: *„Und es geschah plötzlich ein Brausen vom Himmel wie eines gewaltigen Windes und erfüllte das ganze Haus, da sie saßen . . . und sie wurden alle voll des heiligen Geistes und fingen an zu predigen in andern Zungen, wie der Geist ihnen gab auszusprechen“* (Apostelgesch. 2, 2–4).

Unter dem Abendmahlssaal liegt der „Saal der Fußwaschung“, seit 1948 als Synagoge genutzt. Im Nebenraum in einer Nische ist das Grab Davids, ein Steinsarg, den eine schwarze bestickte Decke umhüllt und der mit silbernen Thorakronen geschmückt ist. Die Wände des Raumes sind mit alten armenischen Kacheln ausgestaltet.

Das Grab Davids gehört zu den bedeutendsten jüdischen Heiligtümern in Jerusalem. Während der Zeit der jordanischen Herrschaft über die Altstadt war es eine Art Ersatzheiligtum für die den Juden nicht zugängliche Klagemauer. Es ist allerdings zweifelhaft, ob hier König David je beigesetzt worden ist. Vielmehr wird angenommen, daß Davids Grab auf dem Berg Ophel, in seiner Stadt, gelegen habe.

Das Franziskanerkloster

Nördlich des Coenaculum und des Davidgrabes erhebt sich das kleine Kloster der Franziskaner, das sie nach ihrer ein halbes Jahrtausend währenden Vertreibung vom Zionsberg 1936 wieder errichten durften. Die Geschichte des Klosters geht zurück auf die der „Hagia Sion“, der Zionskirche, wie sie im Zusammenhang mit dem Abendmahlssaal erwähnt wurde. Zwischen 1948 und 1960 verödete das Kloster. Dann konnten es die Franziskaner wieder übernehmen. Da der Abendmahlssaal nicht in die Zuständigkeiten der Franziskaner gehört und sie dort nicht das eucharistische Opfer feiern dürfen, ist es wenigstens möglich, von dem Klösterchen aus mit dem Blick auf das Heiligtum des Abendmahlssaales die Eucharistiefeier zu vollziehen.

David's Grab

St. Peter in Gallicantu

(St. Peter beim Hahnenschrei)

Schon in byzantinischer Zeit war dem bitteren Weinen des Petrus, der den Herrn dreimal verleugnet hatte, eine Kirche gewidmet worden. Sie lag nur einige hundert Schritt vom Palast des Hohenpriesters Kaiphas entfernt am Osthang des Zionsberges, wie die Berichte des Pilgers aus Bordeaux um 333 und des Bischofs von Jerusalem Cyrill um 348 bezeugen. Auch Berichte aus dem 6. bis 9. Jahrhundert bestätigen eine Basilika zum Gedächtnis des Apostels Petrus an der Stelle oder in der Nähe des Kaiphashauses, so z.B. um 630 im liturgischen Kalender Jerusalems, wo es heißt, daß die Gründonnerstagsprozession auch hinaufzog „nach St. Peter, wo das Haus des Kaiphas war". Reste dieser Kirche fanden die Patres des Ordens der Assumptionisten. Auf den Ruinen erbauten sie 1931 eine neue Kirche, die sie St. Peter beim Hahnenschrei nannten, um daran zu erinnern, wie Petrus den Herrn dreimal verleugnete, ehe zweimal der Hahn krähte (Mark. 14, 66–72).

Unter den Ruinen legten die Patres beim Neubau der Kirche in den Felsen gehauene Keller, Zisternen und Ställe frei, die aus der Zeit des Herodes stammen und den Gedanken nahelegten, hier habe der Palast des Kaiphas gestanden. Ausgrabungen förderten zudem Inschriften, Gewichte und einen in den Felsen geschnittenen Geißelungsposten aus der Zeit des Zweiten Tempel zutage. Auch wird ein Verlies gezeigt, das als „Gefängnis Christi" gelten soll und einen tiefen Eindruck vermittelt, wie der Kerker ausgesehen haben mag, in dem Jesus die letzten Nachtstunden nach der Gerichtsverhandlung vor dem Hohen Rat verbringen mußte. Das Haus des Kaiphas dürfte aber hö-

Das Innere des Abendmahlsaals des Coenaculums.

her, auf dem Gipfel des Zionsberges, gestanden haben, so daß eine Lokalisierung des Verlieses Christi an dieser Stelle wohl nicht in Frage kommt.

Die Mosaiken der Kirche zeigen Jesu mutiges Bekenntnis vor dem Hohen Rat, er sei der Sohn Gottes, der Messias, sowie den weinenden reuigen Petrus, der in der Nacht der Prüfung versagte. In den Altarnischen ergänzen weitere Mosaiken das Thema der Buße: Der reuige Schächer am Kreuz, die büßende Magdalena und andere Büßer. Über dem Altar der Unterkirche ist der zum Gericht erscheinende Christus dargestellt. Posaunenengel kündigen seine Wiederkunft an, überstrahlt vom Licht, das durch die kreuzförmige Öffnung der Kuppel dringt.

Ausgrabungen neben der St. Peter in Gallicantu-Kirche legten einen antiken Stufenweg frei, der

vom Zionsberg hinunter zum alten Quelltor in der Nähe des Siloahteiches führte. Wahrscheinlich machte Jesus mit seinen Jüngern auf diesem Weg nach dem letzten Abendmahl seinen Gang nach Gethsemane, auf dem er ihnen das wunderbare Gleichnis vom Weinstock und den Reben erzählte und ihnen Trost verhieß für die kommenden Verfolgungen (Joh. 15, 5 und 18–27). Vielleicht wurde er, von seinen Jüngern verlassen und von den Kriegsknechten gefesselt, diese Stufen auch wieder hinaufgeführt zum Palast des Kaiphas.

Der Keller des Holocaust

Auf dem Zionsberg unweit östlich des Abendmahlssaales errichteten die Israelis eine Gedenkstätte, die ein erschütterndes Bild gibt von der Ermordung der sechs Millionen Juden während der nationalsozialistischen Gewaltherrschaft. Zahlreiche Plaketten gemahnen an die vernichteten jüdischen Gemeinden in Europa. Der Holocaust-Keller enthält Dokumentationen und andere Zeugnisse des Schreckens aus den Todeslagern und sollte jedem verantwortungsvollen Christen einen Gedenkbesuch wert sein.

Die Namensplaketten der ermordeten Juden im Hof des Holocaust-Memorials.

Der Ölberg

Die Heiligtümer des Ölbergs

Der Ölberg (arab.: et-Tur), eine wellenförmige kalksteinige Bergkette parallel von Norden nach Süden zum Tempelbergplateau, erhebt sich etwa 100 m über der Altstadt Jerusalems. Das Kidrontal trennt die beiden Bergmassive. Die höchste Erhebung des Ölbergs im Norden (818 m) wird nach dem an dieser Stelle befindlichen griechisch-orthodoxen Kloster Viri Galiläi benannt. Auf der mittleren Kuppe erhebt sich die Himmelfahrtskapelle (808 m). Die südliche Erhebung des Ölbergs (744 m) ist der Berg des Ärgernisses, der seinen Namen deshalb erhielt, weil Salomon hier zum Leidwesen der Juden den heidnischen Göttern seiner vielen Frauen Altäre errichtet hatte (1. Könige 11, 7 und 2. Könige 23, 13). Der Westabhang des südlichen Ölbergs, das Tal Josaphat, in dem nach jüdischem Glauben die Stätte des letzten Gerichts sein wird, ist mit Grabsteinen von Juden aus aller Welt übersät, die am Tage der Auferstehung die ersten sein wollen, den Messias zu begrüßen, der durch das Goldene Tor die heilige Stadt betreten wird (Joel 4, 12). Auch werden am Jüngsten Gericht alle Völker versammelt und ins Josaphattal geführt, wo sie gerichtet werden (Joel 4, 1–2), denn „Jehoshaphat" bedeutet „Gott wird richten".

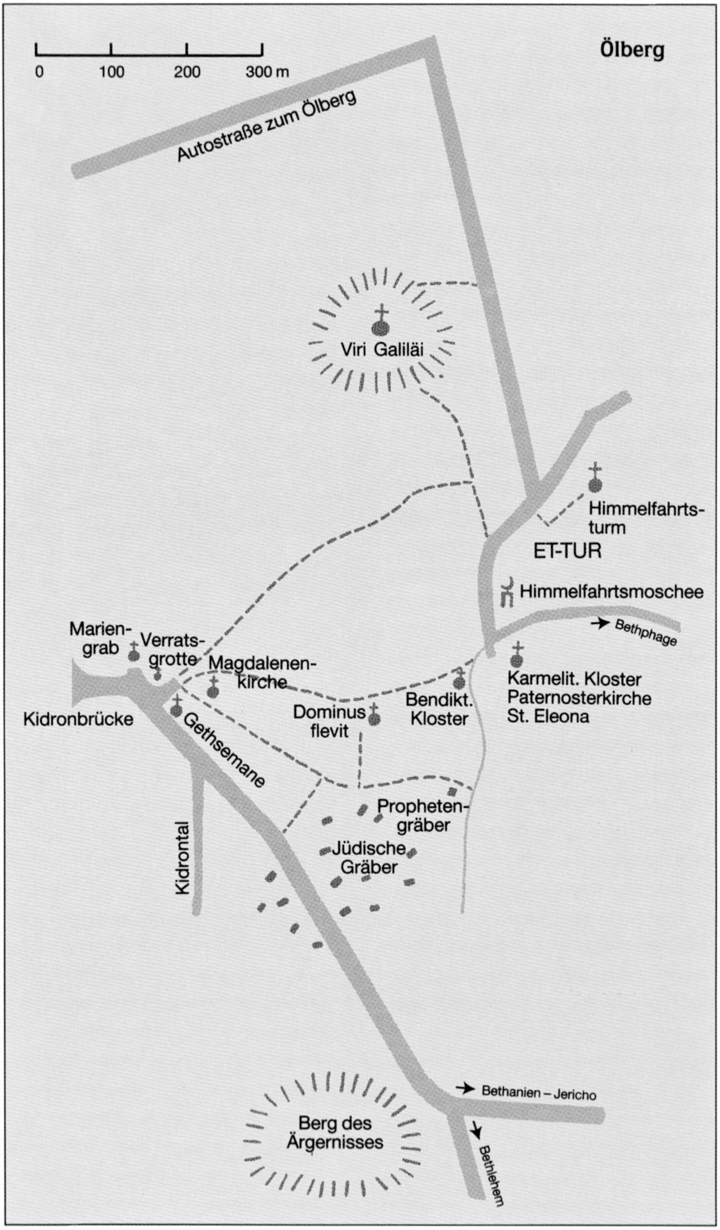
Ölberg
0 100 200 300 m
Autostraße zum Ölberg
Viri Galiläi
Himmelfahrts-
turm
ET-TUR
Himmelfahrtsmoschee
Bethphage
Marien-
grab
Verrats-
grotte
Magdalenen-
kirche
Kidronbrücke
Gethsemane
Dominus
flevit
Bendikt.
Kloster
Karmelit. Kloster
Paternosterkirche
St. Eleona
Propheten-
gräber
Jüdische
Gräber
Kidrontal
Bethanien – Jericho
Berg des
Ärgernisses
Bethlehem

Der Ölberg überragt die Altstadt.

Juden, Christen und Moslems haben auf dem Ölberg heilige Stätten. Besonders uns Christen ist der Ölberg vertraut, auf dem Jesus so oft weilte. Die Bibel berichtet, wie häufig sich Jesus auf dem Ölberg aufhielt oder in den Garten Gethsemane ging, um zu beten.

Über den Ölberg wanderte er nach Bethanien, nach Jericho und an den Jordan, oder er ging den umgekehrten Weg (Luk. 21, 37). Über den Ölberg ritt er am Palmsonntag unter dem Jubel des Volkes nach Jerusalem. Zum Ölberg kehrte Jesus nach dem letzten Abendmahl zurück, hier rang er im Gebet, bis der Blutschweiß floß; vom Hang des Ölbergs aus überblickte Jesus die Stadt Jerusalem und beweinte ihr zukünftiges Schicksal. Auf dem Gipfel des Ölbergs fuhr der Herr gen Himmel.

Der Weg von der Altstadt zum Ölberg beginnt am Stephanstor, führt hinab ins Kidrontal und über Gethsemane hinauf auf die Bergkuppe. Das Kidrontal, im oberen Teil auch Tal Josaphat genannt, ist eine von Geröll erfüllte Schlucht, die nur in der Regenzeit Wasser führt. Dieses Wasser stürzt dann die Berghalden hinab bis zum Toten Meer. Beim Toten Meer endet das Kidrontal als Feuertal.

Bevor man die Kidronbrücke überquert, erblickt man auf der linken Seite ein abstraktes eisernes Denkmal, das den hier im Juni 1967 gefallenen israelischen Fall-

Blick vom Ölberg auf Jerusalem.

Der Westabhang des südlichen Ölbergs mit dem Gräberfeld der Juden aus aller Welt.

Palmsonntags-Prozessionsteilnehmer vor dem israelischen Fallschirmjägerdenkmal.

schirmjägern gewidmet ist. Der erhobene Flügel des Denkmals symbolisiert den Sieg, der gebrochene herabhängende erinnert an die Opfer des Kampfes. Rechts vor der Brücke erhebt sich der moderne Bau der **St. Stephans-Kirche.** Die dem ersten christlichen Märtyrer geweihte Kirche gehört den orthodoxen Griechen. Sie ist an der Stelle errichtet worden, an der nach einer Überlieferung des 12. Jahrhunderts Stephan gesteinigt wurde. Einer anderen Überlieferung zufolge soll Stephan in der Nähe des heutigen Damaskustores, das daher auch den Namen Stephanstor trug, gesteinigt worden sein. Dort hatte Kaiserin Eudokia Stephan zu Ehren eine Basilika bauen lassen. In der Bibel heißt es: sie *„steinigten Stephanus, der betete und sprach: Herr Jesus, nimm meinen Geist auf! Er kniete aber nieder und schrie laut: Herr, behalte ihnen diese Sünde nicht! Und als er das gesagt, entschlief er“* (Apostelgesch. 7, 58 f.).

Mariä-Himmelfahrtskirche

Jenseits der Kidronbrücke führen zwei das moslemische Säulengrabmal des arabischen Geschichtsschreibers Moudjir ed-Din el Hanabi († 1527) umschließende Treppen hinab in den Vorhof der **Mariä-Himmelfahrtskirche,** die über dem Grab Marias er-

Grab der Jungfrau Maria

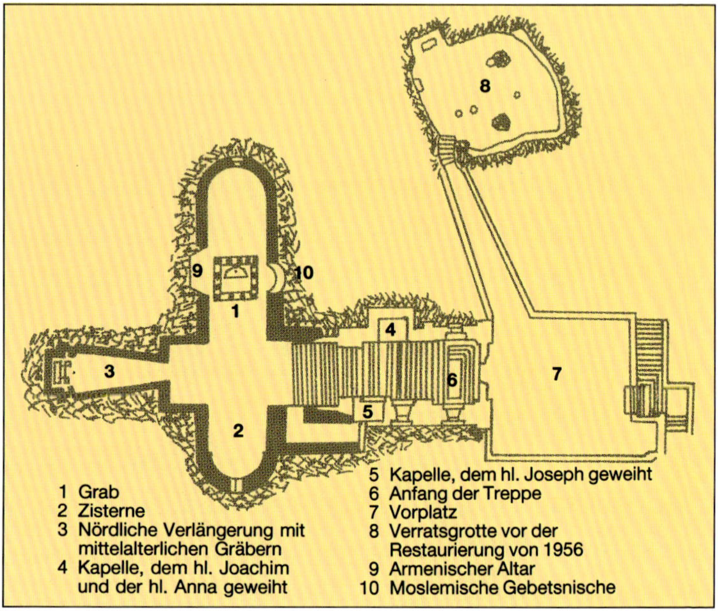

richtet ist. Das Grab ist leer, was aber nicht heißt, Maria sei nicht in Jerusalem begraben, etwa in Ephesus (vgl. S. 305). Der Überlieferung nach ist Maria auf dem Zionsberg gestorben und im Tale Josaphat begraben worden. Allerdings schweigen sich die Evangelisten sowohl über die Geburt als auch das Lebensende der Gottesmutter aus. In der Apostelgeschichte 1, 14 findet Maria die letzte Erwähnung, als sie mit den Aposteln und anderen Frauen im Obersaal auf dem Zionsberg betend die Herabkunft des Heiligen Geistes erwartet. Eine andere Tradition glaubt zu wissen, Maria sei etwa 70 Jahre alt geworden. Sie müßte demnach 20 v. Chr. geboren und 50 n. Chr. gestorben sein.

Die Grabhöhle im Tal Josaphat oder Kidrontal, in der die Apostel nach jerusalemer Tradition den Leib Marias beisetzten, ist heute von einer Kirche aus der Kreuzfahrerzeit überbaut. Diese Kirche steht über der Krypta des Mariengrabes.

Schon im 5. Jahrhundert gab es eine Marienkirche. Sie wurde später beim Persereinfall zerstört. Aus der Zeit ihrer Wiedererrichtung stammt die Krypta, deren Reste die Kreuzfahrer vorfanden, im Jahre 1182 restaurierten, erweiterten und mit einem noch heute erhaltenen Portal versahen. Von dem damaligen Kreuzfahrerbauwerk ist nur die Unterkirche erhalten. Sie gelangte 1363 in den Besitz der Franziskaner, ging aber

Das Portal der Kirche Mariä Himmelfahrt aus der Kreuzfahrerzeit.

1757 mit Hilfe der türkischen Regierung in die Hände der orthodoxen Griechen und Armenier über. Den Katholiken ist seitdem das Heiligtum für Gottesdienste versperrt. Nur Syrer, Kopten und Abessinier sind zugelassen.

Durch das alte Südportal steigt man auf einer 6–7 m breiten Treppe 48 Stufen in die unterirdische Kirche hinab. Der Kirchenboden liegt 12 m unter der Vorhofhöhe. Die Kirche, die innen völlig dunkel ist, besitzt im Grundriß die Form eines lateinischen Kreuzes. Rechts im 18 m langen Ostarm liegt in einer kleinen viereckigen Kapelle das Mariengrab, das ursprünglich in den Abhang des Ölbergs gehauen war, später aber vom Felsmassiv getrennt wurde, so daß nur noch der vierkantige Block der Grabkapelle stehen blieb. Das Grab Marias in dem engen Raum der Kapelle ist mit Marmor verkleidet. Von hier fuhr Marias Leib gen Himmel, um sich mit der Seele zu vereinen, da es Gottes Wille war, daß ihr heiliger Leib nicht der Verwesung anheimfallen sollte. Am leeren Grab wird das Geheimnis der Himmelfahrt Marias alljährlich gefeiert. Dann stellen die Gläubigen brennende Kerzen auf die Treppenstufen des Eingangs. Die orthodoxen Griechen beenden die achttägigen Feierlichkeiten jeweils mit einer großen Prozession in die Altstadt Jerusalems.

Auf der Nordseite der Grabkapelle Marias ist ein armenisches Grab, das dem 1. Jahrhundert n. Chr. zugeschrieben wird. An der Südseite flankiert eine gewölbte Gebetsnische das Mariengrab, die den Moslems heilig ist, da Mohammed auf seiner nächtlichen Reise nach Jerusalem hier ein Licht gesehen haben soll.

Im Nordflügel der Kirche liegen die Gräber frommer und angesehener Kreuzfahrerfrauen. Im Ostteil, zur Apsis hin, befindet sich eine Zisterne. Dahinter steht der Altar der Abessinier. Wenn wir die monumentale Treppe wieder hinaufsteigen, passieren wir rechts eine Grabkapelle, die dem hl. Joseph, dem Manne Marias, geweiht ist und auch mehreren Fürstinnen als Grabstätte diente. Auf der linken Seite auf halber Treppenhöhe birgt eine kleine Kapelle die Gräber der Eltern Marias, Joachims und Annas. Außerdem enthält sie das Grab der Königin Melisande, der Frau Fuleos von Anjou, des dritten Königs von Jerusalem. Im Fußboden der Kapelle hat man 1956 das Fragment eines Epitaphs entdeckt, das an eine gewisse Euphemia erinnert, die im 5. Jahrhundert vielleicht Oberin eines Ölbergklosters gewesen ist.

Uralte Traditionen binden auch hier den Glauben an einen konkreten Ort, so daß der Gläubige die unfaßlichen Ereignisse um Jesus in seiner Vorstellung zu konkretisieren vermag und damit das Heilige in sich aufnehmen kann.

Aus: Bernhard von Breydenbach: Die Reise ins Heilige Land. Ein Reisebericht aus dem Jahre 1483.

Von dem Ölberg und den heiligen Stätten auf demselben

Danach gingen wir von der Stadt Jerusalem in das Tal Josaphat zu dem Bach Cedron, welcher zur Sommerszeit trocken ist, aber um die Fasten ist er reich an Wasser und hat eine steinerne Brücke von Sankt Helena gemacht. Nicht weit von da kamen wir zu einer großen gewölbten Kirche, darin unsere liebe Frau begraben wurde. Als wir aus der Kirche gingen, kamen wir zur linken Hand unten an den Ölberg. Und von da an die Stelle, da Christus blutigen Schweiß schwitzte, und man sieht noch den Stein, an dem ihn der Engel stärkte. Nicht weiter als ein Steinwurf kamen wir an die Stelle, wo der Herr Sankt Peter und Jakobus hieß niedersitzen, solang er zum Beten ging. Dann kamen wir in den Garten, in dem unser Herr Christus gefangen wurde und Sankt Peter Malchus das Ohr abschlug. Nahe dabei ist die Stelle mit Steinen bezeichnet, da Judas unseren Herrn durch den Kuß verriet.

Nachdem wir alle solche heiligen Stätten beschaut und durchgangen, kamen wir in das Kloster auf dem Berg Zion, darinnen die Brüder des Heiligen Fran- wohnen. Dort ist eine gar schöne und gewölbte Kirche, die wegen unserer Ankunft hübsch verziert war mit köstlichen gewirkten Teppichen, die ein Herzog von Burgund, Philippus genannt, mit vielen anderen köstlichen Ornaten und Gottesgaben gegeben. Auch gab er jährlich tausend Dukaten solange er lebte, zum Zeichen seiner Andacht und zur Erhaltung der Brüder, die Gott dienen. Solches hat auch sein Sohn, Herzog Karolus, sein Leben lang fortgesetzt. Auch seine Nachkommen, Erzherzog Maximilian in Burgund, der jetzt als Römischer König durch alle Kurfürsten einstimmig in den ersten Fastenwochen im Jahre 1486 zu Frankfurt erwählt wurde, führen dieses fort. Sobald wir in die Kirche kamen, sangen die Brüder ein herrliches Meßamt. Nachdem sie dieses vollbracht hatten, machten die Brüder eine Prozession, der wir nachfolgten. Zum ersten kamen wir an die Stätte, wo unser Herr Jesus mit seinen Jüngern das letzte Nachtmahl gegessen und das Sakrament seines Leichnams und heiligen Blutes in der Gestalt des Brotes und des Weines aussetzte. Daselbst steht jetzt der hohe Altar in dem Chor und ist die Vergebung aller Sünden. Zu der rechten Seite dieses Altars ist die Stätte, da unser Herr Jesus seinen Jüngern die Füße wusch. Von dort nicht weit ist die Stätte, an der unser Herr Jesus nach seiner Auferstehung durch die geschlossene Tür am Ostertag erschien und am achten Tag im Beisein des Heiligen Thomas wiederkam. Dort ist Ablaß. Der Papst Sixtus der Vierte hat hier Ablaß aller Sünden von Pein und Schuld gegeben. Nahe dabei grüßte Christus nach seiner Auferstehung Sankt Maria und Magdalene und andere andächtige Frauen, als sie von seinem Grabe kamen und ihn schauten. Daselbst ist auch Ablaß.

Hier ist zu bemerken, daß die heilige Stadt Jerusalem an einer hohen Stelle liegt, nach der angrenzenden Landschaft zu rechnen. So sieht man aus Jerusalem das ganze Land Arabien und das Hochgebirge Abarim und Nebo und Phasga, die Ebene des Jordans und Jericho, auch das Tote Meer bis zu den Felsen der Wüste. Deshalb hat Jerusalem eine schöne Umgebung und man muß an allen Enden aufsteigen. Sie liegt höher als alle anderen Städte im selben Land, ausgenommen Silo, das zwei Meilen entfernt ist.

Zuletzt kamen wir auf die Höhe des Berges, dort ist an der Stelle da Christus im Beisein seiner Jünger in den Himmel fuhr, eine Kirche erbaut und man sieht noch den Stein mit unseres Herrn Fußstapfen, besonders des rechten Fußes. Diese Stelle der Auffahrt unseres Herrn ist drei gemeine welsche Meilen von Jerusalem entfernt. Auch sieht man das Tote Meer wo etwa die fünf Städte waren, Sodoma, Gomorra und die anderen mit den anstoßenden Landen, die wegen ihrer Sünde gegen die Natur untergegangen sind.

Aus: Joseph Schiferle:
Zweite Pilgerreise nach Jerusalem und Rom. Augsburg 1858.
Bd. 1, 176.

Ich ergehe mich am liebsten außerhalb der schmutzigen Stadt in der luftigen, reinen Umgebung derselben, besteige deren Anhöhen, zumal den lieblichen Ölberg, durchwandere die romantischen und süß melancholischen Täler von Cedron und Josaphat etc. und besuche die Ortschaften der Nachbarschaft und andere biblisch-berühmte Örtlichkeiten. – Städte, zumal orientalische Städte mit ihrem Menschengewühl, mit ihren gefängnisartigen Wohnungen, mit engen Gassen, mit ihrem Schmutz und üblen Geruch können mich nicht lange festhalten, wohl aber Sanktuarien, Kunstwerke und eine romantische Natur mit hohen Bergen, tiefen Tälern, wilden oder lieblichen Seen, nebst einer lebendigen Erinnerung an irgendeine große Tatsache der Religion oder der Geschichte. Solch eine geistige, patriarchalische und biblisch lebendige Natur in Jerusalems Umgebung spricht so laut zu den Augen und Ohren und zum offenen Herzen, daß ich solch einer Berg- und Talpredigt am Cedronsufer und auf der Ölbergshöhe gerne lauschend zuhöre, und ganz entzückt eines solchen Predigers Angesicht stets neu betrachte, und nur schwer von ihm mich trennen kann, langsam zurückwandelnd in das neue arabische und türkische Jerusalem, das erst in neuerer Zeit wieder der christlichen Elemente mehrere in sich aufgenommen hat und langsam, aber stetig, Schritt für Schritt vorwärtsschreitend, immer mehr und mehr europäisch und christlich zu werden scheint . . .

Gethsemane

„Da kam Jesus mit ihnen zu einem Hofe, der hieß Gethsemane, und sprach zu seinen Jüngern: Setzet euch hier, bis ich dorthin gehe und bete“ (Matth. 26, 36). Die Angaben der Evangelien über das, was sich am Gründonnerstagabend hier zugetragen hat, sind spärlich, jedoch mit Hilfe der alten jerusalemer Überlieferung in etwa zu lokalisieren: Als Jesus mit seinen Jüngern vom Abendmahl auf dem Zionsberg beim Landgut Gethsemane eingetroffen war, ließ er acht der Apostel in einer Grotte zurück und ging mit Johannes und Jakobus in den Garten. Beiden befahl er, zu wachen und zu beten, während er selbst einen Steinwurf weit von ihnen in Todesnot im Gebet rang und Blut schwitzte (Luk. 22, 41). Als Judas nahte, kehrte er mit den Dreien zu den übrigen Jüngern zurück an die vertraute Stätte, zu der er sich oft begeben hatte (Joh. 18, 2). Judas küßte in der Grotte den „Meister“ und überlieferte ihn mit diesem Erkennungszeichen den Häschern.

Der als Hof oder an anderer Stelle als Landgut Gethsemane bezeichnete Ort am Fuße des Ölbergs war Jesus sehr vertraut. Sicher gab es engere Beziehungen zwischen Jesus und dem Besitzer des Landguts, denn der Herr hatte jederzeit Zutritt zu dem Hof, und seine Mutter fand hier ihre Grabstätte. Der Name Gethsemane (Gat-shemanin = Ölkelter) legt nahe, daß das Landgut eine Ölmühle besaß und aus einem Ölbaumhain bestand. Zugleich trägt der Name zur Lokalisierung dieser Stätte bei, wie schon Origines († 253 n. Chr.) in seinem Matthäuskommentar besonders hervorhob: „Nicht ohne Grund haben Matthäus und Markus den Namen des Landgutes mitgeteilt". Auch Eusebius in seiner Beschreibung des Heiligen Landes, im Onomastikon, vermerkt um 330 n. Chr. „die Gläubigen bemühen sich noch jetzt" im Landgut Gethsemane „zu beten, wo Christus vor seinem Leiden gebetet hat".

Als etwa 60 Jahre später der hl. Hieronymus das Onomastikon ins Lateinische übersetzte, aktualisierte er den Text, indem er ergänzte, daß in Gethsemane nun eine Kirche errichtet worden sei. Die Pilgerin Ätheria nannte um 410 diese Kirche „prächtig", und Ausgrabungen um 1920 beweisen deren Existenz. Die Kirchenruinen auf der rechten Seite des Fußweges zum Ölberg hinauf datieren aus dem vierten Jahrhundert.

Ursprünglich mag der Name Gethsemane nur auf die Stelle der Ölpresse bezogen gewesen sein, später jedoch wurde er der gesamten Umgebung gegeben, von der trotz der Auffüllung des Kidrontales, der Verlegung und Verbreiterung der Straßen und Wege noch einige Örtlichkeiten vorhanden sind und ohne Schwierigkeiten identifiziert werden konn-

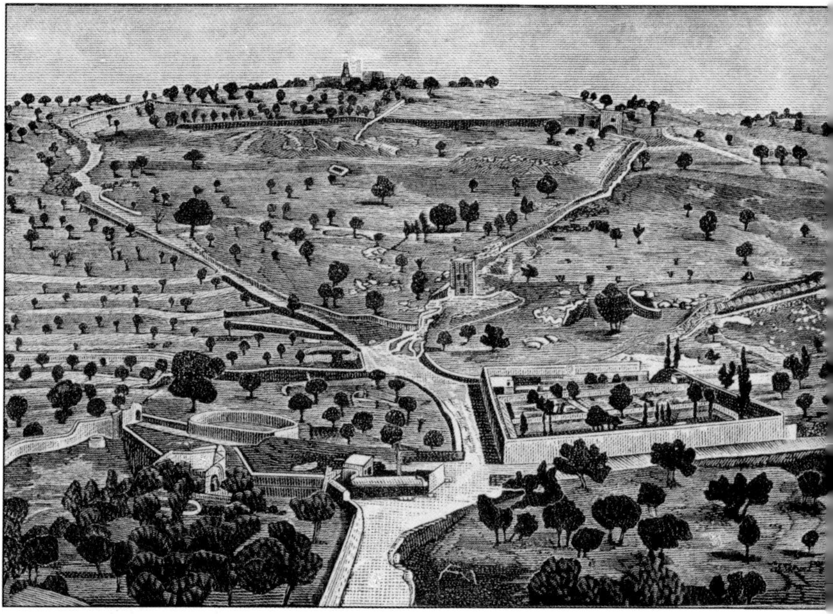

Ölberg und Ölgarten nach einer Zeichnung des 19. Jahrhunderts.

Der Ölbaumgarten bei der Grotte des Verrats und der Gefangennahme Jesu.

ten, wenn auch bei den Gläubigen gewisse Meinungsverschiedenheiten über die Örtlichkeiten der Todesangst und der Gefangennahme Jesu weiterbestehen.

Die Grotte von Gethsemane

Von der Marienkirche führt ein schmaler Gang zur „Grotte von Gethsemane“ oder „Grotte des Verrats und der Gefangenname“, die durch Jesu Wachen und Beten geheiligt ist. Ursprünglich gehörte die Grotte zu dem ehemaligen Landgut, war von dort aus zugänglich und noch nicht von dem Garten, in dem Jesus betete, durch die heutige Straße getrennt. Erst 1655 erhielt die Grotte einen neuen Eingang auf der Seite der Marienkirche.

Die geräumige Naturhöhle, die vielleicht den Ölkelter des Landguts enthielt, wird seit 1361 von den Franziskanern gehütet. Ursprünglich war sie von Norden her zugänglich. In einer Vertiefung im Osten stand die Ölpresse. Im Nordwesten der Grotte liegt eine Zisterne, die durch einen kleinen Kanal in der äußeren Nordwand der Grotte gespeist wurde und zur Bewässerung des Gartens gedient haben mag. Alle diese Bestandteile, wohl schon aus biblischer Zeit, zeugen von der landwirtschaftlichen Bestimmung des Ortes.

Das Felsengewölbe der Höhle wird von zwei gemauerten Pfeilern gestützt. Im Gewölbe sind noch Spuren von Inschriften und

Fresken aus der Kreuzfahrerzeit zu erkennen. Der Mosaikboden an der Rückwand gleich rechts neben dem Eingang stammt noch aus dem 4. Jahrhundert, als die Grotte in eine Kapelle umgewandelt worden war. Fresken über den Altären der Grotte erzählen vom Gebet Christi im Garten, vom Verrat des Judas und auch von der Himmelfahrt Marias. Eine große Überschwemmung im Jahre 1955, wie einstmals genau 300 Jahre zuvor, machte große Restaurierungsarbeiten erforderlich. Dabei entdeckte man im Ost-Süd-Osten des Presbyteriums eine weitere Naturgrotte, die wahrscheinlich nach der Überschwemmung 1655 zugemauert worden war. Die Restaurierungsarbeiten 1956/57 brachten ferner einen Teil des ursprünglichen Eingangs zur Grotte und den Eingang aus byzantinischer Zeit ans Licht. Der heutige Eingang war nach der Überschwemmung 1655 notwendig geworden.

Der Garten Gethsemane

An der Straße, die zum Ölberg hinaufführt, befindet sich rechts der Eingang zu dem mauerumfriedeten Garten mit der Kirche aller Nationen. Im Ölgarten, den die Franziskaner 1666 erwerben konnten, fesseln hinter einem 1959 angebrachten Gitter mit byzantinischen Motiven zwischen Blumenbeeten acht uralte Olivenbäume als spärlicher Rest des al-

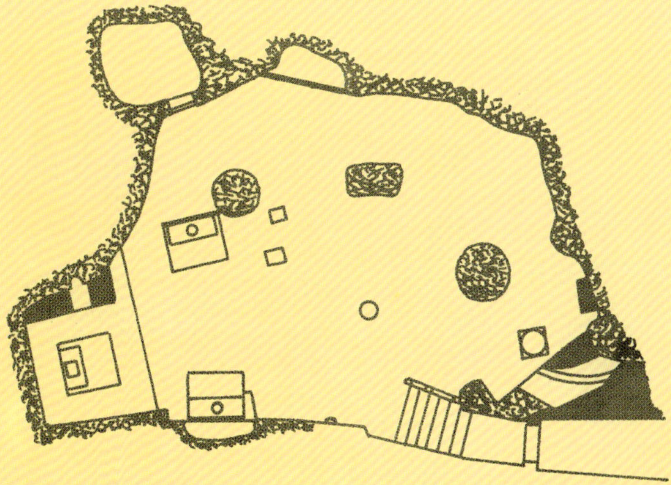

Plan der Verratsgrotte
Die Schraffierungen zeigen die Felsenteile an.

Die uralten Ölbäume im Garten Gethsemane.

ten Olivenhains den Blick des Pilgers. Ihr Alter ist unbestimmt. Botaniker meinen, die Bäume könnten sogar 2000 Jahre alt sein. Ob sie allerdings aus der Zeit Christi stammen, erscheint ungewiß, da nach den Mitteilungen von Josephus Flavius bei der Belagerung Jerusalems durch Titus alle Bäume im Umkreis von vier Wegstunden für den Bau von Kriegsmaschinen gefällt worden seien. Zum ersten Mal werden die Ölbäume im 15. Jahrhundert erwähnt. Den Pilgern der folgenden Jahrhunderte erschienen sie als die ältesten und knorrigsten unter allen Bäumen Palästinas. Da der Ölbaum nicht stirbt und immer wieder neue Sprößlinge ansetzt, darf man zumindest vermuten, daß die acht Baumgreise im Garten Gethsemane Abkömmlinge jener Bäume sind, unter denen Jesus in seiner Todesangst betete und deren Zweige sich über die drei schlummernden Jünger erstreckten.

Seit dem 13. Jahrhundert nannten Pilger den Ölgarten „Feld der Blumen" oder „Blumengarten". Daran erinnern noch heute die Blumenbeete zwischen den Olivenbäumen. Um die Ölbäume zu schützen, ersetzten die Franziskaner 1959 die alte Einfriedung des Gartens aus dem Jahre 1847 durch die höhere heutige Mauer. Früher war im Garten ein Flachrelief aus Marmor angebracht, das die Todesangst Jesu darstellt. Es hängt heute am Eingang zur Sakristei und wurde von dem Venezianer Toretti, dem Meister von Canova, geschaffen.

Die Kirche aller Nationen

Zum ersten Mal berichtet die Pilgerin Ätheria aus dem 4. Jahrhundert von einer Kirche über der Stätte des Gebetes und der Todesangst Jesu in Gethsemane. Diese Basilika aus drei Schiffen drei Apsiden und einer vorspringenden Zentralapsis – übrigens das älteste bekannte Beispiel dieses byzantinischen Stils in Palästina – wurde wahrscheinlich zur Zeit des Kaisers Theodosius, zwischen 333 und 390, erbaut. Im Jahre 614 fiel sie dem Einfall der Perser zum

Grundrisse Basilika von Gethsemane

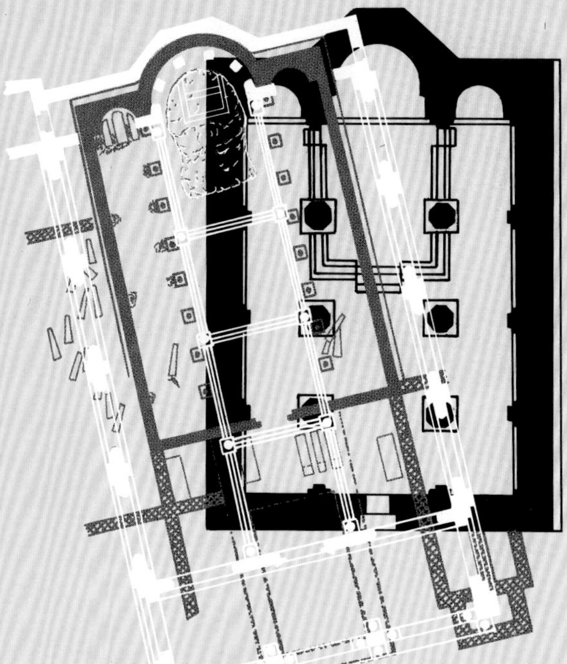

Die drei Todesangstkirchen nach dem Architekten Barluzzi.

Die Giebelseite der „Kirche aller Nationen".

Opfer. Der hl. Willibald (724–726) soll im 8. Jahrhundert wieder eine Kirche an dieser heiligen Stätte vorgefunden haben, die jedoch im 11. Jahrhundert zur Zeit des Kalifen El Hakim das Schicksal aller anderen christlichen Heiligtümer geteilt haben mag. Bis zur Kreuzfahrerzeit bleibt jedoch Wesentliches der Geschichte der Kirche in Dunkel gehüllt. In der Kreuzfahrerzeit bezeugen Pilgerberichte wie der des Angelsachsen Saewulf (1102–1103) und des russischen Abtes Daniel (1106–1107), daß an der Todesangststätte ein „Oratorium" oder eine „kleine Kirche" bestanden habe. Dieses Bauwerk, das auch den Namen „Erlöserkirche" trug, muß nach den Berichten des Pilgers Johannes von Würzburg (1165) und Theoderich (1172) in der Zeit zwischen 1130 und 1150 durch eine neue schönere Erlöserkirche ersetzt worden sein. Als Saladin Jerusalem eroberte, soll die Kirche des hl. Erlösers zu den zerstörten Gebäuden gehört haben. Im 14. Jahrhundert war sie schließlich nicht mehr vorhanden. Der Pilger Jakobus von Verona erwähnt sie 1335 schon nicht mehr.

Von dieser Kreuzfahrerkirche wurden 1891 durch Zufall Mosaikfragmente und eine Apsis freigelegt. Ab 1909 begannen die Franziskaner mit systematischen Ausgrabungen. Südlich der heutigen Kirche aller Nationen sind noch Reste der Ruinen des mittelalterlichen Baus zu besichtigen.

Die Kirche der Kreuzfahrerzeit war in einer von der byzantinischen Kirche erheblich abweichenden Achse gebaut worden. Auf den Fundamenten aus der theodosianischen Zeit wurde von 1919 bis 1924 die heutige Basilika vom Architekten Barluzzi erbaut, denn die Kustodie des Heiligen Landes hatte entschieden, den Kirchenneubau dort zu errichten, wo einmal die „prächtige" Kirche des 4. Jahrhunderts gestanden hatte. Unter Glas kann man noch Mosaikreste aus dieser Zeit bewundern. Die Kosten des Neubaus bestritten mehrere Länder, deren Wappen in den zwölf Kuppeln und in den Apsidenmosaiken angebracht sind. Aus dieser internationalen Zusammenarbeit resultiert auch der Name des Gebäudes „Kirche aller Nationen".

Im Innern der Kirche herrscht ein Halbdunkel, das durch die bläulichen Alabasterfenster verursacht an die Mondnacht des Gründonnerstags erinnert. Die sechs rosafarbenen Monolithsäulen, die den Bau in drei gleich breite Schiffe teilen, stehen für die Ölbäume, die einst den Garten beschatteten. Am Deckengewölbe ist der dunkelblaue gestirnte Himmel dargestellt, wobei die Sterne zwischen Palmenzweigen und Olivenästen hindurchleuchten. Neben den Deckenmosaiken ist die Basilika noch mit drei Apsidenmosaiken geschmückt, die von links nach rechts den Judaskuß, die Todesangstszene und das „Ego sum" (Joh. 18, 5) „Ich bin Jesus von Nazareth" darstellen. Das Hauptmosaik in der Zentralapsis, ein Werk von Pietro D'Achiardi, zeigt den Herrn knieend auf dem Felsen in äußerster Verlassenheit. Niedergeschlagenheit und Angst mögen ihm das Blut ausgepreßt haben, dennoch ist sein Antlitz nicht von Verzweiflung, sondern von Ergebenheit in den Willen des Vaters geprägt. Die Hand Gottes hält ihm die Siegeskrone entgegen, und ein Engel bringt ihm göttliche Hilfe.

Vor dem Hauptaltar ist ein Teil des sogenannten Todesangstfelsens sichtbar, dessen Einfriedung an die Dornenkrone und durch Ölzweige an den Garten erinnert. Die vor einem Kelch sich gegenüberstehenden Vögel versinnbildlichen die Seelen, die am Kelch Christi teilnehmen wollen. Beispiele dafür sind die beiden Tauben aus Silber, die den Hals zur Opfergabe hinhalten. Der stilisierte Felsen symbolisiert den Opferaltar, auf dem der Herr sich dargebracht hat.

Durch das Portal mit seinen kunstvollen Bronzetüren betritt man die Vorhalle, die sich zum Kidrontal durch drei große Gewölbebogen öffnet. Die Pfeiler der Fassade sind seitlich von korinthischen Säulen umgeben, deren Kranzleisten die Marmorstatuen der vier Evangelisten trägen. Das Mosaik des im byzantinischen Stil gehaltenen Giebels stellt Christus dar als Mittler zwischen Gott und der Menschheit, für die er sein Herz gibt. Über Jesu Haupt stehen die Buchstaben Alpha und Omega, die auf die Offenbarung des Johannes verweisen: *„Ich bin das A und das O, der Anfang und das Ende, spricht Gott der Herr . . .“* (1, 8). Ein Engel nimmt das Herz in die Hände. Auf der rechten Seite stehen die Schwachen und Leidgeprüften, die dennoch Hoffnung hegen; auf der linken Seite stehen die Mächtigen und Weisen, die jedoch ihre eigenen Unzulänglichkeiten erkennen.

Christus macht die Gebete aller zu den seinigen vor dem Vater. Das unterstreicht auch ein Vers auf lateinisch aus dem Hebräerbrief unter dem Mosaik: *„Und er hat in den Tagen seines Fleisches Gebet und Flehen mit starkem Geschrei und Tränen geopfert dem, der ihm von dem Tode konnte aushelfen; und ist auch erhört, darum daß er Gott in Ehren hielt“ (Hebr. 5, 7).*

Die Hirsche, die sich auf dem Giebel am Kreuz gegenüberstehen symbolisieren Davids Psalm (42, 2): *„Wie der Hirsch schreit nach frischem Wasser, so schreit meine Seele, Gott, zu dir“.*

St. Maria Magdalena

St. Maria Magdalena

Oberhalb der Kirche aller Nationen, wenn man die schmale südliche Straße zum Ölberg hinaufgeht, gelangt man auf der linken Seite zum Eingang der russischen Kirche **St. Maria Magdalena.**

Die Kirche ließ Zar Alexander III. (1881–1894) zur Erinnerung an seine Mutter Maria erbauen und deren Schutzpatronin Maria Magdalena weihen. Die sieben zwiebelförmigen vergoldeten Kuppeln ahmen den Moskauer Baustil des 16. und 17. Jahrhunderts nach. Im Innern der Kirche erzählen Gemälde wichtige Stationen aus dem Leben Maria Magdalenas. Eine kunstvolle Ikonostase in Bronze, die Vereschagin schuf, verdient die größte Aufmerksamkeit. Auch zwei alte Ikonen der Gottesmutter sind beachtenswert. Alle anderen Ikonen sind modern.

In der Krypta ruht der Leichnam der 1918 ermordeten russischen Großfürstin Elisabeth Feodorowna, einer Schwester der letzten Zarin. Im Nordwestteil des Gartens sind einige Stufen der Treppe erkennbar, die einstmals die Stadt mit dem Ölberg verband.

Dominus Flevit

Von der Magdalenenkirche ein Stückchen weiter nach Süden den Berg hinauf erreicht man die Kapelle Dominus Flevit („Der Herr weinte"). Diese Stätte am Abhang des Ölberges, die einen schönen Blick auf die Stadt gewährt, ruft die Tränen in Erinnerung, die Jesus im Anblick Jerusalems wegen der Verstocktheit seines Volkes vergoß, bevor er am Palmsonntag im Triumph nach Jerusalem einzog: *„Und als er nahe hinzukam, sah er die Stadt an und weinte über sie und sprach: „Wenn doch auch du erkenntest zu dieser Zeit, was zu deinem Frieden dient! Aber nun ist's vor deinen Augen verborgen. Denn es werden über dich die Tage kommen, daß deine Feinde um dich und deine Kinder einen Wall aufwerfen, dich belagern und in allen Orten ängstigen; und werden dich schleifen und keinen Stein auf dem andern lassen, darum daß du nicht erkannt hast die Zeit, darin du heimgesucht bist"* (Luk. 19, 41–44). Gegenüber dem Eingang der Kapelle sind auf einer Mauertafel die Verse Lukas 19, 41 festgehalten.

Die Kustodie des Heiligen Landes hatte 1891 an dieser von der Überlieferung bezeichneten Stelle ein Kapellchen erbaut. Als 1953 das umliegende Gelände untersucht und ausgegraben wurde, fand man Ruinen eines Klosters sowie die Überreste einer kleinen byzantinischen Kapelle mit einem gut erhaltenen Mosaikfußboden, wahrscheinlich aus dem 6. Jahrhundert.

Den heutigen Bau entwarf wie die „Kirche aller Nationen" ebenfalls der Architekt A. Barluzzi. 1955 konnte die Kapelle eingeweiht werden. Der alte Mosaikfußboden blieb beim Neubau erhalten.

Im Innern dieser Kapelle drükken Reliefbilder und Symbole Christi Traurigkeit aus. Im westlichen Gewölbe weint der Herr über die bevorstehende Zerstörung Jerusalems. Das östliche Relief zeigt die Erfüllung von Jesu Voraussage: den brennenden Tempel. Die seitlichen Darstellungen zeigen die Bestürzung der Jünger über Jesu Weissagung. Der Grund für die Traurigkeit des Herrn und das erwartete Gericht über Jerusalem wird vor der Altarmensa durch die Henne mit den Kücken symbolisiert: Gottes Volk folgt ihm nicht.

Hinter dem Altar öffnet sich der Blick auf die Heilige Stadt, so daß beim Opfer Priester und Volk auf das Sinnbild des Alten und Neuen Testaments schauen und Gnade und Frieden für Jerusalem erflehen können.

Auf dem Weg hinab nach Jerusalem.

Die Abhänge des Ölbergs unterhalb der Kapelle sind schon seit der Bronzezeit eine Friedhofsanlage gewesen. Heute lassen sich hier Juden aus aller Welt bestatten. Etwas oberhalb dieses Friedhofs liegen in einer Katakombe die **Gräber der jüdischen Propheten** Haggai, Sacharja und Maleachi, die im 6. und 5. Jahrhundert v. Chr. lebten. Die hier vorliegende Schachtgräberform kam allerdings erst im 1. Jahrhundert n. Chr. auf. Griechische Inschriften weisen darauf hin, daß die Grabanlage auch von Christen im 4. und 5. Jahrhundert n. Chr. genutzt wurde. Die Katakombe ist in Form von zwei konzentrischen Gängen angelegt, die 36 Grabnischen enthalten.

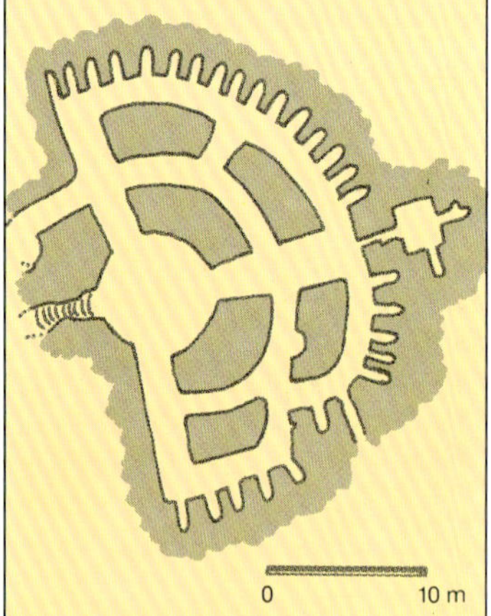

Die Gräber der Propheten aus dem 6. - 5. Jh. v. Chr.
Die Form der Gräber in Schächten verweist auf das 1. Jh. n. Chr.

Ausgrabungen auf dem Gelände der Franziskaner bei Dominus Flevit legten römische und byzantinische Gräber frei. Zahlreiche Sarkophage und Ossuarien (Knochenbehälter) mit den Namen der Verstorbenen in aramäischer und griechischer Schrift und christlichen Ornamenten und Zeichen (Tau und Christusmonogramm) sowie eine Grabanlage mit etwa 1000 Vasen und Lampen, Skarabäen und Waffen aus der mittleren und späteren Bronzezeit (1500–1300 v. Chr.) wurden entdeckt. Die meisten Funde sind im Museum der Flagellationskirche aufbewahrt.

Von der Kapelle Dominus Flevit führte der Weg weiter zum mittleren Gipfel des Ölbergs Richtung Et Tur. Links liegt ein Benediktinerinnenkloster, rechts gelangt man zur Vaterunserkirche.

Pater Noster-Kirche
(Vaterunser-Kirche)

Die Vaterunser-Kirche erhebt sich an einer der frühesten heiligen christlichen Stätten auf dem Ölberg, an dem Ort, der seit der Kreuzfahrerzeit als jener verehrt wird, wo Christus seinen Jüngern das Vaterunser beibrachte. Die Evangelien geben zwar keine genaue Lokalisierung. Auch ist anzunehmen, daß Jesus dieses Gebet öfter mit seinen Jüngern sprach, sei es am See Genezareth in Verbindung mit der Bergpredigt oder auf dem Ölberg im Anblick der heiligen Stadt, auf dem der Herr häufig mit seinen Jüngern saß und lehrte. Da Lukas den Bericht über das Vaterunser unmittelbar an Jesu Besuch bei Maria und Martha in Bethanien anschließt, hat der Ölberg als Entstehungsort des Gebetes eine gewisse Priorität. Bei Lukas heißt es: *„Und es begab sich, daß er war an einem Ort und betete. Und da er aufgehört hatte, sprach seiner Jünger einer zu ihm: Herr, lehre uns beten, wie auch Johannes seine Jünger lehrte. Er aber sprach zu ihnen: Wenn ihr betet, so sprechet: Unser Vater im Himmel . . .“* (Luk. 11, 1–4). So lehrte er sie das Vaterunser.

Die heutige Kirche wurde zusammen mit einem Kloster für die Karmeliterinnen von der französischen Prinzessin Aurelie de la Tour d'Auvergne gestiftet, die das Gelände 1868 erworben hatte. An den Wänden der 1875 eingeweihten Karmeliterinnenkirche sowie in der Vorhalle und im romanischen Kreuzgang des Klosters sind Mosaikplatten angebracht, die den Text des Vaterunsers in inzwischen 80 Sprachen verzeichnen und damit die Gotteskinder aller Nationen vereinigen. Der von Jesus damals gesprochene aramäische Text ist auf einer Tafel in der Vaterunsergrotte zu lesen. Die Tafel mit dem Vaterunser auf deutsch findet man im südlichen Kreuzgang.

Rechts vom Eingang der Kirche befindet sich die Grabstätte Aure-

Von der Pater-Noster-Kirche führt der Weg geradeaus weiter nach Et-Tur. In Et-Tur (Ölberg), auf der mittleren Kuppe 808 m überm Mittelmeer erhebt sich die Himmelfahrtskapelle.

lies, der Gründerin von Kirche und Kloster. Im Jahre 1910 wurden bei Ausgrabungen westlich der heutigen Pater-Noster-Kirche Überreste der von Konstantin d. Gr. erbauten 70 m langen Basilika Helenas, genannte Eleona, freigelegt. Diese Kirche stand über der Vaterunsergrotte und diente dem Gedenken an die Belehrungen Jesu über das Reich Gottes, über das Weltende, die Wiederkunft des Messias und die Wachsamkeit (Matth. 24, 3 ff.). Der Versuch, die Basilika wieder aufzubauen, konnte wegen des Weltkriegs nicht zu Ende geführt werden. Heute sind der Altar und der Priestersitz der halbaufgebauten Kirche für den Gottesdienst im Freien hergerichtet.

Die Himmelfahrtskapelle

Der Evangelist Lukas ist der einzige, der von Christi Himmelfahrt berichtet: *„Er führte sie aber hinaus nach Bethanien und hob die Hände auf und segnete sie. Und es geschah, da er sie segnete, schied er von ihnen und fuhr auf gen Himmel“* (Luk. 24, 50 f.). In seiner Apostelgeschichte spricht Lukas ausführlicher über Jesu Aufträge an seine Jünger, seine Himmelfahrt und seine Wiederkunft (Apostelgesch. 1, 1–12).

Diese Stelle, an der Jesus sich in den Himmel erhob, ist schon im Jahre 376 von der frommen Pomenia durch einen Kirchenbau geweiht worden. Von diesem byzantinischen Bau ist nichts erhalten geblieben. Die Achteckform der heutigen Kapelle stammt aus der Zeit der Kreuzfahrer, die diese heilige Stätte mit einer achteckigen Säulenhalle umgaben, in deren Mittelpunkt sie die achteckige Kapelle mit einer oben geöffneten Kuppel stellten. Nach Vertreibung der Kreuzfahrer wandelten die Moslems 1198 die Kapelle in eine Moschee um, mauerten die Spitzbögen zu und schlossen die Kuppel, so daß nur noch durch die vier schmalen Fenster der Galerie Licht in das Heiligtum fällt.

Im Innern ist die Moschee völlig schmucklos. Eine Einfriedung am Boden umschließt ein Felsstück, auf dem man den Fußabdruck Jesu zu sehen glaubt und verehrt. An Christi Himmelfahrt ist den Katholiken ein Gottesdienst in der Kapelle gestattet. Die Orthodoxen dürfen das Fest im Hof unter offenen Zelten feiern.

Das an die Himmelfahrtskapelle angrenzende Gelände, im 12. Jahrhundert einmal ein Augustinerkloster, dann ein Derwischkloster, gewährt von seiner Terrasse aus einen prächtigen Rundblick über die Stadt Jerusalem, die Wüste Juda, das Jordantal, das Tote Meer bis hin zu den Bergen von Moab.

Die Himmelfahrtskapelle auf dem Ölberg.

Der rechte Fußabdruck Jesu in der Himmelfahrtskapelle. Das Stück mit dem Abdruck des linken Fußes wurde im Mittelalter in die El-Aksa-Moschee gebracht.

Südlich von der Himmelfahrtskirche wird die Grotte der hl. Pelagia verehrt. Pelagia war eine Komödiantin aus Antiochia, die sich zum Christentum bekehrte und hier in einer der Grabhöhlen ihre früheren Sünden büßte.

Östlich der Himmelfahrtskapelle erhebt sich das Wahrzeichen des Ölbergs, der 60 m hohe Glockenturm des russischen Frauenklosters, in dessen Kirche beachtenswerte byzantinische Mosaiken zu sehen sind.

Aus: Ida Pfeiffer:
Reise einer Wienerin ins Heilige Land. 1842.

Vom Fuß des Ölbergs bis auf die höchste Spitze desselben hat man bei dreiviertel Stunden zu steigen. Der ganze Berg ist öd und unfruchtbar, nur Öl- und Johannisbrotbäume finden da ihr Fortkommen. Von dem höchsten Gipfel fuhr Jesus gen Himmel. Eine Kirche bezeichnete einst diesen Ort; sie wurde aber später in eine Moschee umgewandelt, und auch diese ist zum Teil schon in Ruinen zerfallen. Erst seit zehn oder zwölf Jahren wurde eine ganz kleine armenische Kapelle hier aufgebaut, die nun inmitten von alten Mauern steht, in welcher abermals der Abdruck des Fußes Jesu gezeigt und verehrt wird. Auf diesem Stein soll er gestanden haben, als er gen Himmel fuhr. Nicht weit davon zeigt man den Ort, wo der Feigenbaum stand, den Christus verfluchte, und die Stelle, wo sich Judas erhängte.

Auf der höchsten Erhebung des Ölbergs, nördlich vom Himmelfahrtshügel, die nach den Worten der Männer in weißen Kleidern bei der Himmelfahrt (Apostelgesch. 1, 11) den Namen „Viri Galiläi“ (Männer von Galiläa) trägt, liegt die von einer großen Mauer umgebene Residenz des griechisch-orthodoxen Patriarchen von Jerusalem mit einer modernen Kirche. Hier fand 1964 die historische Begegnung zwischen Papst Paul VI. und dem Patriarchen Athenagoras statt. In der Südwestecke des Komplexes erhebt sich eine Kapelle aus byzantinischer Zeit, die daran erinnert, wie der Engel Gabriel der Gottesmutter Maria ihren Heimgang ankündigte. Diese Marienkapelle ist wohl die älteste Jerusalems.

Betphage

Betphage (Feigenhausen), etwa 20 Minuten zu Fuß in östlicher Richtung der Paternoster-Kirche, ist aus der Liturgie des Psalmsonntags vertraut, denn von hier aus hielt Jesus auf einem Esel seinen Einzug in die Heilige Stadt (zu den Örtlichkeiten vgl. S. 203 f.).

Bethanien

Von Betphage führt ein kleiner steiniger Weg zu dem nahegelegenen Bethanien am südöstlichen Abhang des Ölbergs. Bethanien ist auch mit dem Auto oder Bus auf der Straße nach Jericho zu erreichen, die um den Ölberg herumführt. Im arabischen Namen dieses Ortes „el-Azariyeh" hat sich das griechische „Lazarion" (Ort des Lazarus) erhalten, denn Jesus hielt sich hier am Rande der Wüste in der Stille und Einsamkeit mit Vorliebe im gastlichen Haus der Geschwister Lazarus, Martha und Maria auf. Die Evangelisten erzählen ausführlicher von drei Besuchen Jesu in Bethanien: vom Besuch im Hause Marthas, die er zur Besinnlichkeit mahnte (Luk. 10, 38–43), von der Salbung Marias, deren verschwenderische Liebe er gegenüber Judas in Schutz nahm (Joh. 12, 1–8) und von der Auferwekkung Lazarus', die ihn als Herrn über Leben und Tod offenbarte (Joh. 11, 17–45). Der biblische Name Bethanien geht zurück auf die Stadt „Ananjah", in der sich der Stamm Benjamin nach der Rückkehr aus dem Exil niederließ (Neh. 11, 32); Beth Ananjah = Haus des Ananjah.

Auf dem Gelände östlich vom Lazarusgrab und der Moschee, das seit 1868 im Besitz der Kustodie des Heiligen Landes ist, zeigen 1949 begonnene Ausgrabun-

Lazaruskirche in Bethanien.

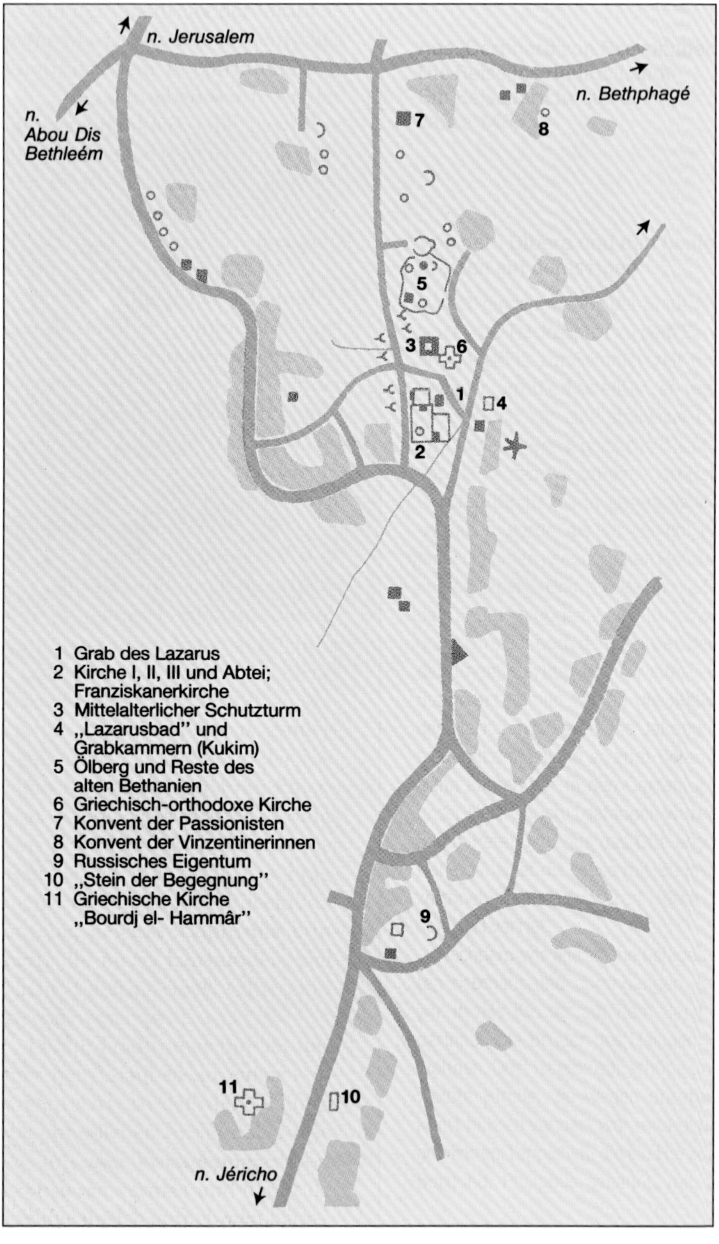

Bethanien und Umgebung

gen der Franziskaner, daß hier schon seit dem 4. Jahrhundert verschiedene Kirchen bestanden. Die früheste war eine dreischiffige Basilika im 4. Jahrhundert, die ein großer Vorhof mit dem Lazarusgrab verband. Reste ihres Mosaikbodens sind im Westen der heutigen Kirche zu bewundern. Ein Erdbeben zerstörte diesen Bau. Im 5. Jahrhundert wurde die Kirche mit einer Verschiebung der Apsis um 13 m nach Osten wieder errichtet. Der ehemalige Vorhof diente nun als Friedhof. Von dieser Basilika fanden die Kreuzfahrer nur noch verfallene Reste, doch sie stellten das Bauwerk wieder her und bauten sogar noch eine nach Osten gerichtete zusätzliche Kirche. Daneben ließ Königin Melisande eine Benediktinerinnenabtei errichten, von der noch Ruinen sichtbar sind. Nach dem Abzug der Kreuzfahrer verfielen Kirche und Kloster im 13. und 14. Jahrhundert. In der erhalten gebliebenen Krypta der von den Kreuzfahrern zusätzlich erbauten Kirche konnten nach Pilgerberichten noch im 15. Jahrhundert christliche Feierlichkeiten vollzogen werden. Im Jahre 1499 erhielten die Franziskaner einen Schlüssel zum Grabe des Lazarus. Und 1570 bekamen sie das Recht, den heutigen Zugang herzustellen. Erst 1952 konnte allerdings der Grundstein für eine neue Kirche gelegt werden, die über der östlichen Hälfte der früheren Basilika nach den Plänen des Architekten Antonio Barluzzi

Westfassade und Eingang der Lazaruskirche.

erbaut wurde. Die Einweihung der Lazaruskirche erfolgte am 2. April 1954.

Die moderne **Lazaruskirche** erweckt den Eindruck eines Grabmales, denn sie ist ein fensterloser Bau in griechischer Kreuzform mit einem schmucklosen Hauptportal, grauen Wänden und einem strengen schlichten Turm. Die Westfassade schmücken drei Mosaikfelder, die Lazarus, Martha und Maria darstellen. An der Ostfassade verkünden zwei Engel mit Trompeten die Erweckung des Lazarus. Auf dem in sechs symmetrische Felder aufgeteilten Bronzeportal sind Reliefkreise und Symbole des Lebens und der Ewigkeit abgebildet.

Mosaikbild über dem Hauptaltar in der Lazaruskirche.

Das Kircheninnere empfängt ihr Licht nur aus der kreisförmigen Kuppelöffnung, das über 48 Mosaikfelder verklärend in den Raum strömt. Die Basis der Kuppel trägt die lateinische Inschrift: *„Wer an mich glaubt, der wird leben, ob er gleich stürbe; und wer da lebet und glaubet an mich, der wird nimmermehr sterben"* (Joh. 11, 25 f.). In den 48 Mosaiken in der Kuppel, in der Tauben, die zur Ewigkeit fliegen, die Seelen versinnbildlichen, ist diese Verheißung Jesu konkretisiert.

Die vier Kreuzarme der Kirche sind mit halbmondförmigen Mosaikbildern versehen, die der Maler Cesare Vagarini entworfen hat. Sie zeigen links und rechts Jesus bei Martha und Maria und am Grab des Lazarus. An der Rückwand über dem Portal befindet sich Jesus im Hause Simons des Aussätzigen; und über dem Hochaltar aus grünem jordanischen Marmor spricht Jesus zu Martha und Maria: *„Ich bin die Auferstehung und das Leben"* (Joh. 11, 25). Alle Mosaike sind durch Stellen aus dem Evangelium erklärt. Die Bildhauerarbeiten des Hauptaltars, die zwei Engel am leeren Grab des Lazarus darstellen, sind das Werk des Künstlers Aurelio Mistruzzi.

Gegenüber dem Portal außerhalb der Lazaruskirche sind die Reste der von Königin Melisande im Mittelalter erbauten Abtei zu sehen. Im Nordflügel der ehemaligen Abtei fand man neben vielen anderen Dingen eine Ölpresse, Backöfen, ein Silo und eine Zisterne, die heute noch zu besichtigen sind.

Bethanien ist vor allem mit dem Ereignis der Auferweckung des Lazarus verbunden. Selbst die Moslems halten in ihrer Moschee die Erinnerung an el-Uzeir, den einige für den Bruder des Lazarus halten, in Ehren. Neben den Häusern der Martha und der Maria und dem Simons des Aussätzigen ist also vor allem das Grab des Lazarus der heilige Gedenkort, der aus christlicher Sicht dem Dorf Bethanien seinen Stempel aufprägt.

Eingang zum Grab des Lazarus.

Das Grab des Lazarus

Das biblische Bethanien lag, wie Ausgrabungen erwiesen, auf dem Berghang oberhalb der Lazaruskirche. Die Kirchen wurden immer in der Nähe des berühmten Grabes erbaut. Seit dem 4. Jahrhundert ist das Grab des Lazarus den Gläubigen bekannt. Heute gehört es den Moslems und ist durch eine Moschee von der Lazaruskirche getrennt, so daß der ursprüngliche Eingang verbaut ist. Der gegenwärtige Eingang an der Straße wurde, wie schon gesagt, im 16. Jahrhundert vom Kustos des Heiligen Landes angelegt.

Wie die meisten alten jüdischen Gräber besteht die Höhle des Lazarusgrabes aus einer Vorhalle und einer Grabkammer. 24 ausgetretene Stufen führen in die Vorhalle, die 3,35 m lang und 2,20 m breit ist. Drei weitere Stufen verbinden die Vorhalle mit der eigentlichen Grabkammer, die etwas über zwei Meter breit ist und drei Grabnischen enthielt (Arcosolien). Das ursprüngliche Grablager, das mit einem waagerechten Stein verschlossen war, ist heute nicht mehr zu sehen, da in früherer Zeit die Grabkammer mit Marmor verkleidet und mit einem Altar ausgestattet worden ist. Nach alten Pilgerberichten muß Jesus im Augenblick der Erwekkung des Lazarus im Vorraum gestanden haben.

In der Auferweckung des Lazarus sehen die Gläubigen seit altersher das größte Wunder Christi. Dieses Wunder, das Genera-

Übereinandergebaute Kirchen in Bethanien

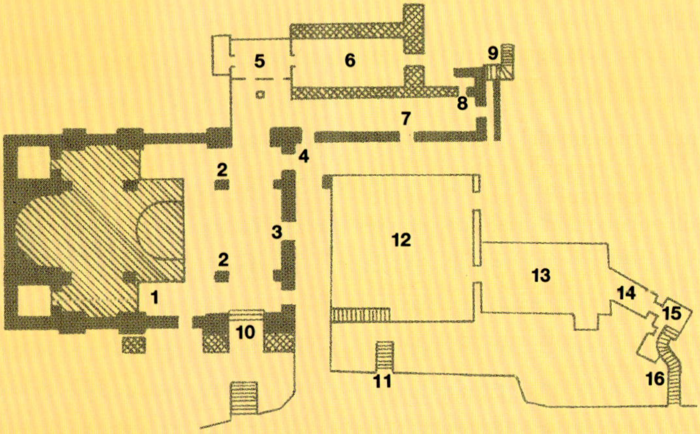

1 Mauerteile der Kirche aus dem 4. Jahrhundert
2 Mosaikfragmente an den Mittelsäulen aus dem 5. Jahrhundert
3 Fassadenreste aus dem 5. Jahrhundert
4 Südportal der Kirche aus dem 5. Jahrhundert
5 mittelalterlicher Pilgersaal
6 Reste des mittelalterlichen Klosters
7 Mosaikfußboden aus dem 4.- 5. Jh.
8 Tür mit dem Blick auf die gebogene Mauer aus dem 5. Jahrhundert
9 Treppe zum ehemaligen oberen Teil des Kreuzfahrerklosters
10 Rechts und links neben der Treppe zur Straße mittelalterliche Mauerverstärkungen
11 Eingang zur Moschee El- Uzeir
12 ehemaliges Atrium der Kirchen aus dem 4. und 5. Jahrhundert
13 El- Uzeir- Moschee
14 ursprünglicher Eingang zum Lazarusgrab
15 Eingang zum Lazarusgrab von der Straße
16 Steile Treppe zum Lazarusgrab

tionen von Christen zu dieser Stelle führt, versinnbildlicht in der Auferweckung des Lazarus zugleich die Auferstehung. Aus diesem Grund sind in Bethanien nicht weniger als sechs Heiligtümer errichtet worden. Neuerdings hat sogar auch die melchitische Kirche oberhalb des Lazarusgrabes ein Gotteshaus erbaut.

Unter diesen Heiligtümern hervorzuheben sind die von den Judenchristen verehrte **Grotte** nordwestlich vom Olivenhain der Franziskaner, in der Christus am Auferstehungsonntag mit seinen Jüngern das Mahl gehalten haben soll, der **Stein der Begegnung** auf einem kleinen umzäunten Platz links an der Straße nach Jericho, der an die Unterhaltung Jesu mit Martha und Maria erinnert und die griechische **Kirche des Bourdj el-Hammar,** die von den Griechen als Stätte der Begegnung mit den Schwestern angesehen wird.

Vom Kidrontal bis zum Hinnomtal

Die Altstadt Jerusalems wird im Nordosten und Osten vom Kidrontal und im Westen und Süden vom Hinnomtal umschlossen. Diese Täler bergen nicht nur Zeugnisse und Denkmäler der altisraelitischen Geschichte, hier bewegt sich der Pilger ebenfalls auf den Spuren Jesu, der von der „Verratsgrotte" in Gethsemane von den Häschern und Pharisäern durch das Kidrontal zum Palast des Annas und Kaiphas geführt wurde.

Das Kidrontal beginnt schon nördlich der Altstadt Jerusalems. Es erstreckt sich zuerst nach Südosten und verläuft dann parallel zur östlichen Stadtmauer nach Süden. In der Regenzeit führt es das von den Berghängen strömende Wasser bis zum Toten Meer. Heute ist es die meiste Zeit des Jahres trocken. Das Bett des Kidron ist mit dem Schutt der mehrmals zerstörten Tempel- und Stadtmauern angefüllt und liegt viel höher als früher. Der Teil des Tals an der östlichen Tempelmauer, der die Stadt vom Ölberg trennt, wird seit dem 4. Jahrhundert nach einem Wort des Propheten Joel auch das Tal Josaphat (Jehoshaphat = Gott wird richten) genannt. Nach Joel wird hier Jesus einstmals zum Gericht über die antichristliche Welt erscheinen. Der Prophet sagt: *„Denn siehe, in den Tagen und zur selben Zeit, wann ich das Gefängnis Judas und Jerusalems wenden werde, will ich alle Heiden zusammenbringen und will sie ins Tal Josaphat hinabführen und will mit ihnen daselbst rechten wegen meines Volkes und meines Erbteils Israel ...*" (Joel 4, 1–2).

Panorama der Altstadt mit den Gräberfeldern zu beiden Seiten des Kidrontales.

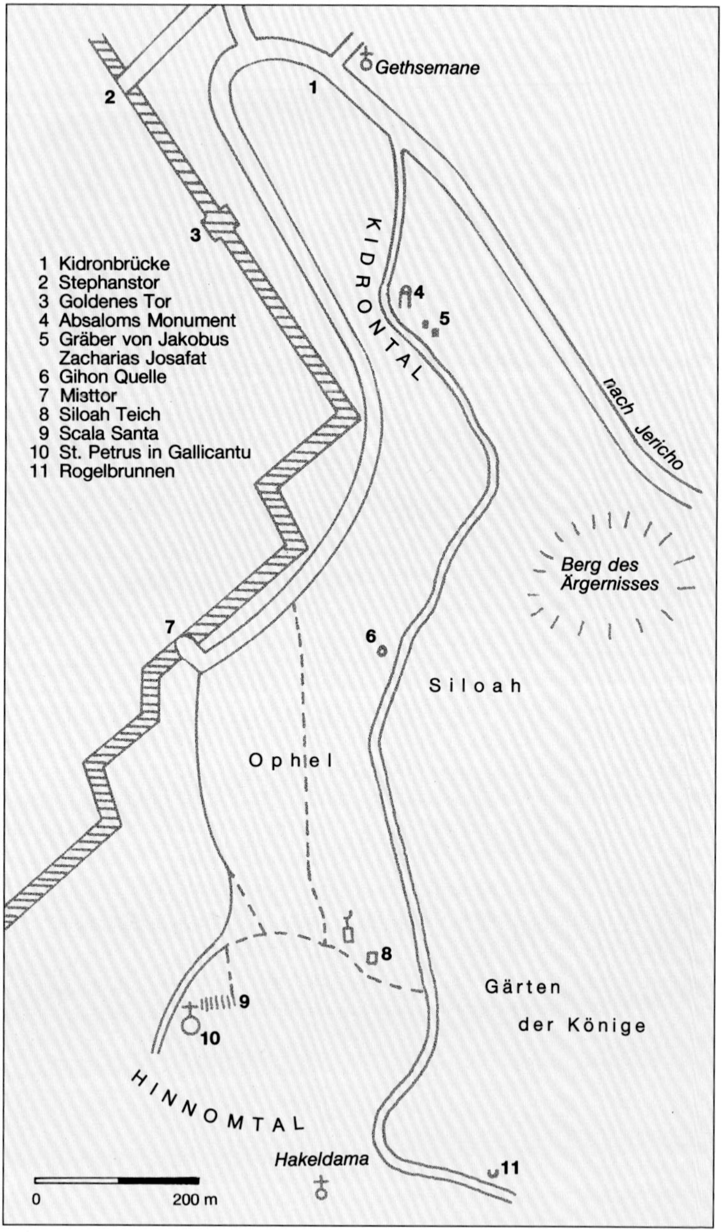
1 Kidronbrücke
2 Stephanstor
3 Goldenes Tor
4 Absaloms Monument
5 Gräber von Jakobus Zacharias Josafat
6 Gihon Quelle
7 Mistтor
8 Siloah Teich
9 Scala Santa
10 St. Petrus in Gallicantu
11 Rogelbrunnen
Gethsemane
KIDRONTAL
nach Jericho
Berg des Ärgernisses
Siloah
Ophel
Gärten der Könige
HINNOMTAL
Hakeldama
0
200 m

Die Überlieferung legte den Propheten so aus, daß im Tal Josaphat auch einst das Jüngste Gericht stattfinden werde. Das Tal der größten Erniedrigung Jesu werde beim Wiederkommen des Herrn als Weltenrichter auch den Ort seiner größten Erhöhung sein. Aus diesem Grund ließen sich im Laufe der Zeiten an beiden Seiten des Tals viele Juden und ebenfalls Christen und Moslems begraben, um, wenn die Posaunen der Engel beim Jüngsten Gericht erschallen, als erste vor Gott hintreten zu können, denn wer hier *„des Herrn Namen rufen wird, der soll errettet werden"* (Joel 3, 5). Die Juden bevorzugten als Begräbnisstätte den Westhang des Ölbergs, die Moslems auf der gegenüberliegenden Seite den Abhang im Schatten der Ostmauer des Tempelbezirks.

Bis hinunter zur Talsohle des Kidron ist daher besonders der Abhang des Ölbergs mit zahllosen Steinen jüdischer Gräber übersät. Im Kidrontal bis zum Dorf Siloah liegen die Grabsteine verstreut und umgestürzt. Unter jordanischer Herrschaft wurden sie teilweise für den Straßenbau benutzt.

Dieses Tal der Gräber, des steingewordenen Wartens auf die Zukunft, erreicht der Pilger auf dem Weg, der südlich von der „Kirche aller Nationen" die Jericho-Straße nach Westen verläßt. Gegenüber erhebt sich die Südostecke der Stadtmauer mit der

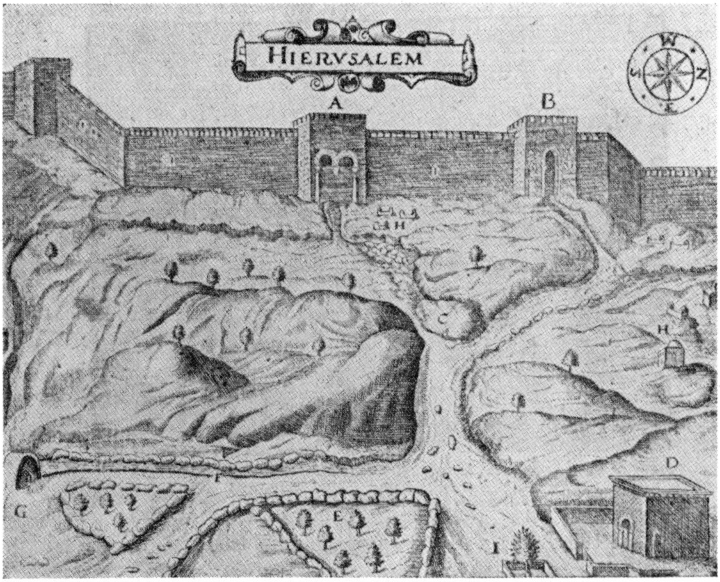

Das Kidrontal, wie Johannes Van Kootwijk (1558) es sah, in dem „Itinerarium Hierosolymitarum et Syriacum", Antwerpen 1619.

Absaloms Grab. Links hinter dem Monument der Eingang zum Grab.

„Zinne des Tempels". Links am Weg stößt man auf vier Grabmonumente, die aus dem 2. Jahrhundert v. Chr. bis zum 1. Jahrhundert n. Chr. stammen, obwohl die Volksüberlieferung sie der Zeit König Davids zuschreibt. Diese Gräber Absaloms, des Josaphat, des Jakobus und Zacharias haben also mit den Personen, deren Namen sie tragen, nichts zu tun. Jesus mag auf diese Grabdokumente, an denen er so häufig vorbeikam, angespielt haben, wenn er sagt: *„Weh euch, Schriftgelehrte und Pharisäer, ihr Heuchler, die ihr den Propheten Grabmäler bauet und schmücket der Gerechten Gräber ..."*
Matth. 23, 29).

Das eindrucksvollste Grabmal der vier Monumente ist das **Grab** oder die **Säule des Absalom.** Die Bezeichnung „Säule" steht im Zusammenhang der falschen Zuweisung dieses Monumentes und beruft sich auf das Wort des Propheten Samuel: *„Absalom aber hatte sich eine Säule aufgerichtet, da er noch lebte; die steht im Königsgrunde. Denn er sprach: Ich habe keinen Sohn, darum soll dies meines Namens Gedächtnis sein; und er hieß die Säule nach seinem Namen, und sie heißt auch bis auf diesen Tag Absaloms Mal"* (2. Sam. 18, 18). Da Absalom sich gegen seinen Vater David erhoben hatte, ist der hebräische Name des Grabmals „Yad Absalom" (Absaloms Hand). Das Verhalten Absaloms diente den Jerusalemern lange Zeit als abschreckendes Beispiel für ihre ungezogenen Söhne, indem sie diese vor Absaloms Grabmal brachten, dort verprügelten und sie ermahnten: „Seht euch an, wohin Ungehorsam führt". Im Mittelalter drückten die Vorübergehenden ihre Verachtung Absaloms dadurch aus, daß sie das Monument mit Steinen bewarfen.

Das **Grab Absaloms** stammt aus dem 1. Jahrhundert n. Chr. Es zeigt im Vergleich mit den anderen älteren Gräbern einen eigenwilligen Aufbau. Der quadratische Unterbau bis zum Sims ist ein Monolith, der aus dem umgebenden Felsen herausgehauen worden ist. Der Felswürfel ist geschmückt mit Halbsäulen und Pfeilern, auf denen ein griechisch-dorischer Fries ruht. Auf dem

Das Grab Absaloms.

Sims erhebt sich ein aus Steinen gemauerter flaschenförmiger Aufbau, der tatsächlich ein Grab enthält. Die Spitze des Aufbaus besteht aus benediktinischer Maurerarbeit. Aus der Lage des Grabeingangs ist zu entnehmen, daß das Grab bereits in den Felsen gehauen war, bevor der Monolith aus seiner Umgebung herausgehauen wurde.

Das **Grab Josaphats** links hinter dem Absalom-Grab ist in denselben Felsen eingearbeitet worden. Es besteht aus einer 2,50 m x 3 m großen Kammer in typisch herodianischer Bauart und ist mit einem Ziergiebel voller Rankenornamente in hellenistischem Stil geschmückt. Das Josaphatgrab gehört zu den üblichen Familiengräbern aus der Zeit der Hasmonäer und des Herodes mit einer Grabkammer, in deren Wände Nischen oder Schächte (Kokhim) für die Gebeine einge-

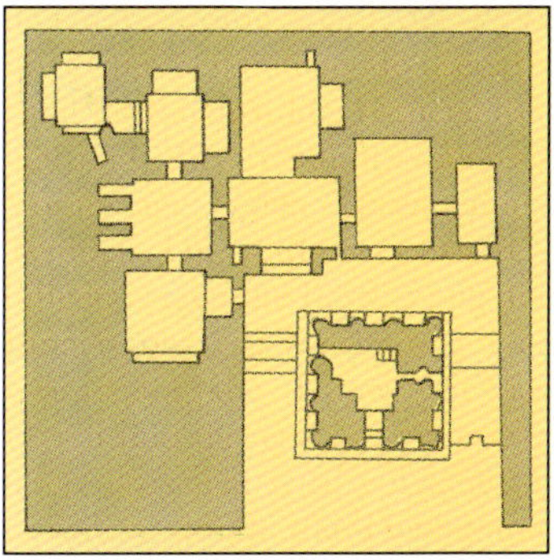

Grundriß des Grabes von Absalom mit den in den Felsen gehauenen Grabkammern.

lassen waren. Auch das **Jakobusgrab,** das nur wenige Schritte von dem Absalommonument entfernt liegt, weist diese Anlage auf. Es besteht allerdings aus mehreren Grabkammern. Hier soll sich nach christlicher Überlieferung Jakobus versteckt haben, als Jesus verhaftet wurde. Die jüdische Tradition sieht in dieser Grotte die **Grablege des Priesterhauses Hezir** (Nehemia 10, 21), denn eine erhaltene hebräische Inschrift über dem Eingang nennt die Namen der Priester aus der Familie Bnei Hezir. Man glaubte auch, der an Lepra erkrankte judäische König Usia (Asarja) hätte hier seine Tage verbracht (2. Könige 15, 5). Diese Grabanlage ist die älteste der vier Monumente. Sie stammt aus dem 2. vorchristlichen Jahrhundert.

Noch weiter südlich steht das aus dem Felsen herausgemeißelte **Grabdenkmal des Zacharias.** Es gehört ebenfalls zu der Katakombe der Priesterfamilie Bnei Hezir. Die Seitenwand ist wiederum mit drei aus dem Felsen gehauenen Halbsäulen geschmückt, die Spitze wie eine Pyramide gestaltet. Das Grabdenkmal stammt aus dem 1. Jahrhundert. In der jüdischen Tradition wird das Grabmal dem Propheten Sacharja (Zacharias) zugeschrieben, dem Sohn des Priesters Jojadas, der dem Volk vorhielt, es habe Gottes Gebote übertreten und werde deshalb bestraft. Für diese Warnung steinigte ihn der Pöbel im Hofe des Tempels (2. Chron. 24, 20 ff.).

Grundriß des Grabes von Zacharias.

Folgen wir dem Flußlauf noch tiefer ins Tal, werden die Berghänge immer steiler. Am Rand einer kleinen Böschung liegt das **Grab der Pharaonentochter,** das wie ein allerdings fensterloses Häuschen des Dorfes Siloah aussieht. Es stammt aus dem 9.–7. Jahrhundert v. Chr. und muß früher ein Pyramidendach wie das Grab des Zacharias besessen haben. Zur Zeit der Römer wurden die Steine des Pyramidendachs für andere Zwecke genutzt. Zwischen dem 4. und 6. Jahrhundert bewohnte ein Eremit das Grabmal. Im **Dorf Siloah** gibt es noch weitere Grabmäler dieser Art, denn im 16. Jahrhundert siedelten sich hier arme arabische Familien an, die die Grabbauten und auch die Grabhöhlen mit ihren eckigen Öffnungen unterhalb der Häuser als Wohnräume und Stallungen benutzten. Heute sind noch einige dieser in den Fels gehauenen Grabhöhlen mit giebeligen Decken und Plätzen für ein oder

Das Absalom-, Jakobus- und Zachariasgrab, v.l.n.r.

Das Dorf Siloah (Siloan).

zwei Gräber aus dem 9.–7. vorchristlichen Jahrhundert zu besichtigen. Ebenso gibt es links am Hang des **Bergs des Ärgernisses** viele Felshöhlen, die in byzantinischer Zeit unter der Herrschaft der Kreuzfahrer von Einsiedlern bewohnt waren, deren Spuren in Form von Schraffierungen und christlichen Zeichen an den Felsen noch erkennbar sind.

Nach einer Biegung erhebt sich gegenüber dem Dorf Siloah auf der rechten Seite ein Ausläufer des Tempelbergs, der **Ophel.** Hier befand sich der älteste Teil der Stadt, das Jerusalem der Jebusiter, das David 1000 v. Chr. eroberte und zur Hauptstadt Israels machte (2. Sam. 5, 5–7). Der Ophel ist der in den Psalmen vielbesungene Zion. Ein Stufenweg rechts neben der Quelle von Gihon führt auf den Ophel hinauf. Die Ausgrabungen der Engländerin Kathleen Kenyon in den sechziger Jahren legten hier in Höhe der 77. Stufe von unten Reste der ältesten Stadtmauer Jerusalems frei. Es handelt sich um die Jebusitenmauer aus dem 18. Jahrhundert v. Chr. aus sehr großen, unbehauenen Steinen. Da diese Mauer so weit unten am Berg lag, ist anzunehmen, daß sich die alte Jebusiter- und spätere Davidstadt bis fast in das Kidrontal hinein am östlichen Abhang des Ophel erstreckte und von der Stadtmauer umschlossen war.

Am Fuß des Ophel tief unter dem Felsen entspringt die **Gihonquelle** oder auch **Jungfrauenquelle**, da die Jungfrau Maria einst hier Wasser geholt haben soll, um Jesu Kleider zu waschen. Die Quelle befindet sich heute gleich rechts an der Straße hinter den Schulgebäuden. Da die Gihonquelle die einzige ganzjährige Wasserversorgung der Umgebung war, spielte sie in der Geschichte Altjerusalems schon immer eine wichtige Rolle. Diese Quelle im Kidrontal ist auch der Grund, weshalb die Jebusiter auf dem niedrigen Ophel siedelten. Manche Stellen aus dem Alten Testament werden im Zusammenhang mit dieser Quelle lebendig. Die Überlieferung glaubt, daß Davids Feldhauptmann Joab durch einen Schacht, der das Wasser der Quelle in die ummauerte Jebusiterstadt führte, mit seinen Mannen in die Stadt gelangt sei und damit die Einnahme von Jebus erreichte. In der Bibel heißt es: *„Da sprach David desselben Tages: Wer die Jebusiter schlägt und erlangt die Dachrinnen . . .“* (2. Sam. 5, 8). Das hebräische Wort „sinnor“ (= Kanal, Wasserschacht) übersetzt die Bibel mit „Dachrinne“. Der Name Gihon (abgeleitet von giah = ausströmen, sprudeln) taucht zum ersten Mal im ersten „Buch der Könige“ auf, als man Salomon eilends zum König salbte, bevor sein Halbbruder Adonia die Herrschaft an sich reißen konnte (1. Könige 1, 38). 500 m weiter südlich *„bei dem Stein Soheleth (Schlangenstein), der neben dem Brunnen Rogel liegt“* (1. Könige 1, 9), hatte

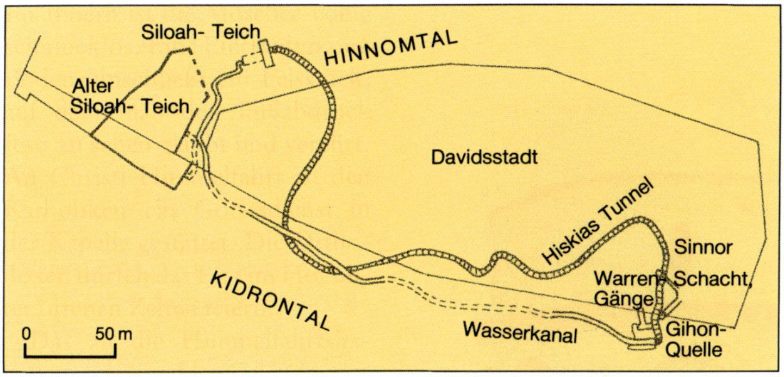

sich Adonia fast gleichzeitig zum König ausrufen lassen, was ihm später zum Verhängnis wurde (1. Könige 2, 25).

König Salomon (965–928 v. Chr.) versuchte die Wasserversorgung für seine wachsende Stadt zu verbessern, indem er am Fuße des Hügels entlang einen Tunnel bauen ließ, der in einem großen Teich am Ende des Tyropöontales endete. Das Gelände des Teiches wird heute Birket el-Hamra genannt und ist mit Feigenbäumen bepflanzt. Ein Teil dieses Tunnels, der mehrere Schleusentore besaß, durch die überschüssiges Wasser auf die Felder im Kidrontal geleitet werden konnte, ist etwa 200 m südlich von der Gihonquelle entfernt an der Straße zu besichtigen.

Da die Gihonquelle und der Teich außerhalb der Stadtmauern lagen, konnten sie von Angreifern leicht zerstört werden. Diese Gefahr ergab sich zweihundert Jahre später, als die Assyrer unter König Sanherib Jerusalem bedrohten. König Hiskia (727–698 v. Chr.) verdeckte daher die Quelle und den Wasserschacht Salomons, er legte einen neuen Teich an und baute eine Wasserleitung, die in die Stadt führte. Die zweite Chronik berichtet uns: *„Es ist der Hiskia, der die obere Wasserquelle von Gihon zudeckte und leitete sie hinunter abwärts von der Stadt Davids“* (2. Chron. 32, 30). Der Teich, den Hiskia neu anlegte, ist der heutige **Teich von Siloah,** der damals innerhalb der Stadtmauern lag und die Wasserversorgung der Stadt im Falle einer Belagerung gewährleistete.

Gegen ein Trinkgeld öffnet der Wärter das Eisentor bei der Gihonquelle, teilt Kerzen aus, und man kann den Stollen durchwaten, dessen Höhe zwischen 87 cm und drei Metern schwankt.

Die Wasserhöhe steigt, auch wenn die Quelle einmal sprudelt, niemals mehr als 15 bis 20 cm an. Die Stufen zum Wasserspiegel entstammen dem Mittelalter, da sich der Boden des Tals gehoben hat. Etwa nach 20 Metern, wo sich der Tunnel nach links wendet, blockiert eine Mauer rechts

Der heutige Teich von Siloah.

einen anderen Kanal, der zu dem alten Schacht der Jebusiter führt. In der Mitte des Hiskia-Tunnels ist auch zu erkennen, wie die Bergleute versuchten aufeinanderzutreffen, wobei einige Schächte in die falsche Richtung gingen. Der Siloahteich liegt etwa 20 m tiefer als die Gihonquelle. Dieser südliche, am tiefsten liegende und auch gefährdetste Teil der Wasserversorgungsanlage wurde daher von Hiskias durch zwei parallele Mauern mit einem Torturm geschmückt. Durch dieses Tor entfloh nach elf Jahren Belagerung durch Nebukadnezar der letzte König der Juden, Zedekia, mit seinen Leuten nach Jericho (2. Kön. 25, 4).

Die ursprüngliche Anlage des **Teichs von Siloah** ist nicht erhalten, da die Römer bei der Einnahme von Jerusalem „den ganzen Ort bei Siloah niederbrannten" (Flavius Josephus: Geschichte des Jüdischen Kriegs 6, 363) und wahrscheinlich schon Herodes bei seinen baulichen Veränderungen Jerusalems manches umgestaltet hat. Erst im Zuge des Wiederaufbaus der Aelia Capitolina unter Hadrian 135 n. Chr. gewann er eine neue Form. Wie der Teich von Bethesda war er im 4. Jahrhundert mit Säulenhallen umgeben. Der Pilger von Bordeaux (333 n. Chr.) schreibt, der Teich von Siloah habe vier Vorhallen besessen. Für uns Christen gewinnt der Siloahteich durch Jesu Heilung des Blindgeborenen Bedeutung. Johannes erzählt: *„Und Jesus ging vorüber und sah einen, der blind geboren war. Und seine Jünger fragten ihn und sprachen, wer hat gesündigt, dieser oder seine Eltern, daß er ist blind geboren? Jesus antwortete: Es hat weder dieser gesündigt, noch seine Eltern, sondern es sollen die Werke Gottes offenbar werden an ihm. Ich muß wirken die Werke des, der mich gesandt hat, solange es Tag ist; es kommt die Nacht, da niemand wirken kann. Dieweil ich bin in der Welt, bin ich das Licht der Welt. Da er solches gesagt, spie er auf die Erde und machte einen Brei aus dem Speichel und legte den Brei auf des Blinden Augen und sprach zu ihm: Gehe hin zu dem Teich Si-*

Kirche und Teich von Siloah.

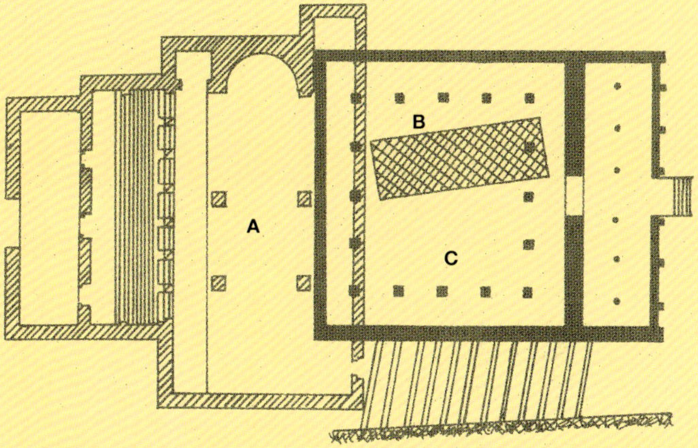

A
Kirche der Kaiserin Eudokia, 5. Jahrhundert

B
Teich im 19. Jahrhundert

C
Vorhallen aus der Zeit Kaiser Hadrians um 135 v. Chr.

loah, das ist verdolmetscht: gesandt, und wasche dich. Da ging er hin und wusch sich und kam sehend" (Joh. 9, 1–7). Die Juden veranstalteten zur Zeit Christi als Höhepunkt des Laubhüttenfestes eine Wasserprozession vom Siloahteich zum Tempel hinauf. Bei dieser Gelegenheit mag Jesus gesagt haben: „*Wer Durst hat, komme zu mir und trinke!*" (Joh. 7, 37).

Zum Andenken an die Heilung des Blindgeborenen, in der christlichen Liturgie übrigens das Sinnbild für die Erleuchtung des Gläubigen in der Taufe, erbaute am Teich Siloah um 450 n. Chr. die Kaiserin Eudokia eine erste Kirche, die Christus dem „Erleuchter" geweiht war. Der Pilger von Piacenza (570 n. Chr.) erwähnt sie in seinem Bericht: „. . und über Siloah ist eine Basilika am Hang, darunter das Wasser von Siloah entspringt". Er erwähnt auch, daß der alte Siloahteich, der Birket el-Hamra, als städtische Wäscherei benutzt wurde. Sein Wasser erhielt dieser ehemalige Teich durch den Hiskiatunnel, der durch Steinbrucharbeiten der Römer im 2. Jahrhundert hier halb zerstört war.

Die Perser vernichteten zwar 614 n. Chr. auch dieses christliche Heiligtum, aber unter arabischer Herrschaft erneuerte man die Überlieferung von der Heilkraft des Wassers, wie byzantinische Pilger bezeugen. Noch unter den Türken im 15. Jahrhundert wird die Kolonnade um den Teich erwähnt. Später senkt sich das Vergessen über die Stätte. Zeichnungen von Reisenden aus dem frühen 19. Jahrhundert zeigen schließlich den Teich Siloah in seiner heutigen Gestalt. Über den Ruinen der Kirche aus dem 5. Jahrhundert erbauten die Moslems um 1890 eine Moschee.

Weiter südlich des Siloahteiches vereinigen sich das Kidron, das Tyropöon- und das Hinnomtal. Die von Westen her von steil auftragenden Felsen gebildete Talschlucht von **Ben Hinnom** (Gehenna) ist für die Juden ein Ort des Grauens und Sinnbild der Hölle. Dort stand zur Zeit der Ammoniter das Standbild des Götzen Moloch, dem man lebendige Kinder opferte. Im zweiten „Buch der Könige“ wird berichtet, wie Josia diesen Götzendienst abschaffte, *„daß niemand seinen Sohn oder seine Tochter dem Moloch durchs Feuer gehen ließe“* (2. Kön. 23, 10). Jesus erinnert an diese Geschichte, wenn er sagt: *„Und wenn dir dein Auge Ärgernis schafft, reiß es aus und wirf's von dir. Es ist dir besser, daß du einäugig zum Leben eingehest, als daß du zwei Augen habest und werdest in das höllische Feuer (der Gehenna) geworfen“.*
(Matth. 18, 9).

Am westlichen Abhang des Hinnomtales stoßen wir geradewegs auf das griechisch-orthodoxe Kloster des Heiligen Onofrius, eines ägyptischen Eremiten, dessen einzige Bekleidung aus seinem langen Bart bestand. Im Kloster ist eine Felsenhöhle zu besichtigen, in der sich die Apostel während der Verurteilung Jesu versteckt gehalten hätten. Rechts neben dem Kloster treffen wir wiederum auf einen Ort, der uns aus der Passionsgeschichte Jesu bekannt ist. In der Nähe einiger in den Fels gehauener jüdischer Schachtgräber (Kokhim) erheben sich die Ruinen eines mittelalterlichen Beinhauses, das seit Eusebius (330 n. Chr.) als das „Feld von Blut“ bezeichnet wird. Der **Akeldama** (Blutacker) ist der Akker des Töpfers, der von den Hohenpriestern mit den 30 Silberlingen des Blutgeldes von Judas, der ihn sich dafür kaufte, als Begräbnisstätte für Fremde erworben wurde (Matth. 27, 7–10). Judas soll hier auch Selbstmord begangen haben (Apostelgesch. 1, 18 f.). Der Baum, an dem sich Judas erhängte, wird allerdings noch an verschiedenen anderen Stellen der Stadt vermutet. Im Mittelalter begruben die Johanniter an dieser Stelle die in ihren Hospizen verstorbenen Pilger.

Ein wenig weiter nach einer Biegung der Straße nach Süden gelangt man zum **Rogelbrunnen.** In der Nähe dieses Brunnens trafen sich Abraham und der Priesterkönig Melchisedek, der König von Shalem, d.h. Jerusalem (Psalm 76, 2). Melchisedek segnete Abraham, und er pries Gott, daß er die Feinde Abrahams in dessen Hand gegeben hatte. Gleichzeitig nahm er den Zehnten

Blick in das Hinnom- und Kidrontal.

der Beute Abrahams entgegen (1. Moses 14, 18–20). Die Rogelquelle, häufig gleichgesetzt mit der etwas südöstlich liegenden Hiobsquelle (Bir-Ayyub), galt als Grenzpunkt zwischen den Stämmen Juda und Benjamin (Josua 18, 16). Hier ist auch, wie erwähnt, der Ort, wo Adonia versuchte, sich zum König zu machen. Die Quelle des Rogelbrunnens, der aus zwei aufeinandergesetzten Teilen besteht, die eine Gesamttiefe von 21, 5 Metern haben, wurde 1875 von Warren entdeckt. Im Sommer bleibt das Wasser unterirdisch. Es mußte heraufgepumpt werden, um die Obstgärten von Siloah zu bewässern, die sich von den biblischen Gärten des Königs herleiten. Ein Erdbeben zur Zeit des Königs Usia verschüttete die Quelle vorübergehend. Der Brunnen wurde dann bis zu den Tagen des zweiten Tempels durchgehend wieder benutzt. Gegenwärtig ist er verwahrlost.

Südlich des Hinnomtales erhebt sich ein bewaldeter Hügel, der schon in christlicher Zeit den Namen **„Berg des bösen Rates“** erhielt. Nach der Tradition besaß der Hohepriester Kaiphas hier ein Landhaus, in dem er mit dem Hohen Rat über die Verurteilung Jesu beriet und Judas kaufen wollte. Kaiphas, der im selben Jahr Hohepriester war, sagte: *„Ihr bedenket auch nicht: Es ist besser, ein Mensch sterbe für das Volk, als daß das ganze Volk ver-*

derbe« (Joh. 11, 50). Zur Zeit des britischen Mandats residierte auf dem Berg des bösen Rats der britische Hochkommissar, was Anlaß zu bitteren Bemerkungen über die britische Palästinapolitik gab. Das auf dem Hügel liegende Stadtviertel heißt **Abu Tor** (Ochsenvater) nach dem Spitznamen eines der bedeutendsten Offiziere Saladins, der auf einem Ochsen zu reiten pflegte.

Wenn wir zum Teich von Siloah zurückkehren und den Weg links hinter der Moschee nehmen, gelangen wir auf steilem, steinigem Pfad zur Kirche St. Peter beim Hahnenschrei am Abhang des neuen Zionberges. Von hier aus schlagen wir in unserer Darstellung einen Bogen um die Altstadt Jerusalems und wenden uns dem westlichen und nördlichen Teil der neuen Stadt Jerusalem mit ihrer Umgebung zu.

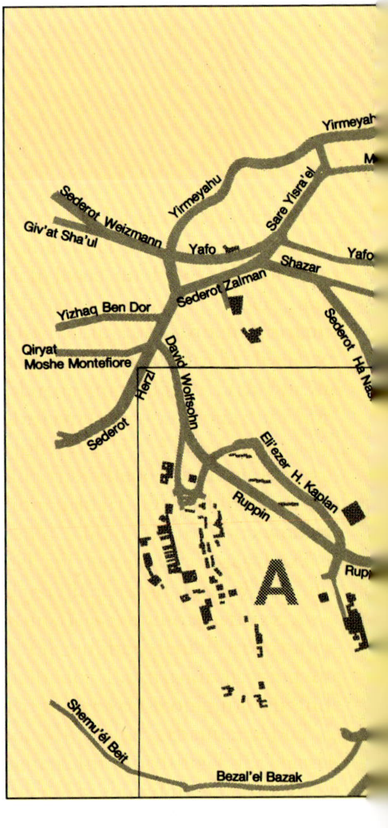

Jerusalem

A Regierungs- und Universitätsviertel, S.359

B Neustadt Jerusalem: Nördlicher Teil S. 368

C Die Altstadt

Die Neustadt Jerusalems

Westlicher Teil

Seit der zweiten Hälfte des 19. Jahrhunderts wuchs Jerusalem mehr und mehr über die Mauern der Altstadt hinaus und dehnte sich besonders nach Westen aus. Erste Vororte ausserhalb der Stadtmauern entstanden um 1860. Den Beginn machten die Behörden des zaristischen Rußlands mit mehreren Hospizen für die alljährlich etwa 12 000 russischen Pilger, denen man den Unrat und die Malariagefahr in der Altstadt nicht mehr zumuten wollte.

Das russische Viertel, an dessen höchster Stelle sich eine Kathedrale mit grünen Kuppeln erhebt, liegt auf einem Hügel nordwestlich der Altstadtmauer. Hier führt die Straße nach Jaffa vorbei. Die Kathedrale soll an der Stelle stehen, von der aus die Assyrer um 700 v. Chr. Jerusalem belagerten.

Den zweiten Schritt aus der Altstadt heraus machte Sir Moses Montefiore, der Bewohner des Jüdischen Viertels westlich vor der Stadt in Mishkenoth Shaananim (Sitz der Ruhe) ansiedelte und ihnen 1857 eine **Windmühle** errichten ließ, um Korn für die Stadt mahlen zu können.

Ab 1869 zogen die ersten jüdischen Familien aus der Altstadt in den Bereich des heutigen Zionplatzes. Das Wachstum der Weststadt begann allmählich, gefördert durch christliche und jüdische Einwanderung. Deutsche Christen gründeten im Südwesten, im Refaimtal, eine landwirtschaftliche Siedlung und Hospize; europäische und amerikanische Christen ließen sich weiter nördlich nieder. Im nordwestlichen und westlichen Bereich siedelten sich vor allem jüdische Einwanderer an. Die Bauweise all dieser Siedlungen war auf Verteidigungszwecke ausgerichtet. Befestigte Hinterwände der aneinandergebauten Häuser, Tore und Mauern sollten gegen immer noch auftretende räuberische Überfälle schützen. Die Hospize und Klöster sind heute noch Festungen.

Unsere Darstellung beschränkt sich bei dem Streifzug durch die Neustadt Jerusalems auf einige beachtenswerte und historische Gebäude, Institutionen und Orte, die alle vom Jaffator aus im südwestlichen Kegel unseres Blickfeldes liegen.

Neben dem König-David-Hotel führt ein Weg zu einer 1892 entdeckten jüdischen Grabanlage mit mehreren Grabkammern, die als **Familiengrab Herodes des Großen** gilt. Das Grab war von einem Rollstein verschlossen. Ein schmaler Gang führt zu drei quadratischen Kammern und einer rechteckigen, die zu beiden Seiten eines kleinen Vorraums angeordnet sind. Alle vier Kammern sind mit behauenen Steinen verkleidet. Der jüdische Historiker Josephus Flavius bestätigt in seiner „Geschichte des Jüdischen Krieges" (1,581), daß Herodes westlich von Jerusalem ein Familiengrab gehabt habe, in das er seinen jüngsten Bruder zur Bestattung im Jahr 5 v. Chr. überführte. Herodes selbst soll allerdings in Herodion beigesetzt worden sein.

Gegenüber dem König-David-Hotel steht das **Gebäude des YMCA** (CVJM), von dessen hohem Turm ganz Jerusalem zu überblicken ist. Nördlich vom König-David-Hotel befindet sich das **Päpstliche Bibelinstitut der Jesuiten.** Noch weiter nördlich auf dem Moslem-Friedhof am Ostende des Unabhängigkeits- (Mamilla-) Parks liegt ein **Grabmal des Emirs Aidughdi Kubaki,** der einst Statthalter von Safed und Aleppo war, dann aber vom Sultan nach Jerusalem verbannt wurde und hier im Alter von 60 Jahren 1289 n. Chr. starb. Das Grabmal ist viereckig und trägt eine Kuppel. Zu seinem Bau wurden Steine aus der Kreuzfahrerzeit verwendet. Neben dem Grabmal liegt der **Mamillateich,** der durch einen Kanal mit dem Bad der Patriarchen im Christlichen Viertel der Altstadt verbunden ist. Der Teich soll aus der Zeit des Herodes stammen.

Wenn wir uns wieder nach Westen wenden, erreichen wir am Zefanya-Platz an der König-George-Straße das **Terra Sancta-Kolleg,** das von einer Statue der Mutter Gottes überragt wird. Bis 1948 war es eine der besten höheren Schulen in Jerusalem. Heute beherbergt es die Hebräische Universität. Noch weiter westlich im Süden von der Ramban-Straße erhebt sich beim Molkko-Platz an der Alfasi-Straße eine kleine Steinpyramide über einem Vorraum, vor dem drei Höfe angelegt sind. In diesem Vorraum ist das **Grab von Jason.** Jason, der einer reichen Jerusalemer Familie entstammte und zu Beginn des 1. Jahrhunderts v. Chr. zu seinen Lebzeiten diese Familiengrabstätte errichten ließ, muß Seeoffizier gewesen sein. Im Vorraum ist ein Kriegsschiff mit Kohle auf die Wand gezeichnet, das zwei andere Schiffe verfolgt. Diese Darstellung verweist auf die Bedeutung der Seemacht im Kampf der Makkabäer um die Unabhängigkeit der Juden. Die Grabkammer hinter dem eisernen Schutzgitter enthält acht Schachtgräber. Im gleichen Jahr, als Jesus begraben wurde, fand in diesem Grab die letzte Beisetzung statt. Ein großes Erdbeben hatte allerdings das Grab 31 v. Chr. schon einmal zerstört. Das war dieselbe Naturkatastrophe, die auch die Essener gezwungen hatte, Qumran aufzugeben.

Auf unserem Streifen historischer Denkmäler und beachtenswerter Stätten, der sich von der Altstadt nach Westen bis zum Herzlberg und dem Mahnmal Yad Vashem erstreckt, gelangen wir nun zum Kreuzkloster, zum Israel Museum, zur Knesset und zur Hebräischen Universität.

Das festungsartige **Kreuzkloster** im Tal des heiligen Kreuzes wirkt angesichts der modernen umliegenden Bauten wie der Knesset und dem Israelmuseum etwas anachronistisch. Es ist ein Überbleibsel aus der Zeit, als das Tal den Kreuzfahrerkönigen in Jerusalem als Weinberg diente. Das Kloster ließ König Bagrat von Georgien auf den Ruinen einer Kirche aus dem 5. Jahrhundert zwischen 1039 und 1056 errichten. Seinen Namen erhielt es von einer Legende, die besagt, hier habe der Baum gestanden, aus dem das Kreuz Christi hergestellt wurde. Zu Beginn des 13. Jahrhunderts wohnte hier Georgiens größter Dichter, Shota Rustaveli. Er verfaßte im Kreuzkloster sein berühmtes Epos „Das Panterfell“. Da die Georgier aus derselben Gegend wie die Mamelucken stammten, genossen sie das Wohlwollen der neuen Herrscher nach dem Abzug der Kreuzfahrer. Um 1300 verloren sie jedoch ihr Kloster, da sie auch die Tartaren willkommen hießen. 1305 konnten sie ihr Kloster wieder errichten. Da im Laufe der Jahrhunderte die Zahl der georgischen Mönche immer mehr abnahm, verkauften sie das Kloster 1685 schließlich an die Griechisch-Orthodoxen. Doch auch diese schienen vom Aussterben bedroht zu sein, denn heute werden das Kloster und die sehenswerte Kirche aus dem 11. Jahrhundert nur noch von einem griechisch-orthodoxen Mönch gehütet. Das Kloster wird in letzter Zeit auch als Hospiz genutzt.

Das **Israel-Museum,** das vier Einzelmuseen umfaßt, liegt an der Ruppinstraße gegenüber der Knesset. Es wurde 1965 eingeweiht und zeigt ein breites Spektrum jüdischer Geschichte und Kunst. Das **Archäologische Museum Bronfman** bietet Ausstellungsstücke von der Frühsteinzeit um 500 000 v. Chr. bis ins 14. Jahrhundert n. Chr. unter den Mamelucken. Hervorzuheben sind ein aus dem 1. Jahrhundert stammender Bronze-Leopard aus Avdat, ein schönes Beispiel für die nabatäische Kunst, Opferaltäre aus Hazor und Arad, sowie ein in Stein gemeißelter siebenarmiger Leuchter, der in einer Synagoge aus dem 3. Jahrhundert in Tiberias gefunden wurde.

Das **Bezalel-Museum** für Volkskunst und Folklore enthält eine große Sammlung jüdischer Ritualkunst, besonders aus dem 17. bis 19. Jahrhundert. Das interessanteste Stück ist die Bundeslade aus einer Synagoge in Altkairo, wo man eine Sammlung alter Urkunden, die „Geniza“ entdeckte, die Aufschlüsse geben über die jüdische Geschichte des Mittelalters. Das Bezalel-Museum besitzt zudem eine bedeutende Sammlung moderner und klassischer Kunst. Neben der archäologischen und der Bildersammlung gehört zum Israel-Museum der Skulpturengarten, der nach seinem Stifter **Billy-Rose-Garten** genannt wird. In ihm fin-

Regierungs- und Universitätsviertel

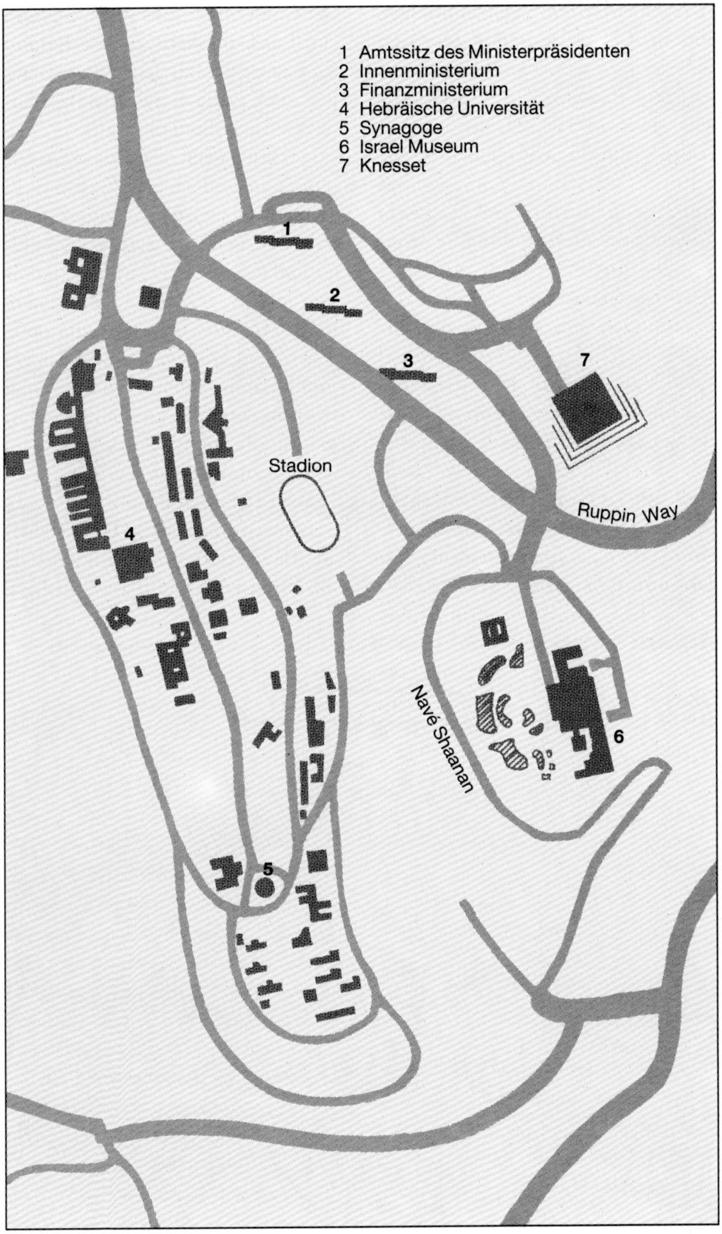

Skulptur im Billy-Rose-Garten. Im Hintergrund die Knesset.

Der Schrein des Buches

den sich Skulpturen von Rodin, Maillol, Henry Moore, Picasso und besonders vielen jüdischen Künstlern der Moderne.

Mittelpunkt des Israel-Museums ist der **„Schrein des Buches“**, ein Rundbau, dessen Dach den Deckeln der Tongefäße nachgeformt worden ist, in denen die rund 2000 Jahre alten Pergamentrollen aus Qumran gefunden wurden. In einer runden riesigen Glasvitrine genau in der Mitte unter der Kuppel ist die berühmte Jesajarolle aus den Höhlen von Qumran zu sehen. Insgesamt sieben Schriftrollen aus Qumran, die 1947 von zwei Beduinenjungen entdeckt wurden, werden im Schrein des Buches gehütet. Unter diesen sieben Schriftrollen gibt

Die Jesajarolle im Schrein des Buches.

Der Fundort der Jesajarolle in Qumran.

es einen Kommentar der Worte Jesajas, dem der Archäologe Yadin den Namen Habakkuk-Kommentar gegeben hat. Der Verfasser dieser Interpretation der Worte des Propheten ist unbekannt. Neben den biblischen Schriftrollen fand man in der Folgezeit in Höhlen am Toten Meer und im Südteil der Judäischen Wüste noch viele Gegenstände aus der Zeit v. Chr., sowie 15 Briefe des letzten „Fürsten von Israel“ Bar-Kochba. Die Briefe Bar-Kochbas sind in dem tunnelartigen Eingang zum Schrein des Buches ausgestellt. Die Entdekkung dieser Briefe 1961 war in Israel ein nationales Ereignis, denn die Gestalt Bar-Kochbas, der den letzten jüdischen Versuch geführt hatte, die römischen Unterdrükker zu vertreiben, war in der Geschichte mangels Quellen und Beweisstücke fast aus der Erinnerung verschwunden. Nur die Volksüberlieferung hatte bisher Bar-Kochbars Namen gehütet. Jetzt lagen die Beweisstücke für die Existenz dieses Helden der jüdischen Geschichte vor. Sie wurden in einer der Höhlen zwischen En Gedi und Massada gefunden. Auch Schriftrollenfragmente aus Massada birgt das Museum, dessen Eingang architektonisch wie ein Höhlengang nachgestaltet ist.

Auf der anderen Seite der Ruppinstraße liegt das israelische Parlament, die **Knesset.** Das rechteckige Gebäude, aus Mitteln der englischen Rothschilds erbaut, dient seit 1966 dem Parlament. Gegenüber dem Eingang der Knesset steht die erwähnte riesige bronzene Menora.

Auf ihren sieben Armen befinden sich 29 Reliefs, die Persönlichkeiten, Ereignisse der Geschichte und die Hoffnung auf die Wiedergeburt des jüdischen Volkes darstellen. Auf dem dritten Arm rechts ist übrigens Bar-Kochbar nach dem Scheitern seines Aufstandes abgebildet, und das Volk bittet um die Verwirklichung des alten Traumes, nach Israel zurückkehren zu dürfen.

Die **Hebräische Universität** liegt in einem Gartengelände in Givat Ram. Sie wurde 1949 geplant, da die 1925 gegründete Universität auf dem Scopusberg als Enklave im jordanischen Gebiet ihren Aufgaben nicht mehr gerecht werden konnte. Die Hauptgebäude auf dem Campus sind die Jüdische Nationalbibliothek, die Universitätsbibliothek, das Williams-Planetarium und die sehr moderne Israel-Goldstein-Synagoge.

Von der Universität aus gelangt man nördlich auf den Herzl-Boulevard, der uns zum Herzlberg im Westen führt.

Der Berg ist nach dem Begründer des Zionismus, Theodor Herzl, dem geistigen Vater des neuen Israel benannt worden. Auf dem Herzlberg befindet sich ein großer Militärfriedhof, auf dem israelische Soldaten aus dem

Unabhängigkeitskrieg, dem Sinaifeldzug und Sechstagekrieg begraben sind. Am Fuße des Berges liegt das **Herzl-Museum,** in dem man sehr liebevoll mit allen Einzelheiten Herzls Wiener Studierzimmer wiederaufgebaut hat. In dieser gutbürgerlichen, etwas muffigen Stube arbeitete er während der letzten Jahre in Wien (1898–1904) an seinen Schriften, die ihn zum Propheten des Judenstaates machten. Auf der Bergspitze erhebt sich das **Grabmal Herzls,** in das 1949 seine sterblichen Überreste und die seiner Familie überführt worden sind. Das Grabmal besteht aus einem großen schwarzen Granitblock, an dem in weißer Schrift Herzls Name leuchtet.

Vom Herzl-Grab führt die Zicharon-Straße zu einem weiteren Teil des Herzlberges, zum „Berg der Erinnerung". Die „Allee der Gerechten", eine Allee, von Nichtjuden gepflanzt, die ihr Leben riskierten, um während der Nazizeit und des Zweiten Weltkriegs Juden zu helfen, führt zur Gedenkstätte **Yad Vashem** (Denkmal und Name). Yad Vashem erinnert an die sechs Millionen Juden, die unter der Schrekkensherrschaft der Nationalsozialisten umgebracht wurden. Das schlichte Denkmal wurde 1957 errichtet. In der Halle der Erinnerung leuchtet ewiges Licht über der Asche der Verbrennungsöfen. Die Namen der Vernichtungslager sind in den Fußboden eingearbeitet. Es sind Namen des Grauens und unvorstellbaren Leides. Vor einer 60 qm großen schwarzen Basaltwand schuf der jüdische Künstler Naftali Bezem ein Bildwerk aus Aluminium, das dieses Leiden der Juden, ihre Vernichtung in den Gaskammern der deutschen Konzentrationslager, aber auch ihren Widerstand im Warschauer Getto und die Wiedergeburt Israels in geheimnisvollen Symbolen und Zeichen darstellt.

Südöstlich vom Herzl-Berg erreicht man über die Harav-Uziel-Straße das Holyland Hotel, in dessen Park das **Modell des herodianischen Jerusalems** im Maßstab 1:50 auf mehreren hundert Quadratmetern aufgebaut ist. Das Modell wurde unter der Leitung von Professor Avi Yona nach den Angaben des Neuen Testaments, von Josephus Flavius, der Mischna, der Tosefta und dem Talmud und den Erkenntnissen aufgrund archäologischer Ausgrabungen errichtet und gibt trotz mancher notwendiger phantasievoller Ergänzungen, z.B. gerade bei der Rekonstruktion des Nordteils der Stadt, ein eindrucksvolles Bild Jerusalems zur Zeit um 66 n. Chr.

Ein Karem

Vom Herzl-Berg nach Westen zu senkt sich die Straße in den Talkessel von **Ein Karem** (Gütige Quelle), das in Jerusalem eingemeindet ist. Ein Karem, das etwa 7 km vom Jaffator entfernt liegt, ist die im Lukas-Evangelium erwähnte „Stadt in Juda“, zu der sich Maria aufmachte, da ihr der Engel der Verkündigung mitgeteilt hatte, daß ihre bisher als unfruchtbar geltende Verwandte Elisabeth schwanger sei. *„Maria aber stand auf in den Tagen und ging auf das Gebirge eilends zu einer Stadt in Juda und kam in das Haus des Zacharias und grüßte Elisabeth. Und es begab sich, als Elisabeth den Gruß Marias hörte, hüpfte das Kind in ihrem Leibe. Und Elisabeth ward des heiligen Geistes voll und rief laut und sprach: Gebenedeit bist du unter den Weibern und gebenedeit ist die Frucht deines Leibes!“* (Luk. 1, 39–42). Es heißt dann später: *„Und Maria blieb bei ihr etwa drei Monate, danach kehrte sie wieder heim“* (Luk. 1, 56).

Elisabeth, die Frau des Priesters Zacharias, gebar wohl während des Besuchs von Maria ihren Sohn, Johannes den Täufer. Maria wird ihrer älteren Verwandten in dieser Zeit alle notwendigen Dienste geleistet haben. Beispielsweise holte sie sicher an der noch

Das in judäische Hügel eingebettete Ein Karem. Rechts erhebt sich der Turm der Visitations-Kirche.

heute mitten im Dorf sprudelnden Quelle, die dem Ort den Namen gab, Wasser für den Haushalt. Daher nennt man den Dorfbrunnen in Ein Karem auch Marienquelle.

Des Besuchs Marias und der Geburt Johannes des Täufers wird in zwei verschiedenen Heiligtümern gedacht, einmal weil man vielleicht die zeitlich verschiedenen Ereignisse des Evangeliums auch örtlich trennen wollte; zum anderen mag auch eine Andeutung im Evangelium selbst auf einen weiteren Ort oder ein zweites Haus verweisen, wenn es heißt: „*Und nach diesen Tagen war sein Weib Elisabeth schwanger und verbarg sich fünf Monate* . . . " (Luk. 1, 24). Während dieser Zurückgezogenheit mag Elisabeth von Maria besucht worden sein.

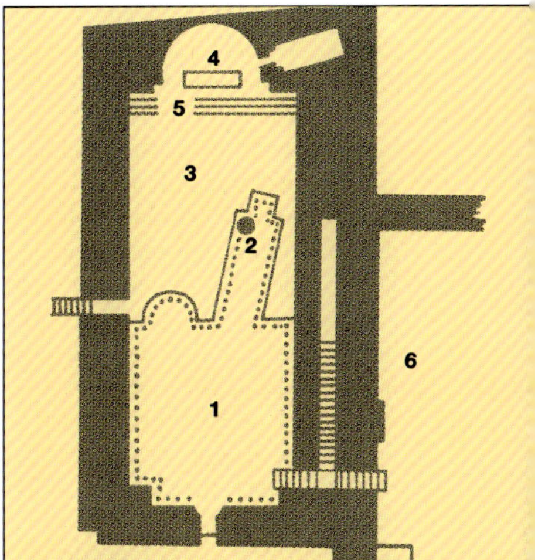

1 Unterkirche
2 Brunnen in der Unterkirche aus der Kreuzfahrerzeit
3 Oberkirche
4 Kreuzfahrerapsis
5 im Mauerwerk eingeritzte Pilgerkreuze
6 anschließendes Kloster

Die **Besuchskirche (Visitation-Kirche)** erreicht man in Ein Karem, wenn man an der Marienquelle sich links hält und darauf rechts einem Pfad und einer Treppe am russischen Nonnenkloster vorbei dem Hang des Westberges hinauf folgt. Die Visitatio-Kirche gehört den Franziskanern. Sie steht vermutlich an der Stelle, an der Zacharias und Elisabeth ein Sommerhaus besaßen. Sie hat zwei Stockwerke, eine Unter- u. eine Oberkirche, die 1938 im unteren Teil und 1955 im oberen Teil nach den Plänen des Baumeisters Barluzzi wieder-

Die Stirnwand der Besuchskirche mit dem Mosaik der Reise Marias von Nazareth nach Ein Karem mit der lateinischen Unterschrift aus

Luk. 1, 39: „*Maria aber stand auf in den Tagen und ging auf das Gebirge eilends zu, einer Stadt in Juda*".

hergestellt wurden. In der Unterkirche befindet sich eine alte Zisterne, die an das Haus des Zacharias erinnert, in dem Elisabeth Maria begrüßte. Hinter einem Stein in einer Nische soll sich Johannes vor den Soldaten des Herodes versteckt haben. Drei Fresken der Unterkirche zeigen die Ereignisse, die diese Stätte berührten: die Begegnung von Maria und Elisabeth, die Erscheinung des Engels Gabriel im Tempel, als er Zacharias die Geburt des Johannes verkündigte, und die Ermordung der Kinder in Betlehem auf Befehl des Herodes.

Die Oberkirche stellt die im Magnifikat verherrlichte Maria dar. Die modernen Fresken an den Wänden verweisen auf fünf Seiten der Größe der Gottesmutter: Maria die Gottesgebärerin (Konzil von Ephesus), Maria die Zuflucht der Bedrängten (Schutzmantelmadonna), Maria die Gnadenvermittlerin (Hochzeit von Kana), Maria die Hilfe der Christen über die Türken (Sieg bei Lepanto 1571) und Maria die unbefleckte Empfangende (das Streitgespräch des Franziskaners Duns Scotus 1307). Die Apsis der Oberkirche entstammt der Kreuzfahrerzeit. Franziskaner hatten die Ruinen aus der Kreuzfahrerzeit 1679 erworben und seit der Mitte des 19. Jahrhunderts versucht, die Stätte zu restaurieren. Im Vorhof der Kirche ist auf Majolikaplatten in 42 Sprachen Marias Lobgesang, das Magnifikat (Luk. 1, 46–55), angebracht.

Die Geburtskirche Johannes des Täufers erhebt sich mitten im Dorf Ein Karem über dem durch die Überlieferung beglaubigten Wohnhaus des Zacharias. Lange Zeit war der heilige Ort im Besitz der Moslems, die allerdings den Christen aller Konfessionen den Zutritt gestatteten. 1621 vermochten die Franziskaner die Stätte wieder zu erwerben. Sie erbauten 1675 auf den Ruinen aus der Kreuzfahrerzeit die heutige Kirche. Im linken Seitenschiff führt eine Treppe zur Geburtshöhle des Johannes. Über dem Eingang stehen auf lateinisch die ersten Worte aus dem Lobgesang des Zacharias: *„Gelobet sei der Herr, der Gott Israels! Denn er hat besucht und erlöset sein Volk“* (Luk. 1, 68). Zu den Wohnhäusern zur Zeit Christi gehörten häufig Felsgrotten, die in der Hitze des Sommers einen kühlen angenehmen Raum im Hause boten. Nach der Überlieferung kam in diesem Raum der Vorläufer des Messias zur Welt. Eine Marmorplatte in der Höhle trägt die Inschrift: Hic Praecursor Domini natus est (Hier wurde der Vorläufer des Herrn geboren). Flachreliefs erzählen Geschehnisse aus dem Leben des Johannes. Der Evangelist Lukas berichtet uns von der Geburt Johannes des Täufers, von der acht Tage späteren Beschneidungsfeier, auf der Zacharias, seit der Prophezeiung stumm geworden, plötzlich wieder anfing zu reden und vom Hei-

Rundbogen über dem Eingang zur Geburtsgrotte des Johannes mit der Inschrift: „Gesegnet sei der Herr, der Gott Israels, denn er hat sein Volk besucht und erlöst".

ligen Geist erfüllt den Lobgesang Benedictus anstimmte, der seitdem in der Kirche nicht mehr verstummt ist (Luk. 1, 68–79).

Unter dem Portikus der Johanneskirche entdeckte man 1895 eine dreischiffige Kapelle, deren Mosaikboden mit Pfauen, Tauben und Pflanzen aus dem 5. und 6. Jahrhundert sowie der Inschrift: „Seid gegrüßt ihr Märtyrer Gottes" darauf hinweist, daß die Kapelle den Märtyrern geweiht war. 1941 fand der Franziskanerarchäologe P.S. Saller eine weitere Kapelle aus der byzantinischen Zeit. Ebenfalls konnten die Grundmauern der ehemaligen byzantinischen Hauptkirche freigelegt werden. Vasenfunde aus der herodianischen Epoche geben Gewißheit, daß Ein Karem zur Zeit der Geburt Johannes des Täufers bewohnt war.

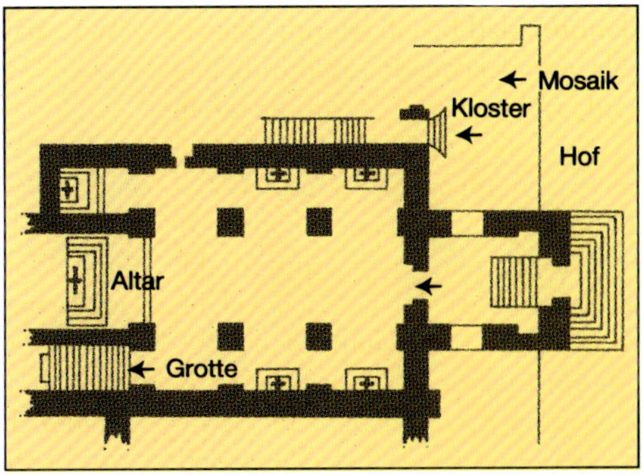

Ein Karem
Grundriß der
Franziskanerkirche

Die Neustadt: Nördlicher Teil

Mit der Darstellung der für die Pilger wichtigen Denkmäler im Norden Jerusalems zwischen Mea Shearim und dem Skopusberg schließt der Bogen, den wir vom Ölberg aus um die Altstadt geschlagen haben. Die Landschaft im Norden ist wenig bebaut, geradezu Brachland, da hier während der Teilung Jerusalems das Niemandsland lag. In diesem Gebiet, auf den Hügeln im Norden, befand sich ebenso wie im Osten der Stadt um das 1. Jahrhundert n. Chr. ein riesiger Friedhof. Zahlreiche Gräber sind inzwischen entdeckt und ausgegraben worden.

Das Gartengrab

Nördlich des Damaskustores stoßen wir zuerst auf das **Gartengrab** inmitten eines stillen Gartens (1). Dieses Grab, das früher „Gordons Grab“ genannt wurde, wird von vielen Christen als das wahre Grab Christi verehrt. Es datiert aus dem 1. nachchristlichen Jahrhundert und entspricht in seinen Einzelheiten als herodianisches Grab auch den Beschreibungen, die im Neuen Testament vom Grabe Christi gegeben werden. Im Jahre 1883 entdeckte der englische General Charles Gordon, der 1885 im Kampf um Kartum starb, bei seinem Besuch dieser Stätte, daß der dahinterliegende Felsen das Aussehen eines Schädels aufwies. Für Gordon war damit klar, daß hier Golgatha sein müsse. Schließlich hatte die jüdische und christliche Überlieferung nördlich des Damaskustores auch die „Stätte der Steinigung“, also einen Hinrichtungsplatz, lokalisiert, in dessen Nähe nach dem Johannesevangelium Jesus begraben sein konnte. Es heißt im Evangelium: *„Es war aber an der Stätte, da er gekreuzigt ward, ein Garten und im Garten ein Grab, in welches niemand je gelegt war. Dahin legten*

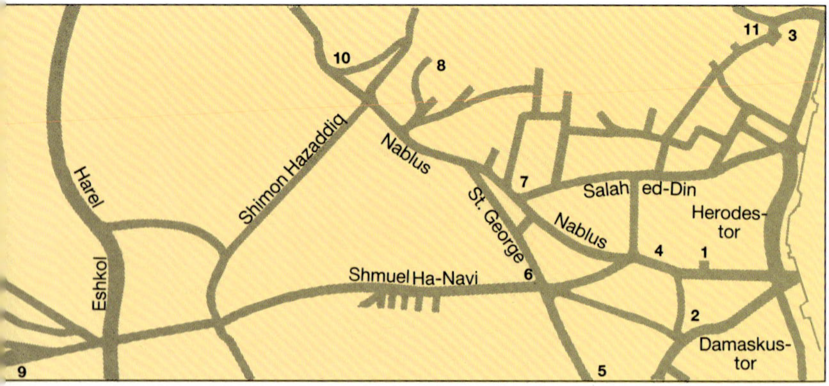

1 Gartengrab
2 Armenisches Mosaik
3 Rockefeller-Museum
4 Kirche St. Stephan
5 Mea Shearim
6 Mandelbaumtor
7 Königsgräber
8 Grab Simons des Gerechten
9 Sanhedrin-Gräber
10 Scheich Jarrah-Viertel
11 Skopusberg

Das Brachland im Norden Jerusalems.

sie Jesus um des Rüsttages willen der Juden, weil das Grab nahe war" (Joh. 19, 41 f.). Diese Bibelstelle gab dem Grab den Namen, den sogar die Anglikanische Kirche eine Zeitlang vertrat. Das Felsengrab, das aus zwei Kammern besteht und eine Öffnung besitzt, durch die Licht auf das leere Grab fällt, wie es auch in den Evangelien dargestellt ist, bietet einen sehr realistischen Eindruck vom Aussehen der Gräberanlagen zur Zeit Christi. Hier kann man sich besser als in der Grabeskirche vorstellen, welchen Eindruck Maria Magdalena und die Jünger hatten, als sie am Ostermorgen das Grab Christi leer vorfanden. Gordons These, die sich wesentlich darauf stützte, das Christus-

Plan des Gartengrabes

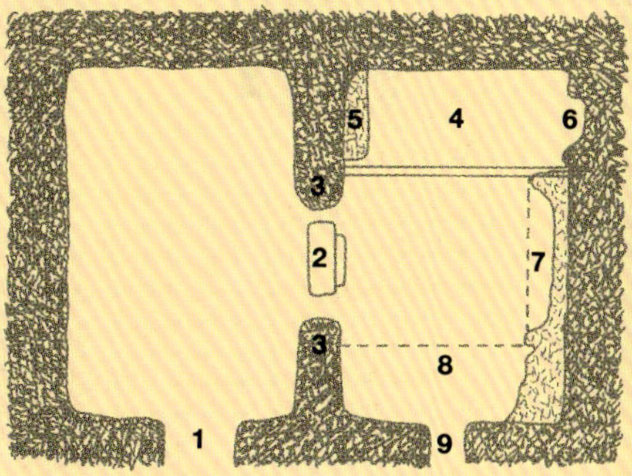

1 Eingang zu einem aus dem Felsen geschlagenen Raum
2 Niedrige Schwelle zu einem zweiten Raum
3 Kurze Wände zwischen den beiden Räumen
4 Grabstelle
5 Felsplatte für den Kopf
6 Fußende
7 Rohe Leiste (Sims)
8 Unvollendete Grabstelle
9 Kleines Fenster

grab außerhalb der heutigen Altstadtmauern suchen zu müssen, ist inzwischen von den meisten Wissenschaftlern widerlegt worden.

Armenisches Mosaik

Westlich vom Gartengrab in der Prophetenstraße im Gebäude neben dem Jerusalem Student House ist ein Mosaikfußboden zu bewundern, der zu den schönsten im ganzen Land gehört. In leuchtenden Farben sind verschiedene Vogelarten in den Ranken einer Weinrebe dargestellt. Dieses **armenische Mosaik** (2) entstammt einer Begräbniskapelle aus dem Ende des 6. Jahrhunderts. An der Stelle, an der früher die Apsis der Kapelle begann, findet sich die armenische Inschrift: „Zum Gedächtnis und zur Rettung der Seelen aller Armenier, deren Namen Gott allein kennt".

Das Rockefeller-Museum

Etwa auf der gleichen Höhe gegenüber der Nordostecke der Altstadtmauer, sozusagen als anderer Endpunkt des Dreiecks unserer Betrachtung, dessen Spitze die Sanhedrin-Gräber sein werden, liegt das **Rockefeller-Museum** (3). Es wurde 1927 aufgrund einer Spende von John D. Rockefeller erbaut und ist ausschließlich der Archäologie gewidmet. Archäologische Funde aus der Steinzeit bis zum 18. Jahrhundert werden hier ausgestellt. Besonders erwähnenswert neben den altägyp-

Rockefeller Museum (archäologisches Museum)

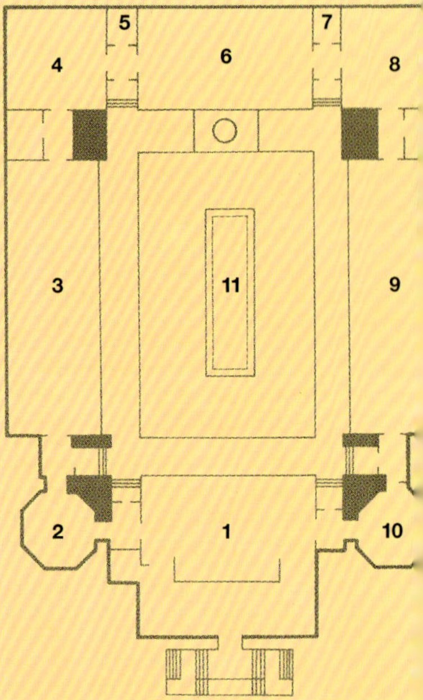

1 **Turmsaal:** Abgüsse von Reliefs aus dem Palast Ninive, die die Einnahme des Ortes Laschisch du den Asyrerkönig Sanherib zeigen.

2 **Südlicher Oktogon:** Funde ägyptischer und me potamischer Herkunft, die in Palästina gema wurden. Darunter eine Stele König Sethos I. Ägypten (1319 - 1304 v. Chr.).

3 **Südgalerie:** Funde aus der Zeit zwischen 200 v.Chr. und 1200 v.Chr. Darunter der Galiläa-Schä der etwa 200000 Jahre und der Karmel-Mensch etwa 100000 Jahre alt ist.

4 **Südraum:** Holzarbeiten aus dem 8. Jh., die aus El-Aksa-Moschee stammen.

5 **Münzkabinett:** Münzen aus dem 1. und 2. J hundert v. Chr.

6 **Westgalerie:** Stuckarbeiten aus dem Palast bat al Mafjar des Kalifen Hischham aus Jericho.

7 **Juwelensaal:** Sammlung von Schmuck und Ju len aus der Zeit vom 18. bis 8 Jh. v. Chr.

8 **Nordraum:** Skulpturen aus der Kreuzfahrerzeit

9 **Nordgalerie:** Kunstwerke aus der Zeit von 12 Chr. bis 1700 n. Chr. darunter die berühmter schich-Briefe von 588 v. Chr.

10 **Nördlicher Oktogon** Phönizische Silbermü aus Tyros, Holz- und Lederwaren aus der Zei 3500 v. Chr. ein Mosaik aus der Synagoge En Gedi.

11 **Innenhof:** Sarkophage, Kapitelle, Mosaike. R an den Wänden von Eric Gill, die Länder und V darstellen, die die Geschichte Palästinas stimmten.

tischen und mesopotamischen Ausstellungsstücken sind der etwa 200 000 Jahre alte „Galiläa-Schädel“ und der „Berg-Karmel-Mensch“, dem man ein Alter von 100 000 Jahren zuschreibt.

Die Kirche St. Stephan

Folgt man der Nablusstraße am Gartengrab vorbei weiter nach Norden, stößt man auf den Komplex der École Biblique et Archéologique Française, die 1890 von französischen Dominikanern als erste Akademie für biblische und archäologische Studien im Heiligen Land gegründet wurde. Das Dominikanerkloster wird überragt von einem plumpen Turm und einem hohen Giebeldach, die zur **Kirche St. Stephan** (4) gehören. Die Kirche, die 1900 geweiht wurde, steht an der Stelle, an der, wie Ausgrabungen beweisen, 460 n. Chr. die Kaiserin Eudokia eine Basilika hatte bauen lassen, um die Reliquien des heiligen Stephan, des ersten christlichen Märtyrers (Apostelgesch. 6.8–7.60), aufzubewahren.

Die Eudokia Kirche

Eudokias Kirche fiel 614 n. Chr. den Persern zum Opfer, sie wurde unter den Kreuzfahrern erneuert, jedoch 1187 bei der Eroberung Jerusalems durch Saladin von den Hospitalitern wieder zerstört, um dem Gegner so nahe an der Stadtmauer keinen Stützpunkt zu bieten. 1881 erwarben die französischen Dominikaner die Stätte. Ihre Ausgrabungen legten den gesamten Plan der byzantinischen Basilika frei, der beim Bau der neuen Kirche beibehalten wurde. Große Teile des ursprünglichen Mosaikfußbodens sind erhalten geblieben. Sie werden heute von Teppichen in der Kirche geschützt. Von dem restlichen Gebäudekomplex aus byzantinischer Zeit, der nach der Überlieferung um 516 n. Chr. 10 000 Mönche zu fassen vermochte, ist außer einigen Gräbern und dem Zisternensystem nichts erhalten. Die Gräber sind an den Metallabdeckungen im Kreuzgang des Atriums der heutigen Kirche zu erkennen. In einer Nische neben dem einen Grab steht ein Grabstein, der die Inschrift trägt: „Grab des Diakons Nonnus Onesimus vom heiligen Grabe Christi und von diesem Kloster“.

Schon seit dem 6. Jahrhundert verwechselten die Gläubigen häufig diesen Ort, an dem des Hl. Stephans Reliquien aufbewahrt wurden, mit der Stelle am Stephanstor, an der er gesteinigt worden ist.

Mea Shearim

Von der Stephanskirche ist es nicht weit bis zum 1875 außerhalb der Altstadt von orthodoxen Juden aus Osteuropa gegründeten Viertel **Mea Shearim.** (5). Mea Shearim heißt auf deutsch: „Das Hundertfache“ und bezieht sich auf die Stelle des Alten Testaments, in der davon die Rede ist, daß Isaak in dem Lande säte und erntete *in jenem Jahr hundertfältig; denn der Herr segnete ihn*" (1. Moses 26.12). In Mea Shearim wohnen die streng orthodoxen Juden, deren Gesetzesgläubigkeit soweit geht, daß sie sogar den Staat Israel ablehnen und nicht anerkennen, denn erst wenn der Messias komme, dürfe das Reich Israels anbrechen. Da die meisten orthodoxen Juden einmal aus Osteuropa gekommen sind, haben sie auch ihre chassidische Tracht beibehalten. Sie tragen den Pelzhut (Streimel), die Seitenlocke (Peiyot) und einen schwarzen Kaftan. Die Schläfenlocken werden zu Ehren König Davids getragen. Die Kinder haben zudem einen geschorenen Kopf. Ihr erster Haarschnitt erfolgt während des Lag-ba-Omer-Festes im Alter von drei Jahren. Auch die Köpfe der verheirateten Frauen sind geschoren. Sie tragen Kopftücher. Die Männer machen beim Gehen wie beim Gebet unruhige Bewegungen, indem sie den Oberkörper gleichmäßig vor- und zurückschnellen lassen. Das Leben ist auf den Sabbat ausgerichtet, an dem niemand arbeiten, Auto fahren, schreiben und kochen darf. An fast jeder Ecke gibt es Talmud-Thora-Schulen, aus denen Knabenstimmen, die die heiligen Schriften lernen, herausschallen. Ebenfalls gibt es zahlreiche Jeschiwas, weiterführende talmudische Schulen, die rege besucht werden. Das ganze Viertel ist geprägt von der Vielzahl jüdisch-theologischer Einrichtungen und Synagogen, in denen die Männer mit Talmudsprüchen und Diskussionen die Abende verbringen. Wichtigste Aufgabe der streng orthodoxen Juden ist zu beten, zu meditieren und auf den Messias zu warten.

Das ganze Viertel ist ohne moderne Einrichtungen, arm und überfüllt. Sowohl die Häuser als auch deren paar Tausend Bewohner machen den Eindruck, als seien sie aus einem polnischen Getto früherer Jahrhunderte unverändert in die Gegenwart versetzt worden. Bei unserer Rückkehr zur Nablusstraße gelangen wir an der Kreuzung der St. George-Straße und Shemuel Ha-navi zum **Mandelbaumtor** (6), das in der Zeit der geteilten Stadt der einzige Berührungspunkt zwischen Israelis und Arabern war. Das sogenannte Mandelbaumtor, das kein Tor ist, war der Zugang nach Ostjerusalem. Es wurde von den Vereinten Nationen kontrolliert. Vor allem ausländische Pilger konnten über diesen Zugang von Ost-Jerusalem nach West-Jerusalem gelangen. In umgekehrter Richtung durfte allerdings niemand passieren.

Die Königsgräber

Wenn wir die Nablusstraße bis zur Einmündung der Saladinstraße verfolgen, erreichen wir auf deren rechter Seite den Eingang zu den **Königsgräbern** bzw. dem **Grab der Königin Helena von Adiabene (7).** Der erste Archäologe, der den Grabkomplex erforschte, nahm aufgrund der majestätischen Fassade der Anlage an, er hätte die Gräber der Könige von Juda vor sich. Sein Irrtum blieb in der volkstümlichen Bezeichnung der Königsgräber erhalten; heute weiß man, daß hier die Familie der Königin Adiabene aus Mesopotamien begraben worden ist. Die Königinwitwe Helena von Adiabene, die mit ihrem Sohn Izates von jüdischen Kaufleuten zum Judentum bekehrt worden war, kam als Pilgerin zwischen 46 und 48 n. Chr. nach Jerusalem. Sie beschloß, in Jerusalem zu bleiben und baute sich einen Palast in der Unterstadt, wie schon Josephus Flavius berichtet (Geschichte des Jüdischen Krieges 5, 6, 1). Helenas Ankunft in Jerusalem traf mit der damals gerade in der Stadt herrschenden großen Hungersnot zusammen (Apostelgesch. 11, 27–30), zu deren Linderung sie Lebensmittel aus Ägypten und Zypern heranschaffen ließ. Die Königin blieb 20 Jahre in Jerusalem. Als ihr Sohn König Izates starb, kehrte sie um 64–65 n. Chr. nach Adiabene zurück. Sie überlebte ihn jedoch nicht lange. Ihr zweiter Sohn Monobazus sandte ihre Gebeine und die „seines Bruders nach Jerusalem und ließ sie in den Pyramiden beisetzen, die seine Mutter, drei an der Zahl, drei Stadien vor der Stadt entfernt hatte erbauen lassen". (Josephus Flavius: Jüd. Altertümer 20, 4, 3).

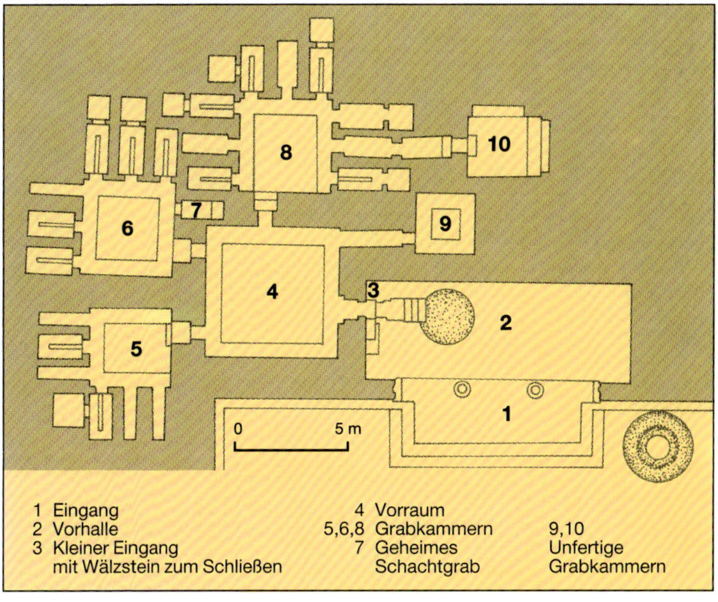

Das Grab der Königin Helena von Adiabene

Der Sarkophag der Königin wurde in diesen widrigen Zeiten kurz vor dem ersten jüdischen Aufstand gegen die Römer in einer tiefer gelegenen Kammer des Grabes verborgen, damit ihn Grabplünderer nicht finden konnten, und er blieb erhalten. Unter Helenas aramäischem Namen „Saddan" befindet sich der Sarg heute im Louvre in Paris.

Zu der Grabkammer führt eine breite Treppe (1) mit 25 Stufen. Zwei Zisternen am Fuß der Treppe können das hinabflutende Wasser der Winterregen auffangen. Die Zisterne lieferte zugleich Wasser für die Becken außerhalb und innerhalb der Vorhalle (2), die zur Reinigung der Toten verwendet wurden. Links in der Vorhalle befindet sich ein kleiner Eingang (3), der durch einen Wälzstein verschlossen werden konnte. Der Eingang führt in einen Vorraum (4), von dem aus Zugänge zu drei Grabkammern (5,6,8) abgehen. Die Kammer, die den Sarkophag der Königin enthielt, war über eine geheime Treppe unterhalb eines der Schachtgräber (7) zu erreichen. Die hier angelegten Doppelschachtgräber mit Beinhäusern an der Seite oder am Ende des Grabes sind für übliche jüdische Grabanlagen ungewöhnlich.

Aus dem Bericht Gordons. In: Palestine Exploration Fund Quarterly Statement, 1885, S. 79.

„Am Morgen nach meiner Ankunft in Jerusalem ging ich zum Schädelberg und war überzeugt, daß er nördlich vom Altar liegen müsse. Leviticus 1, 11 sagt, daß die Opfer seitlich des Altars nordwärts getötet werden müssen (buchstäblich getötet schräg seitlich im Norden des Altars); wenn Gott eine besondere Anweisung gegeben hat, wo die Typen getötet werden wollen, dann kann man fest daraus schließen, daß der Prototyp in einer bestimmten Position (sic!) zum Altar getötet wurde: Das erfüllt der Schädelberg ... Das Heilige Grab der Lateiner ist westlich vom Altar, und deshalb, wenn die Kerle sich nicht geirrt haben, hätte man es niemals für die Stätte halten sollen ...

Das Grab Simons

Die Nablusstraße als Richtungsweiser weiterhin im Auge, erreichen wir weiter nördlich nach einer Abzweigung auf der rechten Seite das **Grab Simons des Gerechten** (8) (Rabbi Shimon Hazadik). Die jüdische Tradition bringt dieses Grab mit dem Hohenpriester Simon (335–270 v. Chr.) aus der Zeit des Zweiten Tempels in Verbindung. Simon war einer der letzten Überlebenden der Großen Versammlung. Er suchte 333 v. Chr. Alexander den Großen auf, der aus seinem Gefährt stieg und sich vor Simon verbeugte. Als die Umstehenden Alexander fragten, warum er sich vor diesem Juden verbeuge, antwortete dieser: „Sein Vorbild ist es, daß mir alle Schlachten gewinnt!" (Talmud, Yoma 69 a). Seinen Beinamen erhielt Simon wegen seiner Worte: *„Die Welt ruht auf drei Säulen: Gesetz, Dienst im Tempel und Nächstenliebe“* (Aboth 1.2). Zu diesem Grab pilgern gerne orientalische Juden, denn es ist Sitte, wie ein Werk über „Das Leben der Propheten“ aus dem 1. Jahrhundert n. Chr. belegt, an den Gräbern verehrter Propheten zu beten. Vermutlich hat sich auch deshalb der Ort des Grabes Christi im Gedächtnis der jerusalemer Christen so unauslöschlich bewahrt. Untersuchungen brachten inzwischen an den Tag, daß an dieser Stätte nicht Simon der Gerechte bestattet war, sondern es sich um das Grab einer frommen Römerin namens Julia Sabina handelt.

Die Sanhedrin-Gräber

Weit im Nordwesten Jerusalems am Ende der Sanhedrinstraße liegen in einem Garten die **Sanhedrin-Gräber** (9). Der Name der großen Grabanlage rührt daher, daß hier annähernd 70 Verstorbene beigesetzt werden konnten. Das entspricht etwa der Mitgliederzahl (71) des jüdischen Sanhedrin, dem höchsten religiösen und weltlichen Gerichtshof des alten Israel. Die Grabstätte besitzt einen Ziergiebel, der als der schönste von Jerusalem gilt. Zwischen stilisierten Akanthusblättern sind Granatäpfel und andere Früchte verstreut. Diese Steinmetzarbeiten entstanden im ersten Jahrhundert n. Chr.

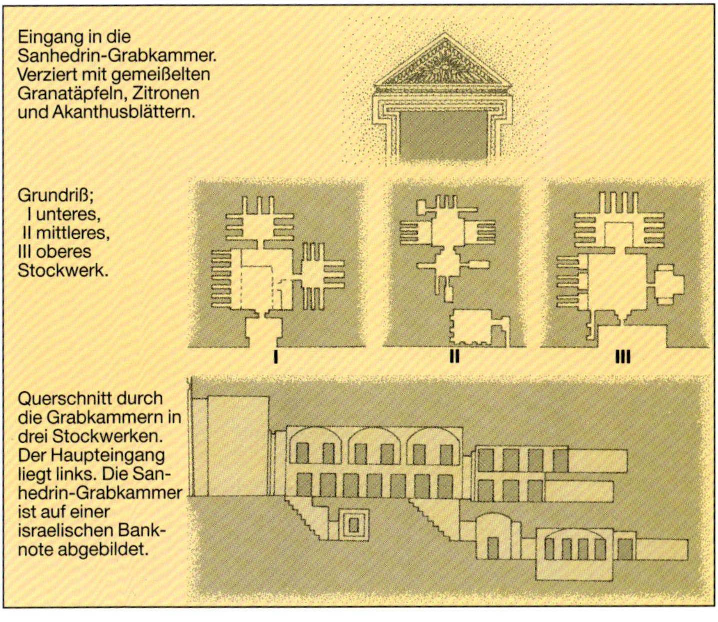

Sanhedrin-Grabkammer

L.-H. Vincents Rekonstruktion der Fassade des Grabes der Königin Helena von Adiabene.

Der Eingang der Grabstätte weist einen weiteren kleineren Ziergiebel auf. Die große Grabkammer dahinter ist von einer übereinander angelegten Reihe von Schachtgräbern (Kokhim) gekennzeichnet, wobei die obere Reihe zu Paaren zusammengefaßt jeweils von Arkonsolien, von Bögen, überwölbt wird. Es gibt noch weitere Grabkammern, zu denen man über Treppenstufen hinabsteigen kann. Die Grabhöhle hat insgesamt drei Stockwerke. Die Sanhedringrabkammer ist übrigens auf einer israelischen Banknote abgebildet.

Das Scheich-Jorrah-Viertel

Wenn man an der anglikanischen Georgskirche und den Königsgräbern vorbei die Nablusstraße weiter durch das arabische Viertel **Scheich Jarrah** (10) folgt, das seinen Namen von dem dortigen moslemischen Heiligtum hat, der kleinen Moschee in der Nähe der Amerikanischen Kolonie, erreicht man nach einer großen Steigung den Skopussberg. Scheich Jarrah war übrigens ein persönlicher Adjutant Saladins. Er nahm den Kreuzfahrern Jerusalem ab. An diese Befreiung der heiligen Stadt von den Christen 1187 erinnert die kleine Moschee.

Der Skopusberg

Der **Skopusberg** (11), der seinen Namen dem griechischen Wort für „überblicken“ verdankt, spielte als beherrschender Punkt im Nordosten Jerusalems in den vielen Kämpfen, die zu allen Zeiten um die Stadt ausgefochten wurden, eine entscheidende Rolle. Auf ihm lagerte die 10. römische Legion des Titus 70 n. Chr., von ihm aus erblickten die Kreuzritter die heilige Stadt, hier rasteten die britischen Truppen nach ihrem Einmarsch in Jerusalem 1917, als die türkisch-deutschen Streitkräfte sich zurückgezogen hatten. Vom Skopusberg aus versuchte die Arabische Legion vergeblich, den Westteil Jerusalems 1948 zu erobern.

Auf dem Skopus liegt die erste Hebräische Universität von 1925. Israel besaß um die Universität und das Hadassah-Krankenhaus dort bis zum Sechstagekrieg 1967 eine Enklave von 2,5 km Länge und 500 m Breite. Nach dem Sechstagekrieg wurde die Universität auf dem Skopusberg auf das modernste ausgebaut. Nichts mehr erinnert an die Zeiten der geteilten Stadt. Nur das doch noch unbesiedelte Niemandsland im nördlichen Kidrontal zwischen Skopusberg und Altstadt gemahnt an die Wundnarben der Geschichte Jerusalems. Der Ölberg mit dem größten und ältesten Friedhof schließt sich an den Skopusberg an. Unser Kreis um die Altstadt ist abgeschritten, und der Pilger mag an die Prophezeiung des Zacharias denken und hoffen: *„Siehe es kommt dem Herrn die Zeit . . . Und seine Füße werden stehen zu der Zeit auf dem Ölberge, der vor Jerusalem liegt gegen Morgen . . . Und man wird darin wohnen und wird kein Bann sein; denn Jerusalem wird ganz sicher wohnen“* (Sach. 14, 1–11).

Shalom Jerusalem!

Araberinnen in den Anlagen vor der Stadtmauer

Heiligtümer der Umgebung

Betlehem

Der Gedanke ans Heilige Land ist für alle Christen seit Kindertagen mit dem Ort verbunden, wo sich das Wunder der Heiligen Nacht vollzog, die Geburt Christi in Betlehem. Nur 8 km liegt Betlehem südlich von der Altstadt Jerusalems entfernt; heute ist es fast eine Vorstadt der großen Metropole. Hier begann, was in Jerusalem endete: Jesu Leben, Leiden und Erlöstungstat. Folgen wir dem Stern von Betlehem, denn *„du, Betlehem Ephrata, die du klein bist unter den Städten in Juda, aus dir soll mir der kommen, der in Israel Herr sei, welches Ausgang von Anfang und von Ewigkeit her gewesen ist."* (Micha 5, 1)

Blick auf Betlehem

Die Straße nach Betlehem führt am jerusalemer Vorort Talpiot vorbei über eine Paßhöhe, auf der links das griechische **Kloster Mar-Elias** liegt. vom Kloster des Propheten Elias, einem Vorläufer des Messias, bietet sich das Panorama der auf zwei Hügeln terrassenförmig gebauten kleinen Stadt mit ihren zahlreichen Kirchen, Klöstern und christlichen Institutionen dar. Grüne Felder, graue Olivenhaine, Feigenbäume, Weinreben und weißer Kalkstein prägen die Landschaft und lassen deutlich werden, weshalb der Volksmund diesen Ort am Rande der Wüste Juda, in die er wie ein fruchtbares Schiff hineinragt, „Haus des Brotes" (hebr.: bet-lechem; arab.: beth-lahm) nannte. Auch der Beiname Ephra (tah), „die Fruchtbare", der Name einer Frau aus einer Sippe, die schon zur Zeit der israelitischen Seßhaftwerdung in Betlehem faßbar ist, gewinnt im Angesicht dieser Landschaft seine neue biblische Bedeutung. Im Hintergrund erhebt sich ein Berg, der einem erloschenen Krater gleicht. Es ist das **Herodion,** ein durch Sklavenarbeit künstlich aufgeschütteter Berg, auf dem Herodes d. Gr. einen Palast mit vier riesigen runden Wachtürmen, Wohn- und Baderäumen und einer Gartenanlage hatte errichten lassen. Heute künden nur noch Ruinen von der Macht des grausamen Königs, der im nahen Betlehem aus Angst vor einem neuen König der Ju-

Kloster Mar Elias

den, den ihm die Weisen aus dem Morgenlande kundgetan hatten, alle Knaben bis zum Alter von zwei Jahren töten ließ (Matth. 2, 16). Nur fünf Kilometer von dem Berg der Macht entfernt liegt die ärmliche Krippe des unschuldigen Jesusknaben. Ein düsterer Schatten im Lichte des Weihnachtswunders.

Einer der vier Rundtürme Herodions.

Davids Wasserfall

Betlehem wird zum ersten Mal im 14. Jahrhundert v. Chr. erwähnt. In der Amarnatafel 290, 12–18 schreibt Abdi-Chepa, der Stadtfürst von Jerusalem an seinen Oberherrn in Ägypten, daß eine Stadt des Gebietes Urusalim (Jerusalem) sich von seiner Herrschaft losgesagt habe. Er bittet um Bogenschützen, damit er bet-nin ib (= bet lachamu, Haus der Göttin Lachamu, später das biblische „Brothausen") wiedergewinnen könne. Aus dem „Buch Ruth" kennen wir die traurig-schöne Geschichte der treuen Ruth, der armen Naëmi und des reichen Boas, die in Betlehem spielt. Ruth heiratete schließlich Boas und wurde damit zur Stammutter des davidischen Königshauses, denn *„Boas zeugte Obed; Obed zeugte Isai; Isai zeugte David"* (Buch Ruth 4, 17).

Mit der Gestalt Davids tritt Betlehem in das Licht der Geschichte. David wurde hier als achter Sohn der Ephratiterfamilie des Isai geboren. Gott der Herr sprach zu dem Propheten Samuel: *„ich will dich senden zu dem Betlehemiter Isai; denn unter seinen Söhnen habe ich mir einen König ersehen"* (1. Sam. 16, 1).

Und Samuel findet schließlich David, den Isai bei der Vorstellung seiner Söhne als jüngsten, weil er die Schafe hüten mußte, vergessen hatte. Der Prophet berichtet weiter, wie David an Sauls Hof kam, sein Waffenträger wurde, die Philister überwand, zum obersten Feldherrn des Königs avancierte und schließlich die Eifersucht Sauls auf sich zog, so daß er fliehen mußte. Davids Flucht endete in einer Berghöhle bei EnGedi am Toten Meer (1. Sam. 24, 1). Dort versöhnte er sich mit Saul. Das Versteck Davids lag in der Nähe der einzigen Süßwasserquelle der Gegend, die heute als „Davids Wasserfall" bezeichnet wird. Als König ließ sich David von dreien seiner Helden Wasser aus dem Brunnen am Tor in Betlehem holen, das von den Philistern besetzt war. Anschließend reute ihn, daß er die Männer in Gefahr gebracht hatte, und er weigerte sich, das Wasser zu trinken (2. Sam. 23, 15–17). Zur Zeit Davids und seiner Enkel war Betlehem eine befestigte Stadt. Später sank Betlehem zu einem unbedeutenden Dorf herab, war aber immer mit der messianischen Hoffnung verbunden, wie sie der Prophet Micha (5, 1) vom Kommen des Herrn in Betlehem vorausgesagt hatte.

Ebenso wie die Einwohner Jerusalems wurden die Betlehemiter 587 v. Chr. nach Babylon verschleppt. Erst durch das Edikt des Kyros im Jahre 538 v. Chr. konnten, wie Esra (2, 21) und Nehemia (7, 26) vermelden, 123 bzw. 188 Exilierte aus Babylon wieder nach Jerusalem und Betlehem zurückkehren. Hier mußten sie bis zur Zeit des Hasmonäerkönigs Johannes Hyrkanus I. (135–104 v. Chr.) unter der Herrschaft der Edomiter leben. Seit den Hasmonäern bis zum Bar-Kochba-Aufstand 135 n. Chr. blieb Betlehem jüdisch.

Rachels Grab

Bevor wir die Stadtgrenze Betlehems erreichen, stoßen wir rechts an der Straße auf ein Kuppelgrab, das zu den bedeutendsten Heiligtümern im Heiligen Land gehört und besonders von Frauen verehrt wird. Es ist das **Grab Rachels,** der Frau Jakobs.

Rachel starb hier auf dem Wege nach Betlehem bei der Geburt Benjamins, wie es uns voller Trauer im 1. Buch Mose erzählt wird: *„Also starb Rahel und ward begraben an dem Wege gen Ephrat, das nun heißt Betlehem. Und Jakob richtete ein Mal auf*

Rachels Grab von Israelitischen Soldaten bewacht.

Das Innere des Rachelsgrabes mit dem Kenothaph der Patriarchenfrau.

über ihrem Grabe; dasselbe ist das Grabmal Rahels bis auf diesen Tag“ (1. Mose 35, 19–20). Rahel als Stammutter des Joseph und Benjamin weint und klagt an dieser Stelle über den Tod ihrer öhne und über die Kinder von Betlehem, wie später noch vom Propheten Jeremia zu hören ist: „*So spricht der Herr: Man hört eine klägliche Stimme und bitteres Weinen auf der Höhe; Rahel weint über ihre Kinder, denn es ist aus mit ihnen. Aber der Herr spricht also: Laß dein Schreien und Weinen und die Tränen deiner Augen; denn deine Arbeit wird wohl belohnt werden, spricht der Herr*“ (Jer. 31, 15–16). Zu allen Zeiten strömten Pilger an Rachels Grab, obwohl der offiziellen jüdischen Religion die Verehrung von Heiligengräbern fremd war, aber im Volke, wie beim Grabe des Propheten Simon des Gerechten, zu einer Gewohnheit wurde. An solche Tradition knüpfte auch die Verehrung des Heiligen Grabes in Jerusalem an.

Heute ist Rachels Grab vor allem eine jüdische Gebetsstätte, obwohl sie auch Christen und Moslems als heilig gilt. 1841 hat Sir Moses Montefiore die Erlaubnis erhalten, das Grabmal für die Juden neu zu errichten. Auch vorher gab es an dieser Stelle ein Denkmal, dessen Form sich im Laufe der Zeiten veränderte. Schon der Pilger von Bordeaux (334 n. Chr.) spricht vom Grabmal Rachels. Um 680 n. Chr. erzählt der Pilger Arculf von einer „Steinpyramide“, die das Grab „umgebe“. Im 12. Jahrhundert vermitteln arabische, jüdische und christliche Äußerungen, z.B. von Johannes von Würzburg, ein anschauliches Bild des Grabes von Rachel. Über dem Grab erhoben sich vier Pfeiler, die eine Kuppel trugen. So sieht das Denkmal noch in der ersten bildlichen Darstellung aus.

Im Laufe der Zeiten verfiel allerdings das Heiligtum, bis es schließlich im 19. Jahrhundert Sir Moses Montefiore renovieren ließ. Auch von den Arabern, für die Rachel ebenfalls als Ahnfrau gilt, wird dieses Grabmal verehrt (vgl. Sure 12, 99 f.).

Aus: Mathilde Gräfin von Keller: Vierzig Jahre im Dienst der Kaiserin. Leipzig 1935.

Am 30. Oktober 1898 wieder frühes Frühstück. Schon um 7 Uhr brach der kaiserliche Zug nach Bethlehem auf. Unser Weg, der etwa zwei Stunden in Anspruch nahm, führte uns in das Hinnomtal hinab und dann hinauf auf eine öde, steinige Hochebene. Auch hier stand überall jubelndes Volk. Wir zogen auf der Höhe dahin. Die Gegend ist viel großartiger als ich sie mir gedacht hatte. Zur Linken der Blick auf die Judäischen Berge, dahinter die blauen Moabiterberge, der Nebo, von dem einst Moses das Land der Verheißung erblickt hat, tief unter uns hell glänzend das Tote Meer und der Jordan, der sich dunkel heraushebt. Auch für uns das Land, das wir sehen, in das wir aber nicht hineinkommen sollen! Um 9 Uhr trafen wir in dem reizend zwischen grünen Bäumen auf einer Anhöhe gelegenen Städtchen Bethlehem ein. Hinter ihm steigen hohe Berge auf. Auch die nähere Umgebung ist sehr reizvoll durch das wellige Terrain. Die Bevölkerung ist eine völlig andere wie im übrigen Palästina, auch ist sie fast durchweg christlich, meist katholisch. Ein schöner Menschenschlag, besonders die Frauen sind vornehme, stattliche Erscheinungen, zeigen ein offenes, würdiges, lebhaftes Wesen, sehr im Gegensatz zu den unterwürfigen, sklavischen Türkinnen und zu den viel schlafferen Araberinnen. Die Tracht jener Frauen ist auch eine besondere und recht hübsche, hohe Mützen mit Gold bestickt und mit Silbermünzen behängt, lange faltige Röcke und darüber ein buntes, reich mit Münzen besetztes Jäckchen und Mieder; auch sonst tragen sie viel Silbergeschmeide, lange Ketten und dergleichen. Natürlich tragen sie wie alle Christinnen keine Schleier. Die Männer sehen ebenfalls gut und kräftig aus. Die Häuser und Straßen machen einen überraschend sauberen und gutgehaltenen Eindruck. (. . .)

Und nun zogen wir weiter durch die reichgeschmückten Gassen Bethlehems, begleitet von freudigen Zurufen der Einwohner, nach dem mit Girlanden und Ehrenpforten geschmückten Platz vor der uralten, aus dem 4. Jahrhundert stammenden Geburtskirche. Hier empfingen die Vertreter der griechischen, lateinischen und armenischen Geistlichkeit, die gemeinsam die Heilige Stätte besitzen, Kaiser und Kaiserin. (. . .)

Unterhalb der Geburtskirche liegt die „Hirtenwiese"; mag sie nun die gewesen sein oder nicht, auf welcher den Hirten der Heiland verkündigt wurde, die Gedanken ziehen unwillkürlich dahin. Das ist gerade das Schöne, daß, wenn man sich auch nicht an die einzelnen Stellen hängt und darüber nachgrübelt oder zweifelt, ob es auch die richtigen sind, doch das große Ganze lebendig wird und klar vor die Seele tritt.

Auf dem Rückweg rechts am Wege der „Brunnen Davids", an dem wir aber vorbeifuhren. Leider wurde durch ein Versehen der Kaiser nicht nach dem Waisenhause geführt, das in Bethlehem vor kurzem für armenische Waisen errichtet worden ist; die Kaiserin konnte zum Glück noch hinkommen. Sie begrüßte in dem großen Saal der schönen Anstalt die

Abordnung des Jerusalem-Vereins, der das Haus gegründet hat, die Vorstände der verschiedenen protestantischen Wohltätigkeitsanstalten und Stiftungen, auch des von Nieskyer Herrnhuter Schwestern und Brüdern geleiteten Aussätzigenhauses, die arabisch-protestantischen Kirchenvorstände, würdige, schöne Erscheinungen. Dabei überreichte der arabische Hilfsprediger Bschara Kanaan ein Gruppenbild von Mitgliedern seiner Gemeinde Betdschala. Die Kaiserin gab jedem der 60 bis 70 Gemeindevertreter die Hand. Rührend war es, wie die ehrwürdigen Araber aus dem Libanon ihre Hand an Herz und Stirn drückten und es ihr aussprachen, wie sie nicht aufhören würden, für sie zu beten. Zum Schluß trat die Herrin auf den Altan hinaus, wo die Araberkinder ihr in arabischer Sprache „Heil dir im Siegerkranz" und „Ein feste Burg ist unser Gott" vorsangen. Vor dem Hause sprach sie dann noch Frauen und Kinder aus der Gemeinde, von denen manche ganz gut deutsch konnten und ihr „Grüß Gott" zuriefen. Drei Schwestern, verheiratete Frauen, waren besonders zutunlich und nett; sie ruhten nicht eher, bis die Kaiserin auch noch ihrer alten Mutter die Hand gegeben hatte. Dann begrüßte die Kaiserin die Waisenkinder, streichelte die größeren, nahm einige kleine auf den Arm und wiegte ein arg schreiendes zur Ruhe, was einen wahren Sturm der Begeisterung entfachte; alle drängten sich an sie heran, versuchten ihre Hand zu erfassen und ihr Kleid zu berühren.

Beim Rachelgrab gabelt sich die Straße. Rechts geht es weiter nach Hebron, links gelangen wir nach einigen Kurven mitten auf den Marktplatz, den Krippenplatz mit der Geburtskirche in Betlehem. Hier sollen Maria und Joseph, der genealogisch aus dem „Hause Davids" (Luk. 1, 27) stammt, geboren sein; hier ist, wie Matthäus und Lukas berichten (Matth. 2, 1 und Luk. 2, 4–), Jesus geboren gemäß der Prophezeiung des Propheten Micha, obwohl seine Vaterstadt Nazareth war und dort seine Verwandten lebten (Matth. 13, 53–58). Da Maria und Joseph scheinbar immer in Nazareth gelebt haben, muß sich Lukas um ein sonst historisch nicht exakt nachweisbares Gebot des Kaisers Augustus bemühen, um den Aufenthalt des Paares in Betlehem zu begründen und damit zugleich der alttestamentlichen Prophezeiung zu genügen. Johannes und Paulus sprechen nicht vom Geburtsort Jesu in Betlehem. Wenn auch der geographische Nachweis der Geburt Jesu nicht zu erbringen und theologisch eine Lokalisierung nicht notwendig ist, wenn man Jesus als „aus dem Geschlecht Davids" (Röm. 1, 3) versteht, so konkretisiert sich doch für die Christenheit in Betlehem die Tatsache der Geburt des Herrn in den Worten des Weihnachtsevangeliums Lukas: *„Es begab sich aber zu der Zeit, daß ein Gebot von dem Kaiser Augustus ausging, daß alle Welt geschätzt würde. Und*

Und diese Schätzung war die allererste und geschah zu der Zeit, da Cyrenius Landpfleger in Syrien war. Und jedermann ging, daß er sich schätzen ließe, ein jeglicher in seine Stadt. Da machte sich auch auf Joseph aus Galiläa, aus der Stadt Nazareth, in das jüdische Land zur Stadt Davids, die da heißt Betlehem, darum daß er von dem Hause und Geschlechte Davids war, auf daß er sich schätzen ließe mit Maria, seinem vertrauten Weibe, die war schwanger. Und als sie daselbst waren, kam die Zeit, daß sie gebären sollte. Und sie gebar ihren ersten Sohn und wickelte ihn in Windeln und legte ihn in eine Krippe; denn sie hatten sonst keinen Raum in der Herberge" (Luk. 2, 1–7).

Der griechische Text des letzten Satzes kann auch übersetzt werden mit: „sie legte ihn in eine Krippe, denn es war kein Platz im Raum". Lukas' ausdrückliche Hervorhebung, daß das Kind in Windeln gewickelt wird (2, 6), beruht im Orient auf der alten Sitte, Jungen bis zum vierten und Mädchen bis zum siebenten Monat zu wickeln, einmal um dem Körper eine feste Form zu geben, zum anderen, um sie nach Ansicht der Beduinen vor bösen Geistern zu schützen.

Die Herberge muß man sich als orientalischen Khan vorstellen, ein viereckiger Hof, der von einer Mauer umgeben war und in der Mitte einen Brunnen oder eine Zisterne besaß. Daß Maria hier keinen Raum erhielt, lag nicht an der Überfüllung der Herberge, sondern daran, daß der Ort der Geburt nach jüdischer Vorschrift „rein" gemacht werden mußte, was nur in einer Ecke der Mauer geschehen konnte. Diese Plätze waren aber wahrscheinlich von anderen Reisenden besetzt, so daß Maria ihr Kind vielleicht in einer anliegenden Grotte oder Höhle zur Welt brachte. Die

Der mit Weihnachtsbäumen geschmückte Krippenplatz in Bethlehem mit dem Minarett der Moschee, die der Geburtskirche gegenüberliegt.

Evangelien schweigen über eine Höhle. Erst um 150 n. Chr. spricht der Philosoph und christliche Märtyrer Justin von Nablus von einer Höhle als Geburtsort Christi, wobei er sich auf eine Prophezeiung des Alten Testaments bei Jesaja stützt (Jes. 33, 16). Zur gleichen Zeit erzählt das Protevangelium des Jakobus unter Hinzufügung noch neuer Elemente, z.B. die Prüfung der Jungfräulichkeit Marias durch die von Joseph herbeigebrachte Hebamme, daß Maria in einer Höhle in der „Gegend von Betlehem" entbunden habe. Diese beiden Texte sind die ältesten der christlichen Tradition, die von einer Höhle sprechen. Im 7. und 8. Jahrhundert kamen als Requisiten im Pseudo-Evangelium des Matthäus noch Ochs und Eselein zu dem Bild, das seitdem die Überlieferung bestimmt.

Da die Geburtsgrotte schon bald von den Christen verehrt wurde, versuchte Kaiser Decius in der Mitte des 3. Jahrhunderts, diesen Ort durch die Anpflanzung eines Götterhains und die Errichtung eines Adonis- (Tammuz-) Tempels den Christen zu entreißen. Hieronymus schreibt um 250 n. Chr. voller Trauer an seinen Freund Paulinus von Nola: „In der Höhle, in der einst Christus als Kindlein wimmerte, wurde der Liebhaber der Venus beweint" (Briefe 58, 3).

Die Geburtskirche

Überlieferung und Geschichte

Im Jahre 326, als das Christentum Staatsreligion geworden war, ließ Kaiser Konstantin auf Bitten seiner Mutter Helena über der Geburtshöhle die erste Basilika errichten. Sie wurde am 31. Mai 339 geweiht. Zeugnisse über den Bau der Kirche liefern Eusebius, der Hofbiograph Konstantins, und der Pilger von Bordeaux. Es soll eine fünfschiffige Basilika mit einer Vorhalle (Atrium) und einem oktogonalen Chor gewesen sein. Im 5. Jahrhundert, als der Kirchenvater Hieronymus hier lebte und in der Grotte die hebräische Bibel ins Lateinische übersetzte (Vulgata), fiel der Bau Konstantins einer Brandkatastrophe zum Opfer. Auf den Trümmern errichtete zwischen 510 und 550 Kaiser Justinian eine neue Basilika, die sich in ihrer Form im wesentlichen bis heute erhalten hat.

Als die Perser 614 im Heiligen Land einfielen und alle christlichen Kirchen zerstörten, verschonten sie die Geburtskirche, wie ein vielleicht etwas legendärer Bericht der Jerusalemer Synode aus dem Jahre 836 mitteilt:
„Als die ungläubigen Perser alle Städte des römischen Reiches verwüsteten, Jerusalem einäscherten und den Patriarchen Zacharias gefangen nahmen , . . . sahen sie bei ihrer Ankunft in Betlehem mit

Die einzige Beschreibung dieser Kirche vor dem Einfall der Perser und Araber stammt von Sophronius, dem Patriarchen von Jerusalem, der in einer sehnsüchtigen Ode sich seinen Besuch in Betlehem ausmalt:

(23) „Eine Glut göttlicher Sehnsucht/im Herzen bergend, möchte ich kommen/schnell nach Bethlehems kleiner Stadt,/wo der Allherr geboren.

(27) Wenn in die wunderbare vierfache Halle,/den Chor mit den herrlichen drei Apsiden/jenes heiligen Hauses mitten hinein/ich trete, werde ich tanzen.

(31) Bethlehems heilige Schönheit zu schauen,/Christus, der dort erschienen, ganz mir verleihe!

(33) Die vielen goldig flimmernden/Säulen schauend und der Mosaikkunst/schönstens vollbrachtes Werk,/möcht' ich der Sorgen Wolken vergessen.

(37) Oben werd' ich betrachten/der getäfelten Decke Sternenlicht;/denn von der Schönheit der Arbeit/glänzt die Anmut des Himmels.

(41) In die Höhle möcht' ich gelangen,/wo die jungfräuliche Allherrin/den Erlöser gebar den Menschen,/der Gott und Mensch ist wahrhaftig.

(45) An die glänzende Platte,/die Gott als Kindlein empfing,/die Augen, der Mund und den Scheitel/drück' ich, zu gewinnen den Segen.

(49) Die ehrwürdige Krippe zu verehren, ging' ich,/die mich, den Vernunftlosen,/nährte mit göttlichem Worte.

(53) Zu der Toten Grotte gelang' ich,/der Kinder, die gemeinsam geschlachtet/durch ein Wort menschlicher Herkunft/des vor Neid wilden Herodes"

Rekonstruktion der konstantinischen Geburtskirche

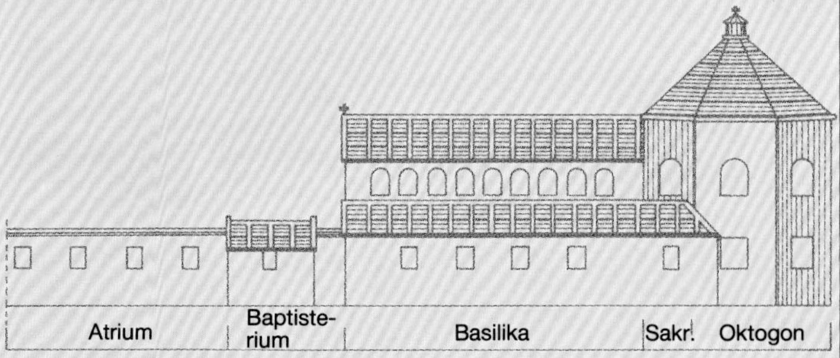

Der Vorhof der Geburtskirche in Betlehem.

Staunen die Bilder der persischen Magier, der Sterndeuter, ihrer Landsleute. Aus Ehrfurcht und Verbundenheit zu den Vorfahren verehrten sie sie, wie wenn sie lebendig wären und verschonten die Kirche . . .“.

Tatsächlich beweisen verschiedene schriftliche und bildliche Darstellungen, daß die drei Weisen aus dem Morgenland seit dem 3. Jahrhundert als persische Adlige und Mithrapriester vorgestellt wurden.

Die Araber verschonten ebenfalls das Heiligtum, da der Kalif Omar die Kirche durch sein Gebet geehrt habe. Zudem gilt Jesus (Issa) als moslemischer Prophet, den laut der 19. Sure des Korans die Jungfrau Maria unter einer Palme in Betlehem geboren haben soll (16–33). Daher beten bis heute die Moslems in der Südapsis der Geburtskirche. Aus diesem Grund entging die Basilika auch dem Zerstörungswahn des Kalifen El Hakim, der 1009 alle christlichen Heiligtümer vernichten ließ.

Als 1099 die Kreuzritter in Betlehem einzogen, begannen sie, die Geburtskirche prachtvoll zu restaurieren. Sie diente als Krönungsort der Kreuzfahrerkönige von Jerusalem. Am Weihnachtsabend 1100 wurde hier Balduin I. zum ersten Kreuzfahrerkönig gekrönt. Den Dienst an der Kirche versahen Augustinerchorherren.

Später, nach dem Abzug der Kreuzfahrer, übernahmen die Franziskaner dieses Amt.

Seit dem 13. Jahrhundert betrachteten die Mameluken dieses christliche Heiligtum als Einkommensquelle, wobei häufig Plünderungen ihren Forderungen gegenüber der Kirche und den Pilgern Nachdruck verliehen. Der Pilger Felix Fabri aus dem 15. Jahrhundert beschreibt das Innere der Geburtskirche als „eine Scheune ohne Heu, eine Apotheke ohne Salbentöpfe, eine Bibliothek ohne Bücher".

Als die Türken 1517 die Herrschaft übernahmen, plünderten sie das Heiligtum weiter aus. Ein Teil des Marmors des Tempelbezirks in Jerusalem stammt aus Betlehem.

Während der vierhundertjährigen türkischen Herrschaft gingen 1757 die Basilika und ein Teil der Grotte in die Hände der Griechisch-Orthodoxen über, die schon 1670 das bleibeschichtete Zedernholzdach aus der Kreuzfahrerzeit mit türkischer Genehmigung erneuert hatten. Da solche Reparaturen aber nur sporadisch erlaubt wurden, nahm der Verfall der heiligen Stätte seinen Fortgang. Im 19. Jahrhundert sorgten das Erdbeben von 1834 und der Brand von 1869 dafür, daß die Basilika weiter verfiel. Der Brand zerstörte die Einrichtung der Geburtsgrotte. Erst 1927 vermochte die britische Mandatsregierung das Bauwerk statisch abzusichern.

Zu diesem Verfall durch äußere Einwirkungen kamen leider auch Zwistigkeiten der christlichen Denominationen untereinander, die schon in türkischer Zeit dazu führten, daß, ebenfalls wie in der Grabeskirche, ein moslemischer Soldat als Wache über das Heiligtum von den Türken bestellt wurde. Schließlich führten die Auseinandersetzungen um den Besitz der Kirche besonders zwischen Franziskanern und griechisch-orthodoxen Mönchen, auf der politischen Bühne zwischen Rußland und Frankreich als Schutzmächte der Christenheit, zum Diebstahl des silbernen Sterns aus der Geburtsgrotte. Diese Tat löste unter anderem den Krimkrieg (1853–56) aus.

Der Einfluß der europäischen Mächte, der ihnen durch die Hilfe gegen den aufrührerischen ägyptischen Pascha Mehmed Ali von der Türkei eingeräumt wurde, ermöglichte den Christen in Betlehem gewisse Sonderrechte für die Geburtskirche. Seit der Mitte des 19. Jahrhunderts regelten diese Sonderrechte auch die Besitzansprüche der verschiedenen christlichen Denominationen, denen bestimmte Gebäudekomplexe der Geburtskirche zugewiesen wurden. Heute sind die Lateiner (Katholiken), die Griechisch-Orthodoxen, die Syrisch-Katholiken, Syrisch-Orthodoxen, die Melkiten, Maroniten, Armenier sowie verschiedene protestantische Denominationen in der Geburtskirche vertreten.

Aus: Ida Pfeiffer: Reise einer Wienerin in das Heilige Land (1842). Wien 1844

Am 2. Juni ritt ich in Gesellschaft der Grafen B. und S. und des Paters Paul nach Bethlehem. Die Entfernung dahin beträgt, obwohl man des schlechten Weges halber beinahe immer im Schritt reiten muß, doch nicht mehr als anderthalb Stunden. (. . .).

Bethlehem liegt auf einem Hügel und wird von mehreren anderen umgeben; außer dem Kloster erblickt man gar kein hübsches Gebäude. Die Einwohner, zweitausendfünfhundert an der Zahl, wovon die Hälfte Katholiken, leben zum Teil in Grotten und halb unterirdischen Behausungen und beschäftigen sich mit dem Verfertigen von Rosenkränzen und anderem Schnitzwerk in Perlmutter, Olivenkernen usw. Häuser mag es höchstens gegen hundert geben, auch muß die Armut groß sein, denn nirgends wird man so von bettelnden Kindern umrungen wie hier. Man hat noch nicht die Pforte des Klosters erreicht, so strömen sie schon von allen Seiten herbei. Der eine hält dann das Pferd, der andere den Steigbügel, ein dritter und vierter reichen helfend die Arme, die übrigen bilden die Zuseher, und am Ende strecken alle die Hände nach Bakschisch aus. Nirgends ist es nötiger, entweder mit kleiner Münze oder mit einer Reitgerte versehen zu sein, als hier, um sich auf die eine oder andere Art von der beispiellosen Zudringlichkeit dieser kleinen Rasse zu befreien. Ein wahres Glück, daß die Pferde dergleichen Szenen schon sehr gewöhnt sind, sonst müßten sie scheu werden und auf und davon galoppieren.

Dies Klösterchen und die Kirche sind nahe an der Stadt auf derselben Stelle erbaut, wo Christus geboren wurde. Das Ganze ist mit einer Festungsmauer umgeben, und eine ganz niedere, schmale Pforte führt hinein. Vor dieser Festung breitet sich ein schöner und gut gepflasterter Platz aus. Sowie man das Pförtchen hinter sich hat, befindet man sich schon in der Vorhalle oder eigentlich im Schiff der Kirche, die leider mehr als halb zerstört ist, einst aber unter die schönsten und größten gehört haben mag. Noch sieht man an den Wänden einige Spuren von Mosaik. Zwei Reihen von hohen, schönen Säulen, vierundzwanzig an der Zahl, durchschneiden das Innere, und das Sparrwerk, das aus Zedernholz vom Berge Libanon gemacht sein soll, sieht wie neu aus. Unter dem Hochaltar dieser großen Kirche liegt die Grotte, in welcher Christus geboren wurde. Zwei Treppen führen hinab, die eine gehört den Armeniern, die andere den Griechen. Die Lateiner gingen leer aus. Die Wände und der Fußboden sind mit Marmor ausgetäfelt. Eine Marmorplatte mit der Inschrift:

Hic de Virgine Maria Jesus Christus natus est.

(Hier ist von der Jungfrau Maria Jesus Christus geboren).

bezeichnet die Stelle, von wo das wahrhafte Licht ausgegangen ist. Eine strahlende Sonne, im Hintergrund dieser Platte angebracht, erhält ihr Licht von vielen, immerwährend brennenden Lampen.

Der Platz, wo Christus den Weltweisen gezeigt wurde, ist nur einige Schritte davon entfernt. Gegenüber dieser Stelle erhebt sich ein Altar an dem Ort, wo einst die Krippe stand, vor welcher die Hirten Christus anbeteten . . . Die Krippe selbst befindet sich in Rom in der Basilika Santa Maria Maggiore. Dieser Altar gehört den Lateinern. Ganz im Hintergrund der Grotte führt eine kleine Tür durch einen unterirdischen Gang ins Kloster und in die Kirche der Lateiner. In diesem Gang ist ebenfalls wieder ein Altar errichtet, zum Gedächtnis der Unschuldigen Kinder, die hier gemordet und begraben wurden. Tiefer in diesem Gang trifft man auf der einen Seite das Grab der heiligen Paula und ihrer Tochter Eustachia und auf der andern jenes des heiligen Hieronymus. Der Leib dieses Heiligen liegt aber in Rom.

Diese große Kirche hier in Bethlehem gehört so wie die Kirche des Heiligen Grabes zu Jerusalem den Lateinern, Armeniern und Griechen gemeinsam. Jede der genannten Sekten hat ein Klösterchen für sich an diese Kirchen angebaut.

Nachdem wir gewiß über zwei Stunden in der Kirche zugebracht hatten, ritten wir noch eine Stunde weiter, dem Hebron zu. Am Fuße dieses Berges bogen wir links ein zu den drei Zisternen Salomons, die ungeheuer tief und groß in den Felsen gehauen und stellenweise jetzt noch mit einer Gattung Mörtel überzogen sind, der die Festigkeit und den Glanz des Marmors hat. Wir stiegen in die letzte derselben hinab, sie mag bei fünfhundert Schritte in der Länge, vierhundert in der Breite und hundert in der Tiefe messen.

Wasser enthält keine dieser Zisternen, die Wasserleitungen, welche ehedem für diese Behältnisse bestimmt waren, sind spurlos verschwunden; ein einziger zarter Wasserstreifen, den man leicht überschreiten kann, fließt oberhalb an der Seite dieser Riesenwerke. Die Umgebung ist entsetzlich öde.

Nach dem Essen besuchten wir noch einmal alle heiligen Stellen in Gesellschaft der Neuangekommenen und gingen nach der sogenannten Milchgrotte, welche eine Viertelstunde vom Kloster entfernt liegt. In dieser Grotte sieht man nichts als einen einfachen Altar, an welchem beständig Lampen brennen; sie ist nicht geschlossen, und jeder Vorübergehende kann sie betreten.

Dieser Ort ist nicht nur den Christen, er ist auch den Türken heilig, welche letzteren so wie erstere gar manches Krüglein Öl bringen, die Lampen reinigen und füllen.

In dieser Grotte verbarg sich die Heilige Familie vor der Flucht nach Ägypten, und lange Zeit nährte da die heilige Maria ihr Kind einzig mit ihrer Muttermilch, woher die Grotte den Namen führt. Die Weiber in der ganzen Umgebung hegen den Glauben, daß wenn sie während der Zeit, da sie einen Säugling an der Brust haben, sich unwohl befinden, nur etwas Sand von den Felsen in dieser Grotte abschaben und als Pulver einnehmen dürfen, um gesund zu werden.

Eine Viertelstunde von dieser Grotte entfernt zeigt man das Feld, allwo der Engel der Hirten die Geburt Jesu verkündete.

Die Heiligtümer der Geburtskirche

Bevor wir vom Krippenplatz aus die Geburtskirche betreten können, müssen wir zunächst einen etwa 70 m langen Vorplatz überqueren, der im Mittelalter an der Stelle des ursprünglichen Atriums der justinianischen Basilika angelegt worden ist, deren Ausmaße, 1,30 Meter tief unter der heutigen Pflasterung, von 32 m Länge und 26 m Breite durch Ausgrabungen festgestellt werden konnten. Der Vorhof wird im Süden von der vierfach unterbrochenen Festungsmauer des armenischen Klosters und im Norden von einem Gartenzaun begrenzt. Im Osten ist der Eingang der Basilika, der noch aus der Zeit Justinians stammt, allerdings durch Stützmauern und die Mauer des armenischen Klosters sehr verbaut ist. Dennoch sind die Eingänge aus dem 6. Jahrhundert rechts und links vom Hauptportal noch an den Oberschwellen der früheren Türen zu erkennen. vom ursprünglichen Hauptportal ist nur noch die Südhälfte des monumentalen Türsturzes zu sehen. Unter ihm befindet sich der Entlastungsbogen des schon in der Kreuzfahrerzeit verkleinerten Portals, das dann in türkischer Zeit bis auf eine kleine Pforte weiter zugemauert wurde, da man vermeiden wollte, daß Plünderer mit Karren in die Kirche fahren könnten oder türkische Soldaten zu Pferde in die Basilika ritten.

Eingang zur Geburtskirche

Durch die Pforte gelangt man ins Narthex, den Vorraum, der durch Zwischenwände in kleinere Räume aufgeteilt ist. Doch dann öffnet sich endlich der etwa 29 m lange rechtwinklige fünfschiffige Kirchenraum mit seinem offenen Gebälk in seiner ganzen erhabenen Größe; eine der schönsten Kirchen im Heiligen Land. Die von Holzbalken getragene Decke stammt aus dem 14. Jahrhundert. Sie wurde im 19. Jahrhundert restauriert. Die Säulen, die in vier Reihen die Decke tragen, sind aus rosa Kalkstein und münden in korinthischen Kapitellen. Die Kreuzfahrer verzierten die Säulen mit Darstellungen ihrer Lieb-

Das Hauptschiff der Geburtskirche

Der konstantinische Mosaikfußboden im Langschiff

lingsheiligen und Wappen. Heute sind diese Wachsmalereien stark verblaßt und kaum mehr zu erkennen. Während der Kreuzfahrerzeit im Zuge der Einigungsbestrebungen zwischen Rom und Byzanz bedeckte man 1165–1169 die Wände mit wunderbaren Mosaiken, die Szenen aus dem Leben Jesu und der ersten sieben Ökumenischen Konzilien darstellten. Leider sind davon nur klägliche Reste erhalten geblieben. An der Nordwand zu Füßen des dritten Engels ist der Name des Künstlers, der die Mosaike dieser Wand schuf, in Silben von unten nach oben erhalten: Basilius Pictor.

Die Westwand enthielt ebenfalls Mosaike, die sich auf Jesu Leben bezogen. Ihr Künstler, Ephraim der Mönch, erscheint in lateinischer und griechischer Schrift teilweise noch am Südende der Ikonostase aus dem 18. Jahrhundert.

Eindrucksvoll sind die durch Klappdeckel geschützten Reste des byzantinischen Mosaikbodens aus dem Beginn des 5. Jahrhunderts im Hauptschiff. Auf Wunsch öffnen die Mönche die Falltüren. Zwischen den Mosaiken vor der erhöhten Choranlage mit ihren drei Apsiden führte zur Zeit Konstantins eine Treppe zur Geburtsgrotte hinunter. Die Basilika Konstantins hatte einen oktogonalen Chorbau, in dessen Mitte eine runde Steinbrüstung eine Öffnung umschloß, durch die der Pilger in die Geburtsgrotte

Grundriß Geburtskirche

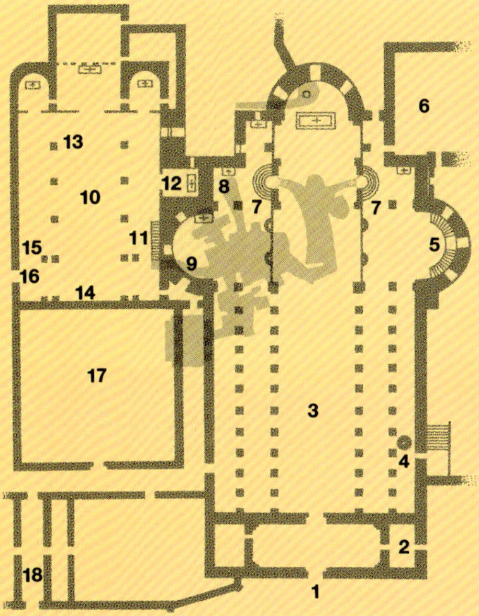

1 Haupteingang
2 Eingang zum armenischen Kloster
3 Gebetsraum
4 Taufstein mit griechischer Inschrift
5 Ausgang zum griechischen Kloster
6 Griechisches Kloster
7 Eingang zur Geburtsgrotte
8 Armenische Kapelle
9 Eingang zur katholischen Katharinenkirche
10 Katharinenkirche
11 Eingang zu den Grabkammern
12 Marienstandbild
13 Holzkanzel
14 Beichtstühle
15 Taufstein
16 Ausgang zum Franziskanerkloster
17 Kreuzgang
18 Ausgang zum öffentlichen Platz

Mosaiken im Langschiff der Geburtskirche zu Betlehem.

Beschluß des Konzils von Konstantinopel im Jahre 381 n. Chr.: »Die heilige Synode der 150 heiligen Väter der Zeit Theodosius des Großen in Konstantinopel zusammengetreten. Sie richtet sich gegen Macedonius Pneumatomachus, den Lästerer der Heiligen Schrift, und gegen Apollinarius, welcher behauptete, Christus hätte keinen menschlichen geist angenommen. Die heilige Synode erklärt und bekennt den Heiligen Geist, der von Gottvater und dem Schöpfer des Lebens ausgeht, als eines Wesens mit dem Vater und dem Sohn, der mit ihnen zusammen angebetet und verehrt wird. Sie verflucht den Macedonius und den Apollinarius.« Am Unterrand der Schriftseite: Gestalten, die die Vorfahren Jesu darstellen, mit ihren Namen: Jakob, Mathan, Eleazer, Eliud, Achim Sadoch, Azor usw.

Wachsmalerei (Säule 9 links) mit der stillenden Maria.

hinabblicken konnte. Später wurde die Decke der Geburtsgrotte zugemauert.

Die **Geburtsgrotte** liegt also mitten unter dem Altarraum. Sie ist von zwei Seiten her nördlich und südlich der Chorpartie durch eine Treppe zugänglich. Die Höhle, die Teil eines sehr alten Grottensystems ist, hat etwa eine Länge von 12 m, eine Breite von 4 m und eine Höhe von 3 m. Sie wird durch 53 Ampeln erhellt. Im Westen ist dieser Raum durch eine Tür von den anderen Höhlen abgeschlossen. Im Osten befindet sich in einer nach oben abgerundeten Nische, die noch Spuren eines Mosaiks aufweist, das die Geburt Jesu darstellte, der **Altar der Geburt.**

Unter dem Altar bezeichnet auf dem weißen Marmorboden ein Stern aus vergoldetem Silber die Stelle, an der Maria Christus geboren habe, wie die Inschrift des Stern besagt: „Hic de virgine Maria Jesus Christus natus est". Der silberne Stern liegt genau auf der Mittelachse der Basilika. Ihr Bau wurde auf diesen Punkt der Christenheit hin konzipiert, an dem *„das Wort ward Fleisch und wohnte unter uns"* (1. Joh. 14).

Einige Schritte weiter südwestlich vom Silberstern entfernt führen zwei Stufen zur Krippengrotte, mit einem Altar über einer in den Felsen gehauenen Krippe. Sie ist heute mit Marmor verkleidet. In diesem Futtertrog mag die Gottesmutter ihr Kind auf Stroh

Der Geburtsaltar in der Geburtsgrotte.

gebettet haben. Auch die Hirten beteten hier das Kind als den verheißenen Messias an.

Der Altar gegenüber der Felsenkrippe ist den Weisen aus dem Morgenland, den Magiern, geweiht. Im Matthäusevangelium heißt es: *„Da sie den Stern sahen, wurden sie hoch erfreut und gingen in das Haus und fanden das Kindlein mit Maria, seiner Mutter, und fielen nieder und beteten es an und taten ihre Schätze auf und schenkten ihm Gold, Weihrauch und Myrrhe"* (2, 10–12). Die Bezeichnung „Haus" für die Grotte ist leicht erklärlich, wenn man daran denkt, daß heute noch Grotten und Höhlen in dieser Gegend als Behausung für Mensch und Tier dienen.

Die Ankunft der Magier ist im Mittelalter vielfach legendär ausgeschmückt worden. Durch archäologische Forschungen sind heute die Magier oder Weisen bekannt. Es waren weder persische Adlige noch Könige, sondern Nabatäer, arabische Beduinen, die in Transjordanien in Petra ihr Zentrum hatten, deren Einfluß jedoch von Saudi-Arabien bis Damaskus und bis zur Mittelmeerküste reichte. Berühmte Nabatäerstädte wie Avdat und Kurnup (Mamshit) sind im Negev ausgegraben worden. Die Nabatäer waren Handelsleute, die ihre Waren mit Karawanen bis an die Küste Kleinasiens und sogar übers Meer bis zum Golf von Neapel brachten. Sie besaßen das Handelsmonopol für Gold, Weihrauch und

Der Geburtsaltar

Die Krippengrotte

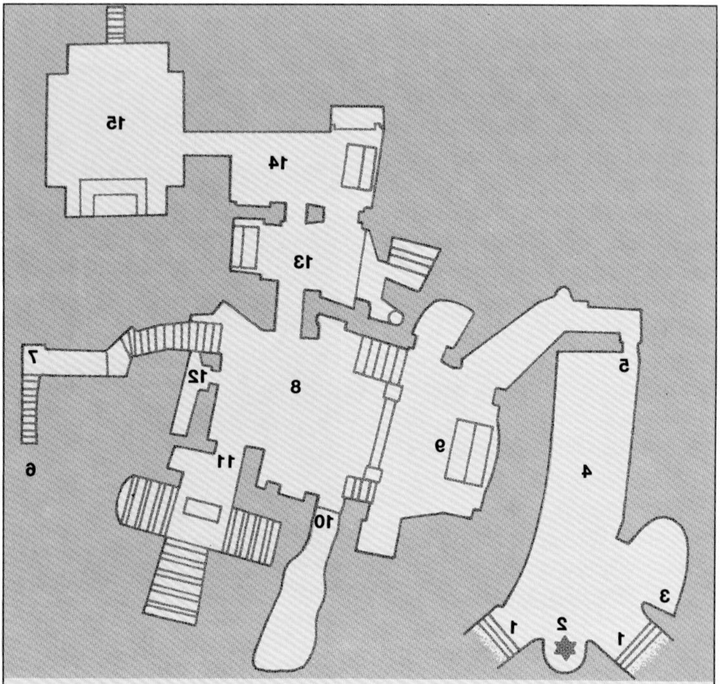

1 Eingang in die Grotte vom Hauptraum
2 Geburtsstätte. Stelle der Geburt Jesu mit einem Stern gekennzeichnet mit lat. Inschrift:,,Hic De Virgine Maria Jesus Christus Natus Est." (Hier wurde Jesus Christus von der Jungfrau Maria geboren.) Im Jahre 1717 brachten die Lateiner Stern und Inschrift an.
1847 wurden beide von den Griechen entfernt; aber die türkische Regierung zwang sie, sie 1853 wieder herzustellen. Der Streit um den Stern war einer der Gründe für den Krimkrieg (1853-1856) Rußlands gegen die Türkei, Britannien und Frankreich.
3 Altar der Anbetung durch die heiligen 3 Könige; ihm gegenüber steht die Krippenkapelle, in die das Kind bei der Geburt gelegt wurde. Die überlieferte Krippe wird in Rom in der Kirche Santa Maria Maggiore aufbewahrt.
4 Geburtsgrotte
5 Tor zum katholischen Teil der Grotte, meist verschlossen. In der rechten Ecke der Brunnen der heiligen Familie.
6 Katholischer Teil, die Katharinenkirche mit
7 der Treppe zur
8 Josephsgrotte, wo die Erscheinung stattfand (Matth. 2, 13).
9 Erinnerungsaltar an die von Herodes getöteten Unschuldigen Kinder (Matth.2,16)
10 Grotte der Unschuldigen Kinder
11-12 alte Grabkammern
13 In den Felsen geschlagener Raum. Links die Gräber der heiligen Paula († 404) und ihrer Tochter Eustochia († 419). Paula, eine römische Adlige, leitete 20 Jahre lang die vom Hieronymus gegründete Schwesternschaft. Rechts das Grab des Eusebius von Cremona († um 423). Als enger Freund des Hieronymus folgte er ihm ins Heilige Land.
14 Grab des Hieronymus, des lateinischen Bibelübersetzers (Vulgata); † 420. Seine sterblichen Überreste wurden in die Kirche Santa Maria Maggiore in Rom überführt.
15 Raum des Hieronymus, in den er sich während seiner Übersetzungsarbeit zurückzog. Hier verbrachte er seine Zeit mit der Übersetzung und Erklärung der Bibel. Er übersetzte auch das Onomasticon, ein Ortsnamenverzeichnis Palästinas, das von Eusebius, Bischof von Caesarea, um 360 n. Chr. auf griechisch verfaßt worden war.

Myrrhe, die sie dem Kinde in Betlehem darbrachten. Da sie auf ihren zumeist nächtlichen Wüstenwanderungen ein besonderes Auge für den Sternenhimmel zu ihrer Orientierung ausgebildet hatten, mag die Erwähnung des Sterns von Betlehem auf ihrem Wege nichts Außergewöhnliches sein. Zahlreiche ausgegrabene nabatäische Heiligtümer legen Zeugnis davon ab, daß zu ihnen Wallfahrten unternommen worden sind. Die nabatäischen Pilger schlossen sich dabei zu religiösen Genossenschaften zusammen. Die Art und Weise, wie Matthäus den Besuch der Magier schildert, ist die charakteristische Form einer solchen Wallfahrt. Da es in Petra, in ihrer Hauptstadt, zudem eine ansehnliche jüdische Kolonie gab, mögen sie auch mit den messianischen Heilserwartungen der Juden vertraut gewesen sein.

Die Geburtshöhle ist übrigens eine charakteristische orientalische Grotte. Sie besteht aus einem erhöhten Raum für den Eigentümer oder die Hirten und einem abschließbaren Gelaß für ein oder zwei Tiere. Diese Aufteilung bemerkte schon der Pilger Arculf (680 n. Chr.), wenn er berichtete: „Der innerste Teil heißt „Krippe des Herrn“, in der die Mutter den neugeborenen Knaben niederlegte. Ein anderer Platz aber, nahe der oben erwähnten Krippe und für den Eintretenden näher, war nach der Überlieferung die eigentliche Stätte der Geburt des Herrn“.

Früher konnte der Pilger von der Geburtsgrotte aus durch den mittelalterlichen Verbindungsgang in die große Gräberhöhle mit den zahlreichen Nebenhöhlen gelangen. Schon der Pilger Felix Fabri stellte diesen Eingang 1480 fest, der damals wie heute verschlossen war. Der Besucher muß, um in diese Höhlen zu gelangen, heute durch eine Tür im nördlichen Querschiff die Basilika verlassen und durch eine Treppe außerhalb, in der Katharinenkirche, wie im Mittelalter, zu den Grotten hinabsteigen. Diese Höhlen sind bereits im 1. und 2. Jahrhundert n. Chr. als Grabstätten benutzt worden.

Ihre heutige Form erhielten sie erst 1964. Die verschiedenen

Zelle des Hieronymus.

Altar des Hieronymus

Der Vorhof der Katharinenkirche mit der Statue des Hieronymus.

Grotten werden als **Zelle des Hieronymus,** in der er die Bibel übersetzte, als die **Gräber** von **Hieronymus,** von **Paula** und ihrer Tochter **Eustochia,** den beiden römischen Patrizierinnen, des heiligen **Eusebius von Cremona,** der der Nachfolger des Hieronymus war, sowie als die **Kapellen der „unschuldigen Kinder"** (nach Matth. 2, 16–18) und des **heiligen Joseph** bezeichnet. Die unschuldigen Kinder, die Herodes töten ließ und die Rahel schon im voraus beweinte (Jer. 31, 15), verglich der christliche Dichter Prudentius mit Rosenknospen, die der Wind verstreut hat.

Wenn wir über den Zugang wieder aus der Grottenanlage hinaufsteigen, erreichen wir über einen Durchgang die 1882 erbaute katholische **Katharinenkirche.** Ihr schöner mittelalterlicher Kreuzgang ist 1949 von Barluzzi renoviert worden. Die Kirche ist der heiligen Katharina von Alexandrien (zwischen 300 bis 350 n. Chr.) geweiht, eine Verehrung, die ihre Anfänge in der Kreuzfahrerzeit hat. Vor der Kirche steht auf einer Säule die Statue des Hieronymus. In der Katharinenkirche wird der Weihnachtsgottesdienst der Katholiken abgehalten. Nach dem Pontifikalamt trägt der Patriarch feierlich eine hölzerne Statue des Jesuskindes zur Krippe in die Geburtsgrotte.

Heilige Stätten in der Umgebung der Geburtskirche

Vom Krippenplatz aus verläuft in östlicher Richtung die Milchgrottenstraße, an der man nach ungefähr 200 m auf der rechten Seite das Portal zur **Milchgrotte** erreicht. Die Araber nennen die Grotte Mogharet es Sitti Mirjam, die Grotte der Frau Maria. In ihr wird ein Bild der ihr Kind stillenden Muttergottes verehrt, eine Darstellung, die nicht sehr häufig ist, aber zu den alten biblischen Bildern zählt, von denen schon der Prophet Jesaja spricht: *„Freuet auch mit Jerusalem und seid fröhlich über sie, alle, die ihr sie liebhabt; freuet euch mit ihr, alle die ihr über sie traurig gewesen seid! Denn dafür sollt ihr saugen und satt werden von den Brüsten ihres Trostes; ihr sollt dafür saugen und euch ergötzen an der Fülle ihrer Herrlichkeit“* (Jes. 66, 10–11). Der Prophet schaut in diesem Bild das neue Gottesvolk in der Mutter Kirche, deren Urbild die Mutter Maria ist.

Die Grotte erhielt ihren Namen von der sehr alten Legende, daß Maria hier ein paar Tropfen Muttermilch vergossen habe, als Joseph in großer Eile „das Kind und seine Mutter“, die gerade das Kind stillte, auf die Flucht nach Ägypten mitnahm. Im 7. und 9. Jahrhdundert sind in Spanien und Frankreich Reliquien des Kalksteinfelsens aus der Milchgrotte bekannt, die bei stillenden Müt-

Eingang zur Milchgrotte

Bild der Maria in der Milchgrotte, wie sie ihr Kind säugt.

tern, denen die Milch fehlte, als wundertätig galten. Später hat man den weißlichen Kalkstein in Pulver- und Würfelform zu Reliquien verarbeitet. Durch diesen Abbau des Felsens veränderte sich die ehemalige Grotte sehr.

Ihre genaue Lage teilt zum ersten Mal im Mittelalter der russische Abt Daniel (1106–8) mit: „Nicht weit von der Geburtskirche . . ., ein Steinwurf gegen Mittag hin, findet sich eine große, in den Berg gehauene Grotte. Und in dieser Grotte hat die heilige Jungfrau mit Christus und dem heiligen Joseph gewohnt". Andere Autoren des Mittelalters erwähnen nur eine Kirche, die als „Rast Marias", später als „St. Nikolaus" bezeichnet wird, sowie ein dort angebautes Kloster der heiligen Paula und Eustochia.

Betlehemische arabische Christen haben die Fassade der heutigen Kirche mit Perlmuttarbeiten verziert. Der Eingang in der Mitte führt zur Crypta lactis Beatae Mariae Virginis, der Milchgrotte, in der zwei Altäre stehen. Am Eingang ist noch eine Plastik zu sehen, die die heilige Familie auf der Flucht nach Ägypten darstellt.

Folgen wir der Milchgrottenstraße, an der übrigens einige arabische Werkstätten für Devotionalien, die aus Olivenholz geschnitzt werden, liegen, noch ungefähr 350 m weiter, gelangen wir

Arabische Werkstatt für Devotionalien aus Olivenholz an der Milchgrottenstraße.

zu einer kleinen rechteckigen Kirche, die als das „Haus des Josephs" bezeichnet wird, da hier die heilige Familie in einem Haus nach der Geburt Christi bis zur Flucht nach Ägypten gewohnt haben soll. Die Kapelle ist 1882 auf alten Fundamenten erbaut worden. Wahrscheinlich handelt es sich hier um eine Gedenkstätte, die Betlehem ihrem berühmten Sohn Joseph errichtet hat.

Bevor wir Betlehem verlassen, sollten wir nicht versäumen, dem **Armenischen Kloster** an der Südseite des Vorhofs der Geburtskirche einen Besuch abzustatten. Ausgrabungen bestätigen die Existenz eines Klosters schon in byzantinischer Zeit. Urkunden aus dem 7. und 8. Jahrhundert sprechen von einer armenischen Gemeinde in der Zeit Justinians. Einige Teile des Klosters scheinen von dem armenischen Patriarchen Krikor Baronder im 17. Jahrhundert erbaut worden zu sein. Im armenischen Kloster spürt der Pilger die charakteristische Atmosphäre der alten Kirchen des Ostens. Besonders in der mittelalterlichen Halle, die wahrscheinlich aus dem 12. Jahrhundert stammt und etwas anachronistisch als „Schule des heiligen Hieronymus" bezeichnet wird, weht der Hauch der alten Ostkirche.

Eingang zur Hirtenhöhle

Das Hirtenfeld von Bet-Sahur (Luk. 2, 8–14) liegt etwa 1 km östlich von der Geburtskirche entfernt. Das Dorf Bet Sahur (Haus der Wächter) gilt dem Christen als die Heimat der Hirten, die in der Weihnacht hier die frohe Botschaft durch die Engel vernahmen. Genau kann das Hirtenfeld der Verkündigung allerdings nicht lokalisiert werden. Zwei Orte mit zwei Kapellen östlich von Bet Sahur feiern das Gedächtnis an die Weihnachtsbotschaft: Das griechisch-orthodoxe Hirtenfeld östlich von Bet Sahur in einer Talsenke mit dem Kloster Dêr er Rawat (Kloster der Hirten) und das nordöstlich gelegene lateinische Hirtenfeld auf dem Hügel, das arabisch Chirbet el Esjar el Ghanam (Ruine des Stalls) heißt. An beiden Stellen sind Höhlen nachgewiesen worden. Der Vergleich der Ausgrabungen und der Pilgerberichte fällt zwar zugunsten des griechisch-orthodoxen Hirtenfeldes aus, doch von den landschaftlichen Gegebenheiten her neigt man eher dem Platz der Lateiner zu.

Der Weg zum Chirbet el Esjar geht durch fruchtbare Felder, die im Volksmund „Felder des Boas" oder „Felder der Ruth" genannt werden. Hier mögen sich die anmutigen Szenen aus dem Buch Ruth (Kap. 2 und 3) zwischen Boas und Ruth abgespielt haben. Die Äcker der Talmulde gehen bald in felsiges Hügelland über. Der „Schafstall" liegt auf einer kleinen Anhöhe, auf der 1859 Ruinen eines Klosters aus dem 5. Jahrhundert entdeckt wurden. Neben der geräumigen Hirtenhöhle, in der sogar Gottesdienste stattfinden, errichtete in den Jahren 1953–54 A. Barluzzi für die Franziskaner eine Kapelle, die als Rundbau angelegt und den Verkündigungsengeln geweiht ist. Nur von oben aus der Kuppelrundung strömt das Licht in den Raum. In der Kuppel singen Engel das Gloria, während Hirtenfiguren an den Seiten des Hauptaltars in Verzückung emporschauen. Über den drei Nischenaltären stellen halbrunde Fresken die Verkündigung der Weihnachtsbotschaft durch den Engel, die Huldigung der Hirten an der Krippe und ihre frohe Heimkehr dar.

Auf dem lateinischen Hirtenfeld sind Ruinen verschiedener Klosteranlagen aus dem 1. bis 6. nachchristlichen Jahrhundert aus-

Das Innere der Franziskanerkapelle des Hirtenfeldes.

gegraben worden, die sich über verschiedenen Grotten und Höhlen erhoben, wo vor und in byzantinischer Zeit die Verkündigungsgrotte und das Grab der drei

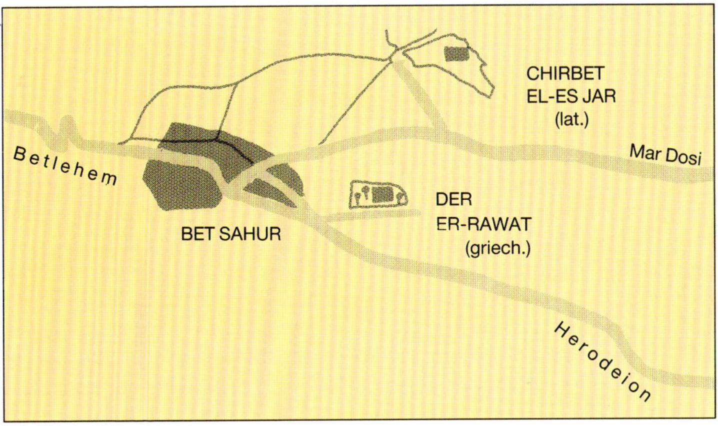

Hirtenfelder in Bet-Sahur.

Ruinen von byzantinischen Klosteranlagen.

Hirten vermutet wurden. Mosaikreste, Altarfragmente, Säulenbasen und Kapitelle legen hier Zeugnis ab von einer regen frühmittelalterlichen Klosterkultur, die heute noch besser faßbar ist in den einige Kilometer noch weiter östlich von Betlehem liegenden Klöstern **Dêr Dosi** und **Mar Saba.**

Das **griechisch-orthodoxe Hirtenfeld** liegt 1 km östlich von Bet Sahur an der Straße nach Herodion. In dem umzäunten Gelände steht heute eine Kirche, die mit einer Metallkonstruktion überdacht ist. Ausgrabungen legten verschiedene Grotten frei und eine Krypta, die als heilige Höhle (350–400 n. Chr.) gilt. Der Mosaikfußboden mit zwei Kreuzen verweist auf das 4. Jahrhundert, da nach 427 n. Chr. Kreuze als Bodenschmuck in den christlichen Kirchen verboten waren. Im 5. Jahrhundert wurde die Grotte zu einem Kirchenraum umgestaltet. Sie ist eine der ältesten „erhaltenen" Kirchen im Heiligen Land. Über dieser „Kirche" erhob sich ein weiteres Heiligtum, von dem nur noch ein Mosaik vorhanden ist, in dem zwei Löcher den Blick von der Oberkirche in die Grotte gestatteten. Unter Justinian vergrößerte man die Oberkirche, doch von der ganzen Anlage ist nur noch die Krypta erhalten, die seit dem 15. Jahrhundert von den orthodoxen Mönchen gepflegt wird.

In **Dêr Dosi,** das vom heiligen Theodosius 476 n. Chr. gegründet wurde, gibt es im heutigen Klosterhof eine geräumige Höhle, in der die drei Weisen aus dem Morgenland eine Nacht verbrachten, als sie auf Weisung des Engels nicht mehr zu Herodes über Jerusalem, sondern auf anderem Wege in ihre Heimat zurückkehrten (Matth. 2, 12).

Mar Saba, das 6 km weiter in einer wilden Bergschlucht liegt, gründete 483 n. Chr. der hl. Saba. Aus ihm gingen viele heilige Männer hervor, z.B. der Kirchenlehrer Johannes von Damaskus. Nur mit der Erlaubnis des griechisch-orthodoxen Patriarchats in Jerusalem kann das Kloster besichtigt werden.

Die Teiche Salomons

Etwa 12 km südlich von Betlehem liegen links an der Straße nach Hebron die **Teiche Salomons.** Hier befinden sich die Jerusalem nächstliegenden wasserreichen Quellen, die in den judäischen Bergen höher als die Stadt entspringen. Man nimmt an, daß die drei großen Becken in der Hasmonäerzeit angelegt worden sind. Herodes baute sie dann aus, um das von den Quellen der Umgebung und die Berghänge herabfließende Wasser zu sammeln und nach Herodion und Jerusalem zu leiten. Daß Salomon oft hierher kam, um sich zwischen den stillen Teichen und Gartenanlagen zu ergötzen, wie Josephus Flavius in seinen „Altertümern" (8, 168) berichtet, ist ebenso eine Legende, wie die Gerüchte, Salomon habe sich hier ein Haus für seine Kebsweiber gehalten. Die Rückführung der Anlage auf Salomon bezieht sich vor allem auf den Vers aus dem „Prediger Salomo" 2, 6: *„Ich machte mir Teiche, daraus zu wässern den Wald der grünenden Bäume"*.

In der Römerzeit leiteten zwei Aquädukte das Wasser der hinter- und übereinanderliegenden Bekken, von denen das obere jeweils in das untere entleert werden konnte, nach Jerusalem. Der erste Aquädukt, wohl noch unter Herodes erbaut, reichte bis zum Tempelbezirk. Spuren davon sind noch an beiden Seiten des Birket es-Sultan vor dem Jaffator in Jeru-

Die antike Wasserversorgung Jerusalems

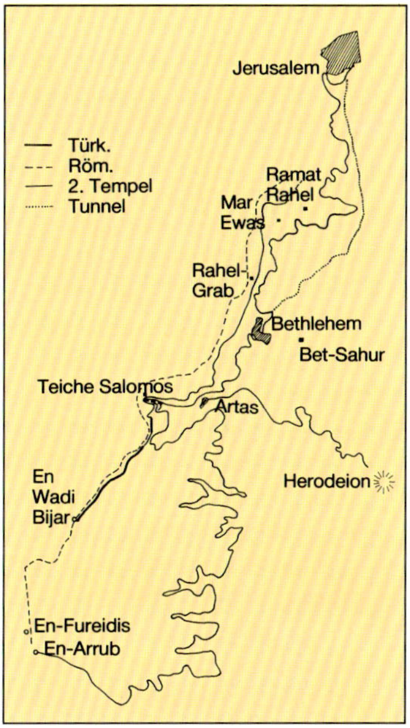

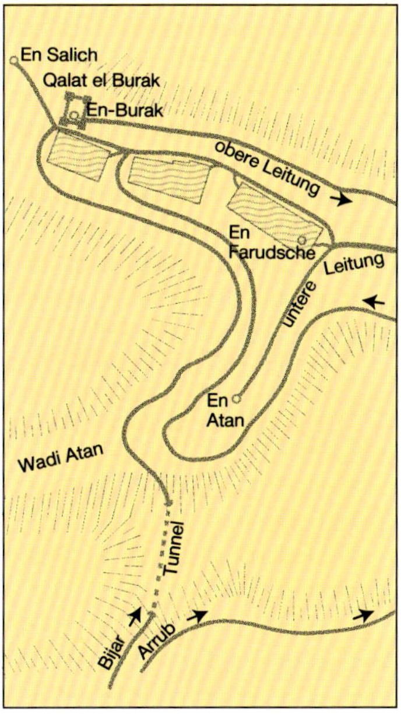

Die Teiche Salomons

salem zu erkennen. Der zweite wurde möglicherweise unter Pontius Pilatus errichtet, wenn man Flavius Josephus Glauben schenken darf, der erzählt, Pontius Pilatus habe 26 n. Chr. Tempelgelder zum Bau eines Aquädukts verwendet. Dieser Aquädukt versorgte die Oberstadt Jerusalems, wo die Residenz des Prokurators lag. Im Hof des American Colony Hotels in Jerusalem und südlich von Rahels Grab sind Reste dieser Wasserleitung zu besichtigen. Auch in byzantinischer Zeit bildeten die Aquädukte die Hauptwasserversorgung der Stadt. Eine Inschrift von damals besagt, daß kein Bauer das Land 15 Fuß von Aquädukten entfernt bebauen durfte. Wer dieses Dekret mißachtete, wurde mit dem Tode bestraft und sein Besitz beschlagnahmt.

Unter der türkischen Herrschaft Suleimans des Prächtigen wurde diese Wasserversorgung weiter ausgebaut. Welche Bedeutung sie hatte, geht daraus hervor, daß die Türken am Eingang des Beckenareals 1620 ein mit einigen Türmen verstärktes Kastell, das „Schloß der Teiche“ (Qual'at el-Burak), errichteten. Sogar bis ins 20. Jahrhundert zur Zeit der britischen Mandatsregierung war eine der Wasserleitungen in Gebrauch.

Die Wasserversorgung der Teiche Salomons selbst ist durch zwei weitere Aquädukte aus dem Süden gewährleistet. Der eine tieferliegende kommt aus dem 45 km entfernt liegenden Teich in **Arrub,** der obere beginnt bei **Bir el-Daraj** etwa nur 5 km südlich der Teiche. Er stammt aus römischer Zeit.

An den Teichen vorbei führt eine kleine Straße hinab zum Dorf **Artas** (Urtas). Auf halbem Weg begegnet uns ein kleiner Hügel (Chirbet el-choch), den einst Rehabeam, der Sohn Salomons, befestigt hatte. Hier lag das biblische **Etam** (1. Chron. 4, 3 und 32 und 2. Chron. 11„ 5–6).

Von Etam bietet sich ein prächtiger Blick auf Artas mit dem 1901 vollendeten Nonnenkloster und Waisenhaus Santa Maria dell Orto. Die Schlucht von Artas wird seit dem 16. Jahrhundert mit der Stätte des „Verschlossenen Gartens“ (Hortus Conclusus) aus dem Hohenlied (4, 12) gleichgesetzt und der Name des Dorfes Artas von lateinisch „hortus“ abgeleitet.

Biblische Stätten im weiteren Umkreis Jerusalems

Im weiteren Umkreis Jerusalems liegen noch einige kleinere Heiligtümer, die sowohl in der Bibel wie im Zusammenhang mit Jesu Leben eine Rolle spielen und daher gern von Pilgern aufgesucht werden. Einmal ist das Emmaus, zum anderen, auf dem Weg nach Jericho, die Herberge zum Barmherzigen Samariter. Da das Heilige Land voller Erinnerungen an legendäre und historische Ereignisse ist, sollen auch die auf dem Wege zu den genannten Heiligtümern liegenden Orte und Stätten, die in der Überlieferung erwähnt werden, Aufmerksamkeit heischen. Jeder Schritt im Heiligen Land blättert die Bibel auf, ist zugleich ein Einstieg in die Vergangenheit unseres Denkens und Fühlens, in die Muster, die auch unser Empfinden in der Gegenwart befreiend oder belastend bestimmen.

Emmaus bei Latrun

Auf der Suche nach Emmaus

Um die Lage des biblischen Emmaus streiten zwei Traditionen. Die eine meint, Emmaus mit dem nördlich der Kreuzfahrerfestung Latrun an der Straße nach Tel Aviv liegenden **Amwas** gleichsetzen zu können. Amwas ist das Emmaus des 1. Makkabäerbuches. Dort, wo das Tal von Ajalon in die judäischen Hügel mündet, wo der Weg nach Jerusalem am besten verteidigt werden konnte, sind schon Jahrtausende hindurch Schlachten um die Eroberung der heiligen Stadt geschlagen worden. Hier kämpfte Josua gegen die Kanaaniter, hier errang er einen großen Sieg über Gorgias (1. Makk. 3, 16), hier stritten die Makkabäer gegen die Griechen, die Römer gegen die Juden, die Araber gegen die Byzantiner, die Moslems gegen die Kreuzritter und schließlich die Israelis gegen die Araber. Griechen und Römer befestigten Amwas, das später Nikopolis hieß. Diese Stadt hielten Eusebius und Hieronymus für das Emmaus des Evangeliums (Luk. 23, 13). Die Ruinen dieses antiken Emmaus wurden zuerst 1875–1882 ausgegraben. 1924 setzte man die Ausgrabungen fort.

Das benachbarte etwa 1 km südlich liegende **Trappistenkloster Latrun** auf den Ruinen einer mittelalterlichen Tempelburg steht der christlichen Legende nach an der Stelle, wo sich das Haus jenes gutherzigen Räubers befand, der neben Jesus gekreu-

zigt wurde. Daher nannten im Mittelalter die Pilger die Festung „Castellum Boni Latronis“ (Kastell des guten Räubers). Diese Bezeichnung ist vermutlich später zu Latrun entstellt worden. Heute ist das Trappistenkloster vor allem wegen seines vorzüglichen Weines eines Besuches wert.

Die andere Tradition lokalisiert das biblische Emmaus nordwestlich von Jerusalem in **Qubeiba.** Dieses Emmaus liegt, wie Lukas berichtet (Luk. 24, 13), 60 Stadien, etwa 12 km, von Jerusalem entfernt. Der Weg nach Amwas hingegen beträgt 176 Stadien, etwa 35 km. Von da aus hätten die Emmausjünger erst in sieben Stunden am Abend Jerusalem erreichen und die Apostel antreffen können. Daher muß Amwas als neutestamentliches Emmaus ausgeschlossen werden.

Um nach Qubeiba zu gelangen, folgt man zunächst in Jerusalem der Nablusstraße nach Norden bis nach Er-Ram. Dort zweigt eine Straße nach links ab. Sie führt nach einigen Kilometern am zur Linken liegenden turmgekrönten 895 m hohen Berg **Nabi Samuel,** der von einer großen Moschee beherrscht wird, vorbei. Nach der Überlieferung soll sich hier das Grab des Propheten Samuel befinden. Obwohl die Bibel ausdrücklich vermerkt, daß das ganze Israel sich versammelte und sie ihn begruben „in seinem Haus zu Rama“ (1. Sam. 25, 1), besteht seit dem 6. Jahrhundert n. Chr. die gefestigte Überlieferung, hier sei Samuel begraben. Eher war an dieser Stätte der große Opferplatz von Gibeon, an der die Schlacht zwischen Josua und den kanaanitischen Königen entbrannte,

Von Jerusalem nach Qubeiba.

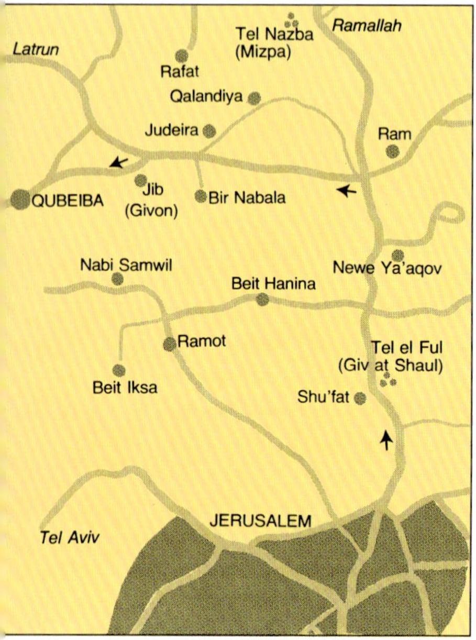

während der Josua betete: *„Sonne, stehe still zu Gibeon, und Mond, im Tal Ajalon“* (Jos. 10, 12). Auch könnte Salomon hierher zum Opfer gekommen sein und Gott an dieser Stelle in seinem bekannten Gebet um die Gabe der Weisheit angefleht haben (1. Kön. 3, 4–14). Die Kreuzfahrer nannten den Ort „Berg der Freude“ (mons gaudii), da sie von hier aus im Jahre 1099 einen ersten Blick auf die heilige Stadt werfen konnten. Berichten zufolge stand die auf dem Nabi Samuel 1157 erbaute Kreuzfahrerkirche noch bis zum 18. Jahrhundert. Dann wurde sie unter mysteriösen Umständen zerstört. Seit 1911 ziert eine Moschee den Berg, von deren Dachterrasse aus man weit das frühere Gebiet des Stammes Benjamin mit der Ausgrabungsstätte Gibeon im Vordergrund überblicken kann.

In **Gibeon** (Jib), das schon in der Bronzezeit und bevor die Israeliten 1200 v. Chr. in Palästina einzogen, eine große Stadt war, befand sich für einige Jahrzehnte das biblische Zelt und der Brandopferaltar. Im 8. und 7. Jahrhundert v. Chr. begründete der Weinbau den Wohlstand der Stadt. Im Jahre 587 v. Chr. zerstörten die Babylonier den Ort. Seitdem legen nur noch Ruinen Zeugnis ab von dem einstigen Leben, das hier pulsierte. Ausgrabungen legten eine Riesenzisterne mit einer Wendeltreppe frei sowie einen Wassertunnel, der das Wasser von den Quellen am Fuße des Hügels in die Stadt führte. Ebenso entdeckte man 63 in den Felsen gehauene Weinkeller.

Beim Dorf Biddu biegt die Straße in einer scharfen Kurve nach rechts ab und nach wenigen Kilometern erreichen wir das kleine Dorf Qubeiba, das seit 1500 n. Chr. als das Emmaus des Evangeliums verehrt wird, wo Jesus das Brot brach, sich Kleophas und einem anderen Jünger offenbarte und dadurch die Karfreitagstrauer seiner Jünger in die Osterfreude verwandelte (Luk. 24, 13–35):

„Und siehe, zwei von ihnen gingen an demselben Tage in einen Ort, der lag vor Jerusalem bei zwei Stunden Wegs: der Name heißt Emmaus. Und sie redeten

miteinander von allen diesen Geschichten. Und es geschah, da sie so redeten und besprachen sich miteinander, da nahte sich Jesus selbst und ging mit ihnen.

Aber ihre Augen wurden gehalten, daß sie ihn nicht erkannten. (. . .) Und sie kamen nahe zu dem Orte, da sie hingingen. Und er stellte sich, als wollte er weitergehen. Und sie nötigten ihn und sprachen: Bleibe bei uns; denn es will Abend werden, und der Tag hat sich geneigt. Und er ging hinein, bei ihnen zu bleiben. Und es geschah, da er mit ihnen zu Tische saß, nahm er das Brot, dankte, brachs und gabs ihnen. Da wurden ihre Augen geöffnet, und sie erkannten ihn. Und er verschwand vor ihnen . . .“

Den Kreuzfahrern wurde das Dorf Qubeiba schon als das richtige Emmaus gezeigt, wahrscheinlich aufgrund einer älteren Tradition. Qubeiba liegt an einer alten Römerstraße, die hinab in die Ebene führt. Zwischen 1114 und 1164 gründeten Kanoniker des Heiligen Grabes hier ein Dorf, das sie „Parva Mahomeria“ nannten, da sich hier ein Moslemschrein befand (el Qubeiba = eine kleine Kuppel). Diese Gründung stand allerdings nicht unter dem Zeichen, das biblische Emmaus zu bewahren, sondern vielmehr in diesem landwirtschaftlich fruchtbaren Gebiet sich einen Gutshof zu errichten, der sicher auch als Raststätte für die Pilger auf dem Wege nach Jerusalem dienen konnte. Die Kreuzfahrer errichteten ebenfalls eine Kirche. In deren Bau bezogen sie ein antikes Haus ein, das von der Tradition als das Haus des Kleophas angesehen worden ist. Das Heiligtum wurde 1861 von der Gräfin Pauline de Nikolay erworben und den Franziskanern geschenkt. Die Gräfin ist im Heiligtum des Brotbrechens bestattet worden.

Qubeiba (nach Bagatti).

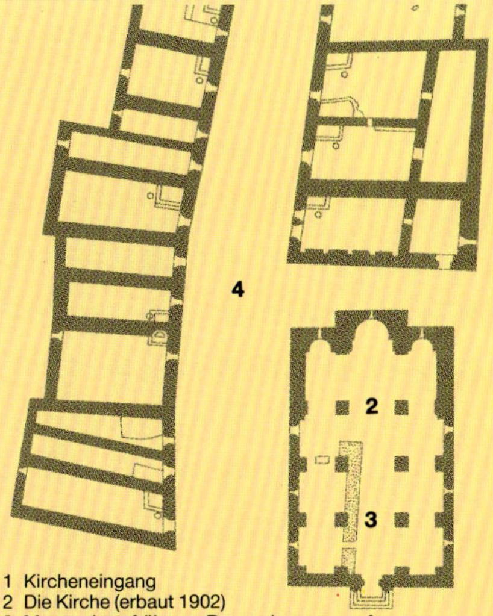

1 Kircheneingang
2 Die Kirche (erbaut 1902)
3 Mauer eines früheren Bauwerks
4 Römerstraße mit anliegenden Ruinen und Häusern aus dem Mittelalter

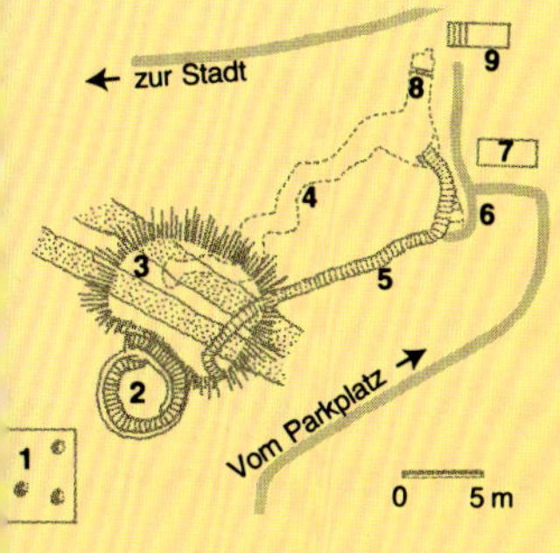

Öffnungen im Fels
Eingänge zu den Weinkellern (7. / 8. Jahrhundert)
Wendeltreppe zur Zisterne
Schutthaufen
4 Wassertunnel
5 Wassertunnel
6 heutiger Eingang zum Zugangstunnel
7 modernes Haus
8 Wasserteich
9 Zapfstellen

Die Kirche des Brotbrechens in Qubeiba.
Im Vordergrund Mauerreste aus dem Mittelalter.

Relief über dem Hauptportal der Kirche „Jesus und die Emmausjünger".

Im Jahre 1902 wurde diese Kreuzfahrerkirche nach den Plänen des deutschen Baumeisters W. Hinterkeuser wieder aufgebaut, wobei die alten Mauerreste, die Apsiden, Pfeiler und Grundmauern des ursprünglichen Hauses bewahrt wurden. Im linken Seitenschiff der Kirche, dem „Haus des Kleophas“, steht ein kostbarer Altar zum Andenken an das Geheimnis des Brotbrechens.

Die Ausgrabungen nördlich der Kirche förderten die alte römische Straße in die Küstenebene zutage. Ebenso fand man Siedlungsreste, die zum Teil von der Makkabäerzeit bis in die byzantinische Epoche zurückgehen. Rechts neben der Kirche liegt ein Kloster der Franziskaner. Das Gebäude gegenüber diente viele Jahre als Seminar für arabische Franziskaner.

Auf dem bewaldeten Hügel westlich des Dorfes erhebt sich das Deutsche Hospiz, dessen Areal 1876 von dem deutschen Franziskaner Ladislaus Schneider gekauft und 1883 dem Deutschen Verein vom Heiligen Lande überlassen worden ist. Die Lazaritenpatres, denen die Verwaltung überlassen wurde, erbauten dort das wohnliche Hospiz. Heute ist dieses Hospiz ein Altenheim, das von den deutschen Salvatorianerinnen betreut wird. Die früher im Hospiz tätigen Borromäerinnen versorgen am Ostende von Qubeiba eine Armenapotheke und ein Gästehaus.

Der Weg nach Jericho

Der Weg zwischen Jerusalem und Jericho ist durch zahlreiche Wanderungen aus der Bibel vertraut. Wir gehen aus unserer Blickrichtung von Jerusalem aus den Weg umgekehrt. Die Stationen und Ereignisse, denen Jesus und seine Jünger bei ihrem damals noch mühevollen Hinaufstieg nach Jerusalem (vgl. Matth. 20, 18) durch die heiße, wasserarme Gegend begegneten, lassen sich heute noch nachvollziehen. Die 1963 fertiggestellte Straße erleichtert dem Pilger der Gegenwart den Ab- und Aufstieg, da sie sich ziemlich geradlinig und die zahllosen Kurven vermeidend ins Jordantal hinabsenkt. Die bergige Landschaft jedoch mit ihrer kargen Vegetation, die sich nur im Winter und Frühling mit grünem Gras und Blumen schmückt, und die an den Berghalden wie zu Abrahams Zeiten lebenden ärmlichen Beduinen mit ihren Herden in ihren schwarzen Ziegenhautzelten erinnern immer noch an das Bild vor Jahrtausenden. Sie sind durch die neuangelegte Trasse der Zivilisation unberührt geblieben. Ortschaften sind auf dem etwa 34 km langen Weg nach Jericho auch heute nicht anzutreffen.

Wenige Kilometer nachdem wir Bethanien verlassen haben und an der jerusalemer Satellitenstadt Mishor Adummim vorbeigefahren sind, erreichen wir auf

der rechten Seite die **Herberge des barmherzigen Samariters** (Khan el-Harthrur). Früher war das Bauwerk tatsächlich eine Herberge. Das Gebäude verfiel nach der israelischen Besetzung. Jetzt ist es teilweise restauriert. Wenn man durch das jetzige noch halbwegs erhaltene Gebäude, das 1903 als türkische Herberge errichtet wurde, hindurchgeht, gelangt man in einen mauerumfriedeten Hof, in dem antike Ruinen des ehemaligen byzantinischen Klosters zum heiligen Joachim zu besichtigen sind. Hier ereignete sich die Szene, die bei Lukas geschildert wird, denn das Wandern in dieser einsamen Gegend war zu allen Zeiten doch sehr gefährlich. Bis in die Neuzeit hören wir aus Pilgerberichten von räuberischen Überfällen. Jesu Gleichnisrede vom barmherzigen Samariter entbehrt also nicht der zeitgenössischen Wirklichkeit: *„Da antwortete Jesus und sprach: Es war ein Mensch, der ging von Jerusalem hinab nach Jericho und fiel unter die Räuber; die zogen ihn aus und schlugen ihn und gingen davon und ließen ihn halbtot liegen. Es begab sich aber von ungefähr, daß ein Priester dieselbe Straße hinabzog; und da er ihn sah, ging er vorüber. Desgleichen auch ein Levit; da er kam zu der Stätte und sah ihn, ging er vorüber. Ein Samariter aber reiste und kam dahin; und da er ihn sah, jammerte ihn sein Herz, ging zu ihm, goß Öl*

Der Weg nach Jericho
im Wadi el Kelt

und Wein auf seine Wunden und verband sie ihm und hob ihn auf sein Tier und führte ihn in eine Herberge und pflegte sein. Des andern Tags zog er heraus zwei Silbergroschen und gab sie dem Wirte und sprach zu ihm: Pflege sein, und so du was mehr wirst dartun, will ich dir's bezahlen, wenn ich wiederkomme. (...) Da sprach Jesus zu ihm: So gehe hin und tue desgleichen!" (Luk. 10, 30–37).

Diese Begebenheit, in der Jesus die universale Nächstenliebe allen Christen ans Herz legt, macht deutlich, unter welchen Spannungen schon damals die jüdische Gesellschaft litt und welche Ethik Christus den Puristen des Alten Testaments, die nach dem Gesetz „Auge um Auge" fochten, im Neuen Testament entgegensetzte. Die Samariter waren seit dem 5. Jahrhundert v. Chr. bis zur römischen Herrschaft des Pompeius 64 v. Chr. immer mehr in den Gegensatz zum Judaismus geraten, von diesen verachtet und verfolgt worden und hatten erst im 4. Jahrhundert n. Chr. eine neue Selbständigkeit gewonnen.

Schräg gegenüber auf der anderen Seite der Straße erhebt sich der **Rote Paß** (Ma'ale Adummim) mit den Ruinen der mittelalterlichen Frankenburg. Die Burg war von den Kreuzfahrern gebaut worden, um die Straße nach Jericho zu überwachen. Die Araber nennen die Burgruine Qala'at ed Damm, eine Anspielung auf das rote Gestein links an der Straße. Schon bei Josua (15, 7) wird der Ort als „Steige von Adummim", als Blutsteige bezeichnet. (Adummim = Blut). Heute wird die Gegend als Wohn- und Industrieansiedlung von den Israelis ausgebaut. Durch den Ostteil dieser Gegend wanderte einstmals Johannes der Täuer zum Jordan. Er predigte in der Judäischen Wüste, und er *„hatte ein Kleid von Kamelhaaren und einen ledernen Gürtel um seine Lenden; seine Speise aber war Heuschrecken und wilder Honig"* (Matth. 3, 4).

Etwa drei Kilometer weiter schwenkt die Hauptstraße nach rechts, während ein Bergweg, eine alte Römerstraße, weiter geradeaus auf Jericho zugeht. Wenn wir diesem Weg durch das öde Bergland folgen, eröffnet sich plötzlich ein wasserreiches Tal, das **Wadi El-Kelt.** Ein Fußpfad führt hinab zum griechischen **Kloster des heiligen Georg von Koziba,** das wie ein Schwalbennest an dem steilen Felsen klebt. Am Beginn des Weges zum Kloster hinunter nördlich der Straße liegt eine alte geborstene Zisterne (Manzil Gibr). In byzantinischer Zeit verteilten die Mönche hier Wasser an die Wanderer und Pilger, die zwischen Jericho und Jerusalem unterwegs waren. Das St. Georgskloster ist ein typisches Beispiel eines griechisch-orthodoxen Wüstenklosters, ähnlich angelegt, wie das östlich von Betlehem liegende Wüstenkloster Mar Saba.

Aus: Christoph Führer (Fürer) von Haimendorf: Reisebeschreibung ins gelobte Land. (1565). Nürnberg 1646. S. 88 ff.

Überfall am Jordan

Sie nahmen ihnen ihre weißen Beinkleider und allen Speisevorrat . . ., beluden sie mit wassergefüllten Schläuchen und mit Holz, führten sie mit gespannten Bogen so gefangen in Arabiens Wüste, um sie in Medina zu verkaufen. Die Räuber waren stark, von grausamem Aussehen, bewaffnet mit Bogen und Köcher, mit Dolch und Keule. Die Pilger folgten unwillig mit zerknirschtem Herzen durch die Ebene von Jericho gegen das Tote Meer auf einen hohen Berg, wo die Räuber Geld oder Blut aufs grausamste forderten. Sie waren zuerst nicht einig, ob jeder einen Pilger für sich behalten solle, um, nach Belieben, ihn zu verkaufen oder zu schlachten; doch überwog zuletzt die Meinung, daß sie gemeinschaftliches Eigentum seien. Durst und Hunger gesellten sich zur andern Folter. Eine kalte, finstere Nacht brach ein, und man zündete ein Feuer an, um an diesem, das zugleich als Licht diente, sich zu erwärmen. Endlich verstand man sich über ein Lösegeld von zwanzig Golddukaten und einigen Kleidungsstücken, die in St. Saba in Empfang genommen würden. Kaum graute der Tag, als der eine Mönch von Fürers Gesellschaft mit zwei von den arabischen Räubern sich nach St. Saba begab; allein das Kloster willigte aus guten Gründen in die Bezahlung des Lösegeldes nicht ein.

Die zurückgebliebenen zwei Araber waren nun, den andern Mönch nicht zu zählen, gegen vier Pilger, welche, trotz ihres Mangels an Waffen, den verzweifelten Entschluß faßten, die Räuber zu überrumpeln. Fürer und Schulenberg überfielen den einen und die Gebrüder Bajer den andern Räuber, um entweder die Freiheit zu erringen, oder in einem ehrenhaften Kampfe zu sterben. Der eine Araber wehrte sich, und verwundete den Schulenburg mit einem Dolche sogar gefährlich. Die Franken siegten; mit einem ungeheuern Steine zermalmten sie diesem Räuber den Kopf, daß er sich nicht mehr regte, und stürzten ihn dann ohne Mühe über einen Felsen hinab. Der andere Räuber, welchen der Erfolg schreckte, ließ den Bogen zurück und ergriff die Flucht; bald jedoch wendete er sich unvermutet gegen einen der Bajer, versetzte ihm mit dem Dolch einen Stich, und warf mit solchem Ungestüm Steine auf die Pilger, daß sie, ohne die Beute eines Dolches vom andern Räuber, der Hartnäckigkeit des zwar Fliehenden kaum wären gewachsen gewesen. Als dieser müde war und seinen Kampf als einen nutzlosen aufgab, floh er mit einem entsetzlichen Lärm in die Wüste, gleich als wollte er alle Faunen und Satyren gegen die Pilger heraufbeschwören. Diese schwebten in der Besorgnis, daß durch das Geheul, von welchem die ganze Wildnis wiederhallte, andere Araber zu Hilfe gerufen würden, und sie flohen in der größten Hast in einen andern Teil der Wüste, über „unbekannte" Berggipfel, ohne Ordnung, so daß sie sich trennten. Fürer kam ungefähr mittags mit dem andern Mönche, welcher die Dienste eines Dolmetschers versah, zum Kloster St. Saba, welches sie heimlich am hinteren Teile des Gebäudes auf einer Strickleiter aufnahm; vorne lagerten die zwei Araber des Lösegeldes wegen. Die zwei Gebrüder Bajer verbargen sich in einer Höhle bis zum Untergang der Sonne, und eilten nachts gegen Jerusalem mit einer solchen Schnelligkeit, daß sie in der Frühe vor Sonnenaufgang bei den Toren der Stadt warteten. Einzig Schulenburg, dessen Trennung dem Fürer so schwer fiel, und der wegen seiner Schenkelwunde zur Flucht untüchtig war, blieb in der Wüste, bis der Tag verschwand. Bei Nacht irrte er mit Zittern durch die grause Einöde, und gelangte des morgens zum Toten Meere, wo er erkannte, wie weit er sich irrtümlich von Jerusalem entfernte; seine Brust füllte sich über die vergeblichen Anstrengungen in der Nacht mit Seufzern, sein Auge mit Tränen. Indessen faßte er sich und kehrte in die Wüste zurück, in der Hoffnung, daß er endlich doch nach Jerusalem kommen werde. Allein wegen der unseligen Unkunde der Gegend irrte er wieder herum, diesmal den ganzen Tag, und ein so unerträglicher Durst plagte ihn, daß er genötigt war, denselben mit dem eigenen Urin zu löschen. In Jerusalem vermißten die Reisegefährten mit wachsender Betrübnis den treuen Schulenburg; auf Fürers Bitte schickte nun das Kloster St. Salvator etliche wohlbewaffnete Mönche aus, ihn in der Wildnis zu suchen; abends kehrten sie unverrichteter Sache zurück. Doch übertrugen sie einem Araber, keinem übelgesinnten Menschen, welcher als Viehhirte die Höhlen der Wüste bewohnte, daß er, wenn er etwa einen Pilger träfe, ihn ins Kloster zurückführe. Dies hatte Erfolg. Nachdem nämlich Schulenberg noch einen Tag mit Herumirren verloren, kam er kurz vor Sonnenuntergang zu einem ausgehöhlten Felsen und zum Ziegenhirten, dem jener Auftrag wurde. Der Irrende näherte sich ihm und verlangte einen Schluck Wasser. Als der Hirte ihn an der Kleidung und Wunde erkannte, reichte er ihm sogleich Ziegenmilch, Brot und anderes, verband ihm so gut als möglich die Wunde und geleitete ihn auf einem Esel, drei Stunden nach Sonneuntergang aufbrechend, zum Kloster in Jerusalem. Es ließ sich nicht mit Worten die Freude ausdrücken, mit der ein Schicksalsgefährte den andern empfing. Auch die Mönche freuten sich mit ihnen übermaßen; die einen wuschen die Füße des neuen Gastes, die andern besorgten die Wunden, die dritten kredenzten die besten Speisen. Und Fürer in St. Saba? Die Gebrüder Bajer meldeten ihm dahin ihre glückliche Ankunft, und darauf reisete er mit dem Abte des Klosters und einem andern Mönch ab und erreichte in der Frühe die ersehnte Stadt.

Die ganzjährigen Quellen in dieser Schlucht zogen schon seit dem 5. Jahrhundert n. Chr. Einsiedlermönche an, die hier in Höhlen, sogenannten „Lauras“, lebten. Zwischen 420 und 430 n. Chr. bauten fünf Eremiten in dem Tal einen ersten kleinen Andachtsraum, der gegen Ende des 5. Jahrhunderts durch Johannes von Theben zu einem Kloster erweitert worden ist. Der Andachtsraum diente den Höhlen-Einsiedlern der Umgebung für die Gottesdienste. In der zweiten Hälfte des 6. Jahrhunderts erlebte das Kloster unter dem heiligen Georg von Koziba einen großen Aufschwung. Die 614 n. Chr. einfallenden Perser zerstörten jedoch das Heiligtum, das der Mutter Gottes geweiht war. Erst im Mittelalter 1179 n. Chr. ließ Manuel I. Komnenus das Kloster neu errichten. In dieser Zeit entstanden verschiedene Legenden, die sich auch heute noch in der Ikonographie des Klosters ausdrükken. So soll sich der Prophet Elia hier aufgehalten haben, als er unterwegs zum Sinai war. Eine andere Überlieferung will wissen, hier habe der heilige Joachim die Unfruchtbarkeit seines Weibes Anna beweint und ein Engel ihm daraufhin die Empfängnis der Jungfrau Maria verkündet.

Als der Pilger Felix Fabri 1483 n. Chr. die Stätte besuchte, fand er vom Kloster nur noch Ruinen vor. Erst 1878 begann der Wiederaufbau des Klosters, der 1901 vollendet war.

In der Kirche der Heiligen Johannes und Georg ist ein Mosaikfußboden aus dem 6. Jahrhundert erhalten. In einem langen Reliquienschrein sind die Köpfe der vierzehn Mönche ausgestellt, die von den Persern zu Tode gemartert wurden. Eine Nische enthält das Grab des heiligen Georg. Durch einen Vorraum gelangt man in die Hauptkirche, die der Mutter Gottes geweiht ist. Über eine Treppe vom Innenhof des Klosters aus ist die Höhlenkirche des Propheten Elia zu erreichen, der hier der Legende nach drei Jahre und sechs Monate lebte und von Raben ernährt wurde, die ihm *„Brot und Fleisch des Morgens und des Abends“* brachten (1. Kön. 17, 3–6). In dieser Höhle verbarg sich auch der heilige Joachim 40 Tage lang. Ein enger Tunnel, der von der Höhle aus tief in den Berg führt, diente in Zeiten der Verfolgung als Zuflucht.

Wenn wir zur modernen Hauptstraße zurückkehren, erreichen wir nach einigen Kurven das Niveau des Mittelmeers, wie ein Schild verkündet. Nicht weit davon zweigt rechts ein asphaltierter Weg ab, der zu dem früheren Derwischkloster **Nebi Musa** führt, dessen zahlreiche Kuppeln schon über den Buckel eines niedrigen Hügels ragen. An dieser Stätte beteten die Moslems zu Moses, dessen Grab auf dem Berg Nebo auf der anderen Seite des Jordantals liegt. Nachdem 1269 der Mameluckensultan Baibars an dieser Stelle einen Schrein errichtet hatte und später neben dem Schrein Unterkünfte für Reisende erbaut worden waren, wurde die Stätte allmählich im Denken der arabischen Pilger zum Ort des Grabes selbst. Das heutige geräumige Hospiz entstammt der Zeit zwischen 1470 und 1480. Zwar verfielen die Gebäude in späterer Zeit, doch 1820 renovierten die Türken das Kloster und regten als Gegengewicht zu den christlichen Feierlichkeiten in der Osterwoche am selben Datum die Moslems zu einer siebentägigen Pilgerfahrt an, in der gebetet, gefastet und gefeiert wurde. Das hatte zur Folge, daß am Karfreitag sich in Jerusalem eine lärmende Prozession moslemischer Pilger in der El-Aksa-Moschee versammelte, durch die Stadt wälzte und nach Nebi Musa zog. Diese Prozession, die eine der populärsten palästinensischen Einrichtungen war, im 20. Jahrhundert allerdings auch zu einem Hort von politischen Unruhen werden konnte, verboten schließlich die jordanischen Behörden 1948.

Der riesige Friedhof in Nebi Musa beherbergt zwei Gräber, die nach moslemischer Überlieferung die letzte Ruhestätte von Hasan er-Rai, dem Schafhirten des Moses, und von Aisha, der Lieblingsfrau Mohammeds, sind.

Kurz hinter der Abzweigung nach Nebi Musa senkt sich die Straße ins Jordantal hinab. Es bietet sich ein herrlicher Ausblick auf das Tote Meer und den Jordan.

In der Nähe des Jordans unweit des Klosters des hl. Johannes.

Der **Jordan** ist der heiligste Fluß des Christentums. Durch sein Flußbett zog das Volk Israel, um vom gelobten Land Besitz zu ergreifen (Jos. 3). Der Jordan besitzt zwar keine Heilkraft des Wassers, aber gewinnt seine Bedeutung durch die Tatsache, daß er die Grenze des von Gott verheißenen gelobten Landes bildet. Durch ihn gingen die Propheten Elias und Elisäus trockenen Fußes, denn das Wasser *„teilte sich nach beiden Seiten"* (2. Kön. 2, 8); hier wusch sich Naëman, der Feldhauptmann des Königs von Aram (Damaskus), auf Geheiß des Propheten Elisäus und wurde vom Aussatz befreit. Johannes der Täufer predigte am Jordan und gab Kunde vom Kommen Jesu, indem er sprach: *„Tut Buße, denn das Himmelreich ist nahe herbeigekommen* (Matth. 3, 2), und *„zu der Zeit kam Jesus aus Galiläa an den Jordan zu Johannes, daß er sich von ihm taufen ließe . . . Und da Jesus getauft war, stieg er alsbald herauf aus dem Wasser. Und siehe, da tat sich der Himmel auf, und er sah den Geist Gottes wie eine Taube herabfahren und über sich kommen. Und siehe, eine Stimme vom Himmel herab sprach: Dies ist mein lieber Sohn, an welchem ich Wohlgefallen habe"* (Matth. 3, 13–17).

Schon immer besuchten Pilger den Jordan, um Jesu Taufe zu gedenken, dem Jordan Wasser zu entnehmen für die Taufe von Verwandten und Freunden in der

Heimat und das Taufgelübde selber zu erneuern. Der genaue Ort bleibt allerdings unbekannt. Am Epiphaniasfest feiern die Katholiken am Jordan einen Gottesdienst, bei dem der Priester ein Boot besteigt, das Evangelium von der Taufe Christi singt und für alle durch die Taufe Wiedergeborenen betet. Auch die Griechisch-Orthodoxen feiern das Fest der Erscheinung des Herrn am Jordan. Zu Tausenden erneuern sie im Wasser des Flusses symbolisch die Taufe. Heutzutage ist wegen der nahen jordanischen Grenze ein Besuch des Flusses für den Touristen nicht möglich. Man kann nur das unweit des Jordanufers in der Wüstenlandschaft liegende griechische Kloster des heiligen Johannes, das schon mehrmals durch Erdbeben in dieser Gegend zerstört worden ist, besichtigen.

In der Nähe des Jordans vermutet man auch den Ort, an dem die Israeliten nach der Überquerung des Flusses ihr erstes Lager aufgeschlagen haben. Es ist der **Gilgal** (Galgala), das Heiligtum der Landnahme, dessen Name sich nicht in der Gegend erhalten hat und der auch nicht mehr in den Quellen vom 8. vorchristlichen Jahrhundert bis in die römische Zeit erwähnt wird. Josua soll hier zwölf aus dem Flußbett des Jordan entnommene Gedenksteine errichtet haben und der Engel des Herrn habe ihm diesen Ort als heilig erklärt (Jos. 5, 15). Die Überlieferung hat dieses Heiligtum etwa 3 km östlich von Jericho bei einer 1950 entdeckten Klosterruine festgelegt. Das stimmt mit Bemerkungen von Eusebius und Hieronymus überein, die sagen: „Es wird bis heute beim zweiten Meilenstein von Jericho ein öder Ort gezeigt, der von den Leuten jener Gegend in wunderbarer Verehrung gehalten wird" (Onomastikon 66, 4 f.). Die zwei Meilen (= 3 km) sind also in östlicher Richtung des alten Jericho zu suchen. Die großen zwölf Steine wurden aber bis zum heutigen Tag nicht gefunden.

Jericho und Umgebung

Wenn man sich wieder auf die Hauptstraße zurückbegibt und in Richtung Jerusalem fährt, zweigt rechts die Straße ab nach **Jericho,** eine der ältesten Städte der Welt, 259 m unter dem Meeresspiegel gelegen, eine Oase, in der exotische Blumen und Früchte gedeihen und sich viele Fenster in die Vergangenheit öffnen, besonders in die Zeit Jesu Christi. Jesus, der zu Beginn des Jahres 28 aus der Stille Nazareths herausgetreten war und zu predigen angefangen hatte, zog oft durch die Gegend von Jericho. Auf dem Weg zu dieser alten Stadt, deren Lage sich im Laufe der Jahrtausende verschoben hat, sprach er zu seinen Jüngern von seinen bevorstehenden Leiden, wie uns Lukas berichtet: *„Sehet, wir gehen hinauf nach Jerusalem, und es wird vollendet* *werden, was geschrieben ist durch die Propheten von des Menschen Sohn. Denn er wird überantwortet werden den Heiden, und er wird verspottet und geschmäht und verspeit werden, und sie werden ihn geißeln und töten; und am dritten Tage wird er auferstehen"* (Luk. 18, 31–33; vgl. auch Matth. 20, 17–19 und Mark. 10, 32–34).

In der Nähe der Stadt heilte Jesus einen Blinden (Luk. 18, 35–43, Matth. 20, 29–34, Mark. 10, 46–52) und in Jericho selbst nahm er Herberge bei dem Zöllner Zachäus: *„Und er zog hinein und ging durch Jericho. Und siehe, da war ein Mann, genannt Zachäus, der war ein Oberster der Zöllner und war reich. Und er begehrte Jesu zu sehen, wer er wäre, und er konnte nicht vor dem Volk; denn er war klein von Person. Und er lief voraus und stieg auf einen Maulbeerbaum, auf daß er ihn sähe; denn allda sollte er durch-*

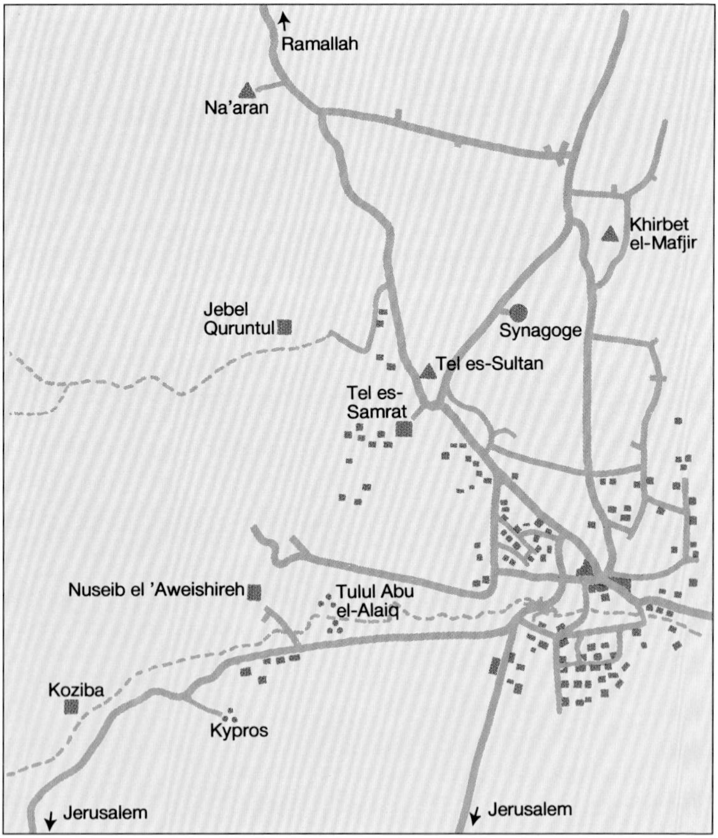

Die Umgebung von Jericho

kommen. Und als Jesus kam an die Stätte, sah er auf und sprach zu ihm: Zachäus, steig eilend hernieder; denn ich muß heute in deinem Hause einkehren (Luk. 19, 1–5).

Das Jericho zur Zeit Jesu lag allerdings an anderer Stelle als das heutige moderne Er-Riha, wie es arabisch heißt. Es befand sich dort, wo die alte Römerstraße und das Wadi el Kelt in die Jordanebene einmünden und ein kleines Dorf mit einer Moschee liegt. Nicht weit davon entfernt förderten Ausgrabungen auf den beiden Hügeln Tulul Abu el-Alaiq Reste des durch einen Brand vernichteten Herodespalastes zutage. Hier starb Herodes d. Gr. in seinem Winterpalast, den er von Kleopatra zunächst gepachtet, dann aber von Augustus als Dank für seine geschickte Diplomatie überschrieben bekommen hatte. Nördlich des Winterpalastes auf dem Tel es-Samrat lag das Hippodrom und Theater des Herodes, in dem er kurz vor seinem Tode bedeutende Juden aus ganz Judäa einsperren ließ und befahl, sie im Augenblick seines eigenen Ablebens umzubringen. Herodes Schwester Salome hielt sich allerdings nicht an diesen irrsinnigen Wunsch.

Oberhalb des Herodespalastes im Südwesten erhebt sich der Gipfel Tel el-Aqabe, eine Art Massada in Miniatur, auf dem die Herodesburg Kypros ausgegraben wurde. Sie diente auf der Höhe zum Schutze des Palastes

Kyros

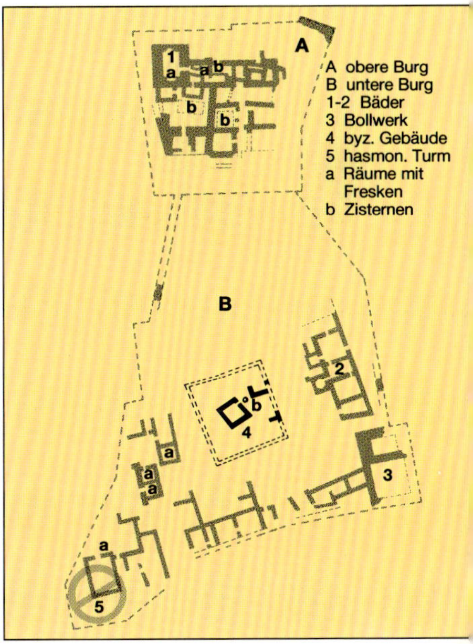

und ist heute auf der alten Römerstraße von Westen her leicht zugänglich. Die Ausgrabungen legten einen runden Turm an der Südecke des Plateaus frei, der noch aus der Hasmonäerzeit stammt und Beweis dafür ist, daß wir mit Kypros eine der beiden Festungen Thrax oder Taurus vor uns haben, die der syrische General Bakchides während der Makkabäerkriege errichten ließ und die Pompeius 63 v. Chr. zerstört hat. Die andere Festung ist auf der anderen Seite des Wadi Kelt zu erkennen (Nuseib el Aweishireh).

Herodes befestigte den Ort erneut und nannte ihn zu Ehren seiner Mutter Kypros. Ruinen eines prachtvollen Heißwasserbades und viele farbige Fresken legen

Ruinen des Hischam-Palastes ▽

△ Stuckbalustraden des Palastes,
△ die zumeist persischen Ursprungs sind

△ Reste der kunstvollen Steinmetzarbeiten

Zeugnis davon ab, daß Kypros eine Luxusburg war. Um 66 n. Chr. wurde die Festung von jüdischen Aufständischen dem Erdboden gleichgemacht.

Nordwestlich des modernen Jericho erhebt sich der Hügel Tel es-Sultan, unter dem das Jericho der Kanaaniter vermutet wird, dessen Mauern Josua durch einen siebentägigen Umzug mit Posaunengeschmetter zum Einsturz gebracht haben soll (Jos. 6, 1–21). Ausgrabungen im Tel es-Sultan konnten die Existenz Jerichos bis ins achte Jahrtausend v. Chr. zurückverfolgen. Am Fuße des Ruinenhügels entspringt die ganzjährige wasserreiche Quelle der Oase Jericho, die Elisäusquelle (Ein es-Sultan), deren in der Vorzeit einmal verseuchtes Wasser der Prophet Elisäus damals durch die Zugabe von Salz wieder gesund machte *„bis auf diesen Tag“* (2. Kön. 2, 22).

Aus arabischer Zeit stammt der sehenswerte **Hischam-Palast** (Kasr Hischam oder Khirbet el-Mafjir), ein Jagdschloß der Omayyaden-Kalifen aus dem 8. Jahrhundert n. Chr., dessen erhaltene wundervolle Mosaike und Steinmetzarbeiten immer mehr freigelegt werden. Besonders das Mosaik im kleinen Baderaum, der wie andere Gebäude des Palastes teilweise wiederhergestellt worden ist, zeichnet sich durch außergewöhnliche Schönheit aus. Der Palast wurde schon bald nach seiner Fertigstellung 774 n. Chr. durch ein Erdbeben zerstört.

Mosaikfußboden im Hischam-Palast

Das berühmte Mosaik im kleinen Badehaus, das einen Löwen zeigt, der unter einem „Lebensbaum“ Gazellen angreift.

Nordwestlich vom Tel es-Sultan und der Elisäusquelle führt eine Straße bis an den Fuß des **Dschebel Qarantel** (Jebel Quruntul), des „Vierzigtage-Berges", der steil nach Osten abfällt. In diesem Steilhang befinden sich viele Höhlen, in denen seit der frühchristlichen Zeit und im Mittelalter Einsiedler lebten. Jesus zog sich hier nach der Taufe durch Johannes zurück, um zu fasten und zu beten. In dieser Zeit versuchte ihn der Teufel: *„Jesus aber, voll heiligen Geistes, kam wieder von dem Jordan und ward vom Geist in die Wüste geführt und ward vierzig Tage von dem Teufel versucht. Und er aß nichts in diesen Tagen, und da sie ein Ende hatten, hungerte ihn. Der Teufel aber sprach zu ihm: Bist du Gottes Sohn, so sprich zu diesem Stein, daß er Brot werde. Und Jesus antwortete ihm: Es steht geschrieben (5. Moses 8, 3): „Der Mensch lebt nicht allein vom Brot, sondern von einem jeglichen Wort Gottes". Und der Teufel führte ihn hinauf auf einen hohen Berg und zeigte ihm alle Reiche der ganzen Welt in einem Augenblick und sprach zu ihm: Alle diese Macht will ich dir geben und ihre Herrlichkeit; denn sie ist mir übergeben, und ich gebe sie, welchem ich will. Wenn du nun mich willst anbeten, so soll es alles dein sein. Jesus antwortete ihm und sprach: Es steht geschrieben (5. Mose 6, 13): „Du sollst Gott, deinen Herrn, anbeten und ihm allein dienen"* (Luk. 4, 1–8).

Aus: Tinus Tobler: Topographie von Jerusalem und seinen Umgebungen
2 Bde. Berlin 1853/54.
Bd. 2. S ..., 642 ff.

Als ich am 6. Jenner 1846 nachts vom Ain es-Sultan nach Riha zog, war es unbeschreiblich lieblich, wie bei uns im Spätfrühling. Was für einen herrlichen Genuß mußte es im Altertume gewähren, wenn der reiche Jerusalemer, welchen die kalten Winde des Winters über dem Tale Josaphat unangenehm berührten, in wenigen Stunden in die Ebene von Jericho gelangte, gleichsam in eine andere Jahreszeit sich versetzte, wenn er die Pracht der von den Silberfäden des befruchtenden Wassers umzogenen Palmenhaine bewundern konnte, wenn er das Flöten der lustigen Nachtigall vernahm, wenn er sah, wie die Natur überall ihr Füllhorn vorhielt. Und fing im Frühling an, die Sonne zu brennen, so war er schnell wieder in die Vaterstadt zurückgekehrt, wo man während der Hitze des Tages immer von einem kühlen Lüftchen angeweht wird, und fühlte er hier etwa im hohen Sommer den Einfluß der Sonne zu stark, so hatte er keine große Strecke zurückzulegen, bis er über Jericho und die Au des Jordans über Tiberias hinauf den großen Hermon und den Libanon erreichte, wo er, im Angesichte des Schnees, die frischere oder mildere Kühle nach Belieben aussuchen konnte. Man schildert den klimatischen Einfluß Jerichos als sehr ungesund, namentlich für Fremde. Oft soll ein einziger nächtlicher Aufenthalt hinreichen, jemand fieberkrank zu machen. So sehr auch die Landschaft von Jericho, welche der Ansiedlung tropisch-indischer Gewächse günstig war, vernachlässigt ist, so trägt sie immer noch unverwischliche Spuren der Fruchtbarkeit, ja einer tropischen wegen der tiefen Lage. Freilich darf man eine Palmenstadt weder in der Nähe des Moi el-Kelt, wo das alte Jericho stand, noch in Neujericho suchen. Doch fand man noch im jüngsten Dreißiger-Jahrzehnt einen Palmbaum, der aber sein Haupt furchtsam erhob. Geschweige im hohen Altertum, standen noch um 670 zwischen dem alten Jericho und dem Jordan große Palmenhaine und in deren Mitte kleine Felder. Später wurden die Palmen immer seltener. Wer kennt nicht den *Balsam von Jericho?* Im Palmenwalde war einst ein königliches Schloß und der Balsamgarten. Die Balsampflanze ist schon längst verschwunden …

Die *Rosen von Jericho,* unter denen man gewöhnliche zu verstehen hat, nur daß sie etwa noch süßer dufteten, waren einst berühmt. Die später sogenannte Rose von Jericho, bei den Arabern Kaff Mariam, verdient diesen Namen aus doppelten Gründen nicht, erstens, weil sie keine Rose ist, und zweitens, weil sie nicht um Jericho wächst, sondern in der Wüste Arabiens, bei Kairo, im Südosten des asphaltischen Sees. Die Pflanze ist kein eigentlicher Strauch, sondern aus einer Wurzel wachsen auf einmal 4 bis 8 cm lange, holzartige Stengel. Sie verdirbt, nach den bisherigen Erfahrungen, nie oder nicht so leicht. Eine zur Zeit der Kreuzfahrer gebrachte Rose soll nach siebenhundert Jahren, ins Wasser gesetzt, sich wieder geöffnet haben.

Sonst wächst in der Nähe von Jericho Weizen, Gerste und einiges Gemüse.

Das von Bäumen, weiter nordwärts von Dorngebüschen, die von Wildschweinen, Hasen und Feldhühnern belebt sind, umgebene Dorf sucht wegen der Schlechtigkeit seinesgleichen. Die niedrigen, schwärzlichbraunen Häuser, (1846) etwa vierzehn an der Zahl, sind mehr Schuppen von sehr unregelmäßiger Gestalt, auf der Westseite an einer Reihe, zu der man ohne Schwierigkeit gelangt. Nordöstlich davon waren mehrere, etwa sechs Zelte von Ziegenhaaren aufgeschlagen. Auch sind einige Ruinen zwischen jenen Häusern und diesen Zelten bewohnt, die meisten aber leer. Ich konnte an denselben nichts Altertümliches entdecken. Die Leute von Rıha, wenig zahlreich, sind ein häßlicher, magerer, brauner Schlag und der lebendigste Ausdruck von Armseligkeit.

Blick vom Hischam-Palast aus auf
das ehemalige Palästinenserlager im Norden

Das Kloster der Versuchung auf
halber Höhe der Steilwand am
Berg der Versuchung.

Schon in den ersten Jahrhunderten n. Chr. suchte man den Ort der Versuchung Jesu zu lokalisieren. Da bei der letzten Versuchung von einem hohen Berg die Rede ist, hielt das apokryphe Hebräerevangelium den Berg Tabor in Galiläa für den Berg der Versuchung. Seit byzantinischer Zeit gilt jedoch die steile Felswand hier nordwestlich von Jericho als die richtige Stätte. Eine Höhle auf halber Höhe der Steilwand soll Jesus als Aufenthaltsort gedient haben. Über dieser Höhle errichteten die Byzantiner das **Kloster der Versuchung,** das wie ein Adlerhorst an der Felswand hängt. Die Mönche des Klosters zeigen dem Pilger gern die Höhle, in der Jesus 40 Tage gebetet und gefastet habe und die inzwischen in eine Kapelle umgewandelt wurde. Diese vierzig Tage gaben dem Berg auch seinen Namen: Mons Quarantana. Der lateinische Name hat sich im Arabischen als Qarantal erhalten. Vom Kloster führt ein schmaler Weg auf den Gipfel des Berges.

In der Zeit der Makkabäer im zweiten vorchristlichen Jahrhundert befand sich auf dem Gipfel die Festung Dok (Dagon). In ihr ließ Ptolemäus, der Schwiegersohn des Hohenpriesters Simon, während eines Festmahls seinen Schwiegervater und zwei von dessen Söhnen umbringen (1. Makk. 16, 11). Nur Hyrkanus, der vorher gewarnt worden war, entging dem Anschlag. Als später Hyrkanus den Ptolemäus auf Dok belagerte, ließ dieser noch dessen Mutter vor den Augen des Belagerers fast zu Tode foltern, so daß Hyrkanus die Belagerung abbrach, wie uns Josephus Flavius berichtet (Josephus Flavius: Jüdische Altertümer 13, 8,1).

Der heilige Chariton errichtete in christlicher Zeit auf dem Berg eine Laura, in der mancher Heiliger lebte. Später bauten die Mönche des Klosters hier eine Kapelle, in der sie zum Gebet zusammenkamen. Der Bau einer neuen Kapelle, der vor dem Ersten Weltkrieg von den orthodoxen Russen begonnen wurde, blieb unvollendet. Das bei klarem Wetter großartige Panorama über das Jordantal und die Ausläufer des Toten Meeres belohnt den Aufstieg zum Gipfel.

Religionen und Riten im Heiligen Land

Das Heilige Land ist die Wiege der großen drei monotheistischen Religionen, des Judentums, des Christentums und des Islams. Sie alle gründen auf den Lehren der hebräischen Propheten, sind Kinder eines Samens und doch im Laufe der Geschichte feindliche Brüder geworden. Jerusalem mit seinen Heiligtümern blieb ihnen allen immer der Brennpunkt, das *„Haus des Herrn"*, in dem *„man zusammenkommen soll"* (Psalm 122, 3). Daher mag es für den Pilger nützlich sein zu wissen, wo die Gemeinsamkeiten derjenigen liegen, die zusammenkommen sollen.

1. Die Juden

Der Name „Juden" bezeichnet ursprünglich diejenigen, die zum Stamme Juda gehörten. In der babylonischen Gefangenschaft wurde er zu einem Synonym für alle aus Palästina Verschleppten mosaischen Glaubens. Die jüdische Religion beruft sich auf Abraham, den Stammvater des Volkes, das Gott auserwählt hatte, seinen Offenbarungen zu dienen und dem göttlichen Erlöser den Weg zu bereiten. Ihr Warten auf den Messias erfüllte sich aber nicht durch Jesus Christus. Sie hoffen weiter auf den Erlöser nach der Religion des Alten Bundes, des Alten Testaments. Daher bemühten sie sich besonders in der nachchristlichen Zeit um eine verstärkte Auslegung und Erklärung der Thora, des Gesetzes, der fünf Bücher Moses, die nach jüdischer Auffassung zu den Dingen gehört, die vor der Entstehung der Welt erschaffen wurden. Im zweiten Jahrhundert n. Chr. entstand als Interpretation der Thora die Mischna, die in den folgenden Jahrhunderten immer wieder neu ausgelegt und erklärt wurde. Diese Erklärungen sind unter dem Namen Gemara (das Vollendete) zusammengefaßt. Mischna und Gemara bilden die Auslegungsgrundlage für das neben der Bibel gültige Hauptwerk des Judentums, den Talmud. Es gibt zwei Talmuds, den Jerusalemer, der um 400 n. Chr. schriftlich fixiert worden ist, und den für die religiöse Praxis bedeutsameren Babylonischen, der um 500 n. Chr. zum Abschluß kam. Der babylonische Talmud besteht aus 63 Mischnatraktaten, von denen 36 in der Gemara kommentiert sind. Inhaltlich setzt sich der Talmud aus religionsgesetzlichen (Halacha) und erzählenden (Haggada) Texten zusammen. Die Haggada könnte man vom christlichen Verständnis aus als Theologie bezeichnen, da sie sehr an das Schriftwort der Bibel gebunden ist.

Die Einstellung gegenüber dem Talmud und der Mischna unterscheidet auch die jüdischen Glaubensgemeinschaften. Während sich die **Sepharden,** die Juden aus Spanien sowie Nordafrika und ihre Nachfahren mehr um das Sammeln und kodifizieren der religionsgesetzlichen Auslegungen bemühen, interessiert die **Aschkenazim,** die Juden aus Mittel- und Osteuropa sowie ihre Enkel in der ganzen westlichen Welt, vor allem in Amerika, vornehmlich die Kommentierung der heiligen Schriften. Zu einer eigenen Religionsphilosophie ist diese Beschäftigung mit den Schriften jedoch nicht geworden.

Nicht nur in der Auslegung des Talmud und der Mischna unterscheiden sich die auch herkunftsmäßig unterschiedlichen religiösen jüdischen Gruppierungen, sondern ebenfalls in ihrem Ritus. Daher haben sie alle ihre eigenen Synagogen. Gemeinsam ist ihnen jedoch der Sabbat als Ruhe- und Gebetstag, der am Sonnenuntergang des Freitags beginnt und bei Sonnenuntergang am Samstag endet. Am Sabbat darf nicht gearbeitet werden, alle Ämter, Schulen, Büros und Geschäfte sind geschlossen, auch der Eisenbahn- und Autobusverkehr ruht.

Neben den beiden größten religiösen Gruppen im Heiligen Lande, den Sepharden und den Aschkenazim, gibt es noch kleinere Religionsgemeinschaften, wie die **Karäer** (Karaiten). Sie erkennen weder die mündliche rabbinische Überlieferung noch die Mischna und den Talmud an. Für sie gilt nur die Thora. Karäer leben heute in Jerusalem und in den Siedlungen Matsliah bei Ramla und Rarsen bei Beer Sheba. Zu nennen sind noch die streng **orthodoxen Juden** im Jerusalemer Stadtteil Mea Shearim. Ihrer Auffassung nach hat nur der noch kommende Messias das Recht, die Juden in das gelobte Land zu führen. Daher halten sie den Zionismus und den Staat Israel für eine Blasphemie. Sie zahlen keine Steuern, leisten keinen Wehrdienst und lehnen die weltliche Gerichtsbarkeit ab. Für sie gelten eigene religiöse Gerichte, sie wählen auch ihre eigenen Rabbiner und unterstehen also nicht dem Obersten Rabbinischen Rat, der höchsten religiösen Instanz im Staate Israel.

Erwähnenswert ist schließlich die nur etwa 500 Mitglieder zählende Religionsgemeinschaft der **Samariter.** Sie benutzen auch die

Thora, die fünf Bücher Mose, aber in einer veränderten Fassung. Die Samariter sind Nachkommen des alttestamentlichen Nordreiches Israel. Nach der Eroberung Samarias durch die Assyrer (722 v. Chr.) vermischten sie sich mit den dort angesiedelten assyrisch-babylonischen Kolonisten. Obwohl sie weiterhin dem mosaischen Gesetz folgten und jahwetreu blieben, wurden sie jedoch von den aus Babylon heimgekehrten Juden aufgrund der Rassenvermischung nicht mehr als Teil des Bundesvolkes anerkannt. Sie werden von den Juden seitdem als nicht gleichberechtigt angesehen und sogar verachtet. Auch die Mitarbeit am Wiederaufbau des Zweiten Tempels wurde ihnen verwehrt. Darauf schlossen sie sich zu einer eigenen kultischen Gemeinde zusammen unter Führung eines abtrünnigen Priesters aus dem Hause Aaron und erbauten 360 v. Chr. auf dem Berg Garizim bei Sichem (Nablus) einen Tempel. Zwar zerstörte der Makkabäer Johannes Hyrkanus 132 v. Chr. diesen Tempel, doch noch heute feiert die Gemeinde der Samariter auf dem Garizim ihre religiösen Feste. Für den Touristen und Pilger ist besonders die Teilnahme an der malerischen Feier des Osterfestes der Samariter auf dem Berg Garizim zu empfehlen. Von Jerusalem aus gibt es entsprechende Busverbindungen.

2. Die Moslems

Die Mehrheit der Bevölkerung in den umliegenden arabischen Staaten, bis auf den Libanon, bekennt sich zu der von Mohammed (* ca. 540 in Mekka, † 632 in Medina) gestifteten Religion des Islams. Das Wort Islam bedeutet Friede und Gehorsam Gott gegenüber. Der Name Islam wird als von Gott gegeben empfunden (Vgl. Koran 5. 4; 3.20). In Israel und Jerusalem bilden die Moslems seit 1967 die zahlreichste Minderheit. Die Moslems sind zum größten Teil Araber. Moslemische Araber kamen erstmals 637 n. Chr. nach Palästina und unterwarfen sich dessen Bevölkerung. 1187 eroberten sie ein zweites Mal das seit 1099 von den Kreuzfahrern beherrschte Land für den Islam. Seit dem Ende des Kreuzfahrerreiches bis zur Gründung des Staates Israel beherrschte der Islam Palästina.

Die Moslems glauben auch an den einen allmächtigen Gott, allerdings nicht in seiner Dreifaltigkeit. Sie halten Mohammed für seinen letzten und größten Propheten. Der Koran (Qur – an = lesen, vortragen) ist das heilige Buch der Moslems, ihre Glaubens- und Rechtsquelle. Er ist nach moslemischer Auffassung die Sammlung der Offenbarungen Gottes, die Mohammed 23 Jahre in Mekka und Medina Wort für Wort empfing. Der Koran erkennt auch die früheren Propheten vor Mohammed an. Abraham, Moses, Jesus und andere gelten im Einklang mit Gott als Wegbereiter der wahren Religion. Die bildliche Darstellung Gottes oder geistbeseelter Lebewesen verbietet der Koran. Nur Gott allein gilt als Schöpfer und Bildner. Tiere, Pflanzen und andere Dinge dürfen jedoch bildlich dargestellt werden.

Das wichtigste Heiligtum der Moslems ist die Kaaba (arab.: Würfel) in Mekka, ein altes Nationalheiligtum. Die Kaaba umschließt in der Großen Moschee in Mekka einen leeren fensterlosen Raum, in dessen südöstlicher Ecke neben dem Eingang der besonders verehrte Schwarze Stein eingemauert ist. Mohammed bestimmte, daß die fünfmaligen Gebete am Tag (bei Sonnenaufgang, mittags, zwischen Mittag und Sonnenuntergang, beim Sonnenuntergang und eine Stunde danach) in Richtung Mekka zu verrichten sind. In jeder Moschee gibt der Mihrab (Gebetsnische) die Richtung nach Mekka an. Zu diesen Gebeten ruft der Muezzin vom Minarett aus die Gläubigen auf, indem er verkündet: „Gott ist der Größte! Ich bezeuge, daß ausser Gott kein anderer Gott ist. Kommt zum Gebet! Kommt zum Heil! Gott ist der Größte! Ich bezeuge, daß kein Gott ist außer Gott." Am Sonnenaufgang fügt er noch hinzu: „Beten ist besser als schlafen".

An den Freitagen findet in den Moscheen der Gemeindegottesdienst mit Gebet und Predigt statt, den der Imam leitet. Die Kanzel des Predigers wird Minbar oder Mimbar genannt. Daneben gibt es noch einen erhöhten Sitz für den Vorleser und ein Pult für den Koran. Wenn die Gläubigen in die Moschee kommen, müssen sie sich vor dem Gebet einer rituellen Waschung unterziehen. So schreibt es der Koran vor. Auch müssen Schuhe und Sandalen vor dem Betreten der Moschee abgelegt werden. Der Boden der Moscheen ist immer mit Gebetsmatten oder Gebetsteppichen ausgelegt. Manchmal gibt es auch Schreine, wie z.B. im Felsendom, in denen Kleidungsstücke oder Barthaare des Propheten u.a. als Reliquien aufbewahrt werden. Wichtigste Glaubensgrundsätze, die unterschiedlos von allen moslemischen Glaubensgemeinschaften befolgt werden, sind: der unbedingte Glaube an Allah und seinen Propheten Mohammed; die Pflicht zum fünfmaligen täglichen Gebet; die Pflicht, Arme und Bettler zu unterstützen; die Einhaltung des Fastenmonats Ramadan, in dem die Moslems sich täglich von der Morgendämmerung bis zum Sonnenuntergang jeglicher Speise und jeglichen Tranks sowie des Rauchens enthalten müssen; die Durchführung einer Wallfahrt nach Mekka, die jeder Gläubige wenigstens einmal in seinem Leben unternehmen sollte. Das Verbot, Alkohol und Schweinefleisch zu genießen, beschränkt sich nicht nur auf den Fastenmonat, sondern hat generell Gültigkeit. Ebenso sind Glücksspiele verboten.

Wie die Juden kennen die Moslems an der Spitze ihrer Glaubensgemeinschaft religiöse Richter (Kadis) und Religionsgerichte, die bei Eheschließungen und -scheidungen rechtsprechen sowie die religiöse Erziehung der Kinder überwachen.

Die Konfession des Islam zerfällt in zwei Hauptgruppen, die **Sunniten,** die vor allem in Palästina und den umliegenden Ländern zu Hause sind, und die **Schiiten,** die nur Ali und dessen Nachkommen aus der Ehe mit der Prophetentochter Fatima als rechtmäßige Nachfolger Mohammeds anerkennen und im Iran, Irak, in Syrien, Pakistan, im Jemen und in Nordafrika leben. Zudem gibt es neben diesen Hauptgruppierungen weitere kleinere Sekten, die sich mehr durch Volkszugehörigkeit und Lebensführung als durch fundamentale Glaubensunterschiede voneinander abheben. Es sind dies in Palästina die **Beduinen** im Negev und auf dem Sinai, die **Tscherkassen** (Zierkassen) aus dem Kaukasus, die 1880 nach Galiläa einwanderten, und die **Ahmadiyya-Sekte** bei Haifa auf dem Karmelgebirge, die ursprünglich aus Pakistan stammt und an der Wiederbelebung des wahren Islams arbeitet. Ihr Gründer war in den frühen achtziger Jahren des 19. Jahrhunderts Mirza Ghulam Ahmad aus Kadian.

3. Die Christen

Die Urheimat des Christentums ist das Heilige Land. Heute sind dort die Christen eine Minderheit, die zudem noch in zahlreiche Konfessionen gespalten ist. In Jerusalem, dem Hauptsitz der christlichen Religionsgemeinschaften, leben gegenwärtig etwa 12 000 Christen. Im Staat Israel mit den besetzten Gebieten gibt es etwa 130 000 Anhänger des Christentums. Die Mehrzahl dieser Christen sind Araber. Die übrigen gehören den verschiedenen christlichen Konfessionen an, etwa 24 000 griechisch-orthodoxe, 30 000 römisch-katholische, 3000 protestantische, 3000 Maroniten und etwa 5000 Christen, die zu kleineren Denominationen wie Melchiten, katholische und gregorianische Armenier, Syrer, Kopten, Chaldäer, Äthiopier und schließlich Anglikaner zählen.

Jerusalem war die Heimat der Urgemeinde der Christenheit, die sich um die Apostel bildete. Nachdem Petrus um das Jahr 42/43 nach seiner wunderbaren Befreiung aus dem Kerker die Stadt verlassen hatte und über Antiochien nach Rom gegangen war, leitete Jakobus der Jüngere die Gemeinde in Jerusalem. Ihn nennt man den ersten Bischof der heiligen Stadt. Nach seinem Märtyrertod im Jahre 62 übernahm Simeon, ein Jünger Jesu, dieses Amt. Auf dem Apostelkonzil im im Jahre 48 in Jerusalem wurde die Oberleitung der jerusalemer Kirche anerkannt. Bis zur Eroberung und erneuten Zerstörung nach dem Bar Kochba-Aufstand durch Kaiser Hadrian im Jahre 135 weist die Überlieferung dreizehn Namen von christlichen Bischöfen in Jerusalem auf. Diese waren alle aus der frühen judenchristlichen Gemeinde der Stadt hervorgegangen. Da in der von Hadrian neu aufgebauten Aelia Capitolina weder Juden noch Judenchristen Zutritt hatten, mußten daher die folgenden Bischöfe Jerusalems aus den nichtjüdischen Christen von auswärts gewählt werden. Obwohl Jerusalem als Ort des Erlösungstodes Christi besonders geachtet wurde, blieb es aus politisch-organisatorischen Gründen nur ein Suffraganbistum von Caesarea, der Metropole am Mittelmeer. Erst auf dem Konzil von Chalkedon (451) gelang es dem Bischof Juvenal, seine jerusalemer Kirche unter die Patriarchatssitze einzureihen und neben Antiochien und Alexandrien anerkennen zu lassen. Bis zur Zeit der Kreuzfahrer folgten 88 Patriarchen aufeinander. Die meisten von ihnen waren Griechen. Auch das Jerusalemer Patriarchat wurde 1054 von dem großen Bruch (Großes Schisma) zwischen der Ost- und der Westkirche wegen des beiderseitigen Universalanspruchs betroffen. Daher fanden die Kreuzfahrer keinen katholischen Bischof mehr vor, als sie 1099 die Stadt eroberten. Sie errichteten deshalb mit Zustimmung des Papstes das Lateinische Patriarchat, das nach der Einnahme Jerusalems durch die Moslems noch bis 1291, bis zum Ende des Kreuzfahrerreiches, in Akko residierte. Von 1291 bis ins 19. Jahrhundert gab es nur noch Titularpatriarchen. Erst 1847 konnte Papst Pius IX. durch das Apostolische Breve Nulla celebrior das Lateinische Patriarchat in Jerusalem wiederherstellen. Der erste wieder in Jerusalem residierende Patriarch, der am 16.1.1848 in die Stadt einzog, war Josef Valerga. 1860 ließ er im Nordwesten der Altstadt das geräumige Patriarchatsgebäude und die Kathedrale errichten. Gegenwärtig gibt es in Jerusalem drei christliche Patriarchen, den griechisch-orthodoxen, den römisch-katholischen und den armenischen. Der armenische Patriarch ist der Stellvertreter des russischen Patriarchats in Moskau. Im Orient werden die Katholiken, die sich bei der Messe und der Sakramentspendung des römischen Ritus und der lateinischen Kultsprache bedienen, auch Lateiner genannt, obwohl seit der durch das zweite Vatikanische Konzil eingeleiteten liturgischen Erneuerung heute auch die arabische und hebräische Sprache in der Liturgie benutzt werden kann.

Neben den Lateinern gibt es weitere mit Rom vereinigte Kirchen, die sich in früheren Jahrhunderten von der römischen Mutterkirche getrennt, aber inzwischen wieder mit ihr vereinigt (uniert) haben. Diese mit Rom unierten Kirchengemeinschaften sind die Melchiten, Maroniten, die katholischen Syrer, die katholischen Armenier sowie die kleinen Gemeinden der katholischen Kopten und der Chaldäer.

Die Melchiten

Die Melchiten sind die seit drei Jahrhunderten wieder mit Rom vereinigten griechisch-arabischen Christen. Ihr Name leitet sich ab vom byzantinischen Kaiser Melek, dessen Position auf dem Konzil von Chalkedon 451 die Melchiten in ihrem Glaubensbekenntnis treugeblieben sind. Sie folgen in ihren Gottesdiensten der byzantinischen Liturgie in arabisch-griechischer Sprache. Ihr Oberhaupt ist der melchitische Patriarch von Antiochien, Alexandrien und Jerusalem. Heute residiert der Patriarch abwechselnd in Damaskus und Kairo. In Jerusalem wird er durch einen Patriarchatsvikar an der Kirche nahe beim Jaffator vertreten. Das Patriarchat besitzt in der Stadt die Kapelle St. Veronika an der 6. Station der Via Dolorosa sowie ein Priesterseminar beim St. Annenkloster am Stephanstor, das im Auftrag des Patriarchen von den Weißen Vätern geleitet wird. Die Melchiten besitzen außerhalb Jerusalems noch Bistümer in Galiläa mit Sitz in Haifa und in Jordanien mit Sitz in Amman.

Die Maroniten

Die Maroniten sind die größte Religionsgemeinschaft orientalischer Christen. Sie haben sich ganz mit der römischen Kirche vereinigt. Ihr Gründer war der Abt Johannes Maron, der im 6. Jahrhundert im Libanon lebte. Noch heute gibt es im Libanon etwa eine Million Maroniten. Der gegenwärtige Präsident des Libanon Amin Gemayel ist maronitischer Christ. Die völlige Vereinigung mit der römisch-katholischen Kirche hat auch dazu beigetragen, daß sich diese arabischen Christen als Nicht-Araber, ja als „Abendländer“ fühlen. Der Patriarch der Maroniten residiert in Bkerke bei Beirut. In Jerusalem wird die nur kleine maronitische Gemeinde wie bei den Melchiten von einem Patriarchatsvikar betreut. Die Liturgie der Maroniten wird in syrisch-arabischer Kultsprache gefeiert.

Die katholischen Syrer

Die Anzahl der katholischen Syrer im Heiligen Land ist gering. Nur in Jerusalem und Betlehem bestehen kleine Gemeinden. Ihr Patriarch hat seinen Sitz in Scharfeh im Libanon. Dort befindet sich ebenfalls das syrisch-katholische Priesterseminar. Die katholischen Syrer, die sich von Jakobus Baradei (6. Jahrhundert) und den monophysitischen Jakobiten herleiten, sind im 17. Jahrhundert zur römisch-katholischen Kirche zurückgekehrt. Ihre Liturgie, die

Liturgie des „Herrenbruders Jakobus“ aus dem 4. Jahrhundert, gilt als die älteste Jerusalems und wird in altsyrischer Sprache gefeiert.

Die katholischen Armenier

Die etwa 100 000 in aller Welt verstreuten katholischen Armenier besitzen in Jerusalem an der 3. Station des Kreuzwegs ihre Pfarrkirche, die von einem Patriarchatsvikar betreut wird. Der katholisch-armenische Patriarch residiert in Beirut im Libanon. Kultsprache der armenischen Liturgie, die viel mit der byzantinischen gemeinsam hat, ist das Armenische.

Die katholischen **Kopten** haben an der 7. Station der Via Dolorosa in Jerusalem eine Kirche, die allerdings in Ermangelung eines eigenen Priesters von den Franziskanern versorgt wird. Ihr Patriarchat befindet sich in Kairo. Sie kehrten erst im 19. Jahrhundert zur römisch-katholischen Kirche zurück. Neben der kleinen Gemeinde der Kopten gibt es noch die **Chaldäer,** ehemalige Nestorianer, die sich schon im 16. Jahrhundert Rom anschlossen. Ihr Patriarch hat seine Residenz in Bagdad. In Jerusalem wird er durch einen Patriarchatsvikar vertreten, der ein chaldäisches Pilgerhaus leitet. Die ostsyrische Liturgie der Chaldäer wird in altsyrischer Sprache zelebriert. Die etwa 12 000 in Jerusalem lebenden Christen gehören in der Mehrzahl nicht der römisch-katholischen Kirche und den mit ihr vereinigten christlichen Gemeinschaften, sondern der griechisch-orthodoxen Kirche und weiteren Glaubensrichtungen an, die aufgrund von dogmatischen Unterschieden in der Christologie und vor allem aus politischen Gründen sich von Rom getrennt haben.

Die Griechisch-Orthodoxen

Die griechisch-orthodoxe Kirche, die weniger aus dogmatischen Unterschieden als aus politischen Gründen seit dem großen Schisma von 1054 unter dem Patriarchen Michael Caerularius von Konstantinopel sich von Rom trennte, vereinigt die orthodoxen griechischen, arabischen und russischen Christen. Sie unterstehen in Jerusalem alle dem griechisch-orthodoxen Patriarchen, der seinen Sitz im Konstantins-Kloster hat, dem ehemaligen Palast der Kreuzfahrerkönige. Der Patriarch ist zugleich der Vorsteher der griechisch-orthodoxen Bruderschaft vom Heiligen Grab. Zum Patriarchat gehören 14 Erzbischöfe, 45 Klöster und zahlreiche Kirchen im Heiligen Land.

Die arabisch-orthodoxe Gemeinde besitzt die alte Jakobuskirche links vom Eingang zum Heiligen Grab. Auf dem Ölberg gibt es zwei russisch-orthodoxe Frauenklöster. Ein weiteres befindet sich in Ein Karem. Auch ein Pilgerhospiz nennen die Russisch-Orthodoxen ihr eigen.

Die Armenier

Die Armenier, die sich nach ihrem Begründer Gregor dem Erleuchter (Illuminator) aus dem 4. Jahrhundert auch Gregorianer nennen, glauben an die nur göttliche Natur Jesu Christi und lassen seine menschliche Seite völlig zurücktreten (Monophysiten). Sie unterstehen in Jerusalem einem Patriarchen, der im armenischen Viertel residiert.

Die Kopten

Die Kopten teilen ebenfalls die monophysitische Auffassung wie die Armenier. Sie sind Christen aus Ägypten, deren Patriarch in Alexandrien seinen Sitz hat. In Jerusalem vertritt ein Bischoff den koptischen Patriarchen. Das Kloster der Kopten befindet sich an der 9. Kreuzwegstation oberhalb der Grabeskirche.

Die Äthiopier

sind ebenso wie die Syrischen Jakobiten in Jerusalem durch einen Bischof vertreten. Die Äthiopier besitzen zwei Klöster im Heiligen Land, eines in Jerusalem und eines am Jordan. Äthiopische Mönche leben in kleinen Hütten auf dem Dach der Grabeskirche über der St. Helena-Kapelle. Den syrischen Jakobiten gehört das St. Markus-Kloster in der Altstadt, in dem auch ihr Bischof residiert.

Alle diese von Rom getrennten Kirchen haben den Julianischen Kalender beibehalten, dem unser Gregorianischer Kalender um 13 Tage voraus ist. Aus diesem Grund finden ihre religiösen Feste entsprechend später statt. Weihnachten wird am 7. Januar gefeiert, die Epiphanie am 19. Januar usw. Nur das Osterfest unterliegt einer besonderen Berechnung. Dabei kann es vorkommen, daß ihr Ostern mit unserem Osterfest zusammenfällt oder sogar bis zu fünf Wochen später stattfindet.

Die Evangelische Kirche Deutschlands

Die evangelische Kirche zählt im Heiligen Land um die 3 000 Mitglieder. In Jerusalem gehört ihr die Erlöserkirche neben dem Muristan-Viertel in der Nähe der Grabeskirche. Die Gemeinde wird von einem deutschen Propst geleitet. Sie unterhält in Jerusalem, Betlehem, Bet Jala, Bet Sahur, Ramallah und Amman Schulen und caritative Einrichtungen. In der Altstadt Jerusalems gibt es ein sehr gut geführtes evangelisches Pilgerheim.

Die Anglikanische Kirche

In Jerusalem ist die anglikanische Kirche durch einen Erzbischof vertreten, der an der St. Georgskathedrale residiert, unmittelbar beim katholisch-deutschen St. Karl Borromäus-Hospiz. Eine zweite Kirche, die Christchurch, und ein Pilgerhospiz befinden sich in der Nähe der Zitadelle am Jaffator.

4. Religiöse Feste

Die religiösen Feste der Juden, Christen und Moslems unterscheiden sich nicht nur durch ihre verschiedenen Anlässe, sondern auch dadurch, daß ihre Feste und Feiern von unterschiedlichen Zeitrechnungen abhängig sind. Während die christlichen Konfessionen in der Ostkirche nach dem julianischen, in der Westkirche nach dem gregorianischen Kalender rechnen, die sich beide auf das Sonnenjahr beziehen, berechnen die Juden und Moslems ihre Daten nach dem Mondjahr.

Die jüdische Zeitrechnung nach dem Mondjahr, die allerdings schon weitgehend dem Sonnenjahr angeglichen ist, beginnt nach der Erschaffung der Welt. Im September feiern die Juden ihr Neujahrsfest. 1986 beginnt für sie das 5747. Jahr. Als wöchentlichen Ruhetag feiern die Juden am Samstag den Sabbat.

Die Moslems richten sich ebenfalls, da der Koran den Mond zum Zeitmaß macht, nach dem Mondjahr, das in der Regel 354 Tage zählt, also 11 Tage kürzer als das Sonnenjahr ist. Die 12 Mondmonate sind vom Sonnenjahr unabhängig und auch nicht mit den Monaten des Sonnenjahres deckungsgleich. Als Beginn der moslemischen Zeitrechnung gilt die Auswanderung Mohammeds von Mekka nach Medina. Sie erfolgte nach christlicher Zeitrechnung am 20. September 622 n. Chr. In Wirklichkeit beginnt jedoch die moslemische Zeitrechnung schon mit dem 1. Tag des Monats Muharram, dem 16. Juli des Jahres 622 nach dem julianischen Kalender. 1979 begann für die Moslems des 15. Jahrhundert. Die Moslems haben als wöchentlichen Ruhetag den Freitag zum Feiertag erhoben. Freitags findet ihr Gemeindegottesdienst mit Gebet und Predigt statt. Von Freitag bis Sonntag ist also in Jerusalem Feiertag, wenn man die Christen hinzunimmt; an jedem dieser Tage allerdings nur für eine der drei großen Konfessionen.

Da sich von Jahr zu Jahr die Termine der religiösen Feiertage aller drei großen Konfessionen aufgrund der unterschiedlichen Kalender ändern, mag die nachfolgende Übersicht, nach den Monaten des Sonnenjahrs berechnet, eine ungefähre zeitliche Einordnung der jährlichen Feste und Feiern ermöglichen.

Der Ursprung und Anlaß christlicher Feste und die Art und Weise, wie diese begangen werden, dürfen als bekannt und vertraut vorausgesetzt werden. Die Termine imVerlauf des Jahres sowohl der römisch-katholischen als auch der orthodoxen Kirche erhält jeder Tourist als Merkblatt beim Christlichen Informationszentrum gegenüber der Zitadelle. Anders ist es bei den religiösen Feierlichkeiten der Juden und Moslems. Daher folgen hier einige Hinweise zu den Festen unserer monotheistischen Nachbarreligionen.

Jährliche Feste und Feiern

	Juden	Moslems	Christen
Januar			1. Beschneidung Jesu (Jesu Namenstag) 6. Epiphanias (Dreikönigstag)
Februar	14. Adar: Purim (Erinnerung an Esther)	12. Rabi al-Awwal: Mawlid al-Nabi (Geburt Mohammeds)	Beginn der Passionszeit
März	14-21. Nisan		1. So.n. Frühjahrsvollmond: Ostern,
April	Pesach/Passah (Auszug aus Ägypten)		2 Tage zuvor Karfreitag (Tod u. Auferstehung Christi).
Mai	6.-7. Siwan: Schawuot-Wochenfest (Gesetzgebung)		40 Tage nach Ostern: Himmelfahrt 50 Tage nach Ostern Pfingsten
Juli		27. Radschab: Laylat al-Miradsch (Himmelfahrt Mohammeds)	
August	9. Av: Tescha Beav (Trauer um den Tempel)	1. Ramadan: Beginn des Fastenmonats	10. So.n. Trinitatis Israelsonntag
September	1.-2. Tischi: Rosch Haschanah (Neujahrsfest) 11. Tischi Jom Kippur (Großer Versöhnungstag) Sukkoth (Laubhüttenfest) 15.-21. Tischi.	1. Schawwal: Id al Fitr (fest des Fastenbrechens	
Oktober	23. Tischi: Simschat-Thora (Gesetzesfreunde)		
November		10. Dul-Hidschdscha: Id al-Adha (Großes Opferfest)	Allerheiligen, Bußtag, Ewigkeitssonntag
Dezember	25. Kislew-2. Tewet: Chanukka (Tempelweihfest)	1. Muharram: Neujahr 10. Muharram: Aschura (Shiitisches Hauptfest)	Advent 25./26. Weihnacht (Christi Geburt)

Jüdische Feste

Fünf der jüdischen Feste sind biblischen Ursprungs. Zwei entstammen der rabbinischen Tradition. Zu den letzteren gehört das am 14. Adar stattfindende Purim-Fest.

Purim, nach christlicher Zeitrechnung im Februar oder März, erinnert an die im alttestamentlichen Buch Esther beschriebene Errettung der persischen Juden, die der Hofbeamte Haman vernichten wollte. Esther, die jüdische Frau des persischen Herrschers Xerxes I., konnte die geplante Judenverfolgung dadurch abwenden, daß sie sich zu ihrem Volk bekannte. In den Synagogen wird anläßlich des Purimfestes die Schriftrolle „Megila", die Geschichte der Königin Esther, verlesen. Das Purim-Fest wird vor allem in aschkenasischen Gemeinden als eine Art Karneval gefeiert. Auf den Straßen werden Umzüge veranstaltet, die Kinder verkleiden sich, es wird gesungen und getanzt, in den Gemeindehallen gibt es Purim-Bälle, und man beschenkt sich gegenseitig.

Schavuoth

Schavuoth (Schavua = Woche) ist eine Art Erntedankfest am 50. Tag nach der Trauer- und Fastenzeit. Zu diesem Anlaß wird das alttestamentliche Buch Ruth vorgelesen. Zugleich glaubt man, daß an diesem Tag Gott sich offenbarte und Moses die zehn Gebote übergab. Daher ist Schavuoth ebenfalls der „Tag der Gesetzgebung". Als „Erntefest des Weizens" wird Schavuoth in den Moschavs und Kibbuzim auf dem Lande besonders fröhlich gefeiert. Man schmückt Traktoren und Wagen mit Blumen, tanzt, und die Kinder begießen sich traditionsgemäß mit Wasser, dem Symbol des Lebens.

Tescha Beav

Tescha Beav am 9. Av erinnert als Trauer- und Fastentag an die Zerstörungen des Ersten Tempels (587 v. Chr.) und des Zweiten Tempels (70 n. Chr.). Zur Lesung kommen in den Gottesdiensten die Klagelieder aus den Büchern Hiobs und des Jeremias.

Rosch Haschanah

Rosch Haschanah (hebr.: rosch = Kopf, schana = Jahr) ist das jüdische Neujahrsfest. Mit diesem Tag beginnt das jüdische Kalenderjahr bei Vollmond. Auch jeder Monat des jüdischen Kalenders fängt mit dem Vollmond an. Rosch Haschanah leitet ebenfalls die ersten zehn Fastentage im neuen Jahr ein. Während dieser Zeit ist überall das Schofar-Blasen auf gebogenen Widderhörnern zu hören, das zum Fasten und zur Selbstbesinnung mahnt. Auch tragen viele Juden als Zeichen der Vergänglichkeit des Menschen und des Vertrauens auf Gott weiße Gewänder. Am Teich Siloah in Jerusalem findet an Rosch Haschanah die Taschlih-Zeremonie statt, bei der alle Sünden des Jahres symbolisch in das Wasser geworfen werden.

Jom Kippur

Der Jom Kippur-Tag (Großer Versöhnungstag) beschließt die zehn Fasten- und Bußtage zu Beginn des jüdischen Kalenderjahres. Er ist der höchste jüdische Feiertag, der auf den von Moses eingesetzten „Versöhnungstag" (3. Moses 16) zurückgeht und der Sühne, dem Fasten und Gebet gewidmet ist. Am Jom Kippur bitten die Juden Gott um Vergebung für die während des Jahres begangenen Sünden. An diesem Tag ruht jeglicher Verkehr, auch Rundfunk und Fernsehen strahlen keine Sendungen aus.

Sukkoth

Das Sukkoth-Fest (Laubhüttenfest) dauert sieben Tage und wird in Erinnerung an den Auszug aus Ägypten gefeiert, als die durch die Wüste ziehenden Juden sich Hütten aus Zweigen und Laub bauten. Während des Sukkoth-Festes errichten die jüdischen Familien in ihren Gärten, Höfen, auf Terrassen und Balkonen Laubhütten und nehmen dort ihre Mahlzeiten ein. Die orthodoxen Juden nächtigen sogar in diesen Hütten. Im heutigen Israel ist allerdings nur der erste der sieben Laubhüttentage als Ganzfeiertag anerkannt.

Simschat-Thora

Simschat-Thora, das Fest der Thora, bildet den Abschluß des Laubhüttenfestes. An diesem Tag beginnt die Jahreslesung der Thora an jedem Sabbat. Sie endet wiederum am ersten Tag des Laubhüttenfestes. Am Simschat-Thora finden in ganz Jerusalem Umzüge mit der Thora statt.

Chanukka

Dieses Tempelweihfest im Dezember erinnert an das Ölwunder. Nach der Zerstörung des Ersten Tempels in Jerusalem fand man unter den Trümmern ein Ölfläschchen, das acht Tage lang die Tempellampe versorgte, bis die Priester wieder genügend Öl für das heilige Licht hergestellt hatten. Nach dieser Überlieferung brennt man in den Familien auch heute noch acht Kerzen an. Man beginnt mit einer und fügt jeden Tag eine neue hinzu, so daß am achten Tag alle Kerzen brennen, wie beim christlichen Advent. Wenn alle Kerzen brennen, erhalten die Kinder Geschenke.

Mohammedanische Feste

Die islamischen Feste beginnen im christlichen Kalender mit dem Mawlid al-Nabi, dem Geburtstag des Propheten Mohammed, am 12. Rabi al-Awal. **Mawlid al-Nabi** ist ein volkstümliches Fest, das mit öffentlichen Lesungen von Preisgedichten auf den Propheten begangen wird.

Laylat al-Miradsch

An diesem Fest feiern die Moslems die Himmelfahrt Mohammeds, die er im Geleit des Erzengels Gabriel vom Moriahfelsen aus unternommen hat. Den Fußabdruck des Propheten kann man in einem Schrein im Felsendom mit der Hand abtasten.

Ramadan

Der neunte Monat des islamischen Kalenderjahres ist der Ramadan, der Fastenmonat der Moslems. Von Morgengrauen bis zum Sonnenuntergang dürfen weder Speisen und Getränke genossen noch darf geraucht werden. Abends und nachts finden Festlichkeiten statt. Der Fastenmonat endet mit dem Fest des Fastenbrechens. In der Nacht vom 26. auf den 27. Ramadan feiern die Moslems **Laylat al-Kadr,** die „Nacht der Göttlichen Macht", die an jene Nacht erinnert, als den Menschen der Koran verkündet wurde.

Id al-Fitr

Das dreitägige Fest des Fastenbrechens (arab.: Id al-fitr: türkisch: Bairam) am 1. Schawwal ist eines der größten islamischen Feste. Während dieser drei Tage werden fromme Gaben ausgeteilt, man trägt seine besten Kleider, beglückwünscht sich und beschenkt sich gegenseitig mit Süßigkeiten.

Id al-Adha

Id al-Adha ist das Fest des großen Opfers, das am 10. Dul-Hidschdscha stattfindet. Es ist der Abschluß der Haddsch, der Wallfahrt nach Mekka, im 11. Monat des Mondjahres. Nachdem der Pilger zuerst in Mekka den schwarzen Stein in der Mauer der Kaaba geküßt hat, siebenmal um das Heiligtum gegangen ist, den siebenmaligen Gang zwischen den beiden Hügeln Safa und Marwa zur Erinnerung an Hagers Wassersuche für ihren Sohn Ismael vollzogen hat, in Mekka eine Predigt gehört, am folgenden Tage in der Ebene Arafa (15 km von Mekka entfernt) „aufrecht vor Gott" gebetet und am nächsten Tag in Mina Kiesel auf einen Steinhaufen geworfen hat – eine Erinnerung an die Steinigung des Teufels durch Abraham – folgt das große Schlachtopfer – das einzige Blutopfer des Islam. Jeder Pilger opfert Allah, indem er die Kehle einer Ziege, eines Schafes oder Kamels durchschneidet oder dieses einen Schlachter vollführen läßt. Ein Teil des Fleisches wird gekocht und von den Pilgern gegessen, der Rest den Armen überlassen. Anläßlich dieses Festes werden Geschenke ausgetauscht und neue Kleider angezogen.

Neujahr

Das islamische Neujahrsfest findet am 1. Muharram statt, etwa im Dezember christlicher Zeitrechnung.

Aschura,

am 10. Muharram, gilt als das höchste Fest der Schiiten, die im Gegensatz zu den Sunniten nur Ali, den Schwiegersohn Mohammeds, und dessen Nachfolger als Kalifen (arab.: Stellvertreter) in geistlicher und weltlicher Herrschaft anerkennen.

Die meisten Moslems sind jedoch Sunniten, Anhänger der Sunna, der Sammlung von Aussprüchen und Vorschriften Mohammeds und der ersten vier Kalifen.

Praktische Hinweise für Pilger und Touristen

Informationsmöglichkeiten

Da Israel ein Land ist, das im wesentlichen von Tourismus lebt, sind die Möglichkeiten, sich zu informieren, ausgezeichnet. In fast allen Städten des Landes gibt es Touristeninformationsbüros, die jeden Touristen gratis mit Prospekten und Informationsmaterial versorgen und wöchentlich Broschüren herausgeben wie Hello Israel, This week in Israel, Tourist's Jerusalem, in denen auf Veranstaltungen kultureller und unterhaltender Art, auf Restaurants, Geschäfte, Dienstleistungen, Ausflüge und Verkehrsmittel hingewiesen wird. In Jerusalem kann man sich an drei Fremdenverkehrsbüros wenden:

24 King George-Str., Tel. 02/241281,
Jaffator, Tel. 02/282295/6,
34 Jaffa-Str., Tel. 02/228844

Dem christlichen Pilger dient vor allem das franziskanische Informationszentrum gegenüber der Zitadelle am Jaffator:

Christian Information Centre
Omar Ibn el-Khattab-Platz (Jaffator),
P.O.B. 14308, Tel. 02/287647

Eine weitere Informationsmöglichkeit, vor allem für deutsche Pilger, findet man im Notre Dame de Jerusalem-Zentrum gegenüber dem Neuen Tor:

Centre Notre Dame de Jerusalem,
P.O.B. 20531, Tel. 02/289723

Hier erhält man nicht nur Auskünfte über Verkehrsverbindungen, Unterbringungsmöglichkeiten, Gottesdienste und die am Ort befindlichen christlichen Gemeinden, sondern sogar ein christliches Presse-Bulletin, in dem neben der historischen Darstellung einzelner Religionsgemeinschaften auch auf alle christlichen Veranstaltungen und Aktivitäten in Jerusalem und der ganzen Welt hingewiesen wird.

Unterbringungen

Im Gegensatz zum 19. Jahrhundert, in dem der Pilger nur in wenigen Klöstern oder Kaufmannshäusern unterkommen konnte und am besten sein eigenes Zelt bei sich hatte, kann heute der Reisende in Israel und Jerusalem unter einer Vielzahl von Unterkunftsmöglichkeiten auswählen. Hotels, Kibbuzgästehäuser, Jugendherbergen, Privatzimmer, Feriendörfer und Campingplätze stehen zur Verfügung.

Der Pilger wird jedoch allen diesen Angeboten die christlichen Hospize vorziehen, die heutzutage hotelartige Einrichtungen sind und mit den Hotels durchaus konkurrieren können. Besonders in den Brennpunkten christlichen Glaubens unterhalten die verschiedenen christlichen Denominationen diese Hospize, die schon im Mittelalter zur Unterbringung der Pilger eingerichtet worden sind. Heute können auch andere Touristen sich in den Hospizen einmieten. Auf Anfrage erhalten Sie Listen der Hospize vom:

Staatlichen Israelischen Verkehrsbüro,
Westendstr. 4, 6000 Frankfurt,
Tel. 0611/720157

oder beim

Israel Pilgrimage Committe,
P.O.B. 1018, Jerusalem
Tel. 02/273711.

Man kann sich auch direkt telefonisch mit den Hospizen in Verbindung setzen. Die Namen, Anschriften und Telefonnummern der Hospize in Jerusalem und der unmittelbaren Umgebung:

Römisch-katholische Hospize:
St. Charles Borromäus Hospiz, German Colony, P.O.B. 28020, Tel. 02/637737 (deutsch)

Sisters of the Rosary, Rechov Agron 14, P.O.B. 34, Tel. 02/228529

Dom Polski, Hakhoma Haschlischit Nr. 8, Rechov Schivtei Israel, P.O.B. 277, Tel. 02/285916 (polnisch)

Dom Polski, Am Damaskustor, Altstadt, P.O.B. 20256, Tel. 02/282017

Franciscans de Marie „White Sisters", Nablus-Str. 9, Derech Schem, P.O.B. 19049, Tel. 02/282633 (römisch-katholisch, französisch, international)

Casa Nova P.P. Franciscans, P.O.B. 1321, Code 91013, Tel. 02/282791 (römisch-katholisch)

Ecce Homo Convent, Via Dolorosa, P.O.B. 19056, Tel. 02/282445 (römisch-katholisch)

Fraternite Bethesda, Maronitisches Kloster, St. Mark's Road 22, P.O.B. 14219, Tel. 02/285587 (römisch-katholisch)

St. Paulus Hospiz (Schmidtschule), P.O.B. 19070, Tel. 02/283280 (deutsch)

Centre Notre Dame de Jerusalem (Gegenüber dem Neuen Tor), P.O.B. 20531, Tel. 02/289723/24/25, Telex 26526 (katholisch-ökumenisch)

Sisters of Nigrizia, Bethany, Shaya (Schiua), P.O.B. 19504, Tel. 02/284724

Filles de la charite de St. Vincent de Paul, Bethany, Schiua (Shaya), P.O.B. 19080, Tel. 02/282017 (französisch)

Sisters of Sion, Schwestern von Sion, Ein Karem, P.O.B. 17015, Tel. 02/419609 und 415738

Evangelisch-lutherisches Hospiz
Ev. Lutheran Hostel, Gästehaus des Probstes, Altstadt, P.O.B. 14051, Tel. 02/282120

Anglikanische Hospize und schottische Hospize
Christ Church Hospice, Jaffator, P.O.B. 14307, Tel. 02/282082 (britisch)

St. George Hostel, Nablus-Str./Saladin-Str., P.O.B. 19018, Tel. 02/283302

St. Andrews Scots Memorial Hospice, Harekevet Street (In der Nähe des Bahnhofs), P.O.B. 14216, Tel. 02/717701 (Schottische Kirche)

Griechisch-katholische Hospize
Foyer des Pelerins, Griechisch-katholisches Patriarchat, P.O.B. 14130, Tel. 02/282023

Roumanian Hostel, Shivtei Israel 46, Tel. 02/287355 (rumänisch-orthodox)

Armenisch-katholisches Hospiz

Armenian Catholic Church, Via Dolorosa 41, P.O.B. 19546, Tel. 02/284262

Syrisch-katholische Hospize

Haus Abrahams, Maison d'Abraham, Berg des Ärgernisses (Ras El Amoud), P.O.B. 19680, Tel. 02/284591

St. Joseph House, P.O.B. 199, Betlehem, Tel. 02/74292

Christliche Gemeinden

Zwar erhält man im Christlichen Informationszentrum Auskünfte über die einzelnen christlichen Gemeinden Jerusalems, über den Beginn der Gottesdienste und die Verkehrsverbindungen zu den Kirchen, doch ist es vorteilhaft, sich auch direkt mit den Gemeinden in Verbindung setzen zu können, um zu erfahren, wer predigt oder nach welchem Ritus und in welcher Sprache die Gottesdienste stattfinden. Der nachfolgende Überblick über die jerusalemer christlichen Gemeinden mag dazu verhelfen.

Römisch-katholische Gemeinden

Lateinisches Patriarchat, Latin Patriarchate Road, P.O.B. 14152, Tel. 02/282323

Maroniten, Maronite Street 25, P.O.B. 14219, Tel. 02/282158

Melchiten, Greek Catholic Patriarchate Road, P.O.B. 14130, Tel. 02/282023

Katholische Armenier, Via Dolorosa 41 – 3. Kreuzwegstation, P.O.B. 19546, Tel. 02/284262

Katholische Syrer, Chaldean Street, P.O.B. 19787, Tel. 282657

Nativity Street, Betlehem, P.O.B. 199, Tel. 02/742497

Kopten, St. Francis Street (Altstadt), P.O.B. 186, Tel. 02/282868

Chaldäer, Chaldean Street (gegenüber der „Ecole Biblique“ an der Nablus-Straße), Tel. 02/284519

Orthodoxe christliche Gemeinden

Griechisch-orthodoxes Patriarchat, Greek-Orthodox Patriarchate Road, P.O.B. 19633, Tel. 02/284917

Rumänier Shivtei Israel 46, Tel. 02/284580

Russische Gemeinde, Dabbagha-Street 25, P.O.B. 991, Tel. 02/284580

Russisch-orthodoxe Mission von Moskau, Russian Compound, P.O.B. 1042, Tel. 02/222565

Armenier, Armenian Orthodox Patriarchate Road, P.O.B. 14001, Tel. 02/282331

Kopten, 9. Station des Kreuzwegs, P.O.B. 14006, Tel. 02/282343

Äthiopier, Christliches Viertel nahe der 8. Kreuzwegstation, P.O.B. 19025, Tel. 02/282848

Syrische Jakobiten, St. Mark's Road, P.O.B. 14069, Tel. 02/283304

Apostolische Kirche des Ostens, Bethanien, Jericho Road, P.O.B. 02/20246

Evangelisch-lutherische Gemeinden

Evangelisch-lutherische Kirche am Jordan, Muristan Road, Dabbagha Quarter (Altstadt), P.O.B. 14076, Tel. 02/282543 oder 285564

Dazu gehört die Evangelisch-lutherische Propstei in Jerusalem mit der deutsch sprechenden Gemeinde und die englisch sprechenden Gemeinde.

Internationale evangelische Kirche (Christian and Missionary Alliance), Prophets Street 55, P.O.B. 50, Tel. 02/234804

In der Altstadt, Christliches Viertel, El Rasul-Street, Tel. 02/280587 und in Betlehem, P.O.B. 276, Tel. 02/743621

Dänische Israel Mission, Ha Pahnach-Straße 42/9, P.O.B. 20030, Tel. 02/635766

Finnische Mission, Shivtei Israel Straße 25, P.O.B. 584, Tel. 02/233701 oder 02/283300

Norwegisches Haus, Hatzfira Street, Talpiot, Tel. 02/638923

Schwedisches Institut, Prophets Street 58, P.O.B. 37, Tel. 02/223822

Lutherische Gemeinde Betlehem, Paul VI.-Straße, Tel. 02/742312

Anglikanische und schottische Gemeinden

Episkopalkirche von Jerusalem und dem Mittleren Osten, Nablus Road 20 (St. George's Cathedral), P.O.B. 1248, Tel. 02/287703

Christ-Church, Jaffator, P.O.B. 14037, Tel. 02/282082

Presbyterian St. Andrew's Scots Memorial Church, Harekevet Street (In der Nähe des Bahnhofs), P.O.B. 142116, Tel. 02/717701

Barak Church, Betlehem, Hebron Road, Tel. 02/742480

Baptistische und Adventistische Gemeinden

Southern Babtist Convention of Israel, Narkis Straße 4, P.O.B. 154, Tel. 02/225942

Jerusalem-Haus, Baptisten-Zentrum, Nablus Road 35, P.O.B. 20423, Tel. 02/283258

Unabhängige Baptistische Bibel-Kirche, (in der Nähe der Saladin-Straße), P.O.B. 19349, Tel. 02/282118

Das „Siebter Tag"-Adventisten-Zentrum, Abraham-Lincoln-Straße 4, P.O.B. 592, Tel. 02/221547 und Ab Ibn Taleb-Str. 11, Tel. 02/283271

Weitere christliche Gemeinden

Christian Brethren Assembly, Shivtei Israel 25, P.O.B. 1203, Tel. 02/634474 und Smuts Street 9 (Deutsche Kolonie), Tel. 02/631178

Church of Christ, Museumstraße/Ez Zahara Street (Alhabibi Gebäude), P.O.B. 19529, Tel. 02/282723

Church of God of Prophecy, Jabsheh Straße 14 (Christliches Viertel), P.O.B. 10184, Tel. 02/282205

Church of God - 7th Day, Ölberg (nahe des Commodore Hotels), P.O.B. 19287, Tel. 02/284436 und

Zerubbabel Street, P.O.B. 10184, Tel. 02/718814

Church of the Nazarene, Nablus Road 33, P.O.B. 19426, Tel. 02/283828

Garten-Grab (Interdenominational) Nablus Road, P.O.B. 19462, Tel. 02/283402

Evangelistische Bibel-Kirche, Shivtei Israel 32, St. Pauls Kirche, P.O.B. 216, Tel. 02/717988

Bibelstudien im Heiligen Land

In Jerusalem gibt es zahlreiche Institutionen, die Kurse in theologischen und biblischen Fragen veranstalten und mit Exkursionen zu heiligen Stätten und Ausgrabungsorten verbinden. Zu nennen sind:

Päpstliches Bibelinstitut (Paul Emile Botta-Straße),

Dominikanische Bibelakademie,

Studium Biblicum Franciscanum (Via Dolorosa),

Ecce Homo-Institut für biblische Bildung und Erneuerung,

Amerikanisches Institut zur Erforschung des Heiligen Landes, das sich vor allem der Geschichte und Archäologie Palästinas widmet.

Alle Institute besitzen große Bibliotheken für Bibelkunde, Orientalistik, Altertumskunde und Geschichte des Heiligen Landes, und manche veranstalten, wie schon gesagt, Kurse mit Vortragsreihen und intensive Auseinandersetzungen mit der Bibel von den verschiedensten wissenschaftlichen Blickrichtungen her. Diese Veranstaltungen sind ebenfalls im Christlichen Informationszentrum der Franziskaner am Jaffator-Platz zu erfahren. Veranstalter, Beginn, Dauer und Thema der Kurse, Kurssprache sowie Unkosten sind jeweils angezeigt, so daß es sich erübrigt, hier weitere Anschriften und Hinweise zu geben.

Jerusalem als „Stadt des Buches" besitzt zudem zahlreiche Bibliotheken institutioneller, halbprivater und privater Art, die auch dem Einzelinteressenten offenstehen. Hinzuweisen ist auf die **Jüdische Nationalbibliothek,** die zahlreiche seltene Handschriften und die größte Sammlung hebräischer Bücher enthält, und, nebem dem **Franziskanischen Bibelinstitut,** die reich ausgestattete **Armenische Gulbenkian-Bibliothek.**

Besichtigungszeiten

Oft steht der Pilger oder der Tourist, der sich schon den ganzen Tag markanten Sehenswürdigkeiten zugewandt oder in den Basaren der Altstadt getummelt hatte, am Ende seiner Anstrengungen noch an der Pforte dieses oder jenes Heiligtums, das er auch noch ansehen wollte und muß feststellen, es ist schon oder noch geschlossen. Daher seien die Besuchszeiten der in unserer Darstellung geschilderten heiligen Stätten, biblischen Denkmäler, Museen und Sehenswürdigkeiten alphabetisch aufgeführt, um eine erfolgreichere Planung bei den Rundgängen durch Jerusalem und den Ausflügen in die Umgebung zu gewährleisten.

	Sommer	**Winter**
Antonia - Festung (Al - Omariya - Schule)	außerhalb der Unterrichtszeit	ebenso
Armenische Kathedrale von St. Jakob	Mo - Fr 15 - 15.30 Sa - So 14.30 - 15.15	nach Vereinbarung geschlossen
Armenisches Mosaik	Sa - So 7 - 17.30	ebenso
Betphage	Sa - So 7 - 17.30	ebenso
Biblischer Zoo	So - Do 8 - 19 Fr - Sa 8.00 - 16.00	8.00 - 16.00 8 - 15
Christ Church	täglich geöffnet	ebenso
Coenaculum	8.30 - Sonnenuntergang	ebenso
Coenaculum-Kirche der Franziskaner	7 - 12, 15- Sonnenuntergang	ebenso
Dominus Flevit	6.45 - 12	
Dormitio-Kirche	7 - 12.30, 14 - 19	ebenso
El Aksa Moschee	8 - 16, Fr. geschlossen	ebenso

	Sommer	Winter
Emmaus (Qubeiba)	6.30 - 11.30, 14 - 17	6.30 - 11.30, 14 - 18
Erlöserkirche	Mo - So 9 - 13, 14 -17, 14 - 17, Fr 9 - 13	ebenso
Flagellation- (Geißelungskirche)	6 - 12, 14 - 18	geschlossen um 17.30
Felsendom	8 - 16, Fr geschlossen	ebenso
Gartengrab	8 - 13, 15 - 17.30	8 - 12.30, 14.30 - 17
Geburtskirche (Betlehem)	6 - 18	ebenso
Geburtskirche Johannes der Täufer (Ein Karem)	5.30 - 12 14.30 - 18	geschlossen 14.30 - 17.30
Gethsemane		
Kirche aller Nationen	8 - 12, 15 - Sonnenuntergang	14 - Sonnenuntergang
Höhle von Gethsemane	8.30 - 12, 15 - 19	8.30 - 12, 14 - 17
Gibeon (Jib)	auf Anfrage	ebenso
Grab Davids	8.30 - Sonnenuntergang	ebenso
Grab Jasons	täglich 10 - 17, Fr 10 - 14	ebenso
Grab der Königin Hel von Adiabene	8.30 - 17	ebenso
Grab der Familie des herodes	keine Angaben	
Grab Simon des Gerechten	keine Angaben	
Gräber der Propheten	So - Fr 9 - 15.30	ebenso
Gulbenkian-Bibliothek	10 - 16	ebenso
Haus des Josef (Betlehem)		
Heiliges Grab	4 - 20	4.00 - 19.00
Herodion	8 - 17, Sa 6 - 16	8 - 16
Herzl - Berg	8 - 18	ebenso
Himmelfahrtskapelle	nach Vereinbarung	
Hirtenfeld, römisch-katholisch	8 - 11, 14 - 18	8 - 11, 14 - 17
griechisch-katholisch	8 - 11.30, 14 - 18	8 - 11.30, 14 - 17
Hischam-Palast (Jericho) (Khirbet el Mafjir)	8 - 17 Fr 8 - 16	8 - 16 Fr 8 - 15
Hiskias Tunnel	auf Vereinbarung mit dem Wärter	
Holocaust - Memorial	7 - 17, Fr 7 - 16	ebenso
Holyland Hotelgarten (Modell von Jerusalem)	7 - 17	8 - 16
Israel - Museum	So - Do 10 - 18 Fr - Sa 10 - 14 Di nur 16 - 22	ebenso
Kapelle der Verurteilung (Lithostrotos)	8 - 12 14.30 - 18	ebenso
Katharinenkirche (Betlehem)	8 - 12, 14.30 - 18	ebenso
Klagemauer (Wilsonbogen)	So, Di, Mi 8.30 - 15 Mo, Do 12.30 - 15	ebenso
Kloster Mar Saba	Erlaubnis beim Griechisch-Orthodoxen Patriarchat (nur für Männer)	
Kloster des Olivenbaums	Erlaubnis beim Armenischen Patriarchat	
Kloster der Schwestern Zions	Mo - Fr 8 - 12, 14.30 - 18	ebenso
Kloster der Versuchung (Jericho)	.....	....

	Sommer	Winter
Knesset	Mo - Di 16 - 21 Mi 11 - 13	ebenso
Kreuzkloster	Mo - Sa 8 - 12, nachmittags nach Vereinbarung (Tel. 284-917)	ebenso
Latrun	9 - 16 (läuten)	ebenso
Lazaruskirche (Bethanien)	7 - 12, 14 - 18	ebenso
Maria Magdalena Kirche	Di, Do, Sa 9 - 12, 14 - 19 So 10 - 12	ebenso
Mariengrab	Mo - Sa 6.30 - 12, 13 - 18	ebenso
Milchgrotte (Betlehem)	14.30 - 18	ebenso
Nebi Musa	nach Laune des Wächters	
Nebi Samwil	außerhalb der Andachtszeiten	
Pater Noster Kirche	8.30 - 12, 15 - 16.20	ebenso
Rachels Grab (Betlehem)	So - Do 8 - 18 Fr und vor jüd. Festtagen 8 - 13	8 - 17
Rockefeller Museum	So - Do 10 - 17 Fr, Sa 10 - 14	ebenso
Russische Kathedrale (Ölberg)	telefon. Vereinbarung (Tel. 222 563)	
Russische Kirche St. Maria Magdalena	9 - 12, 14 - 17 (läuten) So 10 - 12	ebenso
Russische Ausgrabungen	9 - 13, 15 - 17 (läuten)	ebenso
Salomos Pferdeställe	Erlaubnis beim Obersten Islamischen Rat am Bab en nazir zum Tempelbezirk	
Salomos Steinbrüche	90 - 11, 13 - 15	ebenso
Sanhedrin - Gräber	So - Do 8 - 19 Fr - Sa 8 - 18	8 - 18 8 - 15
St. Anna-Kirche	8 - 12, 14 - 18, außer So	ebenso
St. Georgskathedrale	6.45 - 18.30 außer So	ebenso
St. Georg von Koziba Wadi Kelt)	8 - 17	ebenso
St. Markus-Kirche	9 - 12, 15 - 18	14 - 18
St. Peter in Gallicantu	8.30 - 11.45 14 - 17 außer So	ebenso
St. Salvatorkirche	5 - 19	5 - 18.30
St. Stephans-Kirche	7.30 - 13, 15 - 18	ebenso
Synagoge des Hadassa-Krankenhauses Ein Karem)	nach telef. Vereinbarung 02/42 62 71	
Teich Bethesda	8 - 12, 14 - 18 außer So	ebenso
Teiche von Siloah	täglich	
Teiche Salomons	täglich	
Visitatio-Kirche (Ein Karem)	9 - 12, 15 - 18	ebenso
Yad Vaschem	So - Do 9 - 18, Fr 9 - 14	ebenso
Yohanan Ben Zakkei-Synagoge	9 - 16, Fr 9 - 14 Sa während Gottesdienst	ebenso
Zitadelle (Stadt-Museum) von Jerusalem)	9 - 11 13 - 15	ebenso

Zeittafel

etwa 1000 - 965 v. Chr. Aufstieg der Davidsstadt.

967-964	Zeit der Mitregentschaft Salomons.
964	Salomo beginnt mit dem Bau der Ersten Tempels.
928	Teilung des Vereinigten Königreiches in die Reiche Israel (im Norden und Juda (im Süden).
721	Das nördliche Reich Israel (Hauptstadt Samaria) wird vom assyrischen König Sargon II. unterworfen.
701	Der Feldzug des assyrischen Königs Sanherib gegen das Reich Juda.
609	Josia fällt bei Megiddo in einer Schlacht gegen die Ägypter.
605	Nebukadnezar besteigt den Königsthron von Babylon.
598	Erste Belagerung Jerusalems durch Nebukadnezar.
597	Eroberung von Jerusalem. Jojachin wird mit den Großen des Landes, den Handwerkern und den Schmieden nach Babylon in die Verbannung geführt.
588	Beginn der letzten Belagerung Jerusalems.
586	Zerstörung Jerusalems und des Ersten Tempels durch Nebukadnezar.
538-331	Die Zeit des Wiederaufbaus.
538	Das Edikt des Kyros, im ersten Jahr seiner Regierung (Esra 1,1).
520	Beginn der Wiedererrichtung des Tempels und Rückkehr des Serubbabel, im zweiten Jahr der Regierung des Dareios I. (Haggai 1,14-15).
515	Fertigstellung des Tempels, im 6. Jahr der Regierung des Dareios I. (Esra 6,15).
458	Esra kommt nach Jerusalem, im 7. Jahr der Regierung des Artaxerxes I. (Esra 7,7-8).
445	Ankunft des Nehemia (Nehemia 2) und Wiederherstellung der Stadtmauern (Nehemia 6,15), im 20. Jahr der Regierung des Artaxerxes I.
332	Ende der persischen Herrschaft über Juda, Palästina kommt unter mazedonische Herrschaft.
301-198	Palästina unter ptolemäischer (ägyptischer) Herrschaft.
198-143	Palästina unter seleukidischer (syrischer) Herrschaft.
168	Plünderung des Tempels und Verbot des jüdischen Gottesdienstes durch die Seleukiden.
167	Beginn des sog. Makkabäer-Aufstandes (Mattathias und seine fünf Söhne Johannes, Simon, Judas, Eleasar, Jonathan).
165	Einnahme Jerusalems durch Judas den Makkabäer, Reinigung des Tempels.
141	Simon der Makkabäer vereinigt die politische und religiöse Leitung des jüdischen Volkes und begründet die Dynastie der Makkabäer (Hasmonäer), nachdem er zwei Jahre zuvor die Anerkennung der Selbständigkeit erlangt hatte.
63	Der römische Feldherr Pompeius erobert Jerusalem und erstürmt den Tempel. Ende des Makkabäer-Reiches.
37-4	Herodes der Große, Sohn des Idumäers Antipater, König von Judäa. Errichtung des Zweiten Tempels.

nach Chr.

66-70	Volksaufstand gegen die römische Herrschaft (Zeloten-Aufstand).
70	Eroberung Jerusalems und Zerstörung des Tempels durch den späteren römischen Kaiser Titus.
70-395	*Römische Herrschaft*
132-135	Aufstand des Bar-Kochba in Beitar bei Jerusalem
200	Die Mischna in Galiläa vollendet
326	Die heilige Helena im Heiligen Land
352	Austand der Galiläer gegen die Römer
395	Teilung des Römischen Reichs: Rom und Byzanz
95-638	*Byzantinische Herrschaft (Christen)*
500	Der Jerusalemer Talmud vollendet
614	Persische Eroberung Palästinas (Chosroes II.)
628	Rückeroberung des Landes durch die Byzantiner
638-1099	*Arabisch-Moslemische Herrschaft*
622	Mohammeds Flucht nach Medina (Hedschra) (Beginn der moslemischen Zeitrechnung)
636-638	Eroberung Palästinas durch die arabischen Mohammedaner
661-750	Omajjaden-Kalifen: Hauptstadt Damaskus (Syrien)
750-868	Abbassiden-Kalifen: Hauptstadt Bagdad (Irak)
869-1100	Fatimiden-Kalifen: Hauptstadt Kairo (Ägypten)
996-1021	El Hakin be-Amer Allah. Entstehung der Drusen-Sekte
1070-1090	Die Seldschuken fallen in Palästina ein
1099-1291	*Kreuzfahrerzeit (Lateinisches Königreich Jerusalem)*
1099	Eroberung Palästinas durch den Ersten Kreuzzug
1099-1187	Kreuzfahrerkönige in Jerusalem: Gottfried Baldwin
1147	Zweiter Kreuzzug (Ludwig VII. von Frankreich)
1170	Benjamin von Tudela (jüdischer Reisender) in Palästina
1187	Sieg Saladins über die Kreuzfahrer
1189-1192	Dritter Kreuzzug (Richard I. Löwenherz
1193-1221	Vierter unf Fünfter Kreuzzug
1210	Französische und englische Rabbiner siedeln sich im Heiligen Land an
1228-1229	Sechster Kreuzzug (Kaiser Friedrich II. von Deutschland)
1239	Siebenter Kreuzzug (König Theobald von Navarra)
1244	Chorasmische Tataren (Mongolen) überfallen Palästina
1248-1254	Achter Kreuzzug (Ludwig IX. von Frankreich)
1291	Ende der Kreuzfahrerzeit im Heiligen Land; Fall Akkos
1250-1516	*Herrschaft der moslemischen Mamelukken (Kairo)*
1250-1381	Bahritische Mameluken
1267	Erneuerung jüdischer Ansiedlung im Heiligen Land
1322	Asthori Haparhi erster jüdischer Erforscher Palästinas
1382-1517	Burjitische Mamelukken
1487	Obadja von Bartenora (Bibelerklärer) im Heiligen Land
1492	Juden aus Spanien vertrieben: Flüchtlinge in Palästina

1516-1917 Türkische Herrschaft

1516-1517	Eroberung Palästinas durch Sultan Selim I.
1542	Sultan Suleiman erbaut die Mauer von Jerusalem
1564	Joseph Nassi baut Tiberias wieder auf
1530-1650	Berühmte KABBALISTEN IN Tsefat (Safed) Obergaliläa
1578	Druck des ersten hebräischen Buches in Palästina
1558-1635	Facher ed-Din, Drusenfürst, in Galiläa
1730-1770	Scheich Dahar el-Omar, Beduinenfürst in Galiläa
1770-1840	Türkische Paschas in Akko, der Hauptstadt Palästinas
1799	Einfall Napoleons in Palästina
1831-1840	Mohammed Ali und Ibrahim, die Ägypter
1841	Palästina fällt an das Türkische Reich zurück
1855	Beginn des Werkes des Sir Moses Montefiore
1883	Bilu-Einwanderung (erste zionistische Einwanderung Aliya I)
1890	Erste Tätigkeit der »Freunde Zions« (Hovevei Tsiyon)
1897	Gründung des Zionistischen Weltverbandes
1898	Dr. Theodor Herzls Besuch in Palästina
1904	Beginn der zweiten zionistischen Einwanderung (Aliya II)
1914	Ausbruch des Ersten Weltkriegs
1915-1918	Achmed Dschemal Pascha, türkischer Militärgouverneur

1917-1948 Die Britische Mandatszeit

2. 10. 1917	Die Balfour-Erklärung
1917-1918	Britische Eroberung Palästinas
1918	Ankunft eines Zionistenausschusses in Jerusalem
1917-1920	Britische Militärverwaltung
1920	Beginn der britischen Zivilverwaltung
1920-1925	Sir Herbert Samuel, erster Hochkommissar
1920	Beginn der dritten Einwanderung (Aliya III)
1921	Erste Streitigkeiten zwischen Arabern und Juden
1922	Arabische Regierung in Transjordanien unter britischen Mandat
1925	Einweihung der Hebräischen Universität in Jerusalem
1928-1931	Lord Plumer, britischer Hochkommissar
1929	Unruhen zwischen Arabern und Juden
1931-1938	Sir A.G. Wauchope, britischer Hochkommissar
1936-1939	Unruhe zwischen Arabern und Juden
1936	Eröffnung der Rundfunkstation für Palästina
1938-1944	Sir Harold McMichael, Oberkommissar
1939	Weißbuch: Einschränkung der zionistischen Arbeit in Palästina
1944	Viscount Gort, britischer Oberkommissar
1945	General Alan Cunningham, letzter britischer Oberkommissar
1947	Sonderausschuß der Vereinten Nationen für Palästina
29.11.1947	Beschluß der UN: Jüdischer Staat
30.6.1947	Letzte britische Truppen verlassen Haifa

1948	*Staat Israel*
14.5.1948	Ende des britischen Mandats
14.5.1948	Unabhängigkeitserklärung
15.5.1948	Die Heere Jordaniens, Ägyptens, Syriens, des Iraks und des Libanon dringen in Israel ein
1949	Waffenstillstand mit Ägypten, Libanon, Jordanien und Syrien
11.5.1949	Der Staat Israel wird Mitglied der Vereinten Nationen
1949	Jerusalem Hauptstadt des Staates Israel
14.8.1951	Erster Zionistenkongreß in Jerusalem (23.)
24.4.1956	24. Zionistenkongreß in Jerusalem eröffnet
29.10. bis 5.11.1956	Krieg gegen Ägypten
8.3.1957	Israels Rückzug vom Sinai und aus Gaza
5.6. bis 10.6.1967	Sechstagekrieg
Okt. 1973	Yom-Kippur-Krieg
1982	Libanon-Krieg

Ortsregister

Stichwortverzeichnis

sind natürlich und in den Farben kräftig, wie man es eigentlich nur von Dias kennt. Erfordern Situation und Lichtverhältnisse einen höher empfindlichen Film, so stehen 200, 400 und 1000 ISO (24°, 27°, 31°) zur Verfügung.

Wer Dias bevorzugt, ist mit dem Kodak Ektachrome 100/21° Diafilm bestens ausgestattet. Seine große Schärfe und seine leuchtenden Farben bieten beste Voraussetzungen für naturgetreue Aufnahmen. Aber natürlich sollte man für ungünstige Lichtverhältnisse auch die höher empfindlichen Kodak Ektachrome 200 bzw. 400 (24°, 27°) oder Kodachrome 64 (19°) mitführen.

In der Brillanz unübertroffen ist der äußerst feinkörnige Diafilm Kodachrome 25 (15°).

Doch was nützt bestes Filmmaterial, wenn bei der Anschaffung des Fotoapparates und bei noch Wichtigerem, beim Kauf des Objektivs, das für erste Qualität verantwortlich ist, gespart wurde.

Nennen wir doch gleich das Paradestück der deutschen Kleinbild-Fotoindustrie, die Leica mit ihren Leitz-Objektiven, als Mercedes unter den Fotoapparaten. Seit Jahrzehnten setzt diese Firma qualitative Maßstäbe. Gewiß, der Einstieg in diese Spitzenklasse fordert seinen Preis.

Um aber einem noch größeren Kreis die Entscheidung für die Leica R 4 zu erleichtern, hat Leitz die etwas „abgespeckte" R 4s gebaut. Ohne auf technische Details weiter einzugehen, sei eine Besonderheit der beiden Leicas hervorgehoben, die mit den Wert der Kameras in der Praxis ausmachen: ,,integral" und ,,selektiv" – die Garantie für richtige Belichtung. Jeder Fotograf kennt das Problem: ,,Wie belichte ich richtig?" Da ist ein unwiederbringliches Motiv, Gegenlicht gibt Stimmung, dramatische Schatten, man muß in Sekunden reagieren und richtig messen . . . nur, kann die Belichtungs-Automatik bei der jetzt notwendigen Bildgestaltung auch eingreifen? Oder muß man manuell eine oder sogar zwei Stufen über oder unterbelichten . . . oder wie war das doch gleich? So hat sich schon manches Bild während langer Überlegungen in Nichts aufgelöst.

Natürlich ist eine automatische Belichtungssteuerung nichts Besonderes mehr, eher eine notwendige Technik, die dem Fotografen die Konzentration aufs Motiv erlaubt. Nur, wird jede Automatik mit jeder Lichtsituation fertig? Deshalb spricht man bei der Leica von zwei Belichtungsmeßmethoden: eine mittenbetonte Großfeld-Integralmessung für alle Motive mit normalen Lichtverhältnissen. Und als Besonderheit die Leitz-Selektivmessung, mit der man den bildwichtigen Teil des Motivs gezielt anmessen kann und damit auch schwierigen Lichtsituationen gewachsen ist.

Eine Weiterentwicklung der Leica R4 ist die Leica R5. Wie das bisherige Spitzenmodell bietet auch die Leica R5 alle Belichtungsprogramme. Neue technische Merkmale und eine Reihe von Detailverbesserungen (Programm-Automatik, TTL-Blitzbelichtungsmessung durch das Objektiv) machen das Arbeiten mit der Leica R5 noch sicherer und unbeschwerter.

So wie die Kamera mit ihrer Elektronik zur Kreativität beisteuert, spielt das Objektiv die entscheidende Rolle für die Bildqualität. Durchzeichnung der Bildteile vom tiefsten Schatten bis hin zum hellsten Licht. Brillante Wiedergabe des gesamten Farbspektrums und eine gestochene Schärfe. Eine Kombination die bisher nur bei Leitz-Objektiven in dieser Vollendung zu finden ist.

Die Qual der passenden Objektivwahl – was soll man auf die Reise mitnehmen? Zwischen 30 Leica R-Objektiven mit Brennweiten von 15 mm Weitwinkel- und 800 mm Teleobjektiv gilt es zu wählen, und schließlich soll nicht der ganze Reiseetat in der Fotoausrüstung stecken:

1. Maxi-Nutzen bei Mini-Aufwand: Wer bei geringem Aufwand wendig und schnell und für viele Gelegenheiten ausgerüstet sein will, der wählt Weitwinkel (35 mm) und Tele (90 mm).

2. Die kompakte Reiseausrüstung: Fürs leichte Gepäck wählen viele gern die beiden Vario-Objektive (35-70 und 70-210 mm). Dazu als Ergänzung ein 24 mm Weitwinkel-Objektiv.

3. Die vielseitige Reiseausrüstung: Mit dieser Ausstattung kann der Fotograf viele Möglichkeiten der Bildgestaltung ausschöpfen. Sie bietet ein weitgespanntes Spektrum der Anwendungsmöglichkeiten. Ein 21 mm und ein 35 mm Weitwinkel-Objektiv für Übersichtsaufnahmen, dazu, als Universal-Objektiv für Nah und Fern, das Macro 60 mm Objektiv und als praxisgerechte Ergänzung für Landschaftsaufnahmen und für Porträts, ein mittleres Tele 135 mm. Für den weiteren Telebereich ein 180 mm-Objektiv.

Gehen Sie mit ihrer kompletten Ausrüstung nun auf große Reise, dann beachten Sie dabei noch folgendes: Da Filme im Ausland sehr teuer sind, nehmen Sie genügend mit! So schnell kommt man nicht mehr in dieses Gebiet, also drückt man gern noch ein zweites Mal auf den Auslöser!

Versuchen Sie während der Reise die Filme immer so kühl wie möglich zu transportieren und zu lagern, da bei großer Hitze Farbveränderungen auftreten können. Lassen Sie die belichteten Filme so schnell wie möglich entwickeln!

Erkundigen Sie sich bei Ihrer Versicherung über den Schutz bei einem eventuellen Diebstahl oder Schaden!

Und nun – viel Erfolg für Ihre „farbige Reiseerzählung".

Die Goldstadt-Reiseführer (0388)

EUROPA

Deutschland
Bayerischer Wald (2309)
Bodensee und Umgebung (2303)
Fichtelgebirge (2318)
Fränkische Schweiz (2319)
Harz (2305)
Oberpfalz (2310)
Odenwald (2313)
Schwäbische Alb, Donautal (2304)
Schwarzwald Süd (2301)

Frankreich
Atlantikküste (2076)
Bretagne (4077)
Burgund (4072)
Cote d'Azur (2070)
Cote Languedoc Roussillon (2071)
Das Tal der Loire (4078)
Korsika (2015)
Provence u. Camargue (2032)
Vogesen, Straßbg., Colmar (2023)

Griechenland (4218)
Kreta (2055)
Korfu (2054)
Rhodos (2022)

Großbritannien
Schottland (4059)
Südengland (2058)
Nordengland (4083)

Irland (4042)

Island (4043)

Italien
Elba (2044)
Gardasee und Iseosee (2012)
Friaul - Julisch Venetien (2028)
Italienische Riviera (2005)
Meran mit Ausflügen (2009)
Golf von Neapel (2025)
Rom (2026)
Südtirol (2010)
Sizilien (2024)
Toskana (2041)

Jugoslawien
Jugoslawische Adria (2027)

Malta Gozo, Comino (2046)

Österreich
Burgenland (2062)
Kärnten (2060)
Steiermark (2063)
Wien (2064)

Portugal (4211)
Algarve (2011)
Azoren (6201)
Lissabon (2081)
Madeira (2045)

Schweiz
Berner Oberland (2050)
Tessin (2051)

Skandinavien
Dänemark (4016)
Finnland (4040)
Lappland (4029)
Norwegen (4039)
Schweden (4033)

Spanien
Costa Brava (2002)
Costa Blanca (2020)
Costa del Sol,
Costa de la Luz (2019)
Gran Canaria (2036)
Lanzarote, Fuerteventura
Mallorca (2003)
Südspanien (4200)
Teneriffa (2035)
La Palma, Gomera, Hierro

Tschechoslowakei (2013)

Ungarn (2037)

UDSSR

Leningrad (4214)
Moskau (4213)

Zypern (4017)

AFRIKA

Algerien mit Sahara (4212)
Marokko (4030)
Mauritius (6234)
Seychellen (6229)
Südafrika (6215)
Tunesien (4021)

AMERIKA

Bolivien (6219)
Brasilien (6245)
Chile (6241)
mit Feuerland u. Osterinsel
Cuba (6246)
Ecuador mit Galapagos (6243)
Kolumbien (6242)
New York (2038)
Peru (6220)
USA - Gesamt (4207)
USA - Der Südwesten (6255)
Venezuela (6244)

ASIEN
INDISCHER OZEAN
PAZIFISCHER OZEAN

Birma (6235)
Hawaii (6233)
Israel (6251)
Japan 1 (6224)
Tokyo, Nara, Kyoto
Malaysia (6226)
Malediven (6228)
Nordindien und Nepal (6209)
Südindien (6208)
Sri Lanka (6227)
Thailand (6206)
Türkei (4217)

AUSTRALIEN (6231)

Sprachführer

Die einfache Hörsprache — lesen und sofort richtig sprechen

1401 Französisch
1402 Englisch
1403 Spanisch
1404 Griechisch
1405 Serbokroatisch
1406 Portugiesisch
1407 Italienisch
1408 Türkisch
1409 Russisch

Wanderführer

Spaziergänge u. Wanderungen vom halbstündigen Küstenspaziergang bis ganztägigen alpinen Bergtouren, Fahrpläne und kleiner Sprachführer, Übersichts- und Wanderrouten-skizzen, Fotos, 96 Seiten.

Teneriffa (3451)
Gomera (3452)

Reisebücher

DER GROSSE GOLDSTADT

Bermuda deutsch (8702)
englisch (8705)

Gezähmte Wildnis
Schweden von Schonen bis Lappland (8703)

Heilige Stätten
Pilgerziel Jerusalem (8704)

Kenia
Safari- und Reiseführer (8706)

Das Kloster San Saba und das Todte Meer

Nazareth

Die Kirche d

Kapelle der heiligen Helena in Jerusalem

Kapelle der Ge